（第三版）

符号学导论

黄华新　陈宗明————主编

中国出版集团　东方出版中心

图书在版编目(CIP)数据

符号学导论 / 黄华新，陈宗明主编. -- 3 版.

上海：东方出版中心，2024. 9. -- ISBN 978-7-5473
-2494-3

Ⅰ. H0

中国国家版本馆 CIP 数据核字第 2024XC7199 号

符号学导论(第三版)

主　　编　黄华新　陈宗明
策划编辑　潘灵剑
责任编辑　沈旖婷
装帧设计　钟　颖

出 版 人　陈义望
出版发行　东方出版中心
地　　址　上海市仙霞路 345 号
邮政编码　200336
电　　话　021-62417400
印 刷 者　上海盛通时代印刷有限公司

开　　本　710mm×1000mm　1/16
印　　张　23.75
字　　数　356 千字
版　　次　2024 年 9 月第 1 版
印　　次　2024 年 9 月第 1 次印刷
定　　价　98.00 元

第 三 版 序

2004年,《符号学导论》由河南人民出版社出版。时隔十年之后,本书经过修订在中国出版集团东方出版中心再版。距上一次修订,又快十年了。这些年,随着智能科学和认知科学的突飞猛进,人类的生产方式、生活方式和学习方式都发生了翻天覆地的变化。虚拟与现实结合、线上与线下结合、文字图像与音频视频结合成为人类交往的新趋势。与此相应,符号生成和传播的多模态性日益凸显,符号学研究的跨学科性也越来越受到学者们的关注。

在这样的宏观背景下,我们觉得,很有必要深入思考时代的新变化和读者的新需求,系统完善本书的基本内容和表述方式,从而进一步提高《符号学导论》一书的质量和水平。

我们在《互联时代人文学术话语的生成与传播》一文(发表于《中国社会科学报》2023年8月16日)中指出,置身于当今的互联时代,全球范围内的人、信息、资源、文化都被紧密地连接起来,形成一个复杂的国际网络。全球互联一方面使得信息流动变得更加便捷和高效,另一方面,通过文明交流互鉴推进人类进步和多元发展的任务也更加凸显。智能时代和百年变局,使得人与自然、人与人、人与社会、人与内心世界的"四重关系"正以不同方式重塑或重构。这为人文学科以自身的学科视角"解释"和"改造"精神世界提供了巨大的想象空间。在面向未来的人文学科学术体系建设中,我们不仅要"不忘本来",还要"吸收外来",通过问题导向、资源整合、范式变革和关系重构,让世界更多地认知"中国的人文""中国的学术"。我们要通过"本来"与"外来"、"历史"与"现实"的比照与探究,逐步形成一种本土资源与国际视域融通、自身风格与世界影响兼备的人文学科学术发展路径。

我们认为,兼具综合性、人文性和工具性的符号学,面向当今的生活世界,完全可以大有作为。如何建构具有自身特色的符号学学术体系、话语体系和教学体系,是摆在我们面前的重要任务。

本次修订我们重点做了如下三方面的工作:一是尽量吸收国内外最新的研究成果,丰富完善有关章节的内容。二是尽量采用生动鲜活的案例,使本书更贴近现实生活。三是尽量考虑语言表达的准确恰当,在用字造句方面做了推敲。

在编写和修订本书的过程中,我们参考了海内外大量的符号学、语言学、逻辑学、传播学、心理学等领域的学术论著,主要参考书目在本书最后作了列举。在此,谨向各位作者表示诚挚的感谢!

本书是集体智慧的结晶。特别值得一提的是,在这次修订过程中,几位老师和同学做出了贡献。范振强老师和洪峥怡老师协助主编全程参与了本书的修订工作,范振强承担了第一、二、六章的增写,补充了国内外最新研究成果,洪峥怡修改和增补了第三章和第四章"形式语义学""形式语用学"部分的内容。祝文昇同学承担了第七章的修订,不仅对该章的节、目做了调整,而且对本章的诸多内容做了增补改写。周祥老师承担了第九、十章两章的修订,补充了国内外最新研究成果,同时对部分表述进行了修正。徐慈华、张家成、胡龙彪、赵江红、禹勇等老师,以及余丽赛、王丹、林延廷、熊若希等同学参与了本书部分内容的修订和校对。衷心感谢上述各位老师和同学的辛勤付出!

本书虽几经修改,但还有很多不足,敬请大家批评指正。

原　　序

　　符号学作为一种思想是古已有之的,但是作为一门科学却是19世纪以后才发展起来的。瑞士语言学家索绪尔和美国哲学家皮尔斯被认为是现代符号学的两个主要创始人,但是两个人研究的出发点、研究的方法和对符号的分析是不同的,因而形成符号学两个主要学派。有的人认为两派泾渭分明,不可混淆。本书主编陈宗明、黄华新教授则试图在本书中把两种观点统一起来,构成一门统一的符号学。不管这种统一是否可能,或是否能被人接受,这种努力是勇敢的、可嘉的。我个人看来,"统一"只能以一种观点为主,吸收另一种观点的某些内容。本书是这样做的,而且很成功,这是本书的一个主要特点。

　　虽然符号学研究已经有大约一百年的历史,我们国内还没有一本系统地、全面地概述符号学的著作可以作为教材。这本《符号学导论》,既是一本专著,又是一本可读性很强的适宜于做教材的著作。这本书的主编和作者都是从事一般符号学或语言学研究的学者或博士生,他们都有较深的专业修养。其中李先焜先生曾担任过国际符号学会的理事,是我国符号学研究的重要代表学者之一,对中外学术交流起过重要作用。主编之一的陈宗明教授的著作一向以深入浅出著称,他写的书信息量大、可读性强。黄华新教授有广博的哲学、逻辑学和语言学素养,以交叉性研究的大量成果不断扩大自己的研究领域。这本书是强势互补、新老结合的重要成果,填补了我国符号学研究的一项重要空白。

　　本书几乎包括了符号学的方方面面,特别注意联系中国实际,并有专章讨论中国符号学思想发展的历史。这一特色随处可见,不烦详述。

　　总之,这是一本既有自己理论观点的专著,又是一本可读性强的教材和自学读物。雅俗共赏,阅读面广,一定会为普及符号学知识,为今后符号学研究做出贡献。

下面谈两点题外的话。第一,我是一个研究语言学、特别是以研究汉语为主的人,因此,我总觉得符号学不但来源于语言,而且应该归结于语言。因为语言是最复杂的也是同人类关系最密切的符号系统,而语言的符号学观点是研究语言最重要的前提。第二,十多年前,我们杭州有一批年轻学者,包括研究语言和研究逻辑的在内,同几个年长的教授一起,从交叉学科的角度,讨论了汉语逻辑问题,并且出版了一本专著,那是一段难忘的日子。时隔不久,不少同志天各一方,难见当日的辉煌。现在又有一批年轻的博士生参加集体的学术研究和讨论,并取得了新的成果,再现昔日的盛况,令人感奋不已;可以预期,这些年轻的学者在杭州这块学术的沃土上会创造出更多的成果。

王维贤

2003 年 12 月 1 日

目 录

第一章　符号和符号学

第一节　符　　号

一、什么是符号

"符号"(sign)①一词渊源已久,然而它的含义却一直含混不清,甚至在经典著作家那里也往往有不同的理解。

古代希腊,符号就是征兆。公元前5世纪至公元前4世纪,古希腊医学家希波克拉底(Hippocrates)把病人的"症候"看作符号,世称"符号学之父"。公元2世纪,古罗马医生、哲学家盖伦(Galen,C.)写了一本症候学的书,名为"Semiotics",即今天人们所说的"符号学"。古罗马哲学家奥古斯丁(Augustine,A.)认为,符号是这样一种东西,它使我们想到在这个东西加诸感觉印象之外的某种东西。②意思是说,符号是代表某一事物的另一事物,它既是物质对象,也是心理效果。奥古斯丁的符号观,直接影响了现代符号学的两位奠基人——索绪尔和皮尔斯的符号学思想。17世纪,英国哲学家洛克(Locke,J.)把科学分为三种:第一、二两种为物理学和伦理学,而第三种,他说可以叫作Semiotic,即"符号学或符号的学说",也叫作逻辑学。洛克的符号学说更是皮尔斯符号学思想的主要来源之一。

古代中国虽然没有关于"符号"的明确界说,但是古代汉字"符"确实含有"符

---

① 英语 sign 一词,也译为"记号"或"指号",从多数人的用词习惯来说,以"符号"为宜。
② 王铭玉等:《符号学思想论》,商务印书馆2021年版,第1页。

号"的意思。所谓"符瑞",就是指吉祥的征兆;"符节"和"符契"都是作为信物的符号;"符箓"为道教的神秘符号。先秦时期公孙龙《指物论》,可以说是中国最早的符号学专论。在古籍《尚书》中,注释者说:"言者意之声;书者言之记。"①不仅说明了语言是一种符号,而且指出文字是记录语言符号的书写符号。

"符号"作为符号学的基本概念可以不加定义,但必须予以诠释。直到 20 世纪初年,瑞士语言学家索绪尔(Ferdinandde Saussure)把语言符号解释为能指和所指的结合体时,"符号"一词才算有了比较确定的含义,人们对于"符号"的理解逐渐趋于一致。

在索绪尔看来,符号不是别的,而是能指和所指的二元关系。在《普通语言学教程》一书中,索绪尔所说的"能指"(signifier),指的是语言符号的"音响形象",所指(signified)是它所表达的概念。索绪尔把它们比作一张纸,思想(概念)是纸的正面,声音是纸的反面,它们永远处在不可分离的统一体中。他还认为,这是语言符号两个最为重要的特征。索绪尔说:"我们建议保留用'符号'这个词表示整体,用所指和能指分别代替'概念'和'音响形象'。后两个术语的好处是既能表明它们彼此间的对立,又能表明它们和它们所从属的整体间的对立。至于'符号',如果我们认为可以满意,那是因为我们不知道该用什么去代替,日常用语没有提出任何别的术语。"②

索绪尔关于符号的二元关系理论,很快地得到学术界的公认,因而也就澄清了两千年来对于"符号"一词的混乱解释。其实,符号是一种关系。索绪尔所说的"能指",就是符号形式,亦即符号的形体;"所指"即符号内容,也就是符号能指所传达的思想感情,或曰"意义"。符号就是能指和所指,亦即形式和内容所构成的二元关系。

应用索绪尔二元关系的符号理论,可以很方便地解释一切符号现象,分清楚什么是符号,什么不是符号。例如中国的"龙"是符号,那种奇特的动物形象是符号的能指,作为中华民族的象征是所指。交通路口的信号灯是符号,红灯或绿灯是能指,"禁止通行"或"允许通行"的含义是所指;家庭里用作照明的灯不是符号。"月晕而风,础润而雨"也是一种符号,"月晕"和"础润"是能指,传达"风雨先

---

① 阮元校刻:《十三经注疏》,中华书局 1980 年版,第 113 页。
② [瑞士]索绪尔著,高名凯译:《普通语言学教程》,商务印书馆 1980 版,第 102 页。

兆"的讯息是所指。如此等等。

在索绪尔提出符号二元关系理论的同时,远在大洋彼岸的美国哲学家皮尔斯(Charles Sanders Peirce)提出了符号的三元关系理论。皮尔斯说:

> 我将符号定义为任何一个事物,它一方面由一个对象所决定,另一方面又在人们的心灵(mind)中决定一个观念(idea);而对象又间接地决定着后者那种决定方式,我把这种决定方式命名为解释项(interpretant)。由此,符号与其对象、解释项之间存在着一种三元关系。①

皮尔斯的"三元关系"学说是对符号学理论最卓越的贡献,正是这种三元关系决定了符号过程(semiosis)的本质,也因此奠定了符号学科的理论基础。

三元关系第一个项为 representamen,有人翻译为"再现体",这里译作"符号形体"。皮尔斯上面所说的"我将符号定义为任何一个事物",这"任何一个事物"指的就是符号形体。在符号的三元关系中,A 指称 B 意指 C,这 A 就是符号形体。作为符号形体可以是人工符号,比如字母、礼仪、风向标,也可以是自然物,比如象征爱情的玫瑰花,还可以是心灵或心智的产物,比如概念或命题。总之,符号形体可以是任何的事或物。("事"有别于"物"。"事"可以是某个心理事件,并非必然地具有物质性。)符号形体是符号三元关系中的主体。

三元关系第二个项为 object,即符号对象。在三元关系"A 指称 B 意谓 C"中的 B 就是符号对象,包括一切"可以用来指称的可感知的对象,或在某种意义上只能想象,甚至不能想象的对象"。可以想象的如"神仙"、"金山",不可想象的如"fast"。皮尔斯说,"fast"这个词不可想象,因为这个词本身不可能写在纸上或者读出来,而写下来或读出来只是它的实例。并且,当表示"迅速的"意思时,它是一个词,当表示"固定的"意思时,它是另一个词,当表示"绝食"时,它是第三个词。

三元关系第三个项是 interpretant,为符号解释(常译为解释项)。在符号的三元关系中,"A 指称 B 意谓 C",这 C 就是符号解释,亦即解释项。顾名思义,符号解释是对符号形体的释义,即通过符号形体传达符号对象的讯息,也就是符号

---

① ［美］皮尔斯著,赵星植译:《皮尔斯:论符号》,四川大学出版社 2014 年版,第 31 页。

的意义。比如"禁止通行"是交通路口红灯的释义,"能够生吃的植物果实"是"水果"的释义,"爸爸的爸爸"是"爷爷"的释义,等等,都是解释项。皮尔斯说:"对象决定了符号(形体)是与解释项相关联的,而符号(形体)又决定了解释项是与对象相关涉的,这就导致对象会通过符号(形体)这一中介去决定解释项。"①

当然,我们应用皮尔斯三元关系的符号理论,能够更为清晰地解释所有的符号现象。例如商店的招牌是符号,招牌上的文字或图案是符号形体,它所指代的商店是符号对象,文字或图案所传达的讯息是符号解释。奥运会的会旗是符号,白底的五色连环图案是符号形体,它所代表的奥运会这个组织是符号对象,五环图象征五大洲的团结是符号解释。"镜花水月"也是符号,那镜中花和水中月是符号形体,为镜和水所反映的真实的花和月是符号对象,作为虚幻景象的比喻意义是符号解释。

既然符号有索绪尔的二元关系和皮尔斯的三元关系两种理论,那么人们不禁要问:符号的二元关系和三元关系是什么关系?

我们知道,索绪尔和皮尔斯的符号学说是在不同的背景下分别提出来的,他们各自创立了自己的符号理论体系。然而由于讨论到同一对象——符号,所以彼此之间不可能各不相干。事实上它们是对同一件事情的不同表述,理论上并不存在什么龃龉或者矛盾之处。任何符号都是二元或三元关系:简略地可以说成二元关系,精确地或本质地说,则应该是三元关系。

首先,索绪尔的"能指"就是皮尔斯所说的"符号形体",简作"符形"。符形总是用以指称某一事物的另一事物。在符号结构中,符形处于媒介的地位,符号通过符形的媒介作用,提供了符号对象的讯息。符形是讯息的载体,如果离开了这个讯息载体,人们就不可能获得关于对象的讯息,因而也就无法认知和交际。符形的研究为符号学的语形学,也叫作符形学。

其次,索绪尔所说的"所指",大体上就是皮尔斯的"符号解释"或"解释项",可以简单地称之为"符释"。符号结构中的所指或符释,就是人们通常所说的"意义"或"讯息"。"意义"是一个非常复杂的概念,但它首先是个符号学的概念,意义问题,归根结底是符号的意义问题。如果要问:索绪尔的"所指"和皮尔斯的

---

① [美]皮尔斯著,赵星植译:《皮尔斯:论符号》,四川大学出版社 2014 年版,第 163 页。

"解释项"有什么不同？索绪尔的"所指"是就语言符号说的，我们可以引申为一般符号的概念或思想，而皮尔斯的"解释项"则要复杂得多。在皮尔斯的符号学理论中，符号的解释项可以是各种复杂的话语，这些话语不仅能够转译，而且能够像三段论那样从前提引申出结论。在意大利符号学家艾柯的解释下，皮尔斯的"解释项"大体是一种观念性的意义，是解释者心中可能的心理事件。约略地说，索绪尔的"所指"主要属于符号学的语义学，而皮尔斯的"解释项"应当看成符号学的语用学。

值得注意的是，"所指"（signified，signifié，significatum）一词按中文翻译很容易误解为能指"所指示"的对象，因此这里必须明确地指出："所指"是指符号的解释项，而不是符号对象。

至于"符号对象"，在索绪尔的二元关系理论中没有提到。索绪尔的符号学只停留在能指和所指的二元关系上，这不能不说是一个缺憾。早在一百年前就有人指出索绪尔"完全没有质疑地提出词语必有对象"。不过好在科学是全人类的永恒的共同事业，"平生不了事，自有后来人"，或者是同时代的别人。正是同时代的皮尔斯弥补了索绪尔的缺憾。

最后说说"符号"一词常见的一种用法。

自古至今，人们口头上所说的"符号"一词一般都是指"符号形体"，甚至经典著作家也是这样使用的。比如奥古斯丁和皮尔斯都曾说过"符号就是代表某一事物的另一事物"，然而这"某一事物"是符号对象，而代表某一事物的"另一事物"，指的只是符号形体，而不是符号整体。

那么怎样理解和解释这种把"符号"混同于符号形体的现象呢？对于大众群体而言，或许因为认识上模糊不清，不理解符号的三元关系。对于符号学家们自然不能以"认识模糊"作解释，那么大概就是因为习惯、方便或者随意的缘故吧。至于今天，当我们懂得了符号是一种三元关系之后，就应当清晰地区分"符号"与"符号形体"；如果习惯使然，那么至少在思想上清晰地区分开来。

二、指称和意指

索绪尔指出，符号是一种二元关系，包括能指和所指两个要素，它们的结合便成了符号。然而这里并没有明确地说到能指和所指之间究竟是什么关系，它们是怎样把能指和所指结合成为符号的。我们不难理解,在符号行为的过程中,并不是任何能指和任何所指都能结合成为符号。比如奥运会五环旗的能指与"风雨先兆"的所指,无论如何不能结合成为符号;交通路口信号灯的能指与玫瑰花象征爱情的所指也不相干。这就是说,一个能指之所以能够同一个所指结合成为符号,还存在有第三个要素,这个要素就是"意指"。符号能指和所指之间的关系就是意指关系,能指和所指就是通过意指方式结合成为符号的。

意指(signification)或意指方式,是能指和所指结合成为符号过程中一个极其重要的因素。如果意指方式恰当,人们就可以从符号中获得正确讯息;反之,就会得到不正确的讯息。据说有一个学生,老师问他"吾"字是什么意思,他不能回答。老师说:"'吾'就是'我'"。回到家里,爸爸问他"吾"字当什么讲,他说当"老师"讲。爸爸纠正说:"错了,当'我'讲。"当老师再次问他"吾"的意义时,他又说当"爸爸"讲。当然还是错了。这个学生忽略了"我"的不同语境,属于意指方式的错误。

在符号学的著作中,"意指"是一个复杂概念,既指符号能指和所指的结合方式或行为过程,也指这一过程的结果:一种更深层次上的意义。法国符号学家罗兰·巴尔特(Barthes, R.)举过这样一个例子:巴尔特在理发店里看到一本《巴黎竞赛画报》,封面上画有一个身着法国军服的黑人青年正在致军礼。他眼睛向上,可能凝视着飘扬的三色旗。巴尔特说"这就是画面的全部意义"。然而他又说,他从画面上又清楚地看到了另外一些东西:法国是一个伟大的帝国,它的国民不受种族歧视,忠实地在它的旗帜下效力。这个黑人在为所谓他的压迫者服务时表现出来的热忱,再好不过地回答了那些诋毁所谓殖民主义的人。巴尔特认为,这才是画面的意指——一种以原来符号(能指和所指的结合体)为能指的所指。如果说符号能指(符形)和所指(符释)之间的关系为意指关系,那么就三元关系而言,另一组二元关系——符号形体(能指)和符号对象之间又是什么样的关系呢?

符号形体和符号对象之间的关系,可以比较直观地理解为表征关系。"表征"一词,有"代表"、"表示"和"象征"等含义。一个符号的符形总是表征某一事物,这个被表征的事物就是符号对象;而表征总是以一定的方式进行的,即表征方式。例如"镜像"是符号,那镜中的人是符形,为镜子所反映的真实的人是符号对象,这是肖似的表征方式。风向标是符号,"标"为符形,风向为对象,这是指索的表征方式。"和平鸽"是符号,鸽子为符形,和平为对象,这是象征的表征方式。

符号的表征关系,亦即符形表征对象的方式,可以是任意的,也可以是非任意的。例如用鸽子象征和平,用玫瑰花象征爱情,都具有任意性;而镜中的人像表征真实的人,风向标指示风向,就都不具有任意性。然而一般说来,这里的任意性和非任意性只具有相对的意义。鸽子象征和平源于《圣经》,是鸽子衔着橄榄枝飞回诺亚方舟,象征大洪水的终结。玫瑰花象征爱情也同一个神话有关:爱神维纳斯驾车给心上人送美酒,下车时一脚踏在带刺的灌木上,鲜血染红了灌木,美酒洒在地上,于是这灌木就开出了鲜红的玫瑰花。由此看来,它们的表征方式并不都是偶然的。风向标的表征关系固然是非任意的,但采用某种"标"的形式就有了一定的任意性。镜中人与真实的人之间的肖似是必然的,而在哈哈镜中就不那么肖似了。

符号形体和符号对象之间的关系还可以理解为指称关系。指称(designation, reference)本是语言哲学和逻辑语义学用语,指符号表达式指代符号的对象。作为一个符号表达式,它总是与一定的对象相联系,必然地指称一定的对象。这个对象可以是现在实存的事物,也可以是过去实存、现已消失了的事物,也可以是过去、现在都未出现但将来可能出现的事物,还可能是纯属虚构、永远不会出现的事物。此外,它也可能是一种心理的主观想象。总之,这里所说的"指称"正是符号三元关系中的符形与对象之间的关系,也同皮尔斯所说的"符号(形体)可以用来指称的可感知的对象,或在某种意义上只能想象,甚至不能想象的对象",显然是同一个意思。皮尔斯常说逻辑学就是符号学的"另一个说法",就是着眼于符号形体指称符号对象之间的真假关系。从这一点出发,使用"指称"一词来标明符形与对象之间的关系,应当说是准确和恰当的。

那么表征关系和指称关系是什么样的关系呢?表征关系实际上就是指称关系,A 表征 B,也就是 A 指称 B。"表征"也就是"指代",即指称,只不过我们有时强调"表征"这个特征罢了。

至于第三组——符号对象和解释项之间的关系,它们是通过符号形体的"中介"来实现的,因而只是一种间接的反映关系。

综上所述,符号的二元或三元关系,可以表示为下面的三角形,通常称之为"符号三角"。图示如下:

皮尔斯认为,任何事物都可以成为符号形体,包括解释项,"解释项不停地变成(新的)符号,如此绵延以至无穷"。[①] 因此符号三角还可以表现为以下形式:

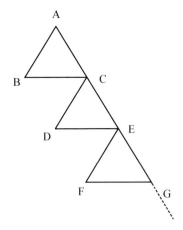

例如语言符号 A 为"语词"(符形),B 为客观事物,即符号对象,C 为"概念"或思想,即解释项。按照皮尔斯的理论,解释项 C,即概念(思想)也可以是一个新的符号形体,它同对象 D 和解释项 E 构成了新的符号三角:D 为外延,E 为内涵。当然,从理论上说可以"如此绵延以至无穷"。

第二节 符 号 学

一、符号学研究什么

20 世纪初年,索绪尔在瑞士日内瓦大学讲授普通语言学时,曾有过关于符

---

① [美]皮尔斯著,赵星植译:《皮尔斯:论符号》,四川大学出版社 2014 年版,第 32 页。

号科学的设想。他说：

> 　　我们可以设想有一门研究社会生活中符号生命的科学；它将构成社
> 会心理学的一部分，因而也是普通心理学的一部分；我们管它叫符号学
> （sémiologie，来自希腊语 sēmeîon“符号”）。它将告诉我们符号是由什么构
> 成的，受什么规律支配。因为这门科学还不存在，我们说不出它将会是什么
> 样子，但是它有存在的权利，它的地位是预先确定了的。语言学不过是这门
> 一般科学的一部分，将来符号学发现的规律也可以应用于语言学，所以后者
> 将属于全部人文事实中一个非常确定的领域。①

从这段引文可以看出，索绪尔设想的符号学是“一门研究社会生活中符号生命的
科学”。在《普通语言学教程》一书中，索绪尔着重研究的是语言符号学，但他指
出了“语言学不过是这门一般科学的一部分”。

　　差不多同一时期，在大西洋彼岸的美国，皮尔斯也提出了关于符号学研究的
设想，而且还很具体。

　　皮尔斯认为，符号是一门形式科学，也是一门规范科学。作为形式科学，它
关注符号学的特性和用途赖以成立的必要条件和基本条件。它有三个分支，即
语法学、逻辑学和修辞学。这种划分与西方古代教育的“三艺”——语法、逻辑、
修辞三门课程相对应，似乎不是偶然的。作为规范科学，它是在真值问题上关注
符号。符号学不仅涉及对符号的描述和定性，而且涉及符号在探究中的应用，以
及符号被用来劝说和达成共识的手段。

　　语法学或称句法学，是对符号形式特征及表达方式的研究。作为语法学，它
的一般条件是：1. 一个符号的形体必须指称一个对象；2. 符号形体决定一个解
释项；3. 符形、对象和解释项必须是一种三元关系。

　　逻辑学关注的是符号被用来鉴别真相的方式。皮尔斯说：“在一般意义上，
逻辑学，正如我已经说明的，仅仅是符号学（σημετκ）的另一个名字。”②符号学研
究符形如何指称对象，用以“鉴别真相”，自然是说符形指称对象的真或假。从某

---

① ［瑞士］索绪尔著，高名凯译：《符号学教程》，商务印书馆 1980 年版，第 38 页。
② ［美］皮尔斯著，赵星植译：《皮尔斯：论符号》，四川大学出版社 2014 年版，第 4 页。

种意义上说,逻辑就是研究真假的。由此不难理解,逻辑学就是符号学的"另一个名字"。

修辞学探究在某一社群中符号被用来传达和表达主张的方式。符号学对于符形与解释项之间关系的研究为修辞学。早在亚里士多德那里,修辞学就是一门用于说服的科学。修辞是通过话语的传情达意,用以取得最佳的交际效果。

皮尔斯常常在这三个分支学科前面冠以"纯"或"一般"、"普遍"等字样,大概是为了区分人们日常应用的语法、逻辑、修辞三个学科吧。

皮尔斯的符号学三分法直接影响了莫里斯的符号学说。美国哲学家莫里斯(Morris,C. W.)自称是皮尔斯的解释者,他把符号学三分为语形学(syntactics)、语义学(semantics)和语用学(pragmatics)。语形学研究符形之间的关系,语义学研究符形所传达的意义,而语用学则研究语境中的意义问题。莫里斯的符号学三分法或许更容易为人们理解和接受,因而在符号学界产生了更为广泛而深远的影响。随着符号学研究的发展,符号学家们从符号的三元结构进一步关注三元关系中三个项之间的关系,具体说来,就是符形与对象之间的指称关系,符形与解释项之间的意指关系。

在符号化的过程中,只有用一事物指称另一事物,才能形成"符形—对象"的结构关系,符形作为讯息的载体,使得人们获取对象讯息成为可能。表征也是指称,如果就符号的表征方式而言,主要表现为像似的方式、指索的方式和象征的方式。形形色色的符号世界,作为表征方式,无非就是这么几种。现代符号学把符号区分为像似符号、指索符号和象征符号三个类别,恰好体现了三种不同的表征方式。

正是意指的作用,使得能指(符形)和所指(符释)结合成为符号的二元结构关系。所以一些符号学家,包括皮尔斯和艾柯,都十分强调符号学要研究符号的意指或意指作用。符号的意指作用是通过意指方式实现的,而意指方式则是多种多样。例如一件物品上画有骷髅图像,它会使人联想到死亡,由此推出该物件属于危险品。这是联想和推理的意指方式,同时也是一种约定。又如古代汉字符号"吾"字,字形即符形(能指),字的音义为解释项(所指)。"吾"是代词,可以作主语和宾语,这是语形的意指方式。"吾"是第一人称,当"我"字讲,这是语义的意指方式。《孙子·计篇》云:"吾以此知胜负矣。""吾"指孙武;《荀子·修身篇》说："诟谀我者,吾贼也。""吾"指荀况。这是语用的意指方式。当然这些意指方式并不是彼此不相关的。语形、语义或者语用方式同时也会是联想、推理或纯粹约定的方式。把符号学划分为语形学、语义学和语用学三个组成部分自然是很有道理的。

至此,对于"符号学研究什么"的问题,答案是符号学研究符号的三元结构。更为本质地说,符号学研究符号的指称和意指方式。因此我们给出符号学一个简约的定义:

符号学就是研究符号三元结构及其指称和意指方式的科学。

二、符号学的疆域

符号学的疆域是极为辽阔的。罗兰·巴尔特说,符号学"以所有符号系统为研究对象"。① 我们虽然不能说整个世界是由符号构成的,但是我们确实看到了世界上的任何事物都可以作为符号,因而都可以成为符号学的研究对象。

20 世纪 70 年代,意大利符号学家艾柯(Eco, U.)在他的《符号学理论》一书中,曾经描绘了一个全景式的符号学疆域,其中包括:

动物符号学。

嗅觉符号学。气味代码。

触觉符号学。盲人识字,接吻、拥抱等。

味觉符号学。如烹饪。

副语言学。哭、笑、抽泣、耳语等。

医学符号学。

运动和动作符号学。从礼节到仪式,乃至哑剧。

音乐符号学。

形式化语言研究。从数学到化学。

书写语言研究。包括未知字母研究和密码学。

---

① ［法］罗兰·巴尔特著,王东亮等译:《符号学原理》,三联书店 1999 年版,第 5 页。

自然语言研究。

视觉通信系统。

物体符号系统。从建筑到一般物体。

情节结构研究。神话、传说、民俗游戏、侦探小说等。

文本理论。语言的宏观单位研究，诗歌语言分析等。

文化代码研究。

美学文本。

大众传播研究。

修辞学。

艾柯列出的这些学科并不完全，学科间的分界也不够清晰。此后符号学家们描绘的符号学疆域，更为辽阔广大。

符号学辽阔广大的疆域，使得一些符号学家产生了被称为"符号学帝国主义"的思想倾向。他们认为，符号学应当像古代哲学那样，建立一个包罗万象的综合学科群体，并且宣称符号学有权侵入任何一个学科领域。"符号学帝国主义"当然是错误的。符号学的研究对象涉及各个学科，并不是说要把各个学科都"兼并"过来。物理学的研究对象涉及整个物质世界，但它并没有把研究物质世界的其他学科"占为己有"。

同"符号学帝国主义"恰好相反，还有一种可以称之为"偏安一隅"的符号学倾向。一些符号学家像南宋小朝廷那样，自甘把大片疆土拱手让给别人。他们说：

征兆不是符号。例如"症候"不是符号；电闪雷鸣使人们想到"将要下雨"，不是符号。信号不是符号。因为信号所处理的只是零星的不关联的表象或感觉，而不是系统。镜像不是符号。据说符号的对象总是不在场的，而镜像的符号对象"在场"。记号不是符号。例如人们读书时在书的空白处所画的各种记号。像似符号和指索符号都不是符号。只有"symbol"（象征符号）才是符号。①

————

① 参阅李幼蒸：《理论符号学导论》，中国社会科学出版社 1993 年版，第 93 页。

这不是自甘"偏安一隅"吗?

既然"符号学帝国主义"是错误的,自甘"偏安一隅"也是不正确的,那么符号学的疆域到底应当怎样划定呢?

原来科学的区分,就在于各有自己独特的研究对象。符号学的研究对象就是"符号"(sign),是符号的"三元"关系,是符号的"指称"和"意指"方式。任何事物,只要符合"sign"条件的都是符号。当然,"符号"可能也为其他学科所关注,但是其他任何学科关注符号都只是一种"兼职"行为,这些学科不会以符号的"三元"关系和"指称""意指"方式为主要研究对象的。相反地,只有符号学才把它们作为专门的研究对象。符号学研究符号,是一种"专业"行为。符号学研究它应当研究而不研究它所不应当研究的内容。

符号学作为一门现代科学,它必须在人类的科学体系中找准自己的位置,既不能狂妄自大,也不能妄自菲薄。就像 C. 布雷蒙所说的那样,应避免陷入乌托邦帝国主义和自暴自弃这两极陷阱。[1]符号学应当明确地规定自己独特的学科研究对象,从而划定仅仅而又应当属于自己的疆域。

三、符号学与符号学思想

"符号学"与"符号学思想"是两个不同的概念,虽然彼此相关,但应当区别开来。符号学作为一门独立的学科,诞生于 20 世纪初年,它的历史是很短的;然而,符号学思想——关于符号学的一些具体理论或观念,则是自古有之,源远流长。

在西方,符号学思想发端于古希腊希波克拉底的"症候学"。随后,亚里士多德着力探讨过语言符号问题。"口语是内心经验的符号,文字是口语的符号",便是亚氏名言。斯多葛学派的"Lekton",如果解释为"关于对象构想的意谓的声音",那就简直近似于现代符号学"三元结构"的思想了。罗马时期,奥古斯丁和他的继承者们发展了神学符号学的研究。中世纪的唯名论和唯实论,围绕名称的本性即名实关系的争论,有些像中国先秦时期的"名实"之辩。近代的洛克和莱布尼茨,都为符号学的研究做出贡献。特别是莱布尼茨,他有一个伟大的设想:创立一种全人类通用的符号语言,用以消除自然语言的歧义性。这种语言可以根据规则,构成像数学那样精密的"思维的演算"。他的设想直接导致数理逻辑的建立和计算机的发明。

中国古老的传统文化,也积淀了丰富的符号学思想。早在数千年以前,《易经》就建立了一个完整的符号系统,不仅有语形学,而且有语义学和语用学,这不能不说是符号学史上的一个奇迹。春秋战国时代,各个学派关于"名实"的论争,形成了中国文化史上对符号问题进行探讨的高峰时期。这一争论甚至绵延两千余年,同今天国际上的语义学研究接上了"轨"。方块汉字是一种特殊的文字编码,"六书"即编码规则。汉字学的研究历史悠久,古代汉字学的研究称为"小学",包括研究符号能指的文字学和研究所指的音韵学和训诂学。《说文解字》一书影响深远,形成了两千年来《说文》学"的学术思潮。有的学者指出,"汉字是保留中华民族文化基因的重要载体。汉字是一面镜子,其独特的造字方式,映射出古人认识世界、表达意愿的途径和方式。汉字的创造和使用,承载了中华民族独特而严谨的思维方式和基因密码"。[①] 同样,中国古代音乐、中国书法、中国绘画、中国建筑等,也都体现了中国艺术符号思想的独特风格和深厚底蕴。中国传统文化是一座蕴藏着丰富的符号学思想的宝库。

这些丰富多彩、辉煌耀眼的学术成就,实际上都是具体的符号学理论或观念,我们称之为"符号学思想"。

作为现代意义上的符号学,它应当具备下面几个条件:

首先,它有一个明确而且独特的研究对象。作为一般符号学,就是研究符号的结构、系统以及指称和意指方式的科学。如果是部门符号学,还需要加上其部门的符号特征。

其次,它有一个确定的学科体系。符号学不只是研究符号,它还必须建立起相应的理论体系,否则就不能称之为"学",称之为"符号学"。

第三,还需要得到公众的认可。一个"公认"的符号学理论体系,这是符号学学科成熟的标志。

第四,还要有成熟的研究方法。目前国际通行的符号学研究方法,既有理论思辨,也有实证方法,主要包括文献研究、理论构建、数据统计分析、科学实验、实地考察研究等。现代符号学名下的部门划分及其之间的跨学科借鉴融合,是其研究方法多样化的两个直接原因。[②] 目前的符号学界学派林立,莫衷一是。这

---

① 王云路:《汉字蕴含的思维方式和文化基因》,《光明日报》2023 年 2 月 26 日。
② 余红兵、王峰:《国际符号学研究的阵地、理论与方法》,《北京第二外国语学院学报》2018 年第 6 期,第 18 页。

也就是说,作为一门现代科学,至今还没有一个公认的学科体系。余红兵和王峰
认为,符号学主要有四大理论流派:瑞士索绪尔为代表的语言符号学派、美国皮
尔斯为代表的哲学符号学派、德国卡希尔文化符号学派以及俄国巴赫金为代表
的语言为中心的马克思主义学派。他们不断衍生新概念和术语,很难让初学者
对符号学形成一个整体印象。虽然符号学还不够成熟。但是符号学发展形势良
好,跨国性研究的规模日趋扩大,新成果不断涌现。例如以"Semiotics Around
the World:Synthesis In Diversity"为主题的国际符号学会(IASS)第五届全体
大会于 1994 年 6 月在美国加州大学伯克莱分校(UCB)举行,来自世界各地的近
700 名学者参加了本次大会。第八届国际符号学会(International Association
for Semiotic Studies)大会于 2004 年 7 月在法国里昂第二大学的布隆(Bron)校
区召开,来自世界 48 个国家的 500 多位(共有 1 000 位报名者)符号学教授、学
者、研究生参加了这次盛会。会议以"世界的符号:跨文化性与全球化"为主题。
2012 年 10 月,在南京召开了第 11 届世界符号学大会。该届大会是世界符号学
大会首次在中国乃至亚洲召开,来自世界 50 多个国家的近 400 名学者参加。
2015 年,第一届文化与传播符号学国际学术研讨会 4 日在成都开幕,来自美国、
英国、中国大陆及港台地区的 300 多名学者参会。2022 年 8 月,第 15 届世界符
号学大会(15th World Congress of Semiotics)在希腊古城塞萨洛尼基和 ZOOM
平台线上线下结合进行。大会由国际符号学学会(IASS-AIS)主办,希腊马其
顿大学(University of Macedonia)等单位承办,主题为"生活世界中的符号学
(Semiotics in the Lifeworld)",来自世界各地约 750 位学者齐聚一堂。2023 年,
以"意义理论再出发"为主题的国际会议在四川大学举行,大会旨在探讨意义形
成的基本理论,汇通符号学、传播学、叙述学、艺术学、文化学、语言学等多学科领
域,推进对当代文化现象的学术研究。值得一提的是,2022 年出版了四卷本的
《布鲁姆斯伯里符号学丛书(Bloomsbury Semiotics)》,展示了符号学发展的最
前沿进展,凸显各学科领域的共性,将分散的学科纳入了符号学统一的理论框
架。第一卷《历史与符号学(History and Semiosis)》展现了符号学的历史语境;
第二卷《自然与技术科学中的符号学》彰显了 STEM(科学、技术、工程和数学)相
关学科领域的符号学视角。第三卷《艺术和社会科学中的符号学》着重探究符号
学对人类潜能和困境密切相关学科的贡献,第四卷《符号学运动》中讨论的新兴

运动包括认知科学、系统理论、认知语言学、传媒/文化研究等。

国内近年来也出版一系列重要的图书,比如《广义叙述学》(赵毅衡,2013)、《先秦符号思想研究》(祝东,2014)、《广告符号学》(饶广祥,2014)、《游戏学:符号叙述学研究》(宗争,2014)、《社会文化符号学》(张碧,2014)、《新闻符号学》(李玮,2014)、《武侠文化符号学》(孙金燕,2015)、《哲学符号学:意义世界的形成》(赵毅衡,2017)、《饮食的文化符号学》(石访访,2020)、《游戏符号学文集》(宗争,2020)、《当代符号学新潮流研究(1980—2020)》(赵星植,2021)《早期中国符号学思想与伦理转向》(祝东,2023)、《〈周易〉经传文本的符号学研究》(苏智,2022)、《中国文化符号学关键词》(祝东,2023)、《认知符号学——美学和文学艺术研究新路径》(马大康,2023)、《符号学诸论域》(唐小林,2023)、《品牌符号学原理》(张丰年,2023)。

第三节　一般符号学

一、一般符号学的构想

"一般符号学"中的"一般",英语"general"一词,含有"普遍"、"普通"等义,所以一般符号学也称为"普通符号学"。

一般符号学是相对于部门符号学而言的。一般符号学和部门符号学的区别在于:前者研究符号学的一般理论,是从符号的"大系统"意义上说的;如果是某个子系统的符号学,那就是部门符号学,如语言符号学、文字符号学、电影符号学、广告符号学、建筑符号学、工业设计符号学等。一般符号学不是部门符号学。

自从现代符号学诞生以来,建立起"一般"意义上的符号学理论,一直是一些具有远见卓识的符号学家的愿望。然而由于任务的艰巨性,这项工作还处在探索阶段。

索绪尔的符号学传统,意在把符号学研究对象从语言符号扩大到非语言符号的系统中去。索绪尔本人就是以这一思考为潜在前提的,并且认为语言学只是符号学的一个组成部分。然而索绪尔的具体研究仍然局限在语言学领域内,实际上只是提出了一般符号学的设想,并没有建立起一门一般符号学。

　　其后,罗兰·巴尔特在他的《符号学原理》一书中作了创建一般符号的尝试,明确地把语言符号同其他文化符号统一在一个理论框架之内。然而巴尔特对于非语言符号研究采取的是"准语言学主义",认为符号学只是语言学的一个部分,这与索绪尔的观点是不相一致的。诚然,语言符号在符号的大系统中占据着核心地位,现代符号学思想的首要来源是现代语言学。现代语言学与现代符号学在内容上的重合性、理论上的根据性以及应用上的相关性都是毋庸置疑的。然而在语言符号之外毕竟存在着一个名目繁多的非语言符号的世界,一般符号学应当建立在更为广阔的视野之上。

　　一般符号学的"一般",其另一含义是为符号学提供一般方法论的理论。法国符号学家格雷马斯(Greimas,A.)的普通语义学研究为此做出了贡献。正如格雷马斯的夫人 T. K. 格雷马斯所介绍的:"自 1970 年起,符号学代替了语义学而占据了格雷马斯的思考空间。""从词汇学到语义学再从语义学到符号学的三段式旅程颇能说明问题。无疑,三个学科都关注意义,但是,每个阶段的理论架构不同,适用场也不同。这样,符号学理论就要在包容前阶段的基础上发展。"[①]格雷马斯探索一般符号的思路历程同皮尔斯所说"表意学(significs)相比符号学的范围小一些……表意学似乎局限于符号与其解释项之关系的研究之上"是相一致的。

　　皮尔斯的符号学研究就是"一般符号学",似乎已经成为一般符号学研究的主流。不过皮尔斯的符号学体系主要是当代人对其零散的符号问题论述的系统重构,不是由皮尔斯本人完成的。莫里斯是最早的正式提出一般符号学理论体系的符号学家。他在 1938 年的《符号理论基础》一书中把符号学分为语形学、语义学和语用学三个部分,已成为符号学界的广泛共识。

　　美国符号学家西比奥克(Sebeok, T. A.)提出,符号绝不限于人类文化的范围,在动物的生命世界里同样随处可见。于是他把人类的符号过程与动物的符号过程对举,前者指人类所特有的部分,后者泛指动物界的符号作用,从而使人类动物的意识与其他动物的意识发生交集。其后,马丁·克朗蓬又发表了《植物符号学》的论文,进一步拓展了西比奥克的"生物符号学"理念。

---

① ［法］格雷马斯著,蒋梓骅译:《结构语义》,百花文艺出版社 2001 年版《前言》。

　　意大利符号学家艾柯，似乎是从索绪尔传统逐渐转向皮尔斯传统的。他对一般符号学的论述并不统一，有时说是"元符号学"，有时又说是语言哲学或"文化逻辑学"。但是不管怎样，他对一般符号学的理论基础、可行性以及存在问题等都有比较精当的论述；他于20世纪70年代出版的《符号学理论》一书也被看作一般符号学构想的代表著作之一。法国另一位符号学家皮埃尔·吉罗（Guiraud，P.）同巴尔特、格雷马斯和艾柯都有区别，他的《符号学概论》一书甚至把符号学定义为"对于非语言符号系统的研究"。这本书从科技符号、社会符号和美学符号三个方面介绍了符号学的一般理论及其应用，是一本一般符号学的入门书，曾经几次再版，并有英、德、汉等多种文字译本。

　　讨论一般符号学，我们必须提到中国学者赵元任的《符号学大纲》。1926年，赵元任在上海《科学》杂志第5期、第11期发表了《符号学大纲》的长文，讨论了"什么是符号"，提出了建立"普通符号学"的任务，也说到了符号的应用问题。值得注意的是，这时索绪尔和皮尔斯故世不久，赵元任似乎没有读到索绪尔的《普通符号学教程》或者皮尔斯的论著。[①] 他的一般符号学设想似乎是从西方哲学家那里获得启示而独立完成的。早在那个时候，《符号学大纲》出于一位中国学者的设想，实属难能可贵。

　　近年来，国际上又出现了"整体符号学"（Global Semiotics）的提法，该提法是对西比奥克（Sebeock，2001）的"整体性"（globality）概念的扩展。21世纪之初，西比奥克指出，质问符号学到底是一门科学、一个学科、一个理论还是跨学科研究方法的做法是毫无意义的。符号学应该被界定为一种综合视角，来认知连接任何局部物体和整体之间庞大的网络关系，包括甚至超越生物圈。他认为，符号学的对象是行星的、国际的、综合的、无限的和无所不包的。[②]

　　一般符号学虽然至今还没有形成一个人们公认的理论体系，但从符号学家们提示的一般符号学研究的内容来看，建立一门一般符号学的条件渐趋成熟，因此不妨作一些尝试。

　　建立一般符号学，下面几方面的内容是应当特别予以关注的：

---

　　① 据［英］特伦斯·霍克斯《结构主义和符号学》（瞿铁鹏译，上海译文出版社1987年版）一书云：由于两次世界大战的原因，索绪尔《普通语言学教程》英译本直到1959年才得以面世。（第20页）
　　② Matthews S. W. Bloomsbury Semiotics. *History and Semiotics*. 2022(1)：8.

1. 界说

作为一般符号学，必须把符号学的一些基本概念界说清楚，做到概念明确。举其要者如下：

什么是符号？即使不能给出一个能够取得共识的定义，但也必须界说清楚。符号是一种关系，即符号形体、符号对象和解释项构成的三元关系。符号的三元结构关系，包括它们的指称和意指方式，是符号的本质，也是符号区别于其他任何事物的特征所在。

符号结构有简单和复合之分。有的符号结构简单，例如选举，只需在候选人名单上打"○"表示赞成，打"×"表示反对，这"○"和"×"是简单符号；而有些符号，例如一张国家地图，则是一个复杂符号，它由一些简单符号复合而成，包括疆域符号、山脉符号、河流符号、铁路符号、公路符号、城镇符号等。无论简单符号还是复杂符号，它们都是三元结构关系的符号。

具有三元结构的各种各样的符号，都有一个产生、流传和衰亡的过程。我们不妨把这一过程理解为符号"生命"的历程。在社会生活中，如果有人用某个事物来指称另一事物，同时赋予意义，就可以说一个符号产生了。符号产生以后，并不意味着就有了生命的活力。符号的生命还在于社会的承认，也就是说，要由社会来"约定"这个符号。如果不能得到社会的约定，那是"夭亡"；如果在流传中不能得到社会的继续约定，那是"死亡"。符号的社会约定性是符号的基本属性。

符号功能是什么？符号的功能应该是认知和交际。人们天生好奇，凡事都想知道"是什么""为什么"，所依靠的就是符号，即通过符号形体获得对象的讯息，此外别无他法。认知就是一种符号操作，"心理上的符号运算"。一位学者说，"人在本质上是一种交际动物"。交际行为就是人们通过符号活动进行人际讯息交流。

什么是符号学？目前大概还不能给出一个人们普遍认可的符号学科定义，但是如果把符号学界定为研究符号三元关系及其指称和意指关系，如果我们对于"符号"的界定不错的话，那么大概不会有太多的反对者。而这样的界说已经能够把符号学同任何其他科学区别开来，而且不至于过宽或者过窄。

符号学是什么样的学科？皮尔斯把符号学简明地描述为关于符号的形式学说，可以说是一种直截了当的界定。一门形式学科旨在鉴别所研究对象的必要条件,因为形式"就是任何事物如其所是的状态"。

作为一般符号学,至少这些基本概念必须界说清楚。

2. 系统

就符号学而言,符号结构固然重要,但更为重要的还是系统。符号必须组成系统才能产生指称和意指作用。例如交通路口的信号灯之所以具有符号作用,就是因为它们组成了系统。一个单独的红灯或者绿灯,如果离开了交通信号系统,那是不可能指挥交通的。形形色色的符号,都有各自的系统,除语言符号系统以外,其他如文字符号系统、礼仪符号系统、服饰符号系统、建筑符号系统等,也是如此。不同符号系统之间的转换,需要通过语言符号的"翻译"。

系统是依靠编码建立起来的。我们说符号组成系统,实际上就是符号借助于编码组织起来。编码就是规则,就是使用者们之间的约定,符号的指称和意指作用就建立在编码的基础之上。

符号系统是一个大系统。在符号的大系统中,一个符号集合的整体称为聚形,各个部分称为散形。符号的散形可以分别释义,其聚形也有含义。符号的聚形通常是个有序集,聚形的意义不等于各个散形意义的机械相加。例如语词符号"不得了",表示情况严重,没法儿收拾;"了不得"是"大大超过寻常";"不了得"则是"不怎么样"或者"没什么了不起";还有"得不了",是指"不可能得到"。虽然它们的元素符号相同。符号系统中的聚形和散形只是相对而言的,聚形有自己的散形,散形也可能是一个次一级的聚形,它也有自己所属的散形,从而构成了一个层层叠叠的意义系统。

3. 划分和分类

符号是个极其复杂的大系统,符号学的研究不能"笼而统之",必须细化为若干类别"分而治之"。皮尔斯对符号就曾有过一系列的三分法分类,其中最为重要、影响最深远的是按表征方式的分类,即① 像似符号(icon),例如镜像、肖像画、地图、几何图形等;② 指索符号(index),如温度计、风向标等;③ 象征符号(symbol),如语言符号、逻辑符号、礼仪符号等。皮尔斯很看重这个三分法分类,称之为"符号最基本的分类方法"。

符号学也有不同的类别,一样地可以"分而治之"。比如根据对象的生物性把符号学分为人类符号学和动物符号学,应当还有植物符号学。相对于一般符号学的是部门符号学,相对于理论符号的是应用符号学。如此等等,都是符号学的分类。到目前为止,符号学的分支包括普通符号学、生物符号学、文化符号学、社会符号学、认知符号学、传播符号学、广告符号学、动物符号学、植物符号学等诸多分支。虽然专业细分程度加深,但各分支有共通的连接,即对符号活动的关注,同时解释力也得以提升。①

从日常的意义上说,分类是一种划分,但划分未必都是分类。比如把一个整体划分为若干部分是划分而不是分类。皮尔斯把符号学划分为语法学、逻辑学和修辞学三个分支是划分而不是分类。莫里斯继承了皮尔斯符号学三分法的思想,把符号学三分为语形学、语义学和语用学,对于符号使用者而言似乎更容易理解和操作。

作为尝试,并非完成。建立一般符号学任重而道远。

二、走出罗兰·巴尔特的"怪圈"

罗兰·巴尔特在他的《符号学原理》一书的导语中,开宗明义地指出:"由于符号学尚有待建立,可以想见的是,任何一本有关这种分析方法的教材都不可能存在。况且,鉴于符号学涵盖甚广即以所有符号系统为研究对象,只有在这些系统以经验的方式被建立起来之后,它才有可能作为一门学科被讲授。"在巴尔特看来,只有等待各个部门符号学建立起来之后,才有可能编写出作为一门学科的一般符号学教材。然而巴尔特接着说道:"可是,为了逐步开展这项工作,具备一定的知识又是必不可少的。"②也就是说,建立各个部门的符号学又必须在一般符号学的指导下进行。于是就出现了这里所说的巴尔特"怪圈":一方面建立一般符号学有赖于各个部门符号学,而另一方面,建立各个部门符号学又有赖于一般符号学。

那么,怎样走出这个"怪圈"呢? 巴尔特认为,唯一的办法就是"借助于某些基本知识的介绍",即使这种介绍是"既胆怯又冒失的"。

巴尔特的"介绍"工作就是编写他的《符号学原理》,"目的仅在于从语言学

① 余红兵、王峰:《国际符号学研究的阵地、理论与方法》,《北京第二外国语学院学报》2018 年第 6 期,第 18—19 页。
② [法]罗兰·巴尔特著,王东亮等译:《符号学原理》,三联书店 1999 年版,第 5 页。

中抽出一些分析性概念,这些概念已先验地被认为是足具进行符号学研究所需的一般性"①。

《符号学原理》没有像《普通语言学教程》那样,提出让人们振聋发聩的符号学思想,但它界定了源于索绪尔符号学的基本概念,同时总结了到 20 世纪 60 年代的符号学发展的主要成果。《符号学原理》在索绪尔《普通语言学教程》的基础上,提出了符号学的四对基本概念:(1) 语言与言语;(2) 能指与所指;(3) 系统与组合;(4) 外延与内涵。书中还介绍了叶尔姆斯列夫、雅各布森、马丁内等语言学家和符号学家对这些概念的继承和发展,展望了符号学发展的前景。

从巴尔特介绍的这些内容不难看出,《符号学原理》还只是一本扩大了的"语言符号学",而不是严格意义上的"一般符号学"。

巴尔特这样地"介绍"符号学基础知识,同他关于符号学和语言学关系的观点密切相关。巴尔特和索绪尔恰好相反,索绪尔认为语言学应当是符号学的一个部分,而他则说:"符号学乃是语言学的一部分,是具体负责话语中大的意义单位的那部分。"②所以巴尔特的"介绍"没有比语言学走多远。巴尔特没有走出自己设置的"怪圈"。

其实走出"怪圈"最直截了当的方法,就是着手建立一般符号学。这样建立起来的一般符号学可能幼稚可笑,不能令人满意,但它可以在一定意义上指导部门符号学的研究;而部门符号学发展了,反过来又会推动一般符号学走向成熟。如此这般,就可以形成一般符号学研究的"良性循环"。相反地,如果不是这样,那就难免循着"怪圈"团团转,永远走不出"怪圈"。

事实上,前面说到的几本书:莫里斯的《符号理论基础》、艾柯的《符号学理论》和吉罗的《符号学概论》,都具有一般符号学的性质。目前我们编写的《符号学导论》一书,也是走出巴尔特"怪圈"的一次尝试。我们的尝试虽然像是蹒跚学步的孩子,在大人们眼里不那么像模像样,但毕竟属于走出"怪圈"的尝试。

三、本书主要内容

一般符号学的内容,顾名思义,研究符号学的一般理论,涉及方方面面。所

---

① [法]罗兰·巴尔特著,王东亮等译:《符号学原理》,三联书店 1999 年版,第 5—6 页。
② 同上书,第 3 页。

以我们编写的这本《符号学导论》分为三个部分，共计十章，内容摘要如下：

第一至六章为第一部分，讲符号学的基本理论。

第一章的内容包括：什么是符号？什么是符号学？什么是一般符号学？都是一些符号学中的基本理论问题。了解符号学就从这里开始。如果不懂得这些知识而奢谈符号学，那就不恰当了。

第二章，符号的功能。符号具有什么样的功能？这是人们所关注的一个重要问题，也在一定意义上体现着符号学研究的价值，回答为什么要学习和研究符号学的问题。符号的基本功能有两个，即认知和交际。电脑作为高速运转的自动化符号操作机器，最为充分地体现着符号的认知和交际功能。

第三章，像似符号、指索符号和象征符号。这是皮尔斯一系列三分法中最有价值、最为实用的符号分类。因为以表征方式为划分依据，因而同时也体现了肖似性、指索性和象征性三种不同的指称方式。

第四章，语形学、语义学和语用学。即莫理斯提出的符号学三个组成部分。符号学作为当代的一种思维方法，它们也是当代思维的三个维度。从符号能指与所指的二元关系上说，它们还是三种重要的意指方式。

第五章讨论符号的意义问题。意义或意指研究在符号学中处于核心的地位。语言学、逻辑学以及哲学等学科所研究的意义问题，归根结底是符号的意义问题。符号的意义，具体地说，它是符号通过符号形体所传达的关于符号对象的讯息。约略地说，意义即思想。

第六章，符号系统。符号是个大系统，这个大系统分为若干子系统，子系统又有子系统，以及子系统的子系统，由此形成了符号系统的谱系。世界上形形色色的符号，都可以在符号谱系中找到自己的位置。符号系统中一些重要的子系统，或子系统的子系统，如果研究出它们的理论体系，那便是一个个部门符号学，例如动物符号学、语言符号学、艺术符号学等。

第七至八章为全书的第二部分，从正反两方面讨论符号学的应用问题。

第七章从理论符号学与应用符号学的关系上为应用符号学定位，并且着重区分了应用符号学与符号学应用这两个不同质的概念。一般符号学虽然不必专门探究应用的符号学问题，但它的"一般"的性质决定了对于应用符号学的"一般"关注。

第八章，符号拜物教，从否定方面来讨论符号学的应用问题。例如占卜术、语言禁忌、名牌崇拜以及当代特有的数字化迷信等，都是符号拜物教的表现。符号拜物教属于符号的异化现象，是符号应用的误区。

第九至第十章为全书的第三部分，讲符号学的来龙去脉。

第九章，西方符号学史略。目前符号学溯源学正在西方兴起，并成为符号学研究的重要组成部分。在西方，从古希腊时期到近现代，从希波克拉底到索绪尔和皮尔斯，符号学研究一脉相承。特别是现代符号学产生以来，语言符号学、文化符号学以及一般符号学的研究，呈现一派生机，并对亚洲、非洲和拉丁美洲的符号学研究产生深远的影响。

第十章，中国符号学思想。中国是一个具有悠久的符号学传统的国家，数千年的传统文化，蕴藏着极其丰富的符号学思想。无论是《易经》符号、方块汉字符号，中国书画、音乐的艺术符号，或者中国的医学符号、建筑符号等，都深深地植根于中华民族生活的土壤之中，形成了自己悠久的历史、丰富的内涵和独特的风格。目前，中国的现代符号学研究势头良好。

第四节　符号学的学科性质

一、工具性

法国哲学家马里坦说："没有什么问题像与符号有关的问题那样对人与文明的关系如此复杂和如此基本的了。符号与人类知识和生活的整个领域相关，它是人类世界的一个普遍工具，正像物理自然世界中的运动一样。"[1]符号作为一种"普遍工具"有效地服务于人类，符号学因而也就具有了工具的性质。也就是说，符号学的工具性是由符号作为"人类世界的一个普遍工具"所决定的。

1. 认知的工具

人类创造符号的最初动机，即是为了认知。所谓"认知"，说到底就是人们去探究客观事物的有关讯息。由于讯息不是物质，而是看不见、摸不着的思想或意

---

① 李幼蒸：《理论符号学导论》，中国社会科学出版社1993年版，第1页。

义,它必须有自己的载体才能被认知。因此,人们在认知的过程中,就用某一事物来指称对象事物,也就是说,用某一事物作为载体来把握关于对象的讯息,并且储存于大脑之中。

美国符号学家西比奥克说:"符号学的另一名称即认知科学,我确信如此。"① 符号学作为认知科学,因而具有工具的性质。

2. 传播的工具

人们的交际,就是人与人之间的讯息交流。人际讯息传播,是通过发讯人的编码和收讯人的解码共同实现的。发讯人通过编码传达某一讯息,收讯人则通过解码来理解对方所传达的讯息,于是实现讯息交流。从编码到解码,是讯息传播的完整过程。

由于符号在讯息传播中的特殊作用,有的符号学家甚至认为,符号就是为传播一定的讯息而用,应当把符号学划归传播学。研究符号通讯的符号学家普里托,强调人和工具不可分离,符号通讯是一种由特殊工具——符号进行的操作,因此主张建立一门"工具逻辑"的学科。

3. 审美的工具

艺术符号有自己的能指和所指,能指为艺术形象,所指是艺术形象所传达的思想感情。艺术符号分为可视、可听两种形式。前者如绘画、雕塑、摄影,为视觉艺术符号;后者如音乐,为听觉艺术符号。艺术以它特殊的符号形式,使人愉悦身心,沉浸于美的享受之中。审美的工具不只是艺术符号。例如明山秀水也能够使人们身心愉快。作为自然符号,诸如"梦笔生花"、"平湖秋月"、"象鼻山"等风景名胜,更给人们的想象力留下了无限的空间。人们常说:"会看看门道,不会看看热闹。"符号学能够提高人们的美学欣赏能力,充分发挥美学符号学的工具作用。

4. "说谎"的工具

艾柯说过:"符号学是一门研究可以用来说谎的每一种事物的学科。"这句话令人吃惊,细细想来非无道理。说谎是以符号为工具的一种特殊的交际行为。由于符号的能指可以指称客观存在的对象,也可以指称一个虚假的对象,如果是后者,那就为谎言提供了条件。当编码者故意地利用符号传播错误讯息的时候,

---

① 李幼蒸:《理论符号学导论》,中国社会科学出版社 1993 年版,第 467 页。

他就是在说谎了。

"说谎"还是一种普遍的符号行为,人人都说过"善意的谎言"。比如有人患了绝症,但是探望者还是安慰他说:"病会好起来的。"这不是明明"说谎"吗?比如影响颇为深广的电视相亲节目《非诚勿扰》,主持人在开场白中说"欢迎 24 位美丽的单身女嘉宾",实际上女嘉宾并非都是美女,因此也有说谎的嫌疑。然而从符号学的意义上说,这样的表达属于语用学,并不是错误或品质问题。至于非善意的谎言,应用语用学也可以辨别出来。

德国哲学家卡西尔有句名言:"人是符号的动物。"人类以符号为工具,创造了伟大的物质文明和精神文明。符号学的工具作用源于符号的工具性。人们不学符号学,虽然也能够"自发"地使用符号工具,但是如果学习了符号学,那就会"自觉"地应用符号学理论,巧妙地掌握符号工具,从而创造出辉煌的事业来。

二、跨学科

就当代符号和意义研究面临的主要挑战,在世界范围内相关学者进行的调研发现,位居前列的包括:

1. 对目标和自身描述(self-description)的充分界定;

2. 与其他学科关系的重新定位;

3. 对当今世界迫切需要的充分呼应。

其中第二个挑战尤其值得关注,因为"通过把符号学与其他普通学科(包括传统学科和新兴学科)的关系进行重新定位,符号学将自然会充分界定目标和自身描述,也会找到呼应当今世界紧迫需求的平台"[①]

符号学不是"帝国主义",不能随意地"兼并"其他学科,但是符号学由于自身对象的特殊性,确实与众多学科、领域错综复杂地交织在一起,因而是一门跨学科性的科学。"符号学可以被视为一种独特的方法论工具,也可以被视为一个独特的横贯性视角,在众多符号系统之间联系比较,涉及领域广阔,比如语言文字、社会制度、仪式、宗教、表情、文学等各种看似松散不相关的人类表意行为。"[②]

---

① Matthews S. W. Bloomsbury Semiotics, *History and Semiotics*,2022(1):2.

② 余红兵、王峰:《国际符号学研究的阵地、理论与方法》,《北京第二外国语学院学报》2018 年第 6 期,第 18 页。

符号学的跨学科性,亦即学科之间的交叉性,特别明显地表现在人文学科方面。例如:

哲学

皮尔斯把符号学、逻辑学、伦理学、美学都置于哲学的标题之下。应当说这些学科都产生于哲学的怀抱,但都先后独立了出来。符号学同哲学应该是交叉关系。

符号学同哲学的交叉有其必然性的根源。因为人的一切活动,都直接或间接地建立在符号行为的基础之上。人的认识活动一开始就是通过各种符号来获取讯息;把感性认识上升为理性认识时,则要通过编码活动,将感性讯息转化为理性讯息。至于理性认识阶段,更是一种符号操作和变换的活动过程。由于人们的实践是一种社会性的群体活动,其间的讯息交流和行为协调,都是通过符号来实现的。因此,哲学研究必须把符号行为纳入自己的视野,才能够深入地揭示主客观以及主客体之间的关系,从而有效地解决一系列的哲学问题。

就符号学的研究而言,符号学从来就没有忘记对符号的哲学思考。现代符号学思想更是与现代哲学同时发展起来的,"结构主义",曾经差不多被看成"符号学"的同义语。

逻辑学

符号学与逻辑学的关系非同一般。亚里士多德是逻辑学的创建者,他的逻辑研究同时体现了他的符号学思想。正如海森堡所说:"亚里士多德在他的逻辑中分析了语言形式,分析了与它们的内容无关的判断和推理的形式结构。"①无怪乎从洛克到皮尔斯,都把符号学看成逻辑学的"另一个名字"。

皮尔斯强调"符号学是关于符号的几乎是必然的和形式的学说",这在现代数理逻辑里得到淋漓尽致的发挥。数理逻辑是符号语形学的卓越成就。数理逻辑也有形式语义学;在蒙太格等人的逻辑著作里,还有形式的语用学。形式化方法是当代符号学方法论的一个最重要成果。

考察皮尔斯的逻辑学思想,他所说的符号学倒也不等于形式化的数理逻辑,因为那时候的数理逻辑还不是成熟的学科。皮尔斯所说的"几乎是必然的和形式的学说",是指"可以对由科学才智使用的各类符号的特征进行十分必要的判

---

① ［德］维尔纳·海森堡著,范岱年译:《物理学和哲学》,商务印书馆 1981 年版,第 110 页。

断"。可见皮尔斯所说的"逻辑学"要比数理逻辑乃至一般逻辑学的含义更为宽泛。符号学和逻辑学毕竟各有自己独特的研究对象,因而分属于不同的学科。

语言学

索绪尔说:"语言的问题主要是符号学的问题,我们的全部论证都从这一重要的事实获得意义","语言比任何东西都更适宜于使人了解符号学问题的性质"。① 符号学同语言学之间的关系不仅密切而且特殊。

索绪尔明白无误地把语言学看成符号学的一部分,然而索绪尔符号学说最强有力的解释者——罗兰·巴尔特,却得出了一个完全相反的结论。他说:"应该从现在起就承认,有朝一日索绪尔的主张有可能被推翻:语言学不是普遍的符号科学的一部分,哪怕是有特殊地位的一部分;相反,符号学乃是语言学的一部分,是具体负责话语中大的意义单位的那部分。"理由是:"符号学到目前为止只论及一些用途狭小的符码如交通信号,一旦转向具有真正的社会深度的符码集合,人们又重新面对着语言。"②巴尔特的观点并不恰当,但也足以说明符号学与语言学的关系是如何地"纠缠不清"了。事实上,语言学如果不是着眼于语言符号的结构以及指称和意指方式的研究,那么它仍旧是语言学而不必说成符号学。

心理学

奥古斯丁在符号解释中说到符号"使我们想到在这个东西加诸感觉印象之外的某种东西",已经涉及心理因素,而索绪尔则更明确地认为,符号学"将构成社会心理学的一部分,因而也是普通心理学的一部分"。索绪尔特别强调"语言符号连接的不是事实和名称,而是概念和音响形象"。他说:"我们试观察一下自己的言语活动,就可以清楚地看到音响形象的心理性质:我们不动嘴唇,也不动舌头,就能自言自语,或在心里默念一首诗。"③

索绪尔属于社会心理学派,认为社会学就是社会心理学。他还把语言中的一切,连它的物质的和机械的表现,都看作是心理的。我们撇开这一点不说,仅就符号最重要的认知和交际功能而言,的确同心理学密切相关。"认知"这个心理学术语,涉及人们对讯息的选择、接收、理解、处理以及储存的能力和过程,交

---

① 〔瑞士〕索绪尔著,高名凯译:《普通语言学教程》,商务印书馆 1980 年版,第 38、39 页。
② 〔法〕罗兰·巴尔特著,王东亮等译:《符号学原理》,三联书店 1999 年版,第 2 页。
③ 〔瑞士〕索绪尔著,高名凯译:《普通语言学教程》,商务印书馆 1980 年版,第 101 页。

际也是如此。所以符号学和心理学之间存在着交叉的关系。

社会学

现代社会学创始人杜尔凯姆(Durkheim，E.)认为,社会事实"是一种行为,不论其是否有固定的性质,它对每个人都有'外部制约'……其主要特性是：在特定社会中具有最普遍的意义"。① 这"社会事实"超越具体个人,以并不完全的形式存在于每个人的大脑里。索绪尔说："符号的本质是社会的。"那些存储于人们大脑中的"社会事实",实际上都是以符号的形式存在的。

索绪尔认为,语言"既是言语机能的社会产品,又是社会集团为了使个人有可能行使这种机能所采用的一整套必不可少的规约","它只凭社会的成员间通过的一种契约而存在"。索绪尔因此说,"我们可以设想有一门研究社会生活中的符号生命的科学……我们管它叫符号学……语言学不过是这门一般科学的一部分"。② 由此不难看出,符号学不仅与语言学而且与社会学都具有交叉的学科关系。

符号学的跨学科表现远不止这些。其他如政治经济、文化艺术、天文地理、三教九流等各个领域,都同符号学有不解之缘。从理论上说,符号学可以跨任何一个学科。哪里有符号,哪里就可以有符号的研究——某个部门符号学或相关的符号学思想。

三、元科学

在现代科学著作中,常常见到带"元"字的术语,例如"元语言"(metalanguage)、"元逻辑"(metalogic)、"元理论"(metatheory)、"元科学"(metascience)等。其中以"元语言"最为常用。元语言是相对于对象语言而言的。对象语言是指被讨论的语言,而用来讨论对象语言的语言称为元语言。例如教师用汉语讲英语知识,英语是对象语言,所用的汉语是元语言;如果用汉语讲汉语知识,那么对象语言和元语言都是汉语。在数理逻辑中,所讨论的特定的形式语言是对象语言,用来讨论形式语言的是元语言。如果使用的元语言仍是形式语言,那么讨论元语言的元语言称为"元元语言"。其他带"元"字的术语,同"元语言"的意义都

---

① 王铭玉：《语言符号学》,高等教育出版社 2004 年版,第 98 页。
② [瑞士]索绪尔著,高名凯译：《普通语言学教程》,商务印书馆 1980 年版,第 39、30、36、38 页。

有相通之处。

推究带"元"字术语的含义,关键在于"meta-"(元)这个词缀。希腊语前缀 meta 原是"之后"的意思,亚里士多德的哲学著作被编在自然科学成果物理学之后,因此名之为 metaphysics。可是从学科性质上说,哲学应在自然科学之前,而不是在后,所以中文译为"形而上学"。(译作"形而上学",还根据《易经·系辞》中"形而上者谓之道,形而下者谓之器"之语。)

其实前缀 meta 的真正含义,并不在于"在上"、"在下"或者"在前"、"在后",而是意义上比原层次更深一层。元语言就比对象语言要深一个层次。例如逻辑学家塔尔斯基在解决"说谎者悖论"这个千古难题时指出:"这句话是假的"是用对象语言表达的,所以它的真假必须用元语言表述为:"'这句话是假的'是真的(或是假的)。"这样就避免了一个语句自己表述自己的真或假,从而达到消除悖论的目的。人们常说:"不识庐山真面目,只缘身在此山中。"处在同一层面上,往往说不清楚,道不明白。相反地,如果超出这个层面,所谓"旁观者清",那就是另外一番景象了。

符号学作为一个学科,它的第三的特点就是具有元理论或元科学的性质。乔纳森·卡勒在《索绪尔》一书中指出:"符号学的基本假设是:只要人类行为能表达意义,并且能起符号作用,就必定存在着一个由常规和差别构成的潜在系统。哪里有符号,哪里就有系统。这是所有表示意义的行为的共同点。如果要判断这些行为的本质,就不能孤立地看待它们,而应该把它们看作符号系统的表现。这样,那些隐蔽的或被忽视的因素,特别是那些被当作'语言'的非语言行为,就可以看得一清二楚。"①不难看出,卡勒的"符号学假设"清楚地说明了符号学在各门科学中的元科学的学科性质。

索绪尔应用符号学的方法研究语言学就是一个范例。索绪尔说:"归根结底,语言是一个符号系统。因此,必须求助于符号学才能准确地说明语言。这个道理不是显而易见的吗?"②索绪尔所说的这个"显而易见"的道理就是:符号学是语言学的元科学。

---

① [美]乔纳森·卡勒著,张景智译:《索绪尔》,中国社会科学出版社 1985 年版,第 125 页。
② 同上书,第 123 页。

第二章　符号的功能

第一节　符号的功能：认知与交际

一、人类符号的产生

符号虽然并非为人类所独有,但是人类应用自己的聪明才智,创造了一个奇妙的符号世界,从而拥有无与伦比的精神与物质文明,则是人类所独有的。德国哲学家卡西尔(Cassirer, E.)把人定义为"符号的动物",用来取代"人是理性的动物"的定义。他说:"符号化的思维和符号化的行为是人类生活中最富于代表性的特征","人不再生活在一个单纯的物理宇宙之中,而是生活在一个符号宇宙之中"。[①] 从卡西尔的观点来看,人是符号世界中的人,符号世界是人的世界。物理世界中的鸟兽虫鱼、花草树木等万事万物本身并非符号,一旦作为人类符号创作的素材进入符号世界,则负载了一定的意义,成了符号。例如水中嬉戏的鸳鸯本来不是符号,但当人类需要用它们来表示相爱的一对夫妻时,鸳鸯于是成了恩爱夫妻的符号。人类生活在自己创造的符号世界之中,并在符号世界中谋生存、求发展,把符号看成生存和发展的有力工具和武器。从这个意义上来说,卡西尔把人定义为"符号的动物",可以从两方面来理解:人既是创造符号的动物,又是使用符号的动物。符号世界的创造和符号的使用,彰显了人类极大的创造

---

① ［德］卡西尔著,甘阳译:《人论》,上海译文出版社 1986 年版,第 34、35、33 页。

性和丰富的想象力,生动地反映和体现了作为世界主体的人的本性。

虽然符号学作为一门真正的学科的确立,至今不过百年光景,符号学的知识和理论也并非为世界上每一个人所掌握,但人类符号的产生、符号现象的存在却几乎与人类的历史同步。今天的人类无时无刻不在与符号打交道,只要有人类的地方便有符号的存在。人们不禁要问:人类为什么必须创造符号? 是什么催动人类去创造只有人类才有的独特的符号系统?

"人是永远有所要求的动物。"①心理学家马斯洛(Maslow,A.)在《人的动机理论》中谈到了人的五种最基本的需要:生理需要、安全需要、爱的需要、尊重的需要、自我实现的需要。"需要"是与"缺乏"相联系的一个重要概念,因为缺乏才需要,因为需要,人类才有了创造的欲望与动机。人类被"需要"支配着,全部能量都置于满足"需要"上。马斯洛所说的五种基本需要,可以概括为人的生存与发展的需要。人要生存,要发展,就必然要认知世界,人与人就必然要交往。用什么来认知世界? 用什么来进行交往? 符号——这一认知世界的工具、人际交往的工具便应运而生,它犹如横跨在主体世界与客体世界之间的一座桥梁,打通了两者之间的隔绝状态。符号是先民们观天地之形影,察昼夜之交替,测时令之转换的结晶;是现代人承祖先之文明,鉴今昔之变化,辨万物之同异的成果。口头交流的需要产生了语言符号,记录语言和事件的需要产生了文字符号,保障安全的需要产生了交通符号,情感的需要产生了爱情符号、亲情符号,审美的需要产生了艺术符号,信息处理的需要产生了数字化的符号……只要有人类需要的地方,就会有符号的产生,人类就会尽一切潜能满足"需要"。

人类的创造欲望随着人类的社会发展和人类文明的增长而日益加强,符号世界也日渐丰富完善。不发达的原始时期,人们用图腾仪式、结绳记事、象形文字等最原始的符号进行交流;今天的信息时代,人们正在使用那些令人眼花缭乱的高科技的符号。人类社会创造的符号是多种多样的,画家以线条和色彩去把握世界,音乐家用旋律和节奏把握世界,建筑师用结构和框架把握世界……人类的认知方式和交际手段极为丰富卓越,从简简单单的手势身姿到千变万化的语言文字,从质朴的物理世界到富有创意的符号世界,人类通过符号活动创造出使

---

① 〔美〕马斯洛:《人的动机理论》,林方主编《人的潜能和价值》,华夏出版社1987年版,第176页。

自身区别于动物的文化实体,人类精神文化的所有具体形式——语言、神话、宗教、艺术、历史,无一不是符号活动的产物。人类强烈的满足需要的创造欲使符号的产生成为必然趋势,人类的自身特性与客观世界的存在又为符号的创造提供了可能。

　　每一类动物都有某种特殊的本能,而这种本能越强,它对客观世界的需求就越弱,本能从一定程度上遏制了创造力。与其他动物相比,人的本能非常弱小,没有任何嗅觉告诉他哪些植物可以充饥,没有任何肌肤覆盖物让他得以御寒,人类面对的是饥饿,是寒冷,甚至可能是生命危险。正因为如此,为了生存和发展,人类需要在更广阔的空间里创造他们所需要的认知世界和与人交往的工具——符号;为了创造符号,人必须拥有某种并非本能的内在力量。德国学者赫尔德(Herder, J. G.)在论述语言的起源时把这种内在的力量称为"悟性"(besonnenheit)。赫尔德说:"如果知性和悟性是人类的自然禀赋,那么,随着较弱的感性和极度贫乏中的需要的表露,知性和悟性也必然立即自我表现出来。"[①]悟性不是确定的观念或范畴,而是一种先定的认识倾向,一种对观念、印象进行区分和组织的自然禀赋。[②] 悟性是纯人类的能力,是人类的内在属性,而动物只有感觉能力。赫尔德把悟性比作一粒种子的生命力,种子虽小,却能孕育出整棵大树。符号的创造是一个自发的、自动的过程,就像胎儿经过躁动,注定要出生一样。人类的悟性使人类在缺乏符号、需要符号的境况下最有效地创造了符号。

　　客观世界是符号世界的本原,为人类创造符号提供了一切可能性。符号随着人们生产、生活和交际的需要而产生,离开了客观世界,就不会有符号世界的存在。《易经·系辞传》云:

　　　　古者包牺氏之王天下也,仰则观象于天,俯则观法于地,观鸟兽之文与地之宜,近取诸身,远取诸物,于是始作八卦,以通神明之德,以类万物之情。

"近取诸身,远取诸物,于是始作八卦",《易经》向人们描绘了一幅史前时代符号产生的真实图景,这个"身"与"物"便是符号的来源。人在面对客观世界的实践

---

　　① ［德］赫尔德著,姚小平译:《语言的起源》,商务印书馆 1999 年版,第 72 页。
　　② 同上书,译序 vi。

活动中,通过制造符号,既反映世界又解释世界和把握世界。世界只有通过符号才能为人所理解,人只有通过符号才能使世界成为人所理解的世界。

人类生活在一个客观的物理世界,自然是以这个世界中的万事万物为素材来创作符号的。池上嘉彦说:"给予某种事物以某种意义,从某种事物中领会出某种意义。凡是人类所承认的'有意义'的事物均成为符号,从这里产生出了'符号现象'。"①罗兰·巴尔特说:"只要有社会,任何实用都转化为该实用的符号。雨衣的实用在于防雨,但这一实用又与某种气象符号密不可分。"②在客观世界,雨衣是防雨的工具,但是当我们看见大街上骑车的人披着雨衣,"雨衣"便成了"下雨"的符号。客观世界中的事物一旦被给予意义进入了符号世界,那么,这个事物作为符号便具有了一定的符号内容,它已经不等同于它在客观世界中的原始存在。人们通过符号同客观世界打交道,客观世界只有通过符号才能为人们所认知。

人类在创造自己的符号世界过程中,不仅自然符号源于物理世界,即使是被称作"人工符号"的符号也离不开物理世界。例如五星红旗属于人工制作的符号,当人们把一大四小五颗星星的图像绣在红色的旗面上,并赋予它象征中华人民共和国的意义时,"五星红旗"就是符号了。然而这里的星星和红旗都源于物理世界。甚至人们想象中的"鬼神符号"也同物理世界不无关系。

客观世界为符号世界提供了丰富的源泉,客观世界在不断地发展变化,人们也在不断地根据客观世界进行符号世界的自我修正。例如在旧社会,有的家庭中尚未出嫁的女儿们被仆人称作"小姐",那时"小姐"是大户人家的"千金"符号、富贵符号;而今,我们所生活的客观世界发生了巨大的变化,"空中小姐"、"导购小姐"乃至"三陪小姐"、"按摩小姐"相继出现,"小姐"这一符号也不断地被修正为年轻符号、青春符号,甚至沦为堕落符号、交易符号。物理世界在变化,符号世界也在变化。

二、符号的基本功能与人类发展

符号既然是为了满足人们的需要而被创造出来的,那么,符号的产生就已经决定了符号是一个功能性的实体。艾柯曾经指出:"确切说,不存在符号,而只有

① [日]池上嘉彦著,张晓云译:《符号学入门》,国际文化出版公司1985版,第3页。
② [法]罗兰·巴尔特著,王东亮等译:《符号学原理》,三联书店1999年版,第32页。

符号—功能。""'符号'这一概念是日常语言的一种虚拟物,其位置应该由符号—功能概念取而代之。"①我们使用符号,就是在发挥符号的功能。

那么,什么是符号的功能? 或者说,符号具有什么样的功能呢?

法国符号学家皮埃尔·吉罗在《符号学概论》中说:"符号的功能是靠讯息(message)来传播(communiquer)观念(idée)。"②随后,他列举了符号的六种功能,即指代功能、情感功能、指令功能或表意功能、诗歌功能或美学功能、交流功能、元语言功能。符号的功能既然是靠讯息来传播观念,而讯息与观念则是人们对客观世界认知的结果,传播的过程就是交际的过程。因此,概而言之,我们说符号的基本功能便是认知与交际。前述"六种功能"无非这两种基本功能的具体表现或者附属功能而已。

原来人类的生存使之必须认知客观世界,必须使客观世界成为可以理解的有秩序、有规律的世界。对这种"秩序"和"规律"的认知过程,实际上就是符号体系的形成过程;人类这种认识结果,也就是符号发挥认知功能的结果。世界既是物理的又是符号的,世界在符号中呈现,人们在符号中看世界。因为有了符号这一载体和认知的工具,人们不再把世界看成是互无关系的、凌乱的世界,而看成是相互关联的、整体的、统一的世界。

如果说符号的认知功能使人类获得了一个符号世界,那么符号的交际功能则赋予了这个符号世界强大的生命力。马克思说:"社会不是由个人构成的,而是表示这些个人彼此发生的那些联系的总和。"③人与人之间需要交际,符号在交际中获得了生命。交际是形成人的社会性即人的本质属性的一个基本前提,是人的社会本质的充分表现形式。符号的交际功能证明了符号和人一样,也是一种社会存在,具有社会属性。

符号现象自从人类诞生就已经开始,人类在不断地进化,符号的认知与交际功能也是伴随着人类的发展而发展的。

人在开始成为人的时候,也就同时开始了人所特有的符号活动了。初始阶段的人类符号交往大概是一些身姿手势,同时伴随着面部表情和呼叫声作为讯

---

① [意]艾柯著,卢德平译:《符号学理论》,中国人民大学出版社 1990 年版,第 56、182 页。
② [法]皮埃尔·吉罗著,怀宇译:《符号学概论》,四川人民出版社 1988 年版,第 1 页。
③ [意]艾柯著,卢德平译:《符号学理论》,中国人民大学出版社 1990 年版,第 56、182 页。

息传递方式。这是人类符号功能最早的外在表现形式。然而人类作为"符号的动物"而与一般动物严格地区别开来，还是因为人类创造了语言符号。正如爱因斯坦所指出的："要是没有语言，我们就会和一般的高等动物差不多。"①由于制造和使用工具，原始人的身体结构日益发生变化，改变了大脑的结构与功能，从而使符号功能的发展获得了生理和心理方面的基础，在一定程度上加速了人的发展进程。随着符号功能在人类发展过程中的延续，随着人类在生理、心理和智力上的日渐成熟，符号的认知功能与交际功能也不断地得到了强化。人类以符号为载体，揭开大自然的无限奥秘，探索生命之谜，乃至编制计算机程序，创造人机对话；人类用符号作工具，眉目传情，挥手致意，畅游网络，虚拟化身，符号的认知功能与交际功能在现代的符号世界得到了淋漓尽致的展示。

人类对世界的认知不是一蹴而就的，而是一个渐进的过程。原始人对客观世界充满好奇心，从人体的生命现象到整个自然界，对他们来说都是神秘的，可敬畏的。由于他们认知能力低下，且受到生理、心理的限制，他们对客观世界知之甚少，在千变万化、威力无穷的自然现象面前无能为力，只好相信一种超自然力量的存在。面对万般变化的宇宙自然，面对生活当中所有无法理解和驾驭的事物和现象，他们就采用图腾崇拜以及巫术、祭祀等方式来认知世界、解释世界和适应世界。例如在人类的发展史上，原始人早期认为人类各氏族起源不同的物种，这些不同的物种被制造成不同的造型符号——图腾。图腾是印第安语"totem"的音译，原意为"亲属"和"标记"，它是"一种公共团体所用的名号与标志"。原始人通过图腾来认知不同氏族的祖先，区别不同氏族之间的关系。从这个意义上说，图腾作为祖先的符号，在原始人确定他们氏族起源时具有认知的功能，它帮助原始人认识自身及其来源，尽管这种认知是错误的。俞建章、叶舒宪在《符号：语言与艺术》中谈到图腾的功能时说："早期阶段的图腾，代表社会群体的集体生活，即某个原始共同体人民的祖先。食火鸡、鳄鱼、蛇、鲨鱼、鹤鱼、海兔、毛虫等，在被当作图腾时，它们所具有的不是它们仅仅作为一种动物自身的意义，它们的意义是它们所代表的某个'祖先'。它们是'标记'，即意指另外一个事物。"原始人就生活在一个他们自以为是的符号世界中。虽然他们用图腾来认

---

① 引自彭泽润、李葆嘉主编：《语言理论》，中南大学出版社 2000 年版，第 1 页。

知祖先是错误的,但每一个图腾系统却给予了原始人"分类"的概念,赋予他们认知和把握世界的思维工具。图腾系统的确立使客观世界进入一个有秩序、有规律的符号世界。每一个图腾便是一个类符号,它促进了人类思维能力的发展,是人类符号功能进化的重要成果。

符号的基本功能与人类的发展互相作用,彼此促进。人们在运用符号发挥其功能的同时,解决问题的思路拓宽了,创造能力增强了,从而推动了社会的进一步发展。人类社会的发展又推动了符号更广泛的使用,促使人们不断创造出更方便、更丰富、更有效的符号,进一步发挥符号的功能。

三、认知与交际的关系

认知与交际是符号的基本功能,它们彼此依赖,相辅相成,共同完成人类的符号行为,创造辉煌灿烂的人类文明。

交际依赖于认知。人们要交际,首先要有所得,要有所得就必须认知。如果对世界说不出什么理解和感受,交际便无从发生。拿人们最常用的语言符号来说,人们如果要用语言符号进行交际,那么必须懂得每个语言符号的意义;要懂得语言符号的意义,就必须学习这种语言,掌握这种语言。语言知识的获得便是认知,有了对语言的认知,才能进行交际。反之,如果不懂某种语言,交际便无法进行。面对一个一点都不懂汉语的美国人用汉语称赞他:"你真棒!"那是不可能有任何交际效果的。不懂汉语的美国人无法认知"你真棒"三个语言符号的意义,但是如果你对他竖起大拇指,那他就可能领会你的意思,使交际得以顺利进行。这是因为在美国文化和中国文化里,竖起大拇指都有称赞对方的意思。也就是说,交际必须以共同的认知为前提。据说在一次宴会上,有一个略懂汉语的外国人称赞一位中国姑娘很漂亮,这位中国姑娘用传统的方式谦逊地回答:"哪里,哪里!"这位外国人一脸茫然,"难道还要我具体说出哪里漂亮吗?"于是他说:"你的头发漂亮,你的眼睛漂亮,你的衣服漂亮……"由于这位"老外"缺乏对汉语中"哪里"的认知,以致闹出了笑话。

认知也有赖于交际。首先认知所使用的符号,一般都是交际中约定俗成的那些符号。人们要对新事物新现象进行认知,必须以交际中所约定的符号为中介,否则认知便不知从何处着手。例如要教会一个美国人认知汉语"你真棒"的意义,我们只要用英语中的"You are great!"所约定的意义即可。再者,认知通常是在交际中进行的,人们总是在交际中丰富自己的知识库,而个人的冥思苦想所得毕竟有限。人类最常见的在交际中的认知活动,就是父母对子女的教育以及课堂上老师对学生的知识传授。电影《漂亮妈妈》中,孩子的爸爸开出租车出车祸不幸死了,"漂亮妈妈"在教智力有先天缺陷的儿子认知"死"的意义就是在与儿子的交际中进行的。妈妈让儿子区别在水中的保持原色的虾和在热锅中已变成红色的虾有什么不同,并告诉儿子,红色的虾死了。尽管儿子对"爸爸死了"的认知结果是"爸爸红了",不是很成功,但是儿子对"死"的认知便是在交际中进行的。学生在课堂上听教师的知识传授也是如此:教与学即交际。

其实在人类的符号活动中,交际和认知更多的是一个交互的过程,交际双方既在交际,也在认知。人们在交际中获得讯息,讯息的获得便是一种认知。在旧社会,甚至一直到20世纪六七十年代,手绢往往是定情的符号。电视剧《梧桐雨》中,当追随主人多年的李经理向早已丧夫的女主人朱玉桂暗示爱意时,朱玉桂在婉言相拒的同时拿出自己的手绢送给李经理,表示今生虽不可能相守,但可以期待来生。在这次交际的过程中,双方都获得了这样一个讯息,认知了同样一个事实:再次确认两人目前依然不变的主仆关系,同时也肯定了双方在彼此心中的地位。

认知与交际相互交织,共同服务于人类。人类在交际中学会了认知,又在认知中进行交际,认知推动了人类的交际,交际又促进了人类的进一步认知。

第二节 符号的认知功能

一、什么是认知

认知(cognition),意思是"知道或具有某方面的知识"。认知本来是心理学中的一个普通术语,即《美国大百科全书》所说:"认知是生物体得到关于客体的思想或理解的心理过程,或者是获取世界知识的过程。"[①]值得注意的是,美国心

---

① Volume 7 of *The Encyclopedia Americana*,Grolier Incorporated,2001,p.193.

理学家霍斯顿等人在把众多关于认知的意见进行归纳时,提出了"认知是心理上的符号运算"的观点。① 从符号学的意义上说,认知是一种符号行为,是人们获取知识的符号操作,或曰运算。认知作为符号的首要功能,是符号产生的最充足的理由。如果没有认知的需要,就不会有符号的产生。所以美国符号学家西比奥克说:"符号学的另一名称即认知科学,我确信如此。"②

认知作为一种符号行为,发生在人这一符号主体身上。认知以符号为建筑材料,架起了从认知主体通向认知客体的桥梁。人们生活在一个符号世界里,一切客体都是以符号化的形式存在,当人们把一个客体从其他客体中被区别并被表达出来的时候,人们就在以符号化的形式对这个客体进行认知。认知的过程也就是客体符号化的过程。

认知的符号行为一般分为两个步骤:

第一,把认知客体符号化。认知客体是主体认知的对象,主体无限地接近客体,但绝不把认知客体当作它的最终目标。认知的最终目标是要建立关于客体的符号化表征储存于头脑中,使认知客体形成符号化的内在表达。这是符号的内隐行为,是第二步产生符号外显行为的基础。人工智能有些类似于此,计算机在模拟人脑时就是把人的一切指令符号化储存在处理器中。

第二,产生符号的外显行为。符号外显行为是指符号化的外在表达,它力求与内隐行为相匹配。

生活中通常有两种符号行为,一种为具体符号行为,是把某一具体人物或事物符号化,一般以静态的方式存在,结构简单。例如在某大学学生宿舍 5 楼,有一间对着楼梯口的房门前挂了一块布帘,在几次上下楼之后,布帘已符号化为数字"5"储存于 5 楼学生的头脑中,这是一种无意识的内隐行为过程。不用数走了多少层,只要看见这块符号化的数字"5"——布帘,住 5 楼的学生就会自然产生外显的符号行为——不再继续登楼。又如在教初学说话的婴儿认识"爸爸"时,母亲是指着"爸爸"这一客体,反复通过语音符号"bàba"使婴儿的认知客体符号化为"bàba"。等到这一语音符号贮存在婴儿的头脑中,他见到客体"爸爸"就有可能产生符号行为——发出语音"bàba"。这就是外显行为与其内隐行为相匹

---

① 朱智贤:《心理学文选》,人民教育出版社 1989 年版,第 359—362 页。
② 引自李幼蒸:《理论符号学导论》,中国社会科学出版社 1993 年版,第 467 页。

配的结果。

当然,这种匹配的结果有时并不一定正确。例如一家三口:爸爸、妈妈和两岁的儿子,周末妈妈和儿子在客厅,爸爸在书房。这时有人敲门,妈妈开门,进来的是爸爸的朋友男性王某。妈妈连忙对儿子说:"快去叫爸爸!"儿子走到王某面前,怯生生地叫了一声:"爸爸!"这是一个明显的内隐行为和外显行为匹配错误的例子。

还有一种是抽象符号行为,它是对某一具体事件的抽象化,一般以动态的系列方式存在,结构比较复杂,也称之为"脚本"(script),"它是为那些经常出现的事件序列而构思的知识结构"。① 例如上网脚本,在正常条件下,包括打开电脑,拨号,连接到 Internet 上,双击浏览器,输入网址等一系列的事件,这些事件是有着相互联系的整体,它是以事件序列为脚本符号存在于头脑中的。又如"打投币电话"脚本,包括拿出硬币、投币、摘话筒、拨号、接通、说话、挂机,每一个行为对下一行为的完成都是必需的。这一系列行为的连续发生作为一个整体形成了打电话的脚本符号。它提供了所谓的"缺省命令"(default assignments),当说到"打投币电话"就不言而喻地包括这个完整的符号事件,不需要细说每一个步骤。如果一个人站在投币电话前,对一个陌生人说:"先生,我想打个电话,能否帮我换一块钱?"任何一个正常的人在此时都会明白"一块钱"是指硬币,而非纸币,从而完成相应的符号行为。

认知作为一种符号行为,最终目的还是为了获取知识——去探求客观事物的有关讯息。通常说来,符号行为的完成过程也就是探求讯息、获取知识的过程。在前面分析的符号行为中,当走到某大学宿舍挂有布帘的房间门口,通过在我们脑中所发生的内隐和外显的符号行为,我们就能够获取所需要的讯息——5 楼到了。婴儿在把语音"bàba"和客体爸爸相匹配的符号行为中,获得了有关语音"bàba"和客体爸爸的相关讯息:"bàba"就是指带有男性特征的与"māma"不同的人,诸如很短很短的头发,个子高高的。这是很模糊的讯息,他还没有获得关于"bàba"与"māma"之间关系的讯息,所以才会有某些孩子把男性都误认为"bàba"。在他发出"bàba"语音的同时,他也就获得了这样的讯息:这

① Ungerer, F. & Schmid, H. J. *An introduction to Cognitive Linguistics*. Foreign Language Teaching and Research Press,2001,pp.213-214.

个人是爸爸。当然,在上面的例子中,如果进来的是女性,很明显,孩子是不会认为她是"bàba"的。

二、认知为什么必须使用符号

人类对客观世界有着强烈的认知欲,面对客观世界,人们不停地追问"这是什么?""那是什么?"渴望知道一切。然而,认知为什么必须使用符号呢? 不使用符号能进行认知吗?

我们知道,认知的目的是要探求讯息、获取知识,然而知识与讯息都是抽象的概念,看不见摸不着,它必须借助于一定的载体,通过一定的中介物才能被认知。"当某一事物作为另一事物的替代而代表另一事物时,它的功能被称为符号功能,承担这种功能的事物被称为符号。"①符号形体作为传达符号对象讯息的载体,成为最基本最普遍的中介物。任何人的认知活动都离不开符号,准确地说,离不开符号形体。我们用符号的外在形式来表示讯息,这个讯息就是符号的内容,亦即解释项。讯息附着于载体上,也就是符号的内容附着于形式上,符号的解释项附着于符号的形体上。人们通过载体把握讯息,也就是通过形式来把握内容,通过能指来把握所指。没有无形式的内容、无能指的所指,也没有无内容的形式、无所指的能指。形式与内容,能指与所指是相互依存的关系,有人比喻为"毛"与"皮"的关系。古人云:"皮之不存,毛将焉附。"这个表示讯息的载体就是讯息所必须依附的"皮",具体地说,就是符号的形体。人们通过符号形体来获取符号对象的有关讯息,这个过程便是认知。

可是,事物自身为何不能充当讯息的载体,而必须寻求另外一个符号形体来表示它呢? 因为讯息不是感觉,它是一种观念和意义,是人们赋予符号形体并在使用中被传达的内容,它在很大程度上是理性化思维的结果,而人们通常对于事物的直接感受只是稍纵即逝的关于事物外形上的模糊感觉,还不是一种观念或意义。符号之所以为符号,就在于其形体在使用中被赋予了意义。例如,当正在学说话的儿童端着一杯烫的开水喝到嘴里时,来自开水的直接感受使他被迫放下了水杯,这只是人的一种本能的反映,是一种纯粹的感觉,他还不具备形成

---

① ［日］池上嘉彦著,张晓云译:《符号学入门》,国际文化出版公司 1985 年版,第 45 页。

tàng 的观念与意义。当父母用语音告诉他"tàng"时,那么语音形式 tàng 便向他传达了一种和他感觉相关的讯息即观念和意义。如果下次当父母说出"tàng"这一语音形式时,他便从这一形体中获得了与形体相关的讯息,语音形式 tàng 则充当了讯息"烫"的载体,从而使儿童获得了对"烫"的认知。

人们不仅需要获取与事物相关的具体讯息,有时更需要认知来自事物的抽象讯息,诸如和平、友谊、爱情等抽象事物,以及美丽、伟大、卑劣等事物的属性。在体育比赛中,人们常说"友谊第一,比赛第二",可以通过多种途径来表现这一思想。例如体育比赛的徽标便是一种。2002 年韩日世界杯足球赛的徽标中,表示举办时间的"2002"写成"2∽2",其中的"00"用"∽"表示,首先它代表数字"00",其次,它代表韩国和日本联手合办,再次,代表参加 2002 年世界杯足球赛的所有国家之间的和睦相处、相互合作的精神。这些观念和意义不是有形的实体,如何才能让人们获得这方面的讯息呢? 符号形式"∽"以其形似和神似加上人们的想象附载了以上讯息;人们通过"∽"这一载体,来提取附在它上面的有关讯息,从而获得对符号形式"∽"的认知。运用符号探寻事物的讯息,运用符号揭示事物的属性,这便是认知为什么要使用符号的秘密所在。

人们借助于各种各样的符形载体可以获得来自多方面的讯息。就符号分类而言,主要表现为:

1. 像似符号。人们可以根据像似符号的符形和对象之间的像似性来获得有关符号对象的讯息。像似符号是人们常用的符号类别之一,例如图腾符号、象形文字、韩日世界杯赛徽标等。近年来,电脑的网络给人们提供了创造网络语言符号的巨大空间,在网络符号中,有一部分是像似符号,这些像似符号成了认知虚拟空间中不曾谋面的网友的载体,成了传递网友讯息的形式工具。例如:

^_^	高兴
:-)	微笑
:)	普通笑脸
(:-(	愁眉苦脸
:-<	很沮丧

>:-O	吃惊
o_o	盯着
!-)	睁一只眼闭一只眼
@_@	高度近视
@|@	上机时间太长了
8:-)	把眼镜推到头上

这些像似符号表现了符形与符号对象之间的相似性,用它们来传达相关讯息,生动活泼,而且趣味无穷。

2. 指索符号。通过指索符号,人们可以从符形推断出有关对象的一些讯息。所谓"叶落知秋",就是从落叶这一符号形式获得有关秋天到来的讯息。杭州有名饮食店"知味观",门口写着"闻香下马",就是启示过客从嗅觉得来的"香味"中获取知味观美味佳肴的讯息。

3. 象征符号。通过象征符号,人们可以认知有关事物的某些属性。例如从红领巾的鲜红颜色认知战士的牺牲精神和新中国的来之不易;从葱绿的大树认知生命的绿色和环保的重要;从蓝色的大海认知胸怀的宽广,从洁白的婚纱认知爱情的神圣,等等。

三、认知的积累过程

人类是通过符号来认知世界的,一个行之有效的符号体系大都是在许多年的实践中以特定方式积累、修改和定型的。认知不是一次性的符号行为,而是连续不断的积累过程。个体的积累形成个人经验;群体的积累形成群体乃至民族的文化。

人类应用符号进行认知,所得到的结果便是"知识"。人们每一次认知,都以记忆的方式把知识储存起来,储存的知识又为下次的认知奠定了基础。储存的知识越多,认知的基础就越厚实,认知的能力也就越强。每个正常的人都可以通过自己的符号行为进行独立认知,这种个人的符号行为所获得的是每个人的直接经验。人们还可以在交际中认知,即人际认知,获得间接经验。人类的大部分经验是来自间接经验。

认知既然是一个连续的过程,那它就不可避免地受到先前经验的影响。人们的学习过程很能体现这一点。比如学习英语,必须先懂得 26 个字母,以这些字母为先前经验才能进一步掌握单词、句型和语法。学习平面几何,先是对点、线、角等有所认知,然后学习三角形、多边形以及和圆有关的线段间的度量关系;认识汉字,也是先认识独体字,接着认识合体字。中小学教材的编写,很能体现个人的认知积累以及循序渐进的过程。

知识的获得无一不反映了人类认知的积累。由于认知掺入了较多的个人因素,认知的结果也不一定每一次都完全正确,因而存在一个认知的自我修正过程。在符号行为的实践中,人们会经常修正自己的错误认知,使个人经验不断优化、成熟。"陶行知四块糖果教学生"的故事中,就有一个关于修正错误认知的例子:

育才小学校长陶行知在校园看到男生王友用泥块砸自己班上的男生,当即斥止了他,并令他放学时到校长室去。放学后,陶行知来到校长室,王友已经等在门口准备挨训了。可一见面,陶行知却掏出一块糖果递给他,并说:"这是奖给你的,因为你按时来到这里,而我却迟到了。"王友惊疑地接过糖果。随之,陶行知又掏出一块糖果放到他手里,说:"这块糖也是奖给你的,因为当我不让你再打人时,你立即就住手了,这说明你很尊重我,我应该奖你。"王友更惊疑了,他眼睛睁得大大的。陶行知又掏出第三块糖果塞到王友手里,说:"我调查过了,你用泥块砸那些男生,是因为他们不守游戏规则,欺负女生;你砸他们,说明你很正直善良,有跟坏人作斗争的勇气,应该奖励你啊!"王友感动极了,他流着眼泪后悔地说道:"陶……陶校长,你……你打我两下吧! 我错了,我砸的不是坏人,而是自己的同学呀!"陶行知满意地笑了,他随即掏出第四块糖果递过去,说:"为你正确地认识错误,我再奖给你一块糖果。可惜我只有这一块糖了,我的糖完了,我看我们的谈话也该完了吧!"说完,就走出了校长室。

在生活中,我们无时无刻不在修正自己的错误认知,科学上同样如此。哥白尼的"日心说",伽利略的铅球下落实验(有人考证这是一个美丽的传说。我们就看作一个"可能世界"吧),都是人类对认知不断修正的结果。

　　人类通过神话、宗教、语言、艺术、科学、历史等符号形式来认知客观世界,客观世界也是通过这些符号形式而为人所认知。这些符号形式是一个个相对固定的系统,作为人类认知的结果,知识被储存起来,形成民族的历史和文化积淀。符号能够超越时空记录历史,将人们在生活中获得的知识和各种经验、信息记录下来传给后代,于是形成了群体的记忆。从一个村庄、城市到一个民族,往往有许多人类认知的事物,这些事物由于历史的记载、传说、描述而变成为人民集体的财富,并且作为人类认知的结果一代代相传。正如马克思所说的那样,"人们自己创造自己的历史,但是他们并不是随心所欲地创造,并不是在他们自己选定的条件下创造,而是在直接碰到的、既定的、从过去承继下来的条件下创造。"①任何一个民族都会有这些认知的积累,如果没有这样的积累,一个民族就会失去自己的历史与文化。

第三节　符号的交际功能

一、什么是交际

　　交际,英语"communication"一词含有传播、通讯、交流等意义。一般地说,它是一系列的事件,在这些事件中,有重要关联的就形成讯息。这个系列一端是信源,另一端是信宿。交际过程也包括信息的产生、传送和接收。说得具体一些,交际通过多种能够被学习和共享的方式,使得想象得以产生和延伸。正是对信息的生产、感知和理解孕育了人类的概念,诸如:是什么,什么是重要的,什么是正确的,什么是与其他事物相关的。

　　交际并非人类独有。小鸟的歌唱,蜜蜂的舞蹈,萤火虫的视觉信号求偶,狗的嗅觉信号探测,它们的这些行为都形成了相关的讯息,自然都是交际。"现代社会生物学和比较心理学的研究表明,无论是昆虫的社会,还是在脊椎动物的社会,在许多种动物的群落中,都普遍地存在着可以分解为多种社会性联系的交际行为。"②但动物间的交际行为仅仅只是一种低级的、浅层的、本能的行为,如求

---

① 《马克思恩格斯选集》第一卷,人民出版社 1972 年版,第 603 页。
② 俞建章、叶舒宪:《符号:语言与艺术》,上海人民出版社 1988 年版,第 8 页。

生、择偶、觅食、发出安全警报等,与人类的交际行为不可同日而语。有人说"人在本质上是一种交际动物(communicating animal)",这与卡西尔所说的"人是符号的动物"异曲同工。因为人类的交际不可能凭空产生,它必须借助于一定的载体才得以进行,而这个载体就是符号。因此准确地说,人是运用符号进行交际的动物。正如波兰哲学家沙夫所说:"人的交际过程,虽然在它的进程和作用方面是复杂的,却是一个显而易见的事实:人们是在行动中,即在合作中(因为所有的行动都是社会的行动),经过符号的中介传递明确的意义而进行交际的。"①

从符号学的意义上说,人类的交际行为是指人们运用符号传情达意,进行人际讯息交流和讯息共享的行为协调过程。它表现为以下特点:

第一,人类通过交际能够使想象得以产生和延伸。当我们借助"符号"这一载体进行交际的时候,"它使我们想到在这个东西加诸感觉的印象之外的某种东西"(奥古斯丁语)。例如中国人之间相互询问"吃饭了吗?"你会想到询问不是目的,打招呼才是真正的目的;当你在网聊时接收到"88"时,你会想到数字"88"之外的"拜拜,再见",等等。在一定的符号情境下,"吃饭了吗?"与"打招呼"、"88"与"拜拜,再见",实际上是同一事物在符号行为过程中同质的合理想象与延伸,通过前一符号形式进行交际,我们即能想到后一延伸的内容。人类更伟大的地方不仅在此,还在于同种符号在不同时候进行交际时会产生不同的想象延伸,这点是动物永远也无法企及的。当你的家庭电话、车牌号码等含有数字"88"时,会让人联想到"发财,幸运";当中国人问西方人"吃饭了吗?""问候"会变成"请客"。

第二,人类通过交际进行讯息交流,实现讯息共享。交际,"communication"一词,就其字面而言,本来就有"共同的"(common)意思,因此在交际中,人们互相传达讯息,并不会因为一方的传达而造成传达者的信息丧失;相反的是传达者与接收者共同拥有这个讯息,形成讯息共享的结果。讯息交流与物件交换并不一样。物件交换之后物件的所有权发生了转移,但讯息交流后讯息的所有权却为双方共同拥有。例如我们在自己熟悉的城市或到陌生的城市都会有被问路和问路的经历,当我们手指某个方向告诉别人道路的时候,我们并没有丧失关于这条道路的讯息;当我们被告知某条道路时,我们却和告知者共同拥有了这条路的

---

① [波]沙夫著,罗兰、周易译:《语义学引论》,商务印书馆 1979 年版,第 164 页。

讯息。有位哲人作了一个鲜明的比喻：你有一个苹果，我有一个苹果，我们交换之后，各人还是一个苹果；你有一种思想，我有一种思想，我们交换以后，每人各有两种思想。池上嘉彦在其《符号学入门》一书中说到"赠答是通讯"①说的也就是这个道理。他认为，送给对方一束花，也就等于把爱的情绪也送给了对方，花虽不在自己手里了，但自己并没有因此而丧失爱的情绪，看似单纯的花的移动，实际上是寄托在花上的心情被传达给对方。在这里，爱的情绪即为双方共有，移动的不再是花，而是承担了爱意的符号。今天，在信息化的时代，讯息共享更是得到了充分的体现。广告、新闻、互联网在传播讯息的同时也让我们体会到讯息共享的无比优越性并且感到无限的快意。"讯息共享"，也是当今时代的一个显著特征。

第三，人类的交际是协调行动的符号行为。有人把社会比喻成一张网，而每个人则是社会关系之网上的网结。人的一生就在这张网里生活着，除了要处理网内（社会）与网外（自然）的关系外，还要处理网内各个网结之间的关系，通过相互之间的沟通、理解和协调行动的符号行为，以建立一个有规律的、稳定的社会。人的一生扮演了很多角色，因而也建立了许多种关系，如亲人关系、师生关系、朋友关系、邻里关系、商业伙伴关系、上下级关系、买卖关系、警民关系等。每一种关系的打破都会直接或间接地影响着整张网的秩序与和谐，因而妥善地处理人与人之间的关系有利于一个社会健康良好地发展。交际，作为协调行动的符号行为，人们每天都在自觉或不自觉地操作着。师生之间的学术讨论与观点交流，商业伙伴之间的谈判与合作，邻里之间的家长里短，交警对市民的交通指挥，上下级之间的指示与服从等，作为交际的符号行为渗透到我们生活中的每一个角落，在人们的社会生活中起着重要的协调作用。

第四，人类的交际行为是可以传授和学习的。蜜蜂的舞蹈，小鸟的歌唱，似乎是一种本能，不需要传授，而人类的交际行为存在于人类的符号世界，它是可以传授、学习的。我们从小就被告知接受别人的东西要说"谢谢"，一不小心伤害了别人要说"对不起"，放学回家要和老师说"再见"。古代的交际行为规矩更多，女孩要笑不露齿，古代媳妇每天早晨要向婆婆请安。这些都不是天生就会的，需

---

① ［日］池上嘉彦著，张晓云译：《符号学入门》，国际文化出版公司 1985 年版，第 25 页。

要传授才能习得。中国素有"礼仪之邦"之谓,不仅礼多,而且含义复杂。交际行为的习得同学习者所处的客观环境以及民族文化传统密切相关。一个在中国长大的美国小孩,他所学习的会是中国的交际符号与交际行为,反之亦然。

当前,生成式人工智能技术令人瞩目,它可以利用现有的文本、图片、音频、视频等内容,大规模生产各种信息,进而协助人类完成一系列认知与交际任务。① 可想而知,当下的符号交际有了更多的内容和形式,值得我们深入探究。

二、编码和解码

人们在交际过程中运用符号传达讯息,这传达的过程就是从表达到理解的过程,也就是从编码到解码的过程。

1. 编码

表达者把讯息符号化,以符号的形式呈现给理解者,这个过程就是编码。具体地说,编码包括制码和发码两个阶段。制码是使讯息符号化,当一个男孩要向女孩表示"爱意"的讯息时,如何把这一讯息化为符号呢? 他可以把这个讯息直接化为三个语词符号:"我"、"爱"、"你",然后按照主—谓—宾规则进行线性排列,组合成话语"我爱你";他也可以去花店买上 9 支玫瑰花,把爱意寄托在花儿上,从而完成讯息的符号化。发码是符号形式的呈现,即发讯人把携有讯息的载体——符号发送给收讯人,以让对方理解并达成共识。如对女孩说出或写出"我爱你",或把玫瑰花亲自递交到女孩手上,向她发送爱的讯息,或者通过花店的员工送花来传达讯息,这都是发码。语言符号是人类最重要的交际工具,人类运用语言符号传达思想,交流情感,人类不能须臾离开语言。语言符号的编码有自己一套规则系统。首先,它必须遵循人们约定的句法、语义、语用规则。比如,在汉藏语系中,句子成分的基本次序是主—谓—宾;属于阿尔泰语系的蒙古语、维吾尔语等则要遵循主—宾—谓的语序;属于南岛语系的台湾高山族语言语序则为谓—主—宾。语义是语言符号所传递的讯息内容。一定的符号与一定的讯息相联系,这是某个时代的人们约定俗成的,一般来说不能随意改变。例如,"大虫"一词,在古代它所传递的讯息内容是"老虎",而今,它只表示"大的昆虫"。人们

① 韦路、徐靓欣:《生成式人工智能对传媒生态的挑战与对策》,《中国广播电视报学刊》2023 年第 9 期。

在交际中就要遵循这一语义变化规则，在动物园看到老虎时不能再叫"大虫"，而真正看到一条"大的昆虫"，才叫"大虫"。语用规则比之句法和语义规则来说就更为复杂了，它因人因时因境而异。美国语言哲学家格莱斯（Grice）提出了合作原则：数量准则、质量准则、关系准则和方式准则，霍恩（Horn）将其改造为数量、关系两个原则，莱文森（Levinson）则认为是三条原则：数量原则、信息原则和方式原则，而斯珀伯（Sperber）和威尔逊（Wilson）在认知语用学的背景下则倡导"关联"这一个原则。其次，无论是口头语言还是书面语言，讯息符号化的制码过程和发码过程都必须是呈线性的，一维的。不同的是，制码过程在大多数情况下是隐性的行为，也就是说，人们通常是在大脑中根据已有的经验和知识，根据约定的规则系统进行思考、组织，从而使符号在大脑中以线性序列排列，以便在发码时也呈线性发送出去。制码的一维性与线性决定了发码的一维性与线性。与讯息的符号化制码不同，发码是外显的行为，人们在说出或写出一个词、一句话，甚至一段话时，这些讯息是以符号串的形式，有规律地按照先后顺序发送出去的，否则交际就成了一片混沌状态。

纵观人类的交际工具，语言固然是最重要的，但在绚丽多彩的生活中，仅仅用语言符号是不能淋漓尽致地表情达意。含情脉脉，眉来眼去，嗤之以鼻，并非语言符号都能表达。事实上，语言符号多半是与众多的非语言符号交织在一起共同完成交际任务的。国外一位研究非语言符号交际的学者认为，两个人在交际时，有 65% 的"社会含义"是通过非语言符号来传送的。① 因此，编码的形式除了语言符号的编码外还有非语言符号的编码。

非语言符号种类繁多而且复杂，主要有语言的替代符号、副语言符号、体态符号、触觉符号、服饰符号、空符号等，这些符号和语言符号一样，也有一套严格或不太严格的编码规则。编码规则不同，传达出去的讯息也不一样，具体表现为一定的民族约定性、行业约定性、地域约定性和时代约定性等。

民族约定性。不同的民族由于生活方式、文化传统不同，非语言符号的编码规则也不相同。点头是常见的体态符号，在中国及大多数国家都表示肯定，而在保加利亚和希腊等国，点头却表示否定；在中国，扬眉表示心情舒畅，而在汤加，

---

① ［美］威尔伯·.施拉姆、威廉·波特著，陈亮等译：《传播学概论》，新华出版社 1984 年版，第75 页。

它表示"我同意",在秘鲁表示"钱"或"付给我"。

行业约定性。不同行业为了工作上的方便和需要,常常使用一套自己本行业所规定的符号,遵守本行业编码规则。航海用的旗语,通讯用的莫尔斯代码,交通管理中的红绿灯,都有其行业的不同规定性。一个字母 P,英语教师说它是第 15 个字母,逻辑教师把它看作命题的谓词;如果在公路旁边,司机则把它视为停车场的符号。

地域约定性。指符号在不同地区具有不同的编码规则。某个符号在一个地区遵循一套编码规则,而在另一地区却又遵循另一套规则,传达另一类讯息。比如,在广东及一些南方地区,数字"8"与"发"谐音,按照这一规则,人们把财气、运气等讯息符号化为"8",因而当"8"这一数字符号呈现在汽车牌号、电话号码、楼层房号、商品标价上时,特别受欢迎。但在山西吕梁地区,数字"8"谐音"不",人们自然或不自然地就规定选良辰吉日不在 8 号、18 号、28 号,送礼与数字"8"无缘。由于地域的差异,财气、运气无法在山西符号化为数字"8"。所谓"入乡问俗",到达某一个地区就应当了解和遵守那个地区符号的约定。

时代约定性。不同的时代,对符号有不同的编码要求。就拿服饰来说,不同的时代有不同的着装规则。阿 Q 时代的未庄,赵太爷穿长衫,留长辫;20 世纪六七十年代,青年男女穿草绿色军装,知识分子穿灰色中山装;八九十年代,丝绸旗袍穿上身,戒指项链戴上身;而今的服饰着装更是无一定标准,千奇百怪,无所不有,但又似乎存在着某些新的规则。时代不同了,服装的编码规则也发生了巨大的变化。

非语言符号的制码与发码有一维性和线性的特点,如化学反应的符号表达式 $2H_2 + O_2 = 2H_2O$,逻辑符号表达式 $p \rightarrow q, p \vee q$ 等,但更主要的还是多维的和立体的。如在非语言符号中,人们的服饰着装、体态符号、触觉符号、距离符号等都是多维、立体地呈现于人们的符号世界里。

2. 解码

如果说表达是把讯息符号化,是表达者把讯息以符号的形式呈现给理解者的编码过程,那么理解则与此相反:是理解者把符号形式还原为讯息的过程,这个过程也就是解码的过程。简言之,理解就是关于符号讯息化的解码行为。

在人类的交际过程中,解码者必须根据编码的符号形体进行一定的联想和推理,从而获得关于符形所传达的讯息。由于符形与讯息之间的意指关系融入理解者的想象与推理,因而它是一种再创造的过程。解码包括联想解码和推理解码。

联想解码。对同一符号形体进行解码时,不同的理解者根据不同的经验与知识,联想到的讯息内容也不同。如对符号"❀"进行解码时,大量的手机用户会联想到中国联通,艺术家、民俗家们会联想到中国传统文化的中国结。一般人们去医院看望病人会提上水果如苹果、梨之类的礼物,尤其是苹果的"苹",它与"平"同音,谐"平平安安"之意,人们对苹果这一符号进行解码时,就会联想到平安。但是上海人对苹果符号的联想却与其他地方的人不同。由于"苹果"在上海方言中谐音"病故",苹果会让上海人联想起不祥的"病故"之意,因而在探望病人时,苹果不是上海人欢迎的礼物。

推理解码。理解者结合不同的符号情境,对符号能指形式通过推理取得符号所指讯息的过程即推理解码。如"一叶落而知秋","知了叫,夏天到",等等。在语言符号的解码中,推理尤为重要。对于同一句话"下雨啦!",妈妈会说:"快把外面的衣服收进来!"孩子会说:"我要穿新雨鞋!"农民会说:"今年有好收成了!"主人会对客人说:"那你就别走了!"小姑娘会说:"真讨厌!"小伙子会说:"我要去接'MM'了!"不同的人,对于同一个符号形式会有不同的推理,从而所获得的讯息内容也不一致,这和人类的认知语境有很大关系。

联想解码和推理解码在解码过程中并不是截然分开的:联想也有推理,推理也有联想,甚至联想就是推理,它们往往共同发生作用。例如对于李商隐《锦瑟》的诗,人们根据各自的联想与推理有多重解读,从而获取的讯息也各不相同。对《红楼梦》的解码尤其如此。

解码,或曰"理解",是编码或表达的逆过程。由于编码以表达者为中心,解码以理解者为中心,因而讯息符号化与符号化中的"讯息"有时并非完全等同,尽管后一讯息总是力求接近前一讯息,但往往不能如愿。具体说来,解码或理解有以下几种情形:

全解。交际双方讯息全同,是理解中的最佳状态,称之为全解。一般来说,简单的感知解码可以达到全解,如前面所分析的问路例子。电报和数理逻辑的解码都是全解的。

不解。如果两个语言不通的人之间的问路和回答,彼此所获得的讯息量皆为零,那就是不解。我们通常说的"看不懂"、"听不懂"都是不解。前述西方人对汉语"哪里"表示谦虚之意不懂即为一例。

别解。如果解码者的"讯息"完全背离了编码讯息的原意,是为别解。别解是解码者有意为之。例如对下面一些广告语的解码,就是因为产品和商业的需要而产生的别解:

> 千里之行,始于足下。(鞋的广告)
> 挺身而出,展示女性最美的曲线。(孕妇装广告)
> 一元秒杀,限时限量抢 GO!(促销广告)

误解。误解是指解码者所理解的讯息无意中背离了编码者的原意,从而使原来的讯息量实际为零。当中国人用"你吃饭了吗?"向美国人发送问候讯息时,美国人理解的却可能是"中国人要请客"的讯息。误解是解码者无意为之,因而有别于别解。

多解。解码者所理解的讯息量大于原讯息量,是为多解。在解码时,由于个人因素的作用,后一讯息相对前一讯息增加了内容。如对《红楼梦》的解读,当初曹雪芹编码时也许并没有太多想法,但现代人对《红楼梦》的解码可谓"汗牛充栋",其中会有许多是作者当初不曾想到的。

缺解。讯息缺损为缺解。在解码时,解码者拥有的讯息量小于原讯息量。比如人们最初对出土文物上甲骨文的解码就是缺解,随着研究的深入才慢慢地得到更多的解释。

三、符号情境在交际中的功能

符号情境即人们运用符号进行认知和交际的具体情境,它包括一切影响符号使用的主客观因素,如时间、场所、个性、心理等。符号情境在交际中的功能主要是限制功能、解释功能和创造功能。

1. 限制功能

符号情境限制功能是指符号情境在符号编码时所发挥的功能。一定的符号情境限制了符号的选择、制码与发码。例如,同三四岁儿童交际时,由于儿童的年龄特点,我们在选择符号进行编码时,语言符号尽量选择儿童容易接受和掌握的叠音词,如上街街、吃饺饺、坐车车、拉臭臭,等等。在与儿童进行语言交际的过程中,尽量夹杂一些动作手势符号,制码时尽可能用简短而浅显的句子或并不复杂的动作;发码时最好能强化儿童的视觉和听觉感受,多采用儿童喜闻乐见的视觉符号或听觉符号。同样,与不同国家或民族的人们交往,符号情境也限制了对语言、文字及其他符号的使用。如对一个不懂汉语的人来说,汉语符号的使用就受到了限制;对一个没有学习过中国文化的人来说,中国的礼仪符号也受到了限制。正如中国成语所说:"入乡随俗",不要"对牛弹琴"。

虽然符号情境限制符号使用,但在这种限制内,依然可以顺用符号情境,取得一定的符号交际效果。以隐喻为例①,隐喻作为一种认知和语用层面上的符号使用现象,自然要受到交际时的符号情境的限制。如能随情应景,将眼前景物或自然风光信手拈来,可以创造出新颖、独特的效果。俗话说,"到什么山唱什么歌",即景设喻,因物托情,在符号情境能使语言显得更加活泼,更能给人以感染力。

　　◇周恩来总理访问朝鲜的时候说:"中朝友谊像长白山一样永存,像鸭绿江一样长流。"
　　◇我祝中国和尼泊尔的友谊像联结着我们两国的喜马拉雅山那样永存。(周总理《在加德满都市民欢迎大会上的讲话》)(袁晖《比喻》1982:95)

周总理分别联系中朝、中尼两国的自然环境,结合地理特点,以连接与邻国的山和河流作比,祝愿邻国人民之间的友谊长久。这种顺应自然物理环境的隐喻十分亲切,洋溢着深厚的友情,这种机智而又自然的隐喻,令人印象深刻。

我们国家领导人高度重视国际关系,在选择隐喻时也注重与物理语境相呼应。如,为了表示国与国之间的关系友好,对于地理上邻近的国家,用邻居作隐喻,对于地理上距离较远的国家,则说"有缘千里来相会",对于地理上邻近的社会主义国家,则同时用"邻居"、"同志"、"伙伴"、"朋友";同是用河流比喻两国之

① 范振强、金旭微:《认知语用学视域下刻意性隐喻的动态构建新解》,《东莞理工学院学报》2021年第2期,第60—68页。

间的友谊,在印尼时选择美丽的梭罗河作源域构建隐喻,在法国时选取卢瓦尔—罗讷河流作为源域,在拉美时则选用亚马孙河作源域。动态灵活地顺应物理语境构建的隐喻,对受众有针对性,很容易获得听众的共鸣,能够拉近与受众之间的距离。

2. 解释功能

符号情境的解释功能是指符号情境在符号解码时所发挥的功能。一定的符号情境对同样的符号可以有不同的解释,对不同的符号也能给予相同的解释。比如,对符号"S",英语老师说是 26 个字母之一,服装店员说那件衣服是小号的,年轻人说那是曲线,是优美。在古代,头发珍藏爱情,所谓"结发夫妻";20 世纪六七十年代,手绢代表爱情;八九十年代,玫瑰象征爱情。随着互联网及社交媒体的普及与发展,谐音梗作为一种特殊的符号现象越来越受到广泛关注。"谐音"是指以语音相同相近为条件,通过非固定位置上不同语言符号单位之间照应关系的建立,以满足表达需要的修辞方式。① 谐音梗是一种与某些热点事件密切相关,在特定的语境中,利用某些同音异义的词语来代替原词,传达出一定的情感、意义或寓意的语言现象。一些受欢迎的网络综艺,如《脱口秀大会》《奇葩说》《王牌对王牌》等节目很受欢迎,也出现了大量的"谐音梗"段子。甚至一些土味情话也可以说是谐音梗,例如,"为什么肥沃的生蚝都是埋在海滩的淤泥里?因为沃蚝喜欢泥。"时代在发展,符号也在随着时代的不断发展而逐渐变得更加丰富。很显然,符号情境在解码时的功能非同小可,离开符号出现的情境,这些符号的解释就会出现困难。

符号的解释功能与解释者以及解释情境密切相关。符号"卍"在中国等亚洲国家用作"万德吉祥"的标志。1920 年,德国纳粹党魁希特勒将"卐"作了纳粹党的党徽,象征"争取雅利安人的胜利斗争的使命",后来成为他暴力统治和血腥恐怖的象征,万恶灾难的标志。其实这是两个不同编码的符号:前者右旋,后者左旋,可是在具体情境中人们却很难辨识。据说有一次,周恩来总理宴请来自欧洲的外国朋友吃饭,最后一道菜是全家福,而这道菜的标志就是按照中国人的传统习俗,带有吉祥象征的符号"卍",谁知外国朋友面色大改,他们误为纳粹符号

---

① 张丽红、王卫兵:《再论谐音的修辞学地位》,《安徽大学学报》(哲学社会科学版)2022 年第 4 期,第 73—79 页。

"卐",那无论如何是难以接受的。周总理马上意识到在此情境中使用这个符号出现了问题,他即刻说道:"来,让我们一起来把法西斯消灭!"如果这是个真实的故事,那么似乎周恩来一时间也没有弄清二者的区别,但他机智的解释使得餐会氛围重新活跃起来。

3. 创造功能

此外,符号情境对于符号使用者来说,还有创造的功能。这种功能是指在使用的过程中创造出新的符号或给予旧的符号以新的意义。符号情境的创造功能并非指符号情境能自行创造出符号,而是指符号情境能为人们创造符号提供可能的空间和背景。例如,在琼瑶的电视剧《烟雨蒙蒙》中,女主角依萍和男主角书桓首次相逢是在一个下雨的日子,特别的情境把"雨"造就成他们爱情的见证符号,剧名《烟雨蒙蒙》与此有一定的关系。这种创造是基于旧符号的基础上给予新的意义,创造之初只具临时性意义,因人因景而异,但一经多次使用,符号意义则被固定下来。

我们以隐喻为例,论证符号情境的创造功能。[①]

(1) 语音层面符号情境对隐喻的创造功能

追星族经常称呼自己是某体育项目或者某明星的"粉丝",粉丝是英语"fans"的谐音,意为"追星族",属于谐音隐喻。在英文中,fans 一词最早形成于 1889 年前后,是从 fanatic(疯狂)一词缩减而来,最早是用来形容狂热的拳击和棒球队支持者。后来同样的谐音隐喻机制产生了"钢丝"(相声演员郭德纲的粉丝)、"醒目"(苏醒的粉丝)。谐音隐喻的构建顺应偶像名字的发音,非常灵活,俞灏明的粉丝叫作"芋头",王栎鑫的粉丝叫作"栎迷",俞灏明和王栎鑫共同的粉丝叫作"明栎亲"(明鑫粉)。

"粉丝"的源域"fans"是有理据的,而"悲剧"和"杯具"之间的隐喻构建则完全基于对语音的顺应。

(2) 文字层面符号情境对隐喻的创造功能

语言中的文字符号也可以被交际主体灵活运用,构建貌似"有理有据"的临时隐喻。

---

① 范振强、金旭微:《认知语用学视域下刻意性隐喻的动态构建新解》,《东莞理工学院学报》2021年第 2 期,第 60—68 页。

◇婆婆：拆字分析，就是爱搅起波澜的女人。如果将来你能生个女孩，要是有一天她问你这两个字是什么意思，你可以告诉她，这两个字的意思是老虎。（路也《幸福是有的》）

◇王玉米的"王"摆到哪儿都是三横加一竖，过去不出头，现在也不掉尾巴。（毕飞宇《玉米》，《人民文学》2001年第4期）

汉字上面两例是发话者利用汉字的字形（"婆"和"王玉米"）加以发挥，创造的隐喻，源域和目标域在字形上的相似性为其概念上的相似性（"搅起波澜的女人"和"过去不出头，现在也不掉尾巴"）提供了"合理的"依据，这是一种借用偶然性创造必然性的隐喻构建机制。

（3）构式层面符号情境对隐喻的创造功能

符号情境对隐喻的创造功能还可能发生在构式层面，比如，

◇逗你没商量/黑你没商量/骗你没商量/……

◇ Familiarity breed sboredom.

自从电视剧《爱你没商量》热播以来，对剧名进行仿拟所生成的"X你没商量"构式便风靡开来，在网络检索有几百万条之多。构式所仿拟的原始构式和电视剧就是符号情境。这些仿拟大多数是反讽性质，有的基于相似性，比如"相声逗你没商量"表达了一种对相声艺术价值的肯定和热爱。上例基于英语谚语Familiarity breed scontempt（熟悉滋生轻蔑），喻指熟悉滋生厌烦，出现审美疲劳，导致熟悉的地方没有风景，新构建隐喻的源域和目标域之间构建了新的相似性。

（4）语篇层面符号情境对隐喻的创造功能

心药方

药有十味：慈悲心一片，好肚肠一条，温柔半两，道理三分，信行要紧，中直一块孝顺十分，老实一个，阴骘全用，方便不拘多少。

用药方法：此药用宽心锅内炒，不要焦，不要燥，去火性三分，于平等盆内研碎。三思为末，六波罗蜜为丸，如菩提子大。每日进三服，不拘时候，用

和气汤送下。

　　用药禁忌：言清行浊，利己损人，暗中箭，肚中毒，笑里刀，平地起风波。

（《广州日报》，1998 年 12 月 1 日）

　　此文是我国唐朝石头希迁和尚所写，他在替乡亲们治病时就晓谕世人曰："凡想齐家、治国、学道、修身之人，先须服我十味药，方可成就。"这篇闻名于世的《心药方》全文仿拟中医处方的语篇形式和风格，通篇采用中医的措辞和理论，临时构建多重相似性，用隐喻的方式告诉众人，要像服中药一样，照方行事，做到去邪恶，好行善，才能治疗心病。中医处方就是符号情境，是创造隐喻的基础和支撑。

第四节　数字化空间的符号功能

一、数字化空间——当代人的认知和交际

　　1995 年，美国麻省理工学院教授兼媒体实验室主任尼葛洛庞蒂出版了他的《数字化生存》一书，他在书中预言：数字将决定着我们未来的生存方式，乃至造就一个崭新的时代——以"比特"为存在物的数字化时代。他并且表明，我们已经开始在数字化的空间里生存着。[1]

　　"数字化"（digitalization）一词来源于英文 digital，按照英文的解释，意思是通过电子信号改变后生成的信息赖以存在的形式。如果从计算机信息技术层面来说，所谓数字化就是指通过计算机及各种软件，把各种信息，如在时间轴上运动着的声音，静止或运动着的图像、文字和图形等，转变成数字代码 0 与 1 并进行编码，从而完成表达和传输的一种综合性技术。

　　1998 年 1 月，美国副总统戈尔在加利福尼亚科学中心的演讲中提出了"数字地球"（Digital Earth）这个新概念[2]，并设想 2005 年初步实现"数字地球"的计划，2020 年基本实现"数字地球"。数字地球必须建立在数字国家的基础上，而

①　参阅[美]尼葛洛庞蒂著，胡泳、范海燕译：《数字化生存》，海南出版社 1997 年版。
②　李伯聪：《高科技时代的符号世界》，天津科学技术出版社 2000 年版，第 165 页。

数字国家又必须以数字城市为前提，于是，我们听到了数字美国、数字中国、数字日本的脚步，我们看到了数字浙江、数字成都、数字烟台的身影。所谓"城市数字化"，是说把该城市的地理、资源、生态、人口、经济等复杂系统数字化、可视化，从而优化相关的决策。数字化的城市正在途中，数字化的地球离我们并不遥远。到时，偌大一个地球远不只压缩到我们现在所说的"地球村"，"地球这个数字化的行星在人们的感觉中，会变得仿佛只有针尖般大小。"①

2019 年 8 月 30 日，中国互联网络信息中心（CNNIC）发布的第 44 期"中国互联网络发展统计报告"指出，截至 2019 年 6 月，中国的互联网用户数量已达到8.54 亿，手机网民数量达到 8.47 亿。当代社会信息量爆棚且交互迅速，即时通信、各种搜索引擎、在线教育、线上政务等规模不断扩大。移动媒体实现了用户之间的实时性传播，微信、微博等社交媒体增进了人与人之间的交流。② 线上购物平台、网络直播营销发展迅速，线上线下支付手段日益多样化。我们置身于数字化的空间中，数字化已渗透到生活中的方方面面，影响着社会中的各行各业，我们的工作、学习、生活、交往、公共服务、公共事务乃至娱乐都在数字化的空间中进行着。

在日常生活中，当你打开电视机，就可以从色彩斑斓的广告中搜寻到数字产品的踪迹。如果走进商场或在线购物，琳琅满目的数字产品更是商场中独特亮丽的风景：新颖别致的平板电脑，越来越精巧的多款智能手机，高清晰度的数字彩电，各种型号的数码相机、数字影碟机、VR 设备等。戴上一副眼镜，连接电脑或手机，你就能进入一个全新的虚拟世界，这种类似科幻电影《黑客帝国》里的场景正在我们身边发生，而让这一切实现的技术就是最近很火的"虚拟现实"，也就是许多人口中的 VR。虚拟现实（Virtual Reality，简称 VR），是利用计算机发展中的高科技手段构造出一个虚拟的境界，使参与者获得与现实一样的感觉。例如，当你戴上特制的头盔与手套后，会发现你已置身于一个不受时空限制的历史的博物馆中；当你向前行走或者转头时，你所看见的景象也会随之改变，你可穿过大厅，推开前面的大门；当你看见一件精美的展品时，你甚至可以上上下下、里

---

① ［美］尼葛洛庞蒂著，胡泳、范海燕译：《数字化生存》，海南出版社 1997 年版，前言第 15 页。
② 沈国威：《城市品牌符号数字化传播的路径与策略》，《艺术与设计》（理论）2020 年第 12 期，第41 页。

里外外仔细地观摩——这就是虚拟现实技术带来的真实感觉。①

　　数字化办公已成现实。记者、作家、秘书告别了纸和笔的时代,指点江山、激扬文字,精骛八极、心游万仞的思维已化作一串串符号在数字化的空间中传递。超市、工厂、公司丢掉了繁重的账本和记录,千姿百态的销售手段,错综复杂的商品管理,被及时、准确地进行着数字化处理,带有条形码、二维码的货物摆满了货架,收银机忙得不亦乐乎。数字化使农民告别了脸朝黄土背朝天的辛苦劳作,坐在家中开始了他们的数字化农业时代。数字化使贸易往来变得如此快捷、便利,无论双方距离多远,文件传输、合作条款都可以在第一时间以最快的速度搞定,数字化空间里的贸易合作以古人不可思议的方式到达了古人不可思议的范围。网上购物则把商场和超市搬进了自己的家。你不用抬腿,便可逛遍全世界著名商场,甚至当你想买衣服要试穿时,一个以你自己为模特的电脑人便会让"你"的试穿取得最满意的效果。数字化在战场上更将出尽风头,未来战场将变为由声音、图像、文字、数据等数字化信息的巨大作战平台,数字化部队能干扰敌方获取信息,摧毁敌方的军事操作系统,从而更大限度地发挥我方的数字化优势。

　　数字化推动着人类文明的进步,我们有了数字化期刊、数字化图书馆、数字化博物馆、数字化学校等等。据统计,在因特网上,1991 年有电子期刊 110 种,1993 年 240 种,1994 年 400 种,1995 年近 700 种,1998 年就达到了万余种。据知网官网(www.cnki.net)数据显示,截至 2022 年 10 月,知网收录的社会科学类论文期刊数量为 11 786 种。这些期刊涵盖了多个领域,如政治学、经济学、社会学、法学、心理学、教育学、管理学等。中国知网深度整合海量的中外文文献,包括 90% 以上的中国知识资源,如:学术期刊、学位论文、会议、报纸、年鉴、专利、标准、成果、图书、学术辑刊、特色期刊、古籍、视频等资源类型,累计中外文文献量逾 5 亿篇。其中包括来自 80 余个国家和地区,900 多家出版社的 8 万余种期刊(覆盖 JCR 期刊的 96%,SCOPUS 的 90% 以上)、百万册图书等。除了知网、万方数据库、维普全文期刊数据库也都成了各高校图书馆里的重要数字资源。在数字化图书馆里,我们可以迅速而及时地开展 OPAC 查询,进行数据库检索;我们可以在虚拟咨询台中以电子形式提出咨询,并接受电子形式的回答。一切

---

　　① 《什么是 VR? VR 技术原理和发展过程及核心技术分》,http://www.bjshuangchuan.com/html/3785615727.html。

将不受到时间和地域的限制,我们在家中免费查阅历史资料,听20世纪历史人物讲话原声带,检索我们所需要的文集。数字化学校打破了自从孔夫子时代起存在于师生之间的传道、授业、解惑模式,教室就在家中,你可通过新型的教学手段真正地享受寓教于乐的虚拟学校生活。近年来,随着网络技术在教育教学领域的广泛应用,在世界知名高校的引领下,慕课和微课在全球迅速兴起。形象生动的课件,民主自由的教与学,给古老而传统的学校教育带来了前所未有的改革与创新。人们在海纳百川的数字化空间里享受着数字化带给人类的文明与进步。

数字化改变了人们的交际手段,加快了沟通的速度。人际关系已不再是人与人之间的唯一关系,一种新型的关系——人机关系正在逐步建立。

你可以不受时空的限制,以光速去访问地球另一端的某国政府首脑;你可以零距离地与你喜爱的主持人或崇拜的科学家交谈;你可以与从未谋面的朋友聊天、游戏、畅谈人生;你可以不出国门在网上漂洋过海到世界各地海淘。从前的鸿雁传情,望穿秋水,已变成了今天的电子邮件、短信、QQ、微信、Skype、脸书(Facebook)和推特(Twitter)等社交平台。在数字化空间里,有人轻松而友好,有人谨慎并戒备,有人则彻底抛开了心底的那份矜持与隐晦,他们在数字化的通道和终端演绎着自己的故事。数字化的友谊有了网友,数字化的爱情有了网恋。为了表达对已故者的怀念与尊敬,人们甚至可以开展数字化的祭奠。以手机短信和网上纪念馆为代表的数字化祭奠方式,已经悄然流行。

数字化旅游,数字化钱包,数字化娱乐,数字化地图,甚至人体也能数字化[1],数字化的空间五彩缤纷,让人目不暇接,甚至眼花缭乱。数字化的空间已把人们带入了数字化的一种生存状态,数字化已成为一个国家综合国力的标志。

2005年,美国新闻记者弗里德曼出版一本新书《世界是平的:21世纪简史》[2],一时间畅销全球。它宣告人类开始了一个伟大的新时代——网络时代。软件和网络的结合拉近了彼此的距离,使大家成为邻居,广袤的地球变成了小小的地球村。在这个平坦世界的每个角落的人们都能够自由参与竞争,不同人种的合作真正变得丰富多彩,犹如天际的彩虹。

---

[1] 《数字化虚拟中国人女性研究获突破性进展》: http://tech.sina.com.cn/o/2003-04-23/1348180463.shtml。

[2] [美] 托马斯·弗雷德曼著,何帆等译:《世界是平的:21世纪简史》,湖南科学技术出版社2009年版。

随着网络文化的发展和网络媒体技术的日益更新,网络表情符号已经成为网民在线交流的新型交际符号工具,承担着重要的交际功能。这些表情符号可以化解尴尬、细化交际意义、生成幽默效果、表达细腻的感情等,让使用表情符号的网络交际者在聊天中脱颖而出,获得更多的关注。从符号学角度看,语言是一种听觉符号,而网络表情符号是以视觉凸显形式表现出来的,属于视觉符号。"从符号的五十形式上看,语言符号与网络表情符号是两个独立的符号系统,不是隶属关系,但都承担着社会重要的交际功能。"[1]表情符号在特定场景中发挥着重要的作用。例如,餐厅在线评论中,使用情感表情符号和非情感表情符号对餐厅在线评论会产生不同的影响。[2]

不仅如此,有的学者开始探讨游戏叙事中的传统文化符号再现及其程序修辞机制,指出"在数字媒介下,传统文化在游戏中超越了纯粹的符号征用维度,上升到符号叙事维度",通过在游戏环境中对文化场景的还原、游戏角色里对文化身份的还原、游戏情节中对文化故事的还原,传统文化不仅构筑了游戏叙事的故事世界,也借助游戏化的符号形式构筑了一个文化认同空间,在数字空间中获得了崭新的"数字生命"。传统文化与数字信息的组合,为我们打开了新的数字人文之路。[3]

二、数字化空间的特殊符号

我们在享受着数字化空间给我们的生存和生活带来巨大变革的同时,不禁要问:是什么使得这个空间变得如此美丽神奇?

无限风光收眼底,最美不过0和1。就是简单的0和1两个数为人类编织了一个特有的数字化空间。

看似简单的数字0和1实际上并不简单,因为这里所说的0和1与十进制中的0和1大不相同。我们从前面的数字化定义中知道,数字化所采用的技术就是利用这对既普通又特殊的数字符号来进行编码的。说它普通,是因为0和

① 钟远飞:《网络表情符号背后的语言交际功能探析》,《今古文创》2023年第25期,第124页。
② 鄢慧丽、廖其威、熊浩:《情感还是非情感?表情符号对餐厅在线评论有用性的影响》,《旅游学刊》2024年第1期。
③ 刘涛、张嫒嫒:《通往数字人文的游戏之路:游戏叙事中的传统文化符号再现及其程序修辞机制》,《南京社会科学》2023年第11期。

1是从0到9十个数字中的一部分,它们和其他8个数共同组成了我们最熟悉的经常使用的十进制:0,1,2,3,…,10;说它特殊,是说这里的0和1构成的是二进制,基数为2,逢2进1。在二进制中我们这样计数:0,1,10,11,100,101,…二进制是数字化的基石。数字化的最神秘之处就在于人类的一切信息诸如声音、图像、文字等等都可转换成数字符号0或1来表达,通过0和1两个符号的组合转换,形成一系列可以由计算机识别的二进制代码,并在解码的过程中将其还原为声音、图像或文字符号。我们用0或1来表示1个二进制数位,称为一个比特(bit),它源自词组binary digit(二进制数字)。比特是一种存在的状态:或开或关,或真或伪,或上或下,或入或出,或黑或白。目前,在计算机内部,采用二进制计数法,只需0和1两个基数就能够表示两种状态,相比十进制数用10个不同的基数来表示十种状态就大为简便易行了。由于二进制使用0和1两个基数只涉及两个状态,在一定程度上也确保了数字转移和处理时的正确性。0和1还可以代表逻辑代数中的"假"和"真",为我们使用二进制提供了逻辑依据。

在数字化空间里,比特是信息的最小单位,它犹如人体内的DNA,几乎囊括了一切信息。它没有质量和尺寸,但它能以光的速度运行,弹指一挥间,地球那一端的世界立即化身为一群比特符号精灵,以每秒绕行地球7圈半的速度,通过光纤、电缆或电话线,上天钻地跨海来到你的面前,实现跨越时空的比特转移和比特共享。如果说纸张和印刷术的发明给人类带来了信息革命,而比特则带领人类在数字化的空间里遨游,进行着一场信息处理的革命性变革——数字化革命。

在数字化空间里,一切信息都被数字化为特殊符号0和1进行编码,然后在解码的过程中,0和1又被还原为信息原样重现出来,这实际上是一个从具体符号到抽象符号再还原为具体符号的过程。每个具体的信息被技术人员所设定的程序抽象化为数字0和1,也就是说被数字化,不同的信息在数字化为0和1时有不同的组合转换,从而得以保证信息被数字化后能够准确地具体化为原来信息。这一过程包含着人类明显的技术加工行为,属于技术编码和技术解码,它由相关的技术人员在一定的程序中早已设置。目前计算机中用二进制表示字母、数字、控制符号,主要用ASCII码(American Standard Code for Information Interchange)即美国标准信息交换码。ASCII码有7位ASCII码和8位ASCII码两种。例如:字母a — 1100001,字母A — 1000001,DEL键—

1111111。我国采用国标码,对汉字进行编码,也称汉字的 ASCII 码。例如:汉字"群"— 10010000111010,汉字"啊"— 1100111000001。无论是理性的文字叙述还是感性的生动画面,瞬间都可能转化为令人惊叹的、一连串的 0 和 1,从而为我们编织了一个奇妙的世界。[①]

我们说数字化空间中的符号具有特殊性,不仅仅因为采用了特殊符号 0 和 1 进行技术编码和技术解码,而且因为当信息重现时,它的呈现形态超越了自然时空。

在数字化的符号空间里,信息被还原时大多还是以文字符号、声音符号、像似符号、图形符号等形式呈现,看似和非数字化空间中的符号无甚区别,但由于它们采用了特殊的技术编码和解码,能够被转换成数字 0 和 1,并以比特的形式被传输,因而它们实质上是一些超越了自然时空的特殊符号,其特殊性就在于可以即时传输。我们试比较一下:同样内容的信件,用传统的纸和笔写好并用信封封好,通过邮局投递到加拿大多伦多城市,这是一个多么耗时且不保险的过程(当然可用挂号,但耗时更长),但如果把这封信件上的文字符号通过键盘输入,以比特的形式发送给对方,对方则可以即时而又安全地收到。很明显,看似内容相同的文字符号,但实质上是不一样的,这就是尼葛洛庞蒂在《数字化生存》中所说的:我们已告别了原子时代,进入了数字化时代或叫比特时代。因为数字化空间中的符号基本粒子是比特,它没有质量,没有重量,它能以光速运行,自然由它组成的文字符号、声音符号、像似符号等也没有质量,没有重量,能以光速被传输到世界的每一个角落。

值得注意的是,在 0 和 1 的数字空间,人与人之间沟通的载体通常是"文字",无法传达线下交际所蕴含的沟通元素,如面部表情、手势动作、语调语气等无法经由比特和字节传递。为了填补这种语言表意的非完整性,表情符号应运而生。比如:当我们在日常生活中表达"谢谢你"时,往往会伴随着"微笑""鞠躬"等面部表情和肢体动作,这些非文字语言与文字性语言相结合,才能实现完整的信息告知和理解。而互联网传播媒介往往只能传达文字性语言,由于表意的不完整,"歧义"随之而来。单纯的语句"谢谢你",无法断定是否具有"真诚感

[①]　卢湘鸿主编:《计算机应用教程》,清华大学出版社 2000 年版,第 16—17 页。

谢"的意思，但加上"鞠躬""抱拳""鲜花"等表情符号，能更有说服力地传递"感谢"这一心理活动。

表情符号的编码与解码复杂多义。从最初以纯字符组合的表情符号（如：颜文字）到"拟人仿真"的图像符号（如：Emoji）再到当下多元素组合的丰富表情包，表情符号的多样性映射了互联网的更迭。相较于文字，表情符号更具有多义性，复杂意义的生产过程，是由编码者与解码者共同完成的。表情符号的生产与使用，发出与接收，形成了两对编码与解码的关系，在此过程中，社会热点、群体文化、个人心境、交流情境等不同层面的规则都会深刻影响着编码与解码。①

三、数字化空间符号功能的特殊性

信息被数字化为 0 和 1，是科技时代的进步和需要，是人类继续生存与发展的必然。在数字化空间里，符号依然在行使着它的最一般的功能——认知与交际，但却有它自己的特殊性：它是一种自动化的符号操作。0 和 1 是当今高科技时代进行认知与交际的最先进的符号工具，是人们提高认知能力和交际效果的最有力的武器，它改变了人类传统的认知模式，引入了新型的交际理念。

数字化空间作为自动化的操作过程，人们的一切认知和交际都在这数字化的空间里变成现实。举个最简单的例子，当你打开电脑，点击浏览器，你就自动地与外面的世界建立了一种联系。说得具体一些，如果你想获取有关"杭州西湖"的讯息，你可以在著名的诸如搜狐、新浪网站，在百度搜索里，输入"杭州西湖"四个字，点击网站搜索，即可获得介绍西湖美景、西子文化、美食特产、景区图片等许多讯息，甚至还能带给你身临其境的感觉。轻轻一击，瞬间便满足了你的认知需要，这也就真正应验了那句老话："秀才不出门，能知天下事。"当你感到孤独寂寞，想找个朋友倾诉衷肠的时候，你可以登录某个聊天室，五湖四海的朋友便聚集到你面前，你甚至可以看见他的人，听到他的声音。所有关于你们的声音、图像、语言、文字等都自动化作了 0 和 1，即时即刻成功地完成了交际使命。

目前，为了便于交流，在用 0 和 1 进行二进制编码时普遍使用的是美国国家标准局（ANSI）制定的标准 ASCII 码。从理论上说，对同一图形、声音等信息在数字化时,不同的计算机系统,不同的人可规定不同的标准,但就使用者来说,我们并不需要知道其中的细节。计算机作为高度自动化的系统,它是一种能够输入信息、存储信息,并按照人们的意志(这些意志就是程序)对信息进行加工处理,最后输出人们所需要信息的自动执行的电子装置,它提供了人们习惯的字符、图形、声音及其他信息的处理方式来与人打交道(用户界面)。作为一般使用者,我们不需要去探寻某某图像是如何处理的,某某声音又是如何编码的,其内部的转换过程由其自行处理,其处理的依据就是技术人员预先编制的既定程序。把计算机程序先存入内存,计算机不需要人的干预会自动执行所存入的程序,完成信息的数字化过程,快速度、高精度、自动化地满足人们认知和交际的需要。这一点与人类在数字化空间之外的认知与交际完全不同。数字化空间之外,没有人为你设置专门的程序来处理你所需要或不需要的相关讯息,而数字化空间里快而准的自动化处理是数字化空间外永远无法企及的。好比在古代,你可能要赶着马车从杭州上京城,山重重,水漫漫,不知何时才能到达;而今,你乘着飞机,无须知道飞机上的机器是如何操作,但是它能让你在最短的时间,以最快的速度准确地到达目的地。

在数字化空间中的符号自动化操作过程,通常具有自动存储和自动链接的功能。

自动存储是针对把信息数字化为 0 和 1 时所进行的技术编码而言的,信息被转换成 0 和 1 后就以比特的形式暂时或永久地存储起来;不需要的时候可以随时毫无痕迹地删除它,不叫它占用我们的利用空间。例如:我们在手机里输入朋友的姓名、电话号码,这些信息就会数字化为 0 和 1 存储在手机里,如果进行修改或删除都不会留有任何痕迹。通过电脑写作时,我们把自己的文档以比特的形式保存在硬盘或软盘里;数码相机里的情影存储之后还可以再次发送给朋友,让他也分享你的美丽。遇到信息量特别大的时候,我们还可以对信息进行一定的压缩以后再进行存储。在当今数字化时代,信息技术的快速发展催生了云存储。用户通过网络将数据存储在远程服务器上,并随时可以通过网络访问和管理,为用户提供了更加便捷和灵活的数据存储和共享方式。古人的"学富五车",现在对我们来说,其信息量不过是沧海一粟。四库全书如今被储存在光盘里可以随身便携,这在以往是不可想象的。无数本书被存储在虚拟的图书馆里,人类的文明也可以慢慢存储在一个微小致密的物质载体之中。这些都多亏了 0 和 1 这两个符号精灵,它不仅为我们节省了大量的空间,而且为我们人类文明的延续给予了最安全的保障。

自动链接是针对把数字化还原为信息原样后的符号与其他符号之间的关系来说的。通过一个符号便能搜索到更多相关的符号,它可以满足人们不断变化的信息需求。以往人们在图书馆寻找作家鲁迅的作品《南腔北调集》,通过书名、索书号等符号提示,我们从书架上找到这本书,然后借出。如果还要寻找鲁迅其他作品,则要重复一次相同的操作。但是,当作家鲁迅的所有相关信息被数字化为 0 和 1 而编制成程序存入电脑后,在数字化的虚拟图书馆里,我们打开"文学"下面的"作家",再打开"鲁迅",就会自动链接到"散文/杂文"和"小说",打开其中的"散文/杂文",不仅会自动链接到《南腔北调集》,还会自动链接到《朝花夕拾》《野草》《而已集》《华盖集》《华盖集续编》等。不仅如此,在从"鲁迅"链接到"散文/杂文"和"小说"的同一时间里,与鲁迅相关的信息,如"评读鲁迅""鲁迅文学论坛"等,也被自动地链接到同一页面。你想到的和你没想到的,只要和"鲁迅"相关的信息都占据了你的视野,让你在同一时间享受到自动链接所带来的讯息共享。新闻链接就更不用说了。比如你打开"一带一路",就会自动链接到若干条相关的"一带一路"新闻。打开其中一条,你不仅能参与评论,还能看到别人的评论,甚至和别人相互交流。置身在数字化的空间中,由于符号之间的链接关系,使得我们的需求与满足永远处于互动状态,除非你自动放弃。

然而一切事物都具有两重性,数字化空间也不例外。人类的认知与交际,本质上就是一种符号操作行为,虽然数字化把人类的认知与交际带入了一个自动化的符号操作系统中,但不免也暴露了它的缺陷。自动化走的是一条纯形式的道路,它不能有效地解决意义问题,无法挖掘到人类思维的最深处,因而在符号的操作过程中难免会出现不尽如人意的情况。举一个简单的例子,我想知道关于"中国结"方面的讯息,当我输入"中国结"实行操作时,会自动链接到我想要的讯息,但同时也意外地自动链接到了令人忍俊不禁的讯息,诸如"中国结肠炎网""中国结石病网"。数字化虽然把认知与交际提到了自动化的程度,但其判断能力、推理能力、符号意义的理解能力等还是一个急需探索的重大课题。人类只是把自己的部分智能以数字化的形式赋予了机器,机器并未达到智能的全部人化。

在当前以至今后的一段时间里,数字化应该为解决人工智能服务,不仅要从形式上更要从意义上真正解决自然语言理解、智能机器人和自动程序设计等等问题。

新媒体时代符号交际的另一个典型特征就是其多模态表征。多模态是传播学、语言学、符号学、文艺学、计算机科学等多学科关注的重点课题。弗思维尔(Forceville)将多模态定义为利用感官构建意义的符号系统,包括"视觉、书面语、口语、身体行为(包括手势、姿势、面部表情和动作方式)、声音、音乐、嗅觉、味道及触觉"。① 而这些多模态符号都在数字化空间普遍存在和大量使用。例如,视频广告作为一种特殊的符号现象,涉及隐喻、语境和策略等诸多复杂因素,有学者专门就 BS 品牌和 LQ 品牌做了细致的分析,值得我们更多的探究。②

近 10 年来,多模态符号研究持续升温,出现了多个理论模型和研究范式。其中主要有概念隐喻、视觉语法、关联理论、概念整合四大主流多模态理论模型。③这些理论及其现实应用,值得我们符号学研究者高度关注。

① Forceville, C, *Visual and multimodal communication*, Oxford University Press, 2020.
② 徐慈华:《隐喻使用中的推理》,中国社会科学出版社 2023 年版。
③ 范振强、郭雅欣:《多模态隐喻的前沿理论研究:问题与展望》,《阜阳师范学院学报》(社会科学版)2019 年第 6 期。

第三章　像似符号、指索符号、象征符号

第一节　概　　述

一、符号分类：皮尔斯的三分法

美国语言学家罗曼·雅各布森(Jakobson，R.)曾经说过："每一个信息都是由符号构成的。"[①]这表明，在人类社会中，符号无处不在，无时不在，而构成庞大符号体系的符号又是多种多样、五彩缤纷的。为了更好地使用符号，了解那些不同种类符号所传达的讯息的特殊性，于是对符号进行分类并给予定性描述，就成为符号学研究中的一个十分重要的方面。

在符号学思想史上，符号学家们以自己独特的视角，按照各自不同的判断标准对符号进行了形形色色的分类。其中皮尔斯关于符号的三分法思想，影响最为深远。虽然他所运用的分类标准前后曾多次改变，而且他的符号分类系统也没有最终完成，但这并不会降低他对符号学尤其是符号分类理论所做出的巨大贡献。在他之后的符号学家们，无论是批判、反对或修正这一思想，但更多的还是以三分法为基点，为自己的符号分类系统定位。如艾柯的符号分类学在后期就参照了皮尔斯的三分法，将自己的分类系统加以调整。

皮尔斯的符号分类体系是根据他的关系逻辑和范畴学说确定的，是他以三

---

① ［英］特伦斯·霍克斯著，瞿铁鹏译：《结主义和符号学》，上海译文出版社 1987 年版，第 129 页。

分法为指导思想所建立起来的科学体系的一部分。皮尔斯把宇宙的结构描绘为一种逻辑关系的结构,他说:"在每一种逻辑理论的每一点上,都不断地出现三种概念……我称它们为一位、二位和三位概念。一位是不依赖任何其他东西的存在概念;二位是相对于其他某种东西的存在概念,即对其他某种东西发生反作用的概念;三位是中介概念,一位和二位借此发生关系。"①这三种概念就是皮尔斯哲学思想的三种基本范畴,也是皮尔斯建立其知识体系的基本框架。他把一切科学的范畴都纳入其中,对符号学的研究自然也不例外。

皮尔斯首先将符号定义为符号形体、符号对象和符号解释的三元关系,并在此三元关系基础上先后提出了十种有关符号分类的三分系统,以致在理论上可有 59 049(3 的 10 次方)个符号类别。经过后人的大量化简和归并,最后得出 66 种可被实际列举的符号类别。

皮尔斯的三分法中,有一些分类得到了符号学家们的普遍认可。例如根据符号本身所显现的性质,皮尔斯把符号分为性质符号(qualisigns)、单一符号(sinsigns)和法则符号(legisigns)。性质符号是指以物体本身作为符号,其中"性质"是指一旦包含在符号中并作为符号而起作用的性质;单一符号是指一次性地作为符号发生作用的一个具体东西或实际事件,它是不可重复的;法则符号,是指使之成为符号并发挥符号作用的法则,它不是以单独对象的形式出现,而是作为一套规则或原则的抽象活动。又如根据符号的解释项,皮尔斯把符号分为名辞符号(rheme)、命题符号(dicisign)和论证符号(argument)。名辞符号是指其对象必须在解释项中加以确定;命题符号是指通过其自身对对象的确定来限制解释项的解释;论证符号是指其自身规定着自己的解释项。皮尔斯对这套三分法有许多符号学的解释,如果从逻辑的意义上说,跟命题逻辑中的项、命题以及推论大体相当。

然而在皮尔斯的符号三分法中,最重要的还是把符号分为像似符号(icon)、指索符号(index)和象征符号(symbol)三大类。皮尔斯自己也说,把符号分为像似符号、指索符号和象征符号,"是符号最基本的分类方法"。②由于这一分类体现了符号的不同表征方式,因而最有价值、最为实用,影响也最为深远。例如,皮

---

① 刘放桐等:《新编现代西方哲学》,人民出版社 2000 年版,第 191 页。
② [美]皮尔斯著,赵星植译:《皮尔斯:论符号》,四川大学出版社 2014 年版,第 72 页。

尔斯的"符号三分法"可以用来揭示票房冠军影视剧火爆背后的深层机制。①

近年来,皮尔斯的符号学分类和符号学思想在舞蹈创造、电视节目叙事策略、美术作品赏析、游戏传播研究、网红形象建构、创意设计等领域的应用性研究如火如荼②,展现了巨大的理论阐释力和实际应用价值。

二、符号按表征方式分类:像似符号、指索符号、象征符号

"符号三角"中有两个二元关系:一个是符形与解释项之间的意指关系,另一个就是符形与对象之间的指称关系。就符号的符形与对象的关系而言,如果不通过一定的指称方式,符形就不可能与符号对象构成指称关系,也就不可能充当"媒介物",来传达关于符号对象的讯息。也就是说,如果没有指称方式,就没有符号的三元关系结构,也就没有了符号。皮尔斯把符号分为像似符号、指索符号和象征符号三个类别的根据,就是符号、符形与对象之间的关系,亦即它们的指称方式。这种指称方式,我们具体地称作表征方式。

那么像似符号、指索符号和象征符号,它们的符形是怎样表征符号对象的呢?

1. 像似符号

像似符号的表征方式,是符号形体与它所表征的符号对象之间的肖似性。也就是说,像似符号的符形是用肖似的方式来表征对象的。例如,一幅肖像画就是个典型的像似符号,它完全是对符号对象的写实与模仿。达·芬奇就以他的传世之作《蒙娜丽莎》再现了一位沉静如水的妇人形象。画像本身当然不是蒙娜丽莎本人,但它可以表征蒙娜丽莎。画像的欣赏者除了欣赏达·芬奇的绝妙画技之外,还可以根据画像所呈现的人物外形特征来推测蒙娜丽莎是平民还是贵族,性格温顺还是暴烈。其至一些心理学家根据画像上蒙娜丽莎的笑容来判定蒙娜丽莎有精神分裂症等。这些都表明,画家通过蒙娜丽莎画像,肖似地表征了符号对象,传达了关于对象的讯息。这幅举世闻名的肖像画就是蒙娜丽莎的像似符号。此外,镜像、照片、雕塑、模型、图案等,也都是应用了肖似的表征方式而成为像似符号的。

---

① 蔡璐瑶:《皮尔斯"符号三分法"视域下看〈八佰〉》,《视听》2021年第1期。
② 杜华西:《皮尔斯符号学视域下模拟经营游戏传播研究——以〈江南百景图〉为例》,《新媒体研究》2022年第22期。

　　在符号世界中,不但现实存在的事物可以有表征自己的像似符号,即使是虚幻的对象也可以有表征自己的像似符号。例如,寺庙中的如来、菩萨、小鬼等雕塑,它们同人们头脑中的虚幻对象同样具有肖似性,因而也属于像似符号。

　　还有一些像似符号,例如地图、组装图、零件图、气象图、工艺流程图,以及各种表格、几何图形乃至逻辑公式、化学分子式等,它们的符形与对象之间具有抽象的肖似性,也属于像似符号一类。

　　2. 指索符号

　　指索符号的表征方式,是符号形体与被表征的符号对象之间存在着一种直接的因果或邻近性的联系,使符号形体能够指示或索引符号对象的存在。由于指索符号的这一特征,使得它的符号对象总是一个确定的、与时空相关联的实物或事件。例如动物园里的标牌,就是那些动物的指索符号。当我们看到一个标有"东北虎"的笼子时,游客就会知道里面关的是东北虎,而不是其他动物,也不是其他地区的老虎。又如一些高层建筑物屋顶上的指示灯,也是指索符号,因为它们示意夜航的飞机注意这里有建筑物。与此相类似的道路施工现场的"前方施工,请绕行"的牌子,以及路标、站牌、风向标、商标、招牌等都是相关事物的指索标记,都属于指索符号。另外,一些现象(或事件)的发生总是伴随或影响着另一些现象(或事件)的发生,其中某一现象(或事件)可以因为时空的邻近性而成为另一现象(或事件)的指索符号。例如雷电这一自然现象,一般总是先看到闪电,后听到雷声。虽然闪电和雷声没有因果关系,人们还是把闪电作为雷声的指索符号。总之,只要某物能够预示或标志某时、某地、某物或某事的存在或曾经存在(如考古、踪迹等),并且该规律被人们所掌握,那么该物就可以看作指索符号。相对于象征符号和像似符号,指索符号最为特殊,"它是唯一与语境相连接的符号,在锚定社会文化方面起着关键作用"。①

　　指索符号还可以有自己的指索符号,如通向某地的道路是这个地域的指索符号,而路标又是这条道路的指索符号。

　　3. 象征符号

　　在各类符号活动中,对象征符号的运用和讨论最为普遍,以至许多人把"符

---

　　① 赵星植:《指示性与符号人类学的新发展》,《符号与传媒》2022 年第 2 期,第 71 页。

号"(sign)一词狭义地理解为"象征符号"(symbol)。

象征符号的符号形体与符号对象之间没有肖似性或因果相承的关系,它们的表征方式是建立在社会约定的基础之上的。例如语言就是典型的象征符号。语言与它所表征的对象之间没有什么必然的联系,用什么样的语言符号来表征什么事物,仅仅建立在一定社会团体的任意约定的基础之上。不同民族可以有各自不同的约定,从而形成不同的语言符号系统,例如汉语、英语、日语、阿拉伯语、爱斯基摩语等。与之相关的文字、手语、旗语、鼓语等也都属于象征符号。一些抽象的概念、情感等,本来就很难找到可以模仿或直接联系的感性特征,因此也多用象征符号来表征。例如玫瑰花是爱情的象征,鸽子是和平的象征,红色是喜庆的象征,白色是纯洁的象征,国旗是国家的象征,城徽是城市的象征,图腾是氏族的象征,等等。其他诸如姿势、表情、动作、衣着、服饰,以及方位、数字等,只要把它们与另一事物人为地约定在一起,并得到一定社会群体的认可,它们都有可能成为象征符号。

在人类的认知和交际活动中,上述三类符号形式屡见不鲜。例如中国农业银行的标志,构图中的中国古钱和麦穗属于像似符,两者结合而成的绿色圆形图案,指中国农业银行属于指示符,而"耕耘美丽中国"等宣传语,进一步体现了该行与其他银行的个性差异,属于规约符。

三、像似符号、指索符号、象征符号分类的复杂性

在像似符号、指索符号和象征符号这一分类系统中,由于依据的表征方式有别,三种符号类型迥然不同。然而在人们的实际符号活动中,它们又不是相互排斥的,它们之间没有什么不可逾越的鸿沟。因为人们在创建符号、使用符号和识别符号的过程中,会受到来自主、客观多种因素的影响和制约,同一个符号形体可以因人、因时、因地而有不同的解释,划归为不同的符号类别,由此产生了符号的复杂性问题。

> 这些[像似符号、指索符号和象征符号]是符号化过程中的元素或方面,在不同符号化过程中,它们的相对显著性或重要性有很大不同。因此,简而言之,我们可以用一个符号中最显著的元素或方面的名称来称呼它,或者用

我们最直接关注的元素或方面的名称来称呼它,却并不因此表明它不包含其他两种元素或方面。①

从该论述中不难看出,现实中的符号可以在不同的语境中充当三种符号类型中的任何一种,而并不是永久性固定于一种类型。换言之,尽管三种符号之间在内涵和功能上存在很大差异,但它们并非水火不容,相反,它们在本质上是相互包含并且可以相互转化的。② 正如皮尔士所言,"一个符号通常涉及所有三种表现方式;如果一个符号中的像似性元素占主导地位,那么称之为像似符号将符合大多数目的"。③

像似符号、指索符号和象征符号分类的复杂性,主要表现为以下两个方面:

一是同一符号形体,因人、因时、因地而有不同的解释,因而归属不同的符号类别。例如大雁南飞,是秋天将要来临的标志,应该属于指索符号一类;而感情丰富的诗人却有"飞鸿过尽,万千心事难寄"的感慨,这里的"大雁"则被理解为"信使"的象征,归属于象征符号一类。初坠爱河的恋人把白雪当作纯洁爱情的象征,白雪是象征符号;而当一个"日出而作,日入而息"的农夫看到白雪时,他首先会想到"瑞雪兆丰年",白雪又成了指索符号。黄山迎客松是像似符号,但当它作为黄山形象的代表时,又成了象征符号。其实以上这些符号形体,当它们被使用者作出不同的解释时,它们所表征的对象已经发生了变化,于是也就成了不同的符号。

二是复合符形问题。符号形体的构成可以是单一的,也可以是由若干单一符号,我们称之为散形,构成的复合体。就拿像似符号来说,它可以简单到一个声音,也可以复杂到一座建筑物或一个战争场面。符号作为认知与交际的工具,认知活动与交际活动的复杂性决定了人们用来表征认知或交际对象的符号形体不可能总是单一的,人们会综合利用多种符号类别的多个形体组成复合的聚形

---

① Fisch, M, "Peirce's general theory of signs" In Thomas Sebeok (ed.), *Sighs, Sound and Sense*, Bloomington & London: Indiana University Press, 1978, p.44.

② 姜奕村:《皮尔士符号分类与演变理论之解读与修正》,《江苏社会科学》2022 年第 2 期,第 218 页。

③ Peirce, C. S, *Manuscript in the Houghton Library of Harvard University as Numbered in Annotated Catalogue of the Papers of Charles S. Peirce*. Richard S. Robin (ed.). Amberst: University of Massachusetts Press. 1967. p.3.

符号,来完成某个符号行为的任务。这样,在符号的海洋中,我们就可以见到许多图像的指索、指索的图像、图像的象征、象征的图像、象征的指索、指索的指索等等复杂的符号类型。例如路标与道路之间可以构成指索关系,因此路标可以看成是道路的指索符号,而作为路标的直线或折线箭头又是个像似符号,因为该箭头所描画的形状与它所表征的道路具有相似性。那么,确切地说,路标就是个图像的指索符号。工艺流程图因为在结构上与所表征的对象之间有相似性,应归属于像似符号,而用来构成流程图的字母是象征符号,箭头又是指索符号。因此,确切地说,工艺流程图应该是包含象征符号、指索符号的图像符号。又如自由女神像是自由的象征符号,而雕像本身却又是个典型的像似符号;交通信号灯可以理解为是指索符号与象征符号的结合,因为交通信号灯指示了一种情境,要求人们立即做出具有因果关系的行动;而人们之所以看到红灯会停止行动,看到绿灯会通过,是因为在我们的社会里,红色是"危险"的象征,代表停下;绿色是安全的象征,表示可以通行。

总之,对符号进行归类时,不能简单机械地一"分"了之,而应该结合符号的解释者、使用情景等多种主客观因素作全面细致的考察,然后作出结论。

第二节　像　似　符　号

一、肖似——像似符号的表征方式

肖似是像似符号的表征方式。关于"肖似"或"肖似性"的含义,不同的符号学家往往有不同的解释。例如美国莫里斯认为,"肖似性"是存在于符号形体与符号对象之间的共有特性。艾柯则进一步指出:肖似性不是存在于符号形体与符号对象的物理属性之间,而是存在于相同的知觉结构或关系系统之间。[①] 由于皮尔斯是像似符号的提出者,要想正确地理解"肖似"或"肖似性"的含义,还得先了解一下皮尔斯的符号学思想。

皮尔斯认为,人类的一切思想和经验都是符号活动,因而符号理论也是关于

---

① Thomas A. Sebeok, *Encyclpedic Dictionary of Semiotics*, Berlin: Mouton de Gruyter, 1986, p.328.

意识和经验的理论。这表明皮尔斯符号学的性质首先是逻辑的,而不仅仅是形而上学的;皮尔斯的符号学所涉及的问题也不是机械的现实存在,而是对认知过程的描述和分析。[①] 从这个意义上说来,"肖似性"概念就不能简单地理解为符号形体与符号对象之间的物理关系;肖似性应是符形与对象之间共有特性的外在表现,而这一关系特征的确立与识别,则要受到符号使用者知觉系统和符号使用情境的制约。

所谓知觉系统,是指符号使用者主观因素的总和,它包括符号使用者的身份、思想、性格、修养、处境、心境、宗教信仰等。不同的人有不同的人生经历和知识背景,不同的民族有不同的文化习惯和心理基础,这些都影响着对肖似性的确立与识别。例如:画在纸上的一个圆圈,饥饿者会认为那是大饼,挨冻者会认为那是太阳,口渴者则会认为那是一口井,司机可能会认为那是方向盘,而地理教师则可能会认为那是个地球仪,等等。不同的知识积累、专业方向也会影响肖似性的确立与识别。有一个两岁的男孩,第一次见到青蛙图片的时候,他大声喊道:"猫,猫!"这是为什么呢? 因为在他的知觉系统中只有关于猫的知觉经验,没有关于青蛙的。当他看到青蛙图片的时候,他认为图片上动物大大的眼睛与猫具有肖似性,因此,孩子就把图片上的动物当成了猫的像似符号。同样,一个对机械制图毫无所知的人,不可能用零件组装图作为符号形体来表征符号对象;而当他看到组装图时,由于缺少相关的知识经验,他也不可能识别出该组装图与符号对象的肖似性。

所谓符号的使用情境,是指符号使用者运用符号进行认知和交际活动的客观环境,它包括特定的时间、地点、场合以及认知对象自身的发展变化等客观因素。符号情境虽然外在于符号过程,但它对符号意义的解释和意义的衍义都起到了制约和影响的作用[2]。符号的使用情境也会影响肖似性的确立与识别。例如"风、马、牛不相及"这句话,意思是说风、马、牛是毫无关系的三类事物,它们之间不存在共有的特性。那么可以认为,在这三者中,任何一事物都不可能用其中的另一事物作为图像符号来表征自己,因为它们之间没有肖似性。然而事实并非如此。赛马场里,人们常常会用"黑旋风""暴风""飓风"等来表征那些

① 薛晨:《传播过程中的符号语境——皮尔斯符号学的认知研究进路》,《中外文化与文论》2015 年第 3 期,第 207 页。

疾驰如风的骏马。在这样的符号使用情境中，人们可以用"风"作为符号形体来表征"马"，因为风与马在运动的速度上具有肖似性。同样，当我们看到一匹马动作缓慢，我们也可以用"慢牛"作为符号形体来表征"马"。可见，特定的使用情境会使表面上毫不相干的两事物在某方面具有肖似性，从而为创建和使用图像符号提供依据。又如人们在观赏蓝天白云的时候，由于认知对象——云在运动变化之中，因此我们会发现，"天上浮云如白衣，斯须改变如苍狗"，即所谓"白云苍狗"之喻。这说明认知对象的变化也会影响我们对肖似性的确立与识别。

综上所述，我们可以这样来概括肖似性的含义：肖似性是像似符号区别于指索符号和象征符号的性质特征；肖似性作为像似符号的表征方式和创建依据，并不是必然的、固定不变的存在于符号形体与符号对象之间的关系特征，它的确立与识别还要受到诸多主客观因素的影响与制约。因此，可以说肖似性是主体认知客体的方式特征，对肖似性的确立与识别应该是一个认知的过程。

由于肖似性的确立与识别要受到符号使用者知觉系统和符号使用情境的制约，因此，符号形体与符号对象之间的关系不可能是简单的一一对应的肖似关系，它具有表现的多元化和程度差异性的特点。

1. 肖似性的多元化像似符号中，同一符号形体在不同的主客观因素的影响下，可以表征不同的符号对象，与不同的符号对象具有肖似性。如前所述，一个圆圈，不同的人可以用它来表征不同的符号对象：司机用它表征方向盘，地理教师用它表征地球仪，如此等等。甚至同一个人在不同的时间、地点、场合，同一符形也可以表征不同的符号对象。一个人在饥饿时，可以"画饼充饥"，用圆圈来表征大饼；控制别人时，可以"画地为牢"，用圆圈来表征监狱；等等。所谓"多形一用"，是指同一符号对象在不同的主客观因素的影响下，可以用不同的符号形体来表征，因为它们与不同的符号形体具有肖似性。例如一个画家、一个建筑师和一个售楼部经理在表征"楼"这一符号对象时，可能会选择不同的符号形体：画家会采用一幅画为符形，依据的是某一角度的外形相似；建筑师可能采用抽象的图纸为符形，依据的是内部结构的类同；而售楼部经理则可能采用模型作为符形，他所依据的是立体的、全方位的肖似性。

无论是一形多用还是多形一用，它们所依据的肖似特征可能是相同的，也可能是不同的。这就好像瞎子摸象,不同的人处在不同的位置,他们所能识别的肖似特征也会有所不同。

2. 肖似程度的差异性

符号使用者和使用情境也影响着像似符号的肖似程度。当甲事物作为像似符号来表征乙事物时,符号使用者对甲乙两事物了解越多,他们对甲乙共同特征的识别就越容易,其肖似程度也就越强。例如某语言现象和用来表征它的逻辑公式之间的肖似程度,在语言逻辑学家的眼里是最强的,在略具逻辑知识的人眼里次之,而对于完全外行的人来讲则趋近于零。同样,一个像似符号越适合它所使用的情境,它的符号形体和符号对象的肖似程度就越高。例如马与风之间的肖似性,只有当马疾驰如飞时它们的肖似性才能达到最高程度。

二、像似符号的分类

肖似性是像似符号的创建依据和表征方式,像似符号中符号形体与符号对象之间的肖似关系可以有多种表现。根据符号形体与符号对象之间肖似关系表现形式的不同,可以把像似符号分为三个类别:形象肖似符号、结构肖似符号和主题肖似符号。

1. 形象肖似符号

形象肖似符号是指像似符号的符形与对象之间的肖似性表现为外部形体、状态、颜色、姿态等物理属性上的类同,肖似特征较为明显,一般通过视觉、听觉、触觉等感觉系统便可识别。

(1) 视觉肖似符号

形象肖似符号主要出现在视觉领域,其肖似性可表现为动态形象肖似和静态形象肖似、整体形象肖似和局部形象肖似等。

动态形象肖似符号,是指像似符号的肖似性表现为符形与对象之间动态特征的类同。电影符号的肖似性是典型的动态形象肖似。语言中的部分比喻句也属动态形象肖似符号。如"他急得团团转,像热锅上的蚂蚁一样"。在这里,符号形体——"热锅上的蚂蚁"与符号对象——"他"之间的肖似性,就表现为"团团转"这一动态形象。

静态形象肖似符号,是指像似符号的肖似性表现为符形与对象之间静态特征的类同。例如绘画、摄影、雕塑等艺术符号都是静态形象肖似。其他如陶艺、冰灯、雪雕等，也属于静态形象肖似符号。

整体形象肖似符号是指像似符号的肖似性表现为符形与对象之间整体特征的类同。例如按比例制作的模型以及仿制的工艺品等。

局部形象肖似符号是指像似符号的肖似性表现为符形与对象之间某部分特征的类同。这类符号可表现为图案的肖似，如斑马线；颜色的肖似，如"人面桃花"；形状的肖似，如"柳叶眉""杏核眼"；程度的肖似，如"细若游丝""薄如蝉翼"等。

（2）听觉肖似符号

听觉领域中也拥有大量的形象肖似符号。例如：

音乐中对自然界声音的模仿：如民族音乐《百鸟朝凤》中对各类鸟叫的模仿，作曲家拉维尔作品中的岩石上流水的潺潺声和鸟儿的叫声，等等。

语言中的象声词，如"哗哗"代表水声，"喵喵"代表猫叫等。

修辞中的谐音手法，如中国旧式婚俗，在新房的床上放大枣、花生、桂圆和栗子，就是利用这四种东西的语音来表征"早生贵子"之义。歇后语中也常利用谐音来表义，如"外甥打灯笼——照舅（照旧）"等。

形象肖似符号除视、听觉形象肖似以外，还可以有触觉、味觉等形象肖似符号。这类符号多出现在比喻句中，如"屋子里冷得像冰窖一样"，"翻过的泥土像地毯一样柔软"，"这西瓜像蜜一样甜"等。

人们在使用形象肖似符号的过程中，常常打破不同感觉的界限，综合地应用各种符号。例如在向孩子说明什么是狗时，可以一边向孩子展示狗的图片，一边模仿狗叫的声音。有一种修辞手法叫"移觉"，用一种感觉作为符号形体来表征另外一种感觉。如"风来花底鸟声香"，就是由听觉移到味觉。

2. 结构肖似符号

结构肖似符号是指像似符号的符形与对象之间的肖似性表现在内部结构上的类同。对结构肖似符号的运用要建立在相关知识的基础之上，一般无法通过视听感觉直接识别。结构肖似符号所表征的对象，一般是较为复杂的事物内部构造、成分构成、事物发展变化的步骤趋势等，而符号形体一般为各类图表、公式等。这类符号可以使人们更清楚、更容易地认知比较复杂的符号对象。皮尔斯说,每一个代数方程式都是一个结构肖似的像似符号,"只要它是通过代数符号(其本身不是像似符)来展现相关数量关系的"。[①] 代数符号本身属于象征符号,而代数方程式是由于展现了相关数量关系成为像似符号的。逻辑符号为象征符号,而逻辑公式也是结构肖似的像似符号。

结构的肖似可以表现为静态构造的肖似和动态流程的肖似。静态构造的肖似一般通过图表公式等符号形体,来表征物体的物理构造或化学成分的构成等。如产品的内部构造图、机器组装图、化学分子式、表示内部构成的表格等。动态流程的肖似,一般通过图表公式等符号形体来表征物体的运动过程以及事物发展变化的步骤、程序、趋势等。如血流图、工艺流程图,表示数量变化的条状图、化学反应式等。

3. 主题肖似符号

主题肖似符号是指像似符号的符形与对象之间的肖似性表现为某种主题上的类同。主题肖似符号所表征的对象通常是主观色彩极强的情感、评价等心理感受,而符号形体则由具体形象的事物来充当。主题的肖似可以通过可见可闻可感等具体的形象,或者通过人所共知的某类事物的某些特征来传达。例如,2023 年中央电视台热播的《狂飙》和《繁花》两部电视连续剧的名称,就可以看作是这种符号类型。主题肖似符号可以分为以下两类:

(1)用具体的感觉来传达主题的肖似

这是一种以具体表征抽象的方法。如人们常用"冷若冰霜"来形容一个人待人接物没有热情。这里的"冷漠"是一种抽象的感受,而"冰霜"之"冷"是可以通过触觉感受的,在"冷"这一点上二者具有主题的肖似性,因此,可以说"冰霜"是"冷漠"的主题肖似符号。类似的例子还有"心急如焚""热情似火""心如刀绞"等。又如"墙头草,随风倒",用墙头草"随风倒"这一可视的具体特点,来说明某些人立场不坚定。

汉语修辞中有一种"神智体",也属于主题肖似符号。例如把"福"字倒贴,表示"福到了"的意思;把"寿"字写得很长,表示"长寿"的意思。这些都是用具体形象来传达主题肖似。

---

① ［美］皮尔斯著,赵星植译:《皮尔斯:论符号》,四川大学出版社 2014 年版,第 55 页。

（2）用人所共知的属性特征来传达主题的肖似

这是一种以"人所共知"来表征"人所不知"的方法。如"胆小如鼠"，老鼠胆子小是人所共知的，某人的胆子很小并非人所共知，因此用前者来表征后者。"一寸光阴一寸金"，是用金子的珍贵来说明时间的宝贵。（"一寸光阴"指的是古代日晷计时。）

无论是形象肖似符号还是结构肖似符号，其肖似性皆表现为一种客观存在（如各种感觉和内部结构等），可以称其为"形似"；而主题肖似符号则表现为一种抽象的精神上的肖似，不妨称之为"神似"。

三、联想——像似符号的认知方式

肖似性是像似符号的表征方式，也是像似符号创立的依据，然而肖似性并不是必然地、固定不变地存在于符号形体与符号对象之间的关系特征。也就是说，真正把符号形体与符号对象连接起来的桥梁并不是肖似特征，而是对肖似特征的认知方式。对肖似特征的确立与识别，主要是通过联想这一思维手段来实现的。因此可以这样说，联想是连接像似符号符形与对象的桥梁，是像似符号的重要认知方式。

1. 联想的心理依据

联想并不等于空想或随意想象，它建立在一定的心理依据的基础之上。联想心理依据的建立，必然地要受到来自民族、地域、社会和个人等不同主客观因素的影响，由此会产生不同的民族心理、地域心理、社会心理和个性心理等。

民族心理，是指民族历史沿袭下来的信仰、习俗、文学作品、语言文字、道德水准等形成的心理。例如汉民族心理、藏民族心理、朝鲜民族心理等。

地域心理，是指某一地域历史沿袭下来的信仰、习俗、文学作品、道德水准、地理环境等形成的心理。例如中国的北方和南方就存在着不同的地域心理，沿海和内地也存在不同的地域心理。

社会心理，是指在某一社会历史时期的政治、经济、文化特点所形成的特定心理。例如中国人在土地改革时期的社会心理、"文化大革命"时期的社会心理、改革开放时期的社会心理等。

个性特征心理，是指个人生活阅历、职业、教育程度、信仰、所处的阶级阶层环境等所形成的心理。例如农民心理、工人心理、高级知识分子心理等。

综上所述,联想的心理依据是以民俗文化习惯为基础的知觉系统,它由民族心理、地域心理、社会心理和个性心理等构成,它们在像似符号的认知过程中发挥着重要的作用。比如白岩松在第 11 次 G20 峰会时解释数字"11"说:11＝合作,标志着 1＋1＞2,强调合作共赢;11 是一支足球队,必须要完成整个队伍的联动,而且还要包容;11＝行动,G20 应该向行动派转变;11 延长之后就变成了一条路,是一条可持续发展的路。发散性的隐喻表达也给予了听话人更大的理解空间,这里的"11"就可以被视为不同类型的符号,如"11 是一条路"是将"11"作为像似符,两者在形态上相似,但进一步以"路"为符形得到的解释不一定是与路形态相似的事物,也可以将其作为其他类型的符号得到新的符释。要理解"11是一支足球队",需要将其视为规约符。所以可以说,符号类型的判定过程融合了分类、联想、经验和推理等众多因素,使主体间的交际具有很强的双向互动性和明确的目标指向性。[①]

2. 联想的认知作用

联想的认知作用主要表现在对符号形体与符号对象之间肖似性的确立与识别上,人们通过联想把符号形体与符号对象联系起来。那么,联想在确立与识别肖似性方面是如何发挥作用的呢?

通过联想对形象肖似符号的认知过程中,符号使用者借助于视觉、听觉、触觉等感官系统,结合符号使用者的知觉经验系统和符号的使用情境,通过联想把符形与对象联系起来。视觉、听觉和触觉等感官系统把形象化的信息传入大脑中枢神经系统,从而激活大脑中以民族心理为主要依据的知觉经验系统,结合符号的使用情境,促使符号使用者确立与识别符形与对象之间的肖似特征。例如我们在茅盾纪念馆看到茅盾先生的雕像时,雕像的视觉形象特征首先进入大脑,由于雕像与茅盾先生在外形上具有肖似性的特征,从而激活认知主体大脑中关于茅盾先生的信息系统,结合雕像摆放的地点——茅盾纪念馆,这样我们就可以通过联想把这尊雕像确立为符号形体来表征符号对象——茅盾先生。

通过联想对结构肖似符号的认知过程中,符号使用者主要是依据他所了解

---

① 黄华新:《认知科学视域中隐喻的表达与理解》,《中国社会科学》2020 年第 5 期,第 48—54 页。

和掌握的与符形和对象内部结构相关的知识体系和经验特征,从中确立与识别符号形体与符号对象之间的肖似特征。例如,当我们要用简洁明了的机器组装图作为符号形体来表征一个庞大机器的复杂内部结构时,我们通常会凭借头脑中对机器内部结构以及图表相关知识的了解与掌握,通过联想把机器的内部结构简化为图表,而当符号使用者看到图表时,也会凭借对符形与对象相关知识的了解,通过联想把图表还原成机器的内部结构。

通过联想对主题肖似符号的认知过程中,符号使用者主要是依据他对符形与对象主题精神的理解,通过联想找到二者之间的肖似性特征。而这种理解与联想自然会受到来自民族的、地域的、社会的以及个人的等一系列主客观因素的影响和制约。

人们利用联想对形象肖似符号的认知过程,由于有视听等感觉器官的参与,加之其肖似性表现为外在形象的共有特性,这样就使符号使用者对形象肖似符号的认知所投入的心力相对较小;在结构肖似符号和主题肖似符号的认知过程中,由于肖似特征一般不能通过视听等感觉器官直接识别,因此,人们对结构肖似符号和主题肖似符号的认知所投入的心力相对较大;而主题肖似符号由于对主题理解上的不确定性使人们所投入的心力最大。

3. 联想的认知差异

联想的认知差异来自联想心理依据的差异。由于联想的心理依据由民族、地域、社会以及个人的各种主客观因素综合构成,这些因素通过排列组合可以有不计其数的组合方式,从而也就形成了形形色色的联想差异。例如一个生活在改革开放时期的汉族北方农民和一个生活在"文化大革命"时期的蒙古族北方牧民,一个受过良好高等教育的东方人和一个受过良好教育的西方人;一个一帆风顺长大成人的高级职员和一个饱经风霜的著名演员等,他们的联想肯定会存在认知差异。为了便于理解,我们从民族差异、地域差异、社会差异以及个性特征差异等四个方面来说明联想在认知像似符号的过程中存在的差异。

民族差异。民族心理是像似符号认知过程中最重要的心理依据。不同民族有自己不同的语言文字、不同的文化传统和文化习惯,因而形成了不同的认知心理。例如中国建筑,从雄伟古老的万里长城、举世闻名的北京故宫,到宁静深邃的江南园林,作为艺术符号,深深地体现了中华民族传统文化的特质,因而同西方建筑迥然有别。

地域差异。同一民族因居住地域不同也会形成联想的认知差异。例如汉民族过年时,北方人用饺子作为金元宝的符号形体,从饺子的形象联想到"新年发财",而南方人过年不吃水饺,就不会产生这样的联想。

社会差异。生活在同一地域的同属一个民族的认知主体,由于他们所生活的社会历史时期的差异也会形成联想的认知差异。例如赵飞燕身轻,"掌上可舞",汉代人以为美,杨玉环体态丰腴,唐代人以为美,所谓"环肥燕瘦",社会的不同时期有不同的时尚符号。

个性特征差异。生活在同一地域、同一历史时期的同属一个民族的认知主体,由于他们在个人经历、教育程度、个人性格、所处场合以及所从事的职业等方面存在着差异,也会形成联想的认知差异。

第三节 指索符号

一、因果邻近关系——指索符号的表征依据

因果或邻近性是指索符号的符号形体与符号对象之间的关系特征,是指索符号的表征方式以及创建和识别的依据,因而也是指索符号与图像符号、象征符号的区别所在。

指索符号强调符号形体与符号对象之间的因果邻近关系,但并不是说只要存在因果或邻近关系,这个事物就是指索符号。在皮尔斯的著作中,他强调说,指索符号应该与那些自动发生的事件区分开来。皮尔斯把自动发生的事件描述为具有二元项关系的事件,这些事件的二元项只受自然规则的制约,它们与直接的刺激—反映关系相类似。这些事件不是指索符号甚至不能称之为符号,因为它们缺少皮尔斯认为至关重要的解释项。例如温度计和供热系统,如果只就它们的二元物理关系而言,温度计并不是符号。因为没有第三个项——解释项的介入,温度给予供热系统的关系意义也就无从解释了。我们因此说,这二者之间不是符号关系。只有当解释项介入之后,温度计才能成为供热系统运行的符号,确切地说,是供热系统运行的指索符号。

由此可见，指索符号不等同于单纯的自然现象，它首先应该具有指称性功能，而这种指称功能是建立在符号形体与符号对象的因果邻近关系的基础之上的。由自然的因果邻近关系转变为符号的意指关系，是由符号的解释项来实现的。

指索符号的因果邻近关系应该是主体认知过程中形成的一种关系链，即通过经验性的观察，人们得知两事物具有因果邻近的关系，于是把这种关系在新的环境或语境中固定下来，使前项代表后项。这样，在新一轮的认知过程中，因为前项的出现，我们就可以推知后项了。例如，人们在观察了烟与火之后知道，烟与火所构成的因果邻近关系是：因为着火，所以冒烟，并且烟恒常发生在火之后。

根据上述经验性的观察结果，人们把烟与火的这种因果邻近关系在新的环境中固定下来，使其约定化。也就是使"烟"恒常代表"火"，在新一轮的认知过程中，因为烟的出现，就可以推知火的存在了。这就是"火→烟→火"的过程。其一般公式是：

$$因→果/因→果$$

因果邻近性作为指索符号的表征依据，具有独立性和依赖性的特点。

1. 因果邻近关系的独立性

因果邻近关系的独立性是指在指索符号中，符号形体与符号对象之间所具有的因果邻近关系独立于人们的意识之外，无论是否意识到它的存在，它都客观地存在着；人们无法随着自己的喜好去创造它们，改变或代替它们。例如烟恒常在火之后出现，爪印恒常在兽足之后出现等，这些自然形成的因果邻近关系是客观的、独立于我们的意识而存在的。又如路牌，作为指索符号它是人工的，然而在经过社会约定之后，路牌符形与对象之间就具有某种"客观"的关系：路牌"邻近"的路一定就是这条路，这种关系也是不能轻易改变的。

2. 因果邻近的依赖性

因果邻近的依赖性是指符号形体和符号对象的因果邻近关系对某一具体情境的依赖性，即符号形体与符号对象都是某一具体时空情境的一部分，它们相互作用，相互依存，二者缺一不可。例如风帆与风之所以能构成因果关系，是因为风向决定着风帆的方向，所以通过风帆的方向就能推知风的方向。风与风帆存在于同一时空情境之中。又如古代君王把烽火台上的烽烟作为边防报警的信号，敌军来犯与燃起的烽烟之间存在的因果邻近关系是人为约定的，这种关系一旦被确定，就意味着烽烟一定与敌军来犯这一事件紧密地联系在一起，二者缺一不可。如果违背这一规定，打破烽烟与敌军来犯之间相互依存的因果邻近关系，那么烽烟就可能丧失指索符号的地位。历史上流传下来的故事可以作为佐证。周幽王为博得爱妃褒姒的欢心，以烽火台上的烽烟召来诸侯作为取乐的手段，当烽火台上的烽烟滚滚升起，各地诸侯便以为有外敌入侵京城，立即召集本国兵马，纷纷奔赴京城勤王。而当诸侯们率领军队来到京城时，只见周幽王陪伴着褒姒在台上悠然饮酒作乐，并没有发生什么军情，才知道受了愚弄，一个个懊恼地带兵回去了。周幽王此举已经打破了烽烟与敌军来犯之间相互依存的因果邻近关系，等到后来犬戎军队攻到京城，周幽王命人点燃烽火征调诸侯派兵前来解围时，各地诸侯以为又是戏弄他们，大家都按兵不动，使得周幽王遭受丧命亡国的厄运。

因果邻近关系作为指索符号的符号形体与符号对象之间的关系特征，具有多种表现形式。具体说来，可以分为邻近性因果关系、非邻近性因果关系、非因果性邻近关系三种。

1. 邻近性因果关系

邻近性因果关系是指符号形体与符号对象之间存在着因果关系，并且具有因果关系的两事物前后相继发生，其间隔时间较短。例如火与烟具有因果关系，烟随着火的发生而发生，因此，烟作为火的指索符号，其符号形体与符号对象之间的关系就是邻近性因果关系。此外，温度与温度计水银柱的高低变化、风与风帆、蜻蜓低飞与下雨等之间都属于邻近性因果关系。

2. 非邻近性因果关系

非邻近性因果关系是指具有因果性两事物由于时空关系而失去了邻近性。例如恐龙化石与恐龙之间的关系就是非邻近性因果关系。因为有恐龙才能形成恐龙化石，它们之间的因果关系非常明显，然而从恐龙到恐龙化石其间隔竟有亿万年之久。因此我们说恐龙化石与恐龙存在之间的关系是非邻近性因果关系。此外，其他考古化石、古代遗留下来的器皿、艺术作品等与当时社会历史现状之间的关系，也都是非邻近性因果关系。

3. 非因果性邻近关系

非因果性邻近关系是指符号形体与符号对象总是相伴而生,而二者之间却没有什么必然的因果联系。这种邻近性可能是自然形成的,也可能是人为约定的;可能是时间上的邻近,也可能是空间上的邻近。例如,我们总是先看到闪电而后听到雷声,这是自然形成的时间上的邻近关系而不是因果关系。路标与道路之间属于人为约定的空间上的邻近关系,也不是因果关系。

二、指索符号的分类

根据指索符号中符号形体与符号对象之间因果邻近关系形成的方式,可以把指索符号分为自然指索符号和人工指索符号两类。

1. 自然指索符号

自然指索符号是指符号形体与符号对象之间的因果邻近关系是自然形成而非人工约定的,它们独特的表征方式是通过人们经验性的观察而获得的。例如"山雨欲来风满楼","风满楼"就是"山雨"的自然指索符号;"月晕而风,础润而雨","月晕"是刮风的自然指索符号,"础润"是下雨的自然指索符号,闪电是雷声的自然指索符号,恐龙化石是恐龙的自然指索符号,如此等等。

自然指索符号不必局限于自然现象。例如一个国家,人心离散是政权衰亡的自然指索符号,物价飞涨是经济失调的自然指索符号。又如面红耳赤是窘急或害羞的自然指索符号,抓耳挠腮是焦躁不安的自然指索符号。前者属于社会现象,后者属于心理和生理现象。

如前所述,自然指索符号必须同自然界中自动发生的事件严格区别开来,自然指索符号有解释项的介入,而自然事件没有。也就是说,只有当人们了解、掌握并且认可了这种因果邻近关系,并且这种关系在一定的情境中得到显现时,自动发生的事件才能真正成为某事物的自然指索符号。如下雨之前,蜻蜓就会低飞,这只是一种自然现象;但当我们了解并掌握了这一自然规律,并且运用它来预测是否下雨时,蜻蜓低飞才成为下雨的自然指索符号。

2. 人工指索符号

人工指索符号是指符号形体与符号对象之间的因果邻近关系不是自然形成的,而是人为约定的。人们可以创制一个符号形体,使之具有指称某一对象的功能,如人们制造路标作为道路的指索符号,制造商店的招牌作为商店的指索符号。又如约定烽烟与敌人入侵之间的邻近关系,把烽烟作为敌人入侵的指索符号;约定红灯与禁行、绿灯与通行之间的邻近关系,把红绿灯作为停止或通行的指索符号。只要我们把一个人工符形用来表征某事物并确定在某个因果邻近的关系链中,它们之间就具有了指称的功能,而成为人工指索符号。

人工指索符号与自然指索符号的区别,在于它们的表征依据是人为约定还是自然形成。然而单凭符号形体的来源,是人工制品还是自然事物,并不能判定它们是人工指索符号还是自然指索符号。例如人们把咳嗽作为呼吸器官不舒服的自然指索符号,但也可以约定地把咳嗽作为提醒别人注意的人工指索符号。这是因为它们的符形分别表征了不同的符号对象。

还有一些指索符号,也不能简单地用自然指索符号或人工指索符号进行分类。它们的符号形体与符号对象之间的因果邻近关系是自然的生理反应,但这种反应的实现却需要人为的刺激。例如在巴甫洛夫的试验中,铃声一响,狗便会流口水,铃声与流口水之间的因果邻近关系,既不能说是自然发生的,也不能说是人为约定的。它是通过人为的反复刺激而引起的生理反应。

三、推理——指索符号的认知方式

根据皮尔斯的观点,任何符号都是符号形体、符号对象和解释项的三元关系的统一体,指索符号也不例外。那些与符号对象具有因果邻近关系的符号形体,只有经过解释项的解释才能真正成为符号,而推理则构成了指索符号解释项的重要内容。

符号的推理有语形、语义和语用之分。语形推理主要存在于数学和逻辑之中,其中每一个公式都是根据规则必然地由前面的公式推导出来的。例如由 a+b 必然地推出 b+a,p∨q 必然地推出 q∨p,就是一种纯粹的语形推理。语义推理主要是指在一个符号序列中,不依赖于语境便能够推导出来的意义。例如从"干部是公仆"和"市长是干部"这两句话,不依赖于语境,就可以推出"市长是公仆"这一意义。语用推理则是指那些依赖于具体语境的推理。指索符号的推理更多地要依赖于符号的使用情境,因此,指索符号的推理主要表现为语用推理。

自然指索符号的语用推理主要源于归纳。自然指索符号的符形与对象之间的因果邻近关系虽然是自然形成的,但这种关系的确立与识别,却是通过千百年来人类对自然万物进行长期观察实践后归纳总结出来的结果。例如,我们可以通过因果邻近关系,把人的气色脉相作为人体健康情况的指索符号,而这种因果邻近关系的确立与识别,正是源于中医对无数病例进行望闻问切后归纳总结出来的。人类对于各种天气、自然灾害的预测,最初也是归纳推理的运用。例如通过观察,人们发现下雨之前,水里的鱼总是浮出水面,蜻蜓总是飞得很低,蚂蚁会把巢穴搬到高一点的地方,等等。尽管人们可能不知道其中的科学道理,但通过对这些现象的归纳和总结,也可以确定鱼儿浮出水面、蜻蜓低飞和蚂蚁搬家可以作为下雨的指索符号。

自然指索符号虽然是经过千百年来人们经验总结的结果,但它对使用情境的依赖性决定了自然符号的推理必定是或然而不是必然的。例如,中医依靠面色脉相判断病情,因人而异,但也不能保证对每次的诊断都是准确无误的。战国时代的韩非子写有《亡征》一文,在举出 47 中亡国征兆之后写道:"亡征者,非曰必亡,言其可亡也。"意思是说,亡国的这些征兆只是亡国的一种可能性,而并非必然灭亡。因为亡国除了这些规律性的征兆之外,还有可能存在其他一些未能预测得到的因素。又如电闪雷鸣通常是下雨的先兆,可是确实存在"干打雷不下雨"的情况。在自然指索符号中,"满头白发"是人到老年的标示,推理的确定性程度很高,但也不能排除"少年白"的例外。其他如人们利用踪迹破案、考古,其推理的或然性同样是明显的。

我们强调自然指索符号推理的或然性,并不是想否定它们的指索作用。只要我们运用得当,既认识到指索符号因果邻近关系的规律性,又考虑到符号使用者以及符号使用情境等各种主客观因素的影响,其可靠程度还是相当高的。

人工指索符号,由于它对符号对象的表征方式是人为约定的,因此其推理具有较高的可靠性。例如根据交通规则,红灯代表禁行,绿灯代表通行,对于一个了解这一规则的符号使用者来说,当他看到红灯时,必然能推知现在不能前行。至于他是否能自觉遵守交通规则就另当别论了。自然指索符号由于其推理本身就具有或然性的特点,因此,个别反例并不会影响符号的指索作用,但人工指索符号则不同,符形与对象的指索关系一旦被确定,人们就要按这种关系作必然性的推理;如果推理遭到失败,人们就会对该符号的指索作用产生怀疑,甚至剥夺它作为指索符号的资格。周幽王"烽火戏诸侯"的荒唐之举便是最好的例证。

自然指索符号中所运用的推理,主要是依据经验观察而形成的内化经验,而人工指索符号中所运用的推理主要是依据人为约定而形成的约定俗成。无论是内化经验还是约定俗成,它们都表现为一种习惯性的思维程式。人们经常使用的自然指索符号,就是经过祖祖辈辈经验性的观察而总结出来的规律,这些规律在我们的头脑中形成一种思维惯性,当人们运用它们进行推理时,必然会受到这种定势思维的影响。例如当人们看到烟时,就会想到火的存在;看到闪电就会赶紧捂住耳朵;听到别人喊自己的名字就会有所反应,这些都是惯性思维在起作用。人工指索符号虽然是人为约定的,但它一旦被社会承认并且流传开来,也同样会在人们头脑中形成一种思维惯性,例如即使在没有警察约束的情况下,也知道红灯亮了应当停下来。

推理作为指索符号的认知方式,它不仅确立了某物作为指索符号的地位,同时它在指索符号的应用上也发挥着重要的作用。

在科技不发达的初民时代,靠天吃饭谋生的祖辈更多地应用自然指索符号的推理来认知世界,比如许多以农谚形式出现的指索符号流传至今,仍发挥着重要的作用。例如"清明断雪,谷雨断霜","芒种火烧天,夏至雨绵绵","日没胭脂红,无雨也有风",等等。

指索符号的推理不但在农业生产、天气预测等方面发挥着重要的作用,它在医学诊断、商业决策、案件侦查乃至国际形势分析等方面,也都发挥着重要的作用。总之,推理是指索符号的认知方式,"指索"就意味着推理。

第四节　象征符号

一、约定在象征符号中的特殊地位

符号的生命在于社会的约定,约定性是图像符号、指索符号和象征符号共有的特征。然而对于象征符号来说,约定性更具有特别重要的意义。

指索符号和像似符号的形成是有动因的,它们建立在时空的因果邻近关系或肖似性原则的基础之上。这些联系在符号的创建和使用过程中是第一位重要的。与此相反,象征符号的符形与对象的联系是偶发的,是非动因的。象征符号的创立和使用完全依赖于某一社会群体的约定,并且要求这个群体的所有成员共同遵守。因此,人为约定在象征符号的创建和使用过程中是第一位重要的。这也正是象征符号与像似符号、指索符号的区别所在。

人为约定在象征符号的创建中起着至关重要的作用。人们运用象征符号进行认知和交际,一不靠符形和对象之间的肖似性,二不靠它们的因果或邻近关系,而仅仅是依靠人为的约定。为了表征对象,人们可以创造一个现实世界中原来没有的符号形体。例如通过人为约定,人们创造了语言、文字;通过人为约定,创建了各种各样的数学符号、逻辑符号、注音符号;通过人为约定,确立了国旗、国徽、城徽等象征符号的地位。为了表征对象,人们也可以通过人为约定,利用现实世界中已有的事物作为符号形体。例如,用玫瑰花作为爱情的象征符号,用鸽子作为和平的象征符号,用白色作为纯洁品质的象征符号,用梅兰竹菊作为君子的象征符号,等等。

人为约定在象征符号的使用过程中,同样发挥着重要的作用。它首先表现在人为约定对符形表征范围的限定作用。一个符号形体可以表征一个符号对象,也可以表征多个符号对象。例如语言符号中一种语音形式可以代表一个意义单位,如汉语中的"cuán",只代表"攒"这一个意义单位;然而一个语音形式也可以代表多个意义单位,如汉语中的"dì",可以代表"地""帝""弟"等多个意义单位。而这种表征范围的确定,就是依靠人为约定来实现的。人为约定也在符号使用者以及符号使用的时间、地点、场合、对象等范围方面起到限定的作用。例如象征纯洁爱情的白色婚纱和象征庄严郑重的黑色礼服可以出现在西方人的婚礼上,但却不能出现在旧时中国人的婚典中。因为旧时的中国以白色、黑色为凶色,它们都是不吉的象征。直到改革开放后,中国人才开始在婚礼上接受白色。红色被中国人视为吉色,是吉利的象征,因此中国人一般都很喜欢红色,可以用于婚嫁、生子、过年过节,但这并不是说,红色可以用于各种场合。根据中国人的习俗,红色绝对不能在丧葬期间出现。又如,乌龟在日本被用来作为长寿的象征,而在中国则被作为没出息不敢出头的男人的象征;龙被东方人视为吉祥、有生气的象征,而西方人则作为恶的象征符号。

人为约定,或曰"社会约定",作为象征符号的创建依据,一般都是通过某社会团体全体成员的自觉约定而成。例如典型的象征符号——语言的产生、发展，就是符号使用者全体成员约定俗成的结果。其他如颜色、花草、动物、手势、方位、数字等的象征意义，也是由使用符号的全体成员约定俗成的。然而，象征符号的约定，也可以通过法令、法规、法案等权威手段强制实行。例如一些他源文字，如蒙古文字、日本文字、印尼文字等，就是当权者的强制性的约定行为，不妨称之为"权威约定"。秦始皇统一汉字，新中国简化汉字，以及国旗、国徽、会徽等的制定，也都属于权威约定行为。

当然，无论是群体性的约定俗成，还是权威约定，一旦约定成功，它都要求符号使用者严格遵从这种约定。

二、象征符号表征方式的任意性和非任意性

符号的任何表征方式都可以是任意的，或者是非任意的。如果说像似符号和指索符号都是有动因的，不是依据于肖似性就是依据于因果邻近性，更多地存在非任意性的理由，那么象征符号却是无动因的，因而表征方式主要表现为任意性。

象征符号表征方式的任意性，主要表现为符形与对象之间的关系是任意约定的。象征符号的表征方式，不是依据于符形与对象之间存在的肖似或因果邻近的关系，而是依靠人为的任意约定。人们可以自由地创建这些符号，使它们代表我们想要代表的事物，传达任何可以想象到的内容。

象征符号在创建的过程中，它们的符形和对象之间的关系仅仅是依靠某社会群体的任意约定实现的。这种关系是任意的、偶发的，而不是必然的。例如语言作为象征符号，语言的语音形式和它所表征的对象之间没有什么必然的联系。对于同一个事物，可以用这个语音形式表示，也可以用另一个语音形式表示。赵元任先生曾经讲过这样一个故事：

> 从前有个中国老太婆，初次跟外国话有点儿接触，她就稀奇得简直不相信。她说：他们说话真怪，明明儿是五个，法国人不管五个叫"五个"，偏偏要管它叫"三个"（cinq）；日本人又管十叫"九"（ジエー）；明明儿脚上穿的鞋，日本人不管鞋叫"鞋"，偏偏要管它叫"裤子"（ウツ）；这明明儿是水，英国

人偏偏叫它"窝头"(water),法国人偏偏叫它"滴漏"(de l'eau),只有咱们中国人好好儿的管它叫"水"。①

　　这个故事听起来虽然有些可笑,但它却揭示了这样一个道理:语言符号的符号形体与符号对象之间的关系是任意的,是靠人为约定实现的。换言之,如果我们的祖先当初把水的名称约定为"板凳"或其他什么,那么,我们现在就会把水叫作"板凳"或其他什么,而不是"水"。不但语言符号如此,记录语言的文字符号以及其他如逻辑符号、数学符号、化学符号也是如此。

　　此外,在自然的象征符号中,人们用自然物作为符形进行约定时,也具有任意性的特点。由于自然物与所表征的对象之间同样不存在肖似或因果邻近的联系,因此,它们之间的关系也要靠人为的约定来实现。例如西方人用玫瑰花作为爱情的象征符号,玫瑰与爱情之间的关系是西方人任意约定的结果,即使有某个神话传说的原因,但它们之间并不存在必然的联系。因为作为爱情的象征符号不同民族的人可以有不同的约定。在我们国家就有许多用来表示爱情的自然象征符号。例如在《诗经·木瓜》中就有"投我以木瓜,报之以琼琚","投我以木桃,报之以琼瑶","投我以木李,报之以琼玖"。这里的"木瓜"、"琼琚"、"木桃"、"琼瑶"、"木李"、"琼玖"等都是爱情的象征符号。唐朝王维的著名诗篇:"红豆生南国,春来发几枝。劝君多采撷,此物最相思。"就是把红豆作为爱情的象征符号的。

　　象征符号的符形与对象之间关系的任意约定性还表现为符形的可替代性。由于符形与对象之间的联系是非物质的,是任意的,因此,它只存在于人类的头脑当中,是可以被替代的。随着主客观因素的变化,人们对符形与对象之间关系的约定也会作出调整、改变甚至废弃。例如佛教中大慈大悲、救苦救难的观世音菩萨是个象征符号,它的原型是印度婆罗门教的一对神马驹,它们神通广大,能使盲人复明,不育者生子,公牛产奶,朽木开花。在《悲华经》中,观世音是转轮圣王的大太子,他立下宏愿,生大悲心,要使众生永得安乐,后来修成正果。佛教在中国传开以后,观世音逐渐由男变女,成了一位女菩萨。她足踏莲花,手执净瓶、

① 赵元任:《语言问题》,商务印书馆1980年版,第3页。

柳枝,端庄美丽,楚楚动人。今天的象征符号"观世音"的符形,就是经历了几次替代而形成的。

然而,象征符号的表征方式又不是完全任意性的,它还有非任意性的一面。象征符号同其他符号一样,是任意性和非任意性的统一。

首先,象征符号创建的任意性是指符形与对象之间的关系没有必然的联系,但并不是说象征符号的创建是无依据、无原则的随意行为。事实上,一部分以自然物作为符形的象征符号会受到自身属性的影响。例如,我们可以把狮子、老虎作为勇敢的象征符号,但却不能把老鼠、壁虎作为勇敢的象征符号。这是由狮子、老虎勇猛的天性决定的,而老鼠和壁虎没有这种天性。同样,受自然物自身属性的影响,我们可以把狐狸作为狡猾的象征符号,把猪作为懒惰的象征符号,把狼作为凶恶的象征符号,把荷花作为洁身自好的君子的象征符号,把牡丹作为富贵的象征符号等。人工象征符号的创建也必须以一定的规则或方法作指导,而不是随心所欲的行为。例如,汉字符号就是遵循了"六书"(象形、指事、会意、形声、假借和转注)中所规定的原则和方法而创建出来的。

其次,象征符号的符形与对象的关系一旦被某社会群体约定,它就会要求该社会群体的全体成员遵从这种约定,依据所规定的范围来使用这些象征符号,作为符号的使用个体不能对它作任意的修改或废弃。例如,我们有时会在菜市场里看见"九(韭)菜"、"生江(姜)"之类的不规范用字,我们也偶尔会在书刊上看见一些令人不解的生造词语,这些都是符号使用个体任意造符用符的结果。由于符号使用者违背了社会约定,这些符号往往给正常的认知交际活动造成障碍,而且很难得到社会的认可。

总之,无论是象征符号的创建还是使用,都应该服从符号使用群体的需要,遵从符号使用群体的约定,任何个人无权从个人利益出发,任意创造或滥用符号。

三、象征符号的分类

根据象征符号创建方式的不同,我们可以把象征符号划分为人工象征符号和自然象征符号两类。

1. 人工象征符号

人工象征符号是指根据认知和交际的需要,人们创制一个或一套专门的代码或物质实体作为符号形体,这些代码或物质实体与所表征对象之间不存在肖似或因果邻近关系,它们之间的关系是靠人为约定实现的。例如语言、文字、数学符号、逻辑符号等为代码的人工象征符号,而国旗、国徽、奖杯、牌坊等则属于物质实体的人工象征符号。

人工象征符号具有"专职"性和稳定性的特点:

人工象征符号的"专职"性是说,人工象征符号的符号形体是为表征符号对象专门创制的,它的全部功能就在于表征符号对象,除此之外,别无他用。例如姓名作为人的象征符号,它的全部功能就在于表征这个人,除此之外,没有别的用处。又如数理逻辑符号是"专职"的,它们的功能就是用于逻辑演算,一旦离开了逻辑系统,它们就成了不知所云的"天书"。

人工象征符号的稳定性是说,在一般情况下,人工象征符号会被长期使用,具有一定的稳定性。人们也可能会根据需要作些修订,但整个符号系统不会有大的变动。例如汉语和汉字符号,作为象征符号,它们都已经使用了许许多多个历史年代。

2. 自然象征符号

自然象征符号是指人们可以利用现实世界中原有的事物作为符号形体,该事物与所表征对象之间不存在肖似或因果邻近的联系,它们之间的关系是靠人为约定实现的。

自然象征符号具有"兼职"性和灵活性的特点:

自然象征符号的"兼职"性是说,这一类象征符号的符形不是为表征符号对象专门创制的,而是利用现有事物人为约定的。该事物作为符号形体的表征功能是它的"第二职业",不是它的主要功能。事物本身所具有的功能才是它的"第一职业",是主要功能。例如玫瑰花作为植物的一种,具有观赏、食用等功能,这是它的"本职"。而人们利用玫瑰作为符号形体,把它与爱情约定在一起,成了爱情的象征符号,则是它的"兼职"。

自然象征符号的灵活性是说,自然象征符号在使用过程中具有不确定性。由于自然万物本身都有自己的属性,这些属性有的千差万别,也有的大同小异,而人们在创建符号时或多或少地会受到这些属性的影响。因此,人们在利用自然物作为符号形体时,就不能像人工象征符号那样统一、确定。这就会给符号使用者一定的灵活性。如人们可以用狮子来象征勇敢,也可以用老虎来象征勇敢;人们可以用绵羊来象征温顺,也同样可以用绵羊来象征怯懦。

　　在人类的符号活动中,应用最多、最具代表性的便是象征符号。它在日常生活、哲学、人文科学各领域,以及逻辑、语言学、数学之中都有广泛的应用。

第四章　语形学、语义学、语用学

第一节　概　　述

一、符号学的三个组成部分

在符号学的发展历史上,美国哲学家莫里斯(Morris, Ch.)第一次明确地把符号学的研究区分为三个组成部分,即语形学(syntactics)、语义学(semantics)和语用学(pragmatics)。

1938 年,莫里斯在《符号学一般原理》一书里是这样定义语形学、语义学和语用学的:

> 语形学研究"符号相互间的形式关系"。语义学研究"符号和其所指示的对象之间的关系"。语用学研究"符号和解释者之间的关系"。①

1946 年,莫理斯在《符号、语言和行为》一书中说"这些定义需要加以改进",于是他又重新定义了这三个术语:

> 语用学是符号学的这样一个部分,它在符号出现的行为中研究符号的

---

① ［美］莫里斯著,罗兰、周易译:《指号、语言和行为》,上海人民出版社 1989 年版,第 261 页。"符号",sign,译者译为"指号"。

起源、应用与效果；语义学研究符号所具有的各种方式的意谓；语形学研究符号的种种联合，而不考虑这些联合的意谓，也不考虑这些联合和它们在其出现的那种行为之间的关系。①

从这两个定义可以看出，莫里斯把符号学分为语形学、语义学和语用学三个组成部分的思想是一贯的，但是后面的定义明显有所改进，特别是语义学强调了"意谓"。

莫里斯关于符号学的三分法，很快得到美籍德裔哲学家卡尔纳普（Carnap, R.）的积极支持。卡尔纳普在1942年出版的《语义学导论》一书中清晰地表述说：

> 如果在一个研究中明白地涉及了说话者，或者换一个更为普遍的说法，涉及了语言的使用者，那么我们就把这个研究归入语用学的领域中……如果我们不考虑语言的使用者而只分析表达式和它们的所指谓，我们就是从事语义学领域内的工作。最后，如果我们也不考虑所指谓，而只分析表达式之间的关系，我们就是从事（逻辑的）语形学的工作。②

对于符号学三个分支的研究内容，我们有一个简单的划分方法，即：

> 语形学研究符形之间的关系；
> 语义学研究符号的意义；
> 语用学研究语境中的意义。

是不是更为简洁、明确了呢？或许有人要问：这里所说的语义学、语用学似乎都是研究符号的意指关系，那么符号的指称关系是不是被忽略了呢？不会的。因为符号的意义就是符号通过符形传达对象的讯息，指称关系是不会被忽略的。

目前，莫里斯关于符号学三个组成部分的学说已为学术界所公认，并且成为

① ［美］莫里斯著，罗兰、周易译：《指号、语言和行为》，上海人民出版社1989年版，第261、262页。
② ［美］卡尔纳普：《语义学导论》，引自《中国语用学思想》，浙江教育出版社1997年版，第6页。

符号学基础理论之一。

"语形学"、"语义学"和"语用学"这三个术语,如果译为"符形学"、"符义学"和"符用学",似乎更为合适,可是人们已经习惯于使用前者,所以不改也罢。

二、符号学思维方法的三个维度

瑞士逻辑学家鲍亨斯基(Bocbenski,J.)在其著作《当代思维方法》一书中,把符号学看成为当代思维方法中的一种。他说,符号学的方法又叫作语言分析方法,"符号学的对象是符号,而符号对于科学方法已成为重要的甚至是不可缺少的东西。"[①]

鲍亨斯基从当代符号学思维方法的观点出发,进一步论述了语形学、语义学、语用学的问题。他说:"符号学的主要观点——它也是符号学分门别类的基础——可以陈述如下。当一个人向另一个人说些什么的时候,他所用的每一个词都涉及三个不同的对象:

"首先,这个词属于某个语言,这表明它同语言中其他词处于某种关系之中。例如,它可以处于句中的两个词之间('和'这个词就是这样),或处于句首,等等。这些关系叫作句法关系,它们把词与词连接起来。

"其次,这个人所说的话具有某个意义:他的那些词都有所意谓,它们要向别人传递某些内容。这样除了句法关系之外,我们还得研究另一种关系,即那个同它所要意谓的东西之间的关系。这种关系叫作语义关系。

"最后,这个词是由一个特定的人向另一个特定的人说,因此,存在着第三种关系,即该词与使用它的人们之间的关系。这些关系叫作语用关系。[②]"

鲍亨斯基所说的"句法"关系,亦即语形关系。对于语形学、语义学和语用学三者之间的关系,鲍亨斯基看成符号学方法的三个维度,说它们"好像一个几何物体的三维之间存在的联系"[③]。如下图:

---

① [德]鲍亨斯基著,童世骏、邵春林、李福安译:《当代思维方法》,上海人民出版社1987年版,第34页。
② 同上书,第35页。
③ 同上书,第36页。

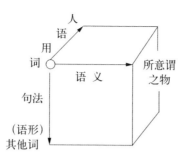

　　在《当代思维方法》一书中,鲍亨斯基是把符号学方法作为逻辑的方法论来讨论的。"方法论"一词来源于希腊文的"沿"和"途"的意思。因此字面上的含义就是"论述(正确)行动的途径"。鲍亨斯基说:"方法是任何特殊领域中实施程序的方式,即组织活动的方式和使对象协调的方式。方法论就是讨论方法的理论。"①鲍亨斯基把语形学、语义学和语用学看成符号学方法的三个维度,这一论述具有重要的方法论意义,体现了语形学、语义学和语用学更大的价值。

　　不过应当说明,鲍亨斯基关于符号学思维方法的三个维度的理论,只是就言语思维而言的。实际上,它们并不局限于言语思维,也就是说,符号学方法也适用于非言语思维,比如艺术思维以及其他非语言的符号系统,它们也有语形学、语义学和语用学三个维度的区分。

三、语形学、语义学和语用学之间的关系

　　语形学、语义学和语用学作为符号学的三个组成部分或符号学思维方法的三个维度,它们之间既相互联系,又有所区别。

　　1. 联系

　　关于语形学、语义学、语用学三者之间的联系,鲍亨斯基作过精辟的论述。他说:句法关系、语义关系、语用关系以一种特殊方式交织在一起,它们的基础是句法即语形关系。语用关系以语义关系和句法关系为前提,而语义关系则以句法关系为前提。一个无意义的词对于人类理解毫无用处,而为了具有意义,它必须同其他词具有某种关系。另一方面,句法关系则不以语义关系和语用关系

---

　　① ［德］鲍亨斯基著,童世骏、邵春林、李福安译:《当代思维方法》,上海人民出版社1987年版,第9页。

为前提,语义关系也可以在不涉及语用关系的情况下加以研究。即使对一个完全没有意义的语言,也可以构造出一个完整的句法;例如,我们可以形成这样一种简单的语言,其中只出现符号 P 和 X,并且把 P 永远先于 X 作为一条句法规则;并不一定要知道 P 或 X 实际意谓着什么。正如前面所说,词的全貌像个三维物体;不管是前两种关系(句法关系和语义关系)还是单单一种关系(句法关系),要把它们分离出来只能借助于抽象,就像从几何物体中分离出一个平面或一条直线那样。①

然而,鲍亨斯基从纯语形学或形式化的意义上把语形学看成符号学理论的基础;如果换一个角度,则是另一种情况。卡尔纳普认为,如果就描述语义学或描述语形学而言,他们都是依赖于语用学的,也就是说,语用学是符号学理论的基础。例如爱斯基摩语"igloo"这个词,我们只有从爱斯基摩人的使用习惯中才能了解到它的语义陈述是"用硬雪块砌成的圆顶小屋",语形陈述即"它是个逻辑谓词"。这语义和语形知识,显然来自先前掌握的语用知识。②

2. 区别

作为符号学的一个分支,语形学同语义学、语用学之间的区别是明显的。然而语义学和语用学之间的区分就比较困难,它们研究的问题往往是相互交织的。究竟怎样明确地把语用学同语义学区别开来,有关的争论中存在着三种不同的观点:(1) 语义优先原则,把语用学归入语义学;(2) 语用优先原则,把语义学归入语用学;(3) 互补原则,认为语义学和语用学是互不相同但又相互补充的研究领域。英国语言学家利奇(Leech,G.)赞同互补的观点。他认为语义学和语用学虽然都研究意义,但是语义学研究的是"sense"(字义),是语言片段的抽象和字面的意义;语用学研究的是"force"(用意),是语言片段在特定场合中的意义。前者为:X 的意思是 Y;后者为:通过 X,S 的意思是 Y。利奇还对意义的某种讨论是否属于语用学的范围,提出四条区分的标准:(1) 是否考虑了发话人或受话人(言者或听者);(2) 是否考虑了言者的意图或听者的解释;(3) 是否考虑了语境;(4) 是否考虑了通过使用语言或依靠使用语言而施行的那种行为或行动。

---

① [德]鲍亨斯基著,童世骏、邵春林、李福安译:《当代思维方法》,上海人民出版社 1987 年版,第35—36 页。

② 陈宗明主编:《中国语用学思想》,浙江教育出版社 1987 年版,第 6 页。

他说:"如果对这些问题的回答有一个或一个以上是肯定的,就有理由认为我们是在讨论语用学。"①

我们赞同利奇的观点,可用上面四条标准区分语义学与语用学。实际上,利奇这四条标准归结起来就是一条,即是否依赖于语境。语境有主客观之分:符号的使用者及其符号行为为主观语境,包括言者的意图和听者的解释;符号行为中的情境为客观语境,包括符号的起源、应用和效果。因此,研究不依赖于语境的意义为语义学,比如词典中的意义;研究依赖于语境的意义为语用学,比如话语的意义。

第二节　语　形　学

一、语形学研究什么

语形学研究什么? 莫里斯在 1938 年说:语形学研究"符号相互间的形式关系"。这句话的意思是说,语形学不是研究符号的整体,因为符号整体包括符号形体(形式)、符号对象和符号解释(内容),而语形学只研究符号的形体,研究一个符号系统内部符号形体亦即符形之间的关系。因此,语形学的研究对象,可以更为准确、鲜明地表达为:

语形学研究符号系统内的符形与符形之间的关系。

莫里斯在 1946 年的重新定义中说:"语形学研究符号的种种联合,而不考虑这些联合的意谓,也不考虑这些联合和它们在其中出现的那种行为之间的关系。"在这里,莫里斯明确地指出,语形学不研究符号的意谓和行为,从而把语形学和语义学、语用学严格地区别开来。这样,莫里斯所说的"符号"的种种联合,就不会是符号的整体,而只是符号的形式,即符形。

卡尔纳普在 1942 年说:如果我们既不考虑符号的使用者,也不考虑所指谓,而只分析表达式之间的关系,我们就是从事语形学的工作。这同莫里斯的语

① [英]利奇著,李瑞华等译:《语义学》,上海外语教育出版社 1987 年版,第 455 页。

形学定义是完全一致的。

值得注意的是,语形学只研究符号形体之间的关系,而不是研究符号的整体,所以,如果我们只是笼统地说"语形学研究符号与符号之间的关系",那是不准确、不恰当的。

莫里斯和卡尔纳普都主张区分形式的符号学和描述的符号学。前者是对一个符号系统作纯形式的研究,例如数理逻辑;后者是对历史上实际存在的符号系统作经验性的研究,例如一般的语法理论。他们还认为,这种区分同样适用于语形学、语义学和语用学。也就是说,语形学可以区分为形式的语形学和描述的语形学。当然,也存在形式的语义学和描述的语义学,以及形式的语用学和描述的语用学。

下面将对形式的语形学和描述的语形学分别作些讨论。

二、语法学——古老的描述语形学

描述语形学是相对于形式语形学而言的。描述语形学和形式语形学都研究符形与符形之间的关系,亦即符号的形式关系。它们的区别仅仅在于研究的方法不同,前者是用描述的方法——某种经验性的方法,以自然语言的一些语法系统为代表,而后者则是形式化的方法,以数学和数理逻辑系统为典型。

人们平时所说的语言称为"自然语言",是相对于"人工语言"而言的。自然语言符号是有意义的线性序列,人们说出和听到的句子就是由词这种语言单位按次序组合而成的语言序列。在这个序列里,词的组合要受一定规则的制约,否则句子便不可能被接受。这种制约词与词组合成句的规则就是语法。语法作为组词成句的规则,一般地说,只是研究自然语言符形(能指)与符形(能指)之间的关系,而不管它们的意义(所指),因而属于语形学。这门学问就叫作语法学,也称之为句法学。例如:

苏珊学习拉丁语。

这是个由主语"苏珊"、谓语"学习"和宾语"拉丁语"组成的有意义的线性序列。语法学完全撇开每个词的意义和组成句子的意义,只研究它们的词性和组成句子的"主—谓—宾"结构。所以,我们说自然语言的语法学属于语形学而不是语义学或者语用学。皮尔斯把符号学三分为语法学、逻辑学和修辞学并不是偶然的,他所说的语法学或一般语法学、纯语法学,指的就是我们这里所讨论的语形学。传统语法源起于古代希腊,是历时最久、影响最大的语法学派。早在公元前3世纪,希腊人就以哲学和逻辑为基础,研究了希腊语的语法。公元3世纪,罗马人沿着希腊人的路子,研究了拉丁语法。作为一个语法学派,传统语法一般指18世纪以来语言学教材中沿用的一些语法理论。丹麦叶斯柏森的《现代英语语法》和美国夸克等人的《当代英语语法》是传统语法的代表作。

传统语法分词法(形态学)和句法(造句法)两大部分。词法是研究词的构成及其用法的规则,包括词的结构、形态变化、功能类别等内容。句法,就是关于句的构成及其组合规则。西方的传统语法以形态为主,依据形态建立语法范畴(词类及其附加范畴,包括性、数、格等)。例如英语中凡有后缀-ness 的是名词;同时寻找词类与句子成分之间的对当关系,如英语中定式动词只充当谓语,而谓语也只由定式动词充当。由于汉语缺少形态变化,中国的传统语法一般以功能或意义为标准,分析模型包括三个部分:一是根据句子成分定词类的思想;二是中心词分析法;三是以句子为基点进行句法分析的句本位理论。中国的传统语法由于对意义有一定依赖性,因此不能算是严格意义上的语形学。

传统语法从一开始就是一种实用语法和教学语法,有规定主义的倾向。传统语法通常以古典文学名著为范例,规定人们应该怎样说,不应该怎样说,而不是描写当代人的口语,指出人们事实上怎样说。为了满足当代人言语交际的需要,20世纪初年有了结构语法。

结构语法也称为结构主义语法,广义地说,泛指以索绪尔的语言符号理论为指导的所有语法学说;狭义地说,专指美国的描写语法学。后者是20世纪30—50年代占主导地位的语法学派,其代表人物是布龙菲尔德(Bloomfield, L.),代表著作是布龙菲尔德的《语言论》。

结构语法与传统语法相比有很大的进步。结构语法的基本立场,一是采取描写主义,反对传统语法的规定主义;二是描写现代口语,把它与古代书面语区分开来;三是坚持语法研究从形式出发。就这三点而言,结构语法实现了真正意义上的描述语形学。

结构语法集中在对语言表层结构的研究,较少涉及语言的深层结构。因此在 20 世纪 50 年代之后,它的地位逐渐为生成语法所取代。

在符号学的研究中,自然不会局限于自然语言的语法学研究。符号学的语形学研究包括时间句法、空间句法和时间—空间句法。自然语言句法、音乐语言句法等为时间句法,绘画、雕塑、建筑以及文字的句法为空间句法,舞蹈、影视以及各种体育运动等句法则是时间—空间句法。作为符号学,无论它们属于哪一种句法(语法),研究的都是撇开意义的形式符号学——语形学。

三、形式而非形式化

前述"形式"一词是相对于"内容"或意义说的,语形学就是撇开符号内容或意义研究符形的符号学科。"形式"有时也指"形式语言",即人工符号语言,它们是相对于自然语言而言的,是一些不含意义的字母或其他符号。一个学科包含这类符号并由此构成一系列符号公式,我们就说它是"形式"的,但形式并不等同于形式化,也就是说,它有"形式",但还没有"化"。

传统的亚里士多德逻辑也称为"形式逻辑",它就是"形式"但还不是形式化的逻辑。例如:

> 所有的鲸都是哺乳动物;
> 所有蓝鲸都是鲸;
> 所以,所有蓝鲸都是哺乳动物。

> 如果地冻,那么天寒。
> 地冻,
> 所以天寒。

它们的公式分别为:

> 所有 M 都是 P;
> 所有 S 都是 M;

所以,所有 S 都是 P。

如果 p,那么 q。

p,

所以 q。

从这些公式中不难看出,传统逻辑是形式的,只是它有时还用到自然语言,所以还不是形式化的。

美国语言学家乔姆斯基(Chomsky, N.)创立了"生成语法"。他用类似于逻辑的演绎方法,把语法分析过程公式化,因此同其他语法学比较起来,生成语法是非常"形式"的,但它没有建立起符号化的系统,还不能算是完全的"形式化"。

根据乔姆斯基的理论,句法指整个语法规则,包括短语结构规则和转换规则两个部分。这里只说说前者。

生成语法的短语结构规则可以用下面公式表示:

$$\Sigma: S$$
$$F: X_1 \rightarrow Y_1$$
$$\vdots$$
$$X_N \rightarrow Y_N$$

Σ 为初始语符列,S 是句子,F 是一套指令公式。指令公式 $X \rightarrow Y$,意思是把 X 改写成 Y,符号"→"表示改写。在每一次改写中,X 只能有一个符号,而 Y 没有这个限制。例如:

Bill kissed Susan.

改写规则为:

S(句子)→NP(名词短语),VP(动词短语)

NP→(D)(限定词),N(名词)

VP→V(动词),NP

N→Bill，Susan

V→kissed

这样,"Bill kissed Susan."这个句子就可以有以下推导式:

S

NP+VP

N+VP

N+V+NP

Bill+V+NP

Bill+kissed+NP

Bill+kissed+N

Bill+kissed+Susan

直到最后一行,生成了句子:"Bill kissed Susan."乔姆斯基把语法过程公式化,大大地开拓了自然语言语形学的研究领域。

四、形式化——当代的思维方法

鲍亨斯基说:"近代方法论的一个最重要成果,是人们认识到在句法层次上操作语言能使思维活动大为方便。这样一种操作方法叫作'形式化'方法。它的要点是撇开所用符号的每个意义,只考虑符号的书面形式。"[①]"句法"层次即符形层次。形式化方法对于数学和现代逻辑、计算机科学的发展,起着重要的作用。

皮尔斯说,符号学是一门形式科学。"数学是最纯粹和最典型的形式科学,原因在于数学是'得出必然结论'的科学。"[②]数学是对假设而非事实的探究。

鲍亨斯基说:"形式化方法本质上是对一种千百年来众所周知的方法的推广,

---

① ［德］鲍亨斯基著,童世骏、邵春林、李福安译:《当代思维方法》,上海人民出版社1987年版,第37—38页。

② ［美］皮尔斯著,赵星植译:《皮尔斯:论符号》,四川大学出版社2014年版,第143页。

这种方法就是运算。"[1]例如：

$$(3+2)\times7-11=24$$
$$ax^2+bx+c=0$$

这两个符号表达式，前者为算术运算，后者为代数运算。它们都可以根据语形规则一步一步地推导出来。

皮尔斯说："符号学依赖于优势科学门类，即数学，特别是数理逻辑所发现的一般规则。"[2]形式化方法是在数理逻辑中得到充分体现的。数理逻辑把表达式形式化，就是把表达式中的概念转换为人工语言的符号，命题转换为符号公式，定理的推演转换为公式的变形，并把证明变为符号公式的有穷序列。数理逻辑形式化方法用于公理系统产生的形式系统，是形式化方法高度发展的标志。传统逻辑和生成语法之所以是"形式"而不是"形式化"，其根本原因就在于它们没有建立形式系统。

数理逻辑运用形式化方法所构成的符号序列就是一个形式系统。构建一个形式系统一般有以下几个步骤：1. 确定一类符号中哪些是初始符号，初始符号是不加定义就被置入系统的。2. 制定若干规则，即规定怎样组成合式公式的规则（形成规则）和将新的符号引进系统的规则（定义规则）。3. 选择若干合式公式作为公理，它们是无须证明就被置入系统的。4. 制定一些推导规则，用于指导本系统的所有演算。然后，依靠这些规则，从公理推导出一些定理。

定理是推演的结果，是一系列按照推导程序证明为重言式的命题。以下述证明为例：

给定 3 条公理：

(1) A→(B→A)

(2) (A→(B→C))→((A→B)→(A→C))

① ［德］鲍亨斯基著，童世骏、邵春林、李福安译：《当代思维方法》，上海人民出版社 1987 年版，第39 页。
② ［美］皮尔斯著，赵星植译：《皮尔斯：论符号》，四川大学出版社 2014 年版，第 149 页。

(3)（¬A→¬B）→（B→A）

和一条规则 MP：A→B，A 推出 B

证明 p→p 是定理。

证明：

(1) p→((p→p)→p)	公理 1
(2) p→((p→p)→p)→((p→(p→p))→(p→p))	公理 2
(3) (p→(p→p))→(p→p)	(1)(2)MP
(4) p→(p→p)	公理 1
(5) p→p	(3)(4)MP

命题演算中的许多定理,都是重要的逻辑规律,它们都可以在这个形式系统中得到证明。用∧表示"并且",∨表示"或者";¬表示"并非",部分定理可以表示为:

同一律：p→p

排中律：p∨¬p

假言易位：(p→q)→(¬q→¬p)

双重否定律：p→¬¬p；¬¬p→p

德摩根定律：¬(p∨q)→¬p∧¬q；¬(p∧q)→¬p∨¬q

第三节　语　义　学

一、语义学研究什么

符号是传递讯息的。每一个符号都是形和义的结合体,符号学中的语义学就是研究符号意义的科学。

莫里斯在 1938 年给语义学所下的定义是：语义学研究"符号和其所指示的对象之间的关系";1946 年修改为："语义学研究符号所具有的各种方式的意谓。"这个修改十分重要。因为在"符号三角"中,语义学并不直接研究符号形体与符号对象之间的关系,而是通过符号的符形间接地传达关于符号对象的讯息,这"讯息"就是符号的意义。这样的符号过程和结果,就是莫里斯所说的"符号所具有的各种各样的意谓"。在莫里斯著作中,所谓"意谓"(signify)或"所意谓"(significatum),实际上都是指符号形体和解释项之间的意指(signification)或意指关系。

值得注意的是,莫里斯 1946 年的语义学定义是在语用学定义之后作出的。莫里斯的语用学定义是:语用学研究"符号和解释者之间的关系"。那就是说,语义学研究"意谓"或"意指"并不包括与解释者之间的关系。所以卡尔纳普说:"如果我们不考虑语言的使用者而只分析表达式和它们的所指谓,我们就是从事语义学领域内的工作。"这样,语义学虽然和语用学都研究符号的"意义"或"意谓",但由于语义学不研究解释者,因而在研究对象上可以清楚地同语用学区分开来。

还要说一点,莫里斯和卡尔纳普说语义学不研究符号的"解释者"或"使用者",这当然正确,但不够到位。更为准确的说法应当是,语义学不研究符号情境,不研究符号情境中的意义。因为符号的解释者或使用者都可以看成符号的情境因素,而符号情境除解释者或使用者之外还有其他。

那么,语义学研究什么? 我们的回答是:语义学研究符号符形与解释项之间的意指关系,研究符号不依赖于符号情境的意义。

语义学研究语义通常采用两种方法,一种是描述的方法,另一种是形式的方法,因此语义学又可分为形式语义学和描述语义学。

二、描述语义学

描述语义学是一种经验性的意义理论,是相对于形式语义学而言的。

最常用的描述语义的方法,是传统逻辑中所说的定义。给一个表达式下定义,就是描述概念的语义特征,把这个概念同其他概念区别开来。例如:

① 商品是为交换而生产的劳动产品。

② 生物包括动物、植物和微生物。

③ "双百方针"是指百花齐放和百家争鸣的方针。

④ "奇葩异卉"就是指"稀奇难得的花草"。

⑤ 液体 x 是酸性的,当且仅当,如果将蓝色石蕊试纸浸入液体 x 中,那

么,蓝色石蕊试纸会变成红色。

它们都是定义。① 为内涵定义,揭示了"商品"这个概念的内涵,从而明确了这个语词的意义;② 为外延定义,应用分类的方法来明确意义;③ 为约定定义,是对一个未经定义的表达式赋予某种特定的含义;④ 是同义语定义,用一个人们熟知的表达式来说明一个比较生僻的表达式;⑤ 是操作定义,是把一个表达式的所指对象进行实验操作的过程,作为定义项来对这个表达式下定义。

　　然而在通常意义下的"描述语义学",是指语言学的语义学,它的研究是对自然语言的语义现象作经验性的描述。

　　19 世纪末年,法国语言学家布勒阿尔(Bréal)出版《论语义学,关于意义的科学》,可以看作语言学的语义学的发端。20 世纪初年,深受索绪尔结构主义影响的欧洲语言学家们,提出了"语义场"理论,并逐渐形成了结构主义语义学。60年代,乔姆斯基接受了凯茨(Katz, J.)和福德(Fodor, J.)的意见,在生成语法的框架内增加语义部分,语义部分的规则对语法的深层结构作出语义解释,从而得出句子的意义。乔姆斯基的语义学说称为解释语义学。可是乔姆斯基的学生,莱可夫(Lakoff, G.)、麦考莱(McCawley, J.)、罗斯(Ross, J.)等人不同意乔姆斯基的观点,认为不必假定纯语法的深层结构的存在,主张通过转换从语义直接产生句子的语音形式。这种不以语法为基础而以语义为基础的语义理论模式,称为生成语义学。

　　在语言学的语义学的纷争中,也有一些比较一致的观点,比如义素分析法和语义场理论。

　　早在 20 世纪 40 年代,叶尔姆斯列夫就提出义素分析的设想。50 年代,人类学家在分析亲属词的关系时,提出了义素分析法。60 年代,凯茨和福德应用这种方法分析语义特征,引起语义学界的普遍关注。

　　义素也称为语义成分,是意义的最小单位。义项是同词或短语大致相应的语义单位,由义素构成。例如:

　　　　单身汉:〔　＋男性　＋成年　一有偶　〕
　　　　男　孩:〔　＋男性　一成年　〕

义项"单身汉"由"男性"、"成年"、"非有偶（即无偶）"三个义素构成。"男孩"由"男性"和"非成年"两个义素构成。

按照义素分析法，由义项可以构成义句。义句是句子的意义模式，相应于语法句子的语义单位。例如"华山险峻"这个句子，就是由"华山"和"险峻"两个义项构成的。

语义场指的是语义系统中含有相同义素的义项集合。一个语义场的各个义项不仅和意义相关，而且互相规定。例如：

学生＝｛大学生，中学生，小学生｝

意思是说，"学生"由"大学生""中学生""小学生"三个义项构成语义场，它们含有相同义素"学生"，并且互相规定。语义场可以下辖子场。例如"中学生"作为"学生"的子场，由"高中生"和"初中生"两个义项构成，含有相同义素"中学生"。

应当说明的是，"描述语义学就是指语言学的语义学"这句话，只是一般的说法，实际上两者并不等同。因为语言学的语义学也可以采用形式或形式化的方法。比如义素分析法，也可以使用形式的方法。例如：

令：A 表示男性，B 表示直系亲属，C 表示长辈，则"父亲"为[＋A＋B＋C]，"母亲"为[－A＋B＋C]，"儿子"为[＋A＋B－C]，"女儿"为[－A＋B－C]。

这种方法可以归属于"描述—形式语义学"。

随着认知科学的发展，认知语义学成为语义学领域的前沿。认知语义学属于第二代认知科学，重视认知主体的身体在意义中的重要作用。认知语义学反对福多（Fodor，J.）和乔姆斯基（Chomsky，N.）等人的模块论，认为语言知识并不是独立于其他知识的单独模块。相反，语言知识属于一般性认知。因此，认知语用学开始从语言中概括出人类认知的一般规律，提出了概念隐喻认知和概念转喻认知等；反过来，认知语义学也借用认知科学其他学科已经揭示的人类认知规律来解释语言现象。认知语义学的主要理论除了概念隐喻和概念转喻理论，还包括原型范畴理论、心理空间理论、认知语法理论、意象图式理论等。国内最新出版的专著如王寅(2020)的《体认语言学》(商务印书馆)、束定芳和田臻(2021)的《认知语言学新发展研究》(清华大学出版社)、文旭和杨坤(2024)的《认知语言学关键概念》(商务印书馆)等。

三、形式语义学

形式语义学又叫逻辑语义学,广义地说,是指借助于数理逻辑的方法研究符号意义的学科;狭义地说,形式语义学只是研究在建立一个形式语言系统时,对其中包含的表达式意义的解释。

1. 形式系统的语义解释

一个形式系统一般都要给出初始符号、形成规则、定义、公理(也有不给出公理的,即自然推理系统)、变形规则等项,给这些项的解释就属于狭义的形式语义学。我们以某一公理系统的初始符号为例:

> 初始符号:
> 1. 甲类: p, q, r, s, p_1, q_1, $\cdots$;
> 2. 乙类: $\neg$, $\vee$;
> 3. 丙类: (,)。

其语义解释如下:

> 初始符号,相当于自然语言的字母表。甲类符号是命题变项。乙类符号是命题联结词,$\neg$ 读作"并非",$\vee$ 读作"析取"。丙类符号分别是左右括号。

这里对某一公理系统初始符号的语义解释,所解释的各类符号(形式语言)为对象语言,对对象语言作解释的语言为元语言,这里的元语言实际是自然语言。也就是说,这种用自然语言解释形式语言并非严格意义上的形式语义学。

2. 模型论

模型论是研究形式语言及其解释之间关系的理论,是数理逻辑的一个分支。在数理逻辑中,模型论是经典的或标准的形式语义学。美籍波兰逻辑学家塔尔斯基(Tarski，A.)是模型论的奠基人。他在 1931 年发表的《形式语言中的真理概念》是模型论的奠基之作。

所谓"模型"，是指满足一定条件的解释。比如说，令 M 是 L 中的一组公式，I 是 L 中的一个解释，如果 M 中的每个公式在此解释下都真，那么我们就称这个解释为 M 的一个模型。模型论就是研究形式系统中的公式和它们的解释——模型之间的关系。

任何一种形式系统都可以建立与之相应的模型论，而一阶逻辑的模型论是最为基本也最为完善的模型论。因为其他模型论，如高阶模型论、模态模型论、广义量词模型论、多值模型论等，除了采用数理逻辑方法以外，还大量采用数学的方法，特别是近世代数的方法，一种模型常可以看成一个特殊的代数结构，因此模型也常常叫作结构。一阶模型论的基础性定理是紧致性定理，即：一阶语言中一个语言集 T 有模型，当且仅当，T 的每一有穷子集有模型。紧致定理也是一阶模型论的特征。

为形式语言的一个句子集构造具有一定性质的模型，是模型论研究的主要方法。常用的有常量方法、图像方法、超积方法、省略型方法、力迫法等。模型论的方法还可以用来解决数学中的一些问题，对于计算机科学也产生了相当的影响。

3. 真值条件语义学

形式语义学一方面用以解释形式语言，而另一方面则是以形式化方法为工具，转过来用以分析自然语言。这就是把自然语言形式化，以求得对自然语言的准确解释。这是一种非标准的形式语义学。由于任一合式语句都有一个真值条件，即在什么条件下为真，什么条件下为假，所以这种语义学叫作真值条件语义学。

塔尔斯基关于对象语言和元语言的区分以及关于"真实性"的定义，对于真值条件语义学的研究起了很大的推动作用。罗素(Russell，B. A. W.)对摹状词的分析就具有开创性的意义。波兰学者爱裘凯维茨(Ajdukiwicz，K.)等人创立的范畴语法，也是以自然语言为对象语言的。这种范畴语法注意到语形与语义的同构性，并使内涵语义学成为可能。在此基础上发展起来的蒙太格语法(Montague Grammar，简称 MG)，更是将形式语义学方法用于自然语言分析的典型。

在以自然语言为对象语言的真值条件语义学研究中，英语研究相对比较充分，但汉语的研究也有了良好的开端。1992 年，邹崇理博士在他的博士论文《Montague 语法及其在汉语语义分析方面的初步应用》以及其后出版的著作中，就对汉语的语义问题进行了真值条件语义学的探索，并构建了汉语部分语句系统 FC，以及 FC 的语义模型。1998 年，蒋严和潘海华两位博士出版了《形式语义学导论》一书，构建了汉语的部分语句系统 Cp 等一系列的形式系统，给出相应的语法规则、翻译规则以及语义解释，并且应用了内涵逻辑、模态逻辑以及广义量词理论等工具，对汉语的语义问题进行了广泛的研究。

建立真值条件语义学分析自然语言准确而且细密，结论是必然为真的，只是在日常思维中应用起来颇为费力。其实在日常思维中，我们可以有一种简约、开放的不完全形式系统，却能够比较轻松地进行自然语言的形式分析，结论也具有一定的可靠性。例如命题逻辑规定：$\neg$ p 为真，当且仅当 p 为假；p$\wedge$q 为真，当且仅当 p 为真且 q 为真；p$\vee$q 为真，当且仅当 p 为真或 q 为真；p$\rightarrow$q 为真，当且仅当 p 为假或 q 为真；我们将命题联结词视为函项，用真值表来给出它实现的效果，这一过程就是穷举了在作为组成部分的原子命题取不同的真假赋值时，一个复合命题的真假情况，即对该复合命题的真值条件做出说明。

第四节　语　用　学

一、语用学研究什么

语言学家利奇于 20 世纪 80 年代初期曾在他的《语义学》一书中说过："二十年前，人们即使提到语用学也只是把它看作一只使用方便的废物箱。凡不符合理论的、令人恼火的事实都可以丢进这只废物箱，而现在语用学是语言研究中比较有生气的领域之一。"[①]正如利奇所说，目前在符号学的研究诸领域中，语用学的研究是最有生气的领域。

那么，语用学究竟研究什么？1938 年，莫里斯说：语用学研究"符号和解释者之间的关系"。1946 年，他作了一些修改，说："语用学是符号学的这样一个部

---

① ［英］利奇著，李瑞华等译：《语义学》，上海外语教育出版社 1987 年版，第 453 页。

分,它在符号出现的行为中研究符号的起源、应用与效果。"显然在第二个定义中,语用学的研究范围有所扩大,包括了符号的起源,并且强调了符号的应用与效果。然而我们并不认为这后一个定义就已经完备。

正如前一节所说,语义学和语用学都要研究符号的意义,它们的区别仅仅在于语义学的研究不依赖于符号情境(准确地说,对情境的依赖程度趋近于零),而语用学必须依赖于符号情境。符号情境既包括符号的解释者或使用者,也包括符号的起源、应用与效果,而且远不止这些。

因此,如果我们把符号出现的行为中各种相关因素都作为符号情境的构成因素,那么我们对语用学的研究内容给出这样的回答:

语用学研究符号情境中的意义。

例如李白《登金陵凤凰台》诗云:"总为浮云能蔽日,长安不见使人愁。"这两句诗暗示皇帝被奸佞包围,而自己报国无门,心情十分沉痛。如果离开符号情境,那是无论如何解释不出这层意思的。而这些意思就是语用学所研究的"符号情境中的意义"。

二、符号情境

语用学研究符号情境中的意义,那么,什么是符号情境? 符号情境中包括哪些因素? 研究语用学,这是我们首先要搞清楚的问题。

符号情境(sign situation)是指交际过程中符号使用者之间应用符号传达思想感情的具体环境。人们通常叫它语境(context)。不过严格地说来,"语境"仅仅着眼于语言符号的情境,范围狭窄了些。如果在明确了"符号情境"的含义之后,说成"语境"也未尝不可,就如把符形学、符义学、符用学说成"语形学"、"语义学"、"语用学"一样。事实上,本节所讨论的"情境",也只限于语言符号情境亦即语境问题。所以下面我们就只说"语境"了。

最早提出"语境"这个概念是为了解决索引词的指谓问题。例如,在话语中经常会出现"我"、"你"、"他"、"这儿"、"那位"、"去年"、"今天"、"前者"、"后者"这一类的索引词,它们的指谓问题只有在具体的语言环境中才能得到解决。因此,最早的语境概念只包含谈话的时间、地点、谈话者、上下文这些决定索引词指谓的各种因素,后来扩展到解决抽象语句的指谓问题。在 D. 刘易斯提出的语境概念中,包含了可能世界、时间、地点、说话者、听话者、被指的对象、上下文、值域这8 种因素。这些因素都是为了解决索引词和抽象语句的指谓问题。这种由话语的相关因素构成的语境,称为静态情境。

20 世纪 90 年代,丹麦语用学家梅伊(Mey,J.)和比利时语用学家维索尔伦(Verschueren,J.)都明确地提到了语境的动态性,于是语境研究从静态语境发展到动态情境。梅伊在他的《语用学引论》一书中说:"语境是动态的,它不是静态的概念。从最广泛的意义上说,它是言语交际时不断变动着的环境。"[①]语境的动态研究,更加关注语境在交际实践中的能动作用。

我国语言逻辑学家周礼全先生在《逻辑——正确思维和有效交际的理论》一书中也明确地提出了动态语境的问题。他的动态语境观点,只比梅伊晚一年,而要比维索尔伦早五年。

周礼全把静态语境称之为"语义语境",动态语境为"语用语境"。他说:"语义语境只能解决指谓和所指谓问题,但不能解决命题态度、意谓和意思问题。因此,语言逻辑家就在语境中加入一些新的因素,即加入说话者和听话者的知识、信念和意图等新因素。"[②]他提出了四种语用语境:即 C_O、C_S、C_H 和 C_{SH}。C_O 包括当前情境、上下文、话语所涉及的事物和事态、说话者的情况和听话者的情况五种因素,或者说是表达这五个因素的命题的集合。在他看来,对于语境 C_O 中的那些客观存在的因素,说话者 S(或者听话者 H)很难有完全的认识,S 和 H 更难有共同的完全的认识。因此在语境 C_O 之外,还存在着说话者 S 所认识的语境 C_S、听话者 H 所认识的语境 C_H 和 S、H 所共同认识的语境 C_{SH}。

周礼全说:"在一次谈话中,语境 C_O、C_S、C_H 和 C_{SH} 总是不断地发生变化的。随着谈话时间的延长、谈话内容的增多和谈话者的思想感情的变化,语境就会跟着不断变化。正确地了解话语的语境及其变化,是正确地表达、传达和理解的必要条件和重要条件,也是成功交际的必要条件和重要条件。"[③]

---

① [丹]梅伊:《语用学引论》(英文版),外语教学与研究出版社 2001 年版,第 40 页。
② 周礼全主编:《逻辑——正确思维和有效交际的理论》,人民出版社 1994 年版,第 387 页。
③ 同上书,第 393—394 页。

周礼全先生的动态语境理论,是中国学者对于语境理论研究的重要贡献。

除了动态性,随着认知语境的提出,符号情境的建构性成为语境研究的新思路。"从外部世界输入的或可感知的当前信息,从记忆中所提出的经验信息,以及两种信息中所推导出来的新信息,它们以语境假设的形式构成了话语理解的潜在认知语境。因此说,认知语境并非凭空自生,也非交际双方大脑中所固有,而是交际者基于生活的经验,在对当前外部信息的感知、整理与记忆的基础上形成的"[①]。这是认知语境构建观的理论要点。

三、描述语用学

描述语用学是语用学的描写理论,它描写人们来自经验的有关自然语言的应用原则,分析如何同语境相联系。由于奥斯汀、塞尔和格莱斯三位语言哲学家的卓越贡献,描述语用学从 20 世纪 50 年代开始得到迅速的发展。

当代语用学理论可以分为英美学派和欧洲大陆学派两个传统。根据英美学派的语言学和语言哲学观,语用学被界定为对语言使用中意义的系统性研究。语用学的核心课题包括会话含义、预设、言语行为、索引词和指称。英美学派语用学又被称为成分语用学(component view of pragmatics)[②],它认为语言学理论包括几个核心成分:语音学、音位学、语素学、句法学和语义学。这些核心成分有着清晰的研究对象,而语用学则是语言理论中与其他核心成分并列的又一个核心成分。我们在借鉴海内外相关研究成果的基础上编写的《描述语用学》,包含的内容与他们有较大的差异。[③]

欧洲大陆的语言学传统和语言哲学观反对将语用学视为语言学理论的一个核心成分。他们认为,语用学是对语言学所有核心成分和语言学分支的一个功能性综观。语用学是具体使用中的语言现象的一种总体性功能视角,包括认知、社会和文化视角。[④] 这种语用综观论不仅涵盖了语言学的核心组件和各语言学分支,还涉及与语言学邻近的其他社会科学。黄衍认为,这种无所不包的语用理论更加忠实于莫里斯当初的语用学论点,即语形学、语义学和语用学是符号学的

---

① 黄华新、胡霞:《认知语境的建构性探讨》,《现代外语》2004 年第 3 期,第 249 页。
② Huang, Y. *Pragmatics*. Oxford University Press. 2007. p.4.
③ 黄华新、陈宗明:《描述语用学》,浙江大学出版社 2023 年版。
④ Verschuerren, J. *Understanding Pragmatics*. Edward Arnold, 1999. p.7.

组成成分。① 莫里斯认为语用学研究符号解释者之间的关系,"由于几乎所有符号的解释者皆为生命体,因此可以准确地将语用学描述为符号阐释过程中的生物特征,即符号运行过程中所有的心理、生物和社会现象"。②

欧洲大陆学派语用学与莫里斯的观点一脉相承,坚持宏观的语用观,语用作为一种视角贯穿于语言学的核心成分、各个分支和邻近学科,其研究对象更是包罗万象。"因此,语用学在欧洲大陆看来是研究'所有一切'。但研究'所有一切'不是一条可行的学术路径……'一切都是语用学'等于说是'一切都不是语用学'。这种语用学的范围无所不包,其理论价值便会打个折扣。"③

英美学派的研究对象更加聚焦,传承了二十世纪分析哲学的研究课题,主要的分析哲学家包括弗雷格、罗素、维特根斯坦、奥斯汀、格莱斯、斯特劳森和塞尔等。虽然研究范围相对狭窄,"英美学派的语用学在界定研究范围的时候比欧洲大陆学派的语用学更加连贯、更加系统,也更有原则"。④ 鉴于此,本书主要阐述英美学派的语用学理论。

1. 索引词

皮尔斯最早提出了"索引词语"(indexical expressions)的概念。20 世纪 50 年代,巴尔-希勒尔(Bar-Hillel)发展了这一理论。例如句子:

> 下雨了。
> 我饿了。

巴尔-希勒尔称之为"索引句"(indexical sentence),认为如果离开了语境,就不能判定它们的真假,所以属于语用学的研究对象。

索引句是一些含有或暗含有指谓代词、指示代词、时间副词、时态助词等索引词的句子。"我饿了。"含有人称代词"我",要正确理解这个句子,就必须弄清楚说话人是谁以及当时的具体情况。"下雨了。"暗含时间词"现在",因此,必须

---

① Morris, C. W. "Foundations of the Theory of Signs". *International encyclopedia of unified science*. Chicago University Press, 1938. p.54.
② Ibid., p.30.
③ Huang, Y. *Pragmatics*, Oxford University Press, 2007. p.6.
④ Ibid., p.7.

确定是什么时间,在什么地点,然后才能判定这个句子是真是假。

在莱文森的《语用学》里,索引词分为人称索引词、时间索引词、地点索引词、话语索引词和社会索引词五类。

2. 会话含义

会话含义理论经历了经典格莱斯理论、新格莱斯理论和后格莱斯理论的演变过程。

经典格莱斯会话含义理论由美国语言哲学家格莱斯(Grice,P. H.)于 1967 年在哈佛大学的系统演讲中提出。他指出,在言语交际过程中,说话人所说出的话语一般表达两种意义:一种是话语中的语词和语句所表达的字面意义,另一种是说语人通过话语所含蓄地表示的意义。格莱斯称后者为会话含义。例如:

　　A:你知道现在几点钟吗?
　　B:邮件已经来过了。

B 的答话本身并没有回答 A 的问题。如果 A、B 两人都知道邮件一般是什么时间来的,A 就可以估计出大致的时间。而这也正是 B 想告诉 A 的。这种通过隐晦含蓄的方式所表达的意义就是会话含义。会话含义是日常会话中经常出现的现象。人们说话常常是话中有话,弦外有音,会话含义是一种言外之意。

格莱斯的会话含义理论主要讨论如何从话语中推出言外之意。格莱斯给出了一套合作原则,内容包括:1. 数量准则;2. 质量准则;3. 关系准则;4. 方式准则。其中数量准则规定了说话人的话语所提供的信息量与交谈的目的应当一致,不能多,也不能少;质量准则规定了话语的真实性,说话人应当说自己相信其为真的话语;关系准则规定了话语应当切题,不说与交谈目的无关的话;方式准则要求话语的用词应当清晰、准确,语句应当简明扼要。

格莱斯认为,合作原则及其准则是得出会话含义的重要因素。当说话人愿意遵守合作原则,但却不愿意把自己的意思直接说出来时,他故意违反某一条合作准则,并且让对方知道这一点;听话人借助于谈话的语境,通过语用推理了解到说话人所要表达的真正含义。在这种情况下会话含义就产生了。例如一次期末考试结束后,父亲与儿子之间有这样一个简短对话:

　　父亲：这次考试化学这门课你得了多少分？

　　儿子：68，比上一次多了3分。

　　儿子的答话不仅回答了父亲的问题，而且将这次的考试成绩和以前的成绩做了比较，从表面看，话说多了些，违反了数量准则。这是因为儿子知道自己的考试成绩不好，害怕受到父亲的责怪，故意地表达了这样的会话含义：虽然我的考试成绩不够好，但和以前相比，我还是进步了。希望以此得到父亲的原谅。父亲自然知道儿子的意思。

　　格莱斯会话含义理论是语用学理论的革命，但也遭到了批判和修正。莱文森将根据四准则推导出会话含义的观点称为"格莱斯怪圈"[1]，这一怪圈使得对话语理解中涉及的语言意义与语用推理之间产生了不可避免的循环或相互依赖。就此，新格莱斯和后格莱斯会话含义理论分别提出了不同的解决方案。近三十年来，结合新兴的实验语言学方法，争论通过实验研究继续进行，从而出现了实验语用学这一前沿性研究方向。[2]

　　新格莱斯学派从根本上继承了格莱斯对话语意义的划分以及合作原则，但也提出了一些批判性修正。霍恩(Horn)提出了推导含义的"二准则"及"等级会话含意"理论[3]；莱文森提出了会话含义推导的"三原则"。

　　霍恩借鉴了齐普夫(Zipf，1949)的"省力原则"(Principle of Least Effort)；即以省力为目的的会话经济原则，简化了格莱斯的四准则，并梳理了各准则之间的关系。根据省力原则，说话人的表达须简明而易懂；听话人的回复须简要而明确。遵循此思路，霍恩提出了数量原则(Q-principle)和关系原则(R-principle)来取代格莱斯的四条准则。

　　莱文森的会话三原则，分别从说话人和听话人的角度做出了含义推导说明。[4]

---

　　① Levinson, S. C. *Presumptive Meanings: The Theory of Generalized Conversational Implicature*. Massachusetts：MIT Press，2000. pp.186 - 187.

　　② 刘思、杨益、李宗宏：《社会语用学视角下的东乡语用研究》，中国社会科学出版社2021年版。

　　③ Horn, L. R. "Toward a New Taxonomy for pragmatic inference：Q-based and R-based implicature". In D. Schiffrin (ed.) *Meaning，form and use in context：linguistics applications*. Washington, DC：Georgetown University Press，1984.

　　④ Levinson, S.C. *Presumptive Meanings: The Theory of Generalized Conversational Implicature*. Massachusetts：MIT Press，2000. pp.35 - 39.

（1）"数量原则"：没有说的，就不存在；

说话人：不要说少于要求的话（基于信息量原则）

听话人：（说话人）未说的话都是不成立

（2）"信息量原则"：简洁表达的，按常规扩展理解；

说话人：不要说超过要求的话（铭记数量原则）

听话人：通常（说话人）所说的话都是很具体的表述

（3）"方式原则"：以非正常方式说的就是非正常的。

说话人：不要毫无缘由地使用有标记的表达

听话人：（说话人）用一种含有标记的方式说话则应认为是不含标记的

与新格莱斯理论并行的会话含义理论是后格莱斯理论，主要指的是关联理论。1986 年，斯珀伯（Sperber，D.）和威尔逊（Wilson，D.）出版《关联性：交际与认知》一书，从认知心理学出发，试图建立比较具体的认知模式，用关联原则代替格莱斯的合作原则。作者认为，跟合作原则相比，关联原则比较具体，可以对相关程度作相对的。

3. 预设

最早研究预设（presupposition）的是德国哲学家弗雷格（Frege，G.）。他举例说，"开普勒死于贫困。"如果"开普勒"一词没有所指，那么"开普勒死于贫困"这个句子就没有真假值。所以，"存在一个名叫'开普勒'的人"这个句子是"开普勒死于贫困"是否有真假值的前提。弗雷格的结论是，如果有什么事物被断言了，那么就有一个明显的预设，即断言中使用的简单的或复合的名称有所指。后来罗素（Russell，B.）和斯特劳森（Strawson，P.）都曾为预设研究做出过贡献，使得预设理论逐步成熟起来。

预设的一般理解是：

S 预设 S'：S 真，S' 真；S 假，S' 也真

例如：

S：市长的儿子开豪车。

S':市长有儿子。

S:市长的儿子没有开豪车。

句子S"市长的儿子开豪车"真,则S'"市长有儿子"为真;如果S是假的,也就是说,市长的儿子没有开豪车,那么S'"市长有儿子"仍然是真的。这S'"市长有儿子"就是句子S的预设。

预设更为宽泛的解释是:预设是句子恰当性的条件。也就是说,如果预设不存在,则句子不恰当。例如祈使句:

请坐!

它的恰当性的条件是:

至少有一个听话人;

听话人在说话人身边站着;

听话人有听力;

说话人身边有座位,并且空着;

······

这些恰当性条件都是预设。如果其中某一个预设不存在,那么祈使句"请坐"就不恰当。

我国周礼全对预设理论也有比较深入的研究。他强调预设是语用现象,从语用意义上给出了预设的规则,并且解决了复句的预设问题。预设具有合适性、共知性、隐含性和可撤销性等特点,随着研究的逐步深入,提出了预设的动态观,动态视角下的预设还具有不确定性、可移动性和层次性。[①]

4. 言语行为

言语行为理论是英国语言哲学家奥斯汀(Austin,J.)于 1955 年在美国哈佛

---

① 黄华新、徐以中:《预设的动态性和动态预设观》,《浙江大学学报》(人文社会科学版)2007 年第 5 期,第 39 页。

大学讲学时提出的。这个理论认为,当人们说话的时候,他就在完成一种行为,"说什么即是做什么"。

奥斯汀把语言行为分为三种:语谓行为(locutionaryact)、语旨行为(il-locutionaryact)和语效行为(perlocutionaryact)。语谓行为是以言指事,即"说了什么",如甲对乙说"打死他"这一串声音,就是语谓行为。语旨行为是以言行事,即说话的用意,如甲命令乙:"打死他!"这命令就是语旨行为。语效行为是以言成事,即说话的效果。如甲说服乙:"打死他。"这"说服"就是语效行为。

奥斯汀在美国的弟子塞尔(Searle,J.)进一步将言语行为分为四种:话语行为、命题行为、语旨行为和语效行为。塞尔还区分了显性行为式和隐性行为式,区分了直接行为和间接行为。塞尔对奥斯汀的理论有重要的发展。

5. 隐喻

自亚里士多德以来,隐喻一直因其独特的修辞功能而深受重视。到了 20 世纪,学者们开始逐渐认识到,隐喻不仅仅是一种修辞手段,更是一种基本的认知方式,这一隐喻研究的认知转向使得研究者对日常隐喻有了更多的关注。莱考夫(Lakoff,G.)和约翰逊(Johnson,M.)曾指出,"隐喻普遍存在于日常生活中,我们惯常的概念体系,我们的思维和行为,在本质上都是隐喻性的"。如"人生是一场旅行"这样的表达,它通过人们所熟悉的概念"旅行"来解释较为抽象的概念"人生",使人们可以联想到"遇到坎坷""走了弯路""畅通无阻"等含义,从而更具体地理解和把握"人生"这一描述对象。正是这种对隐喻认知价值的重新审视,构成了当代认知科学的三大重要发现之一。

按照吉布斯(Gibbs,R. W.)和廷德尔(Tendahl,M.)等学者的理解,隐喻研究有认知和语用两个重要层面。认知层面的研究以莱考夫和约翰逊的概念隐喻理论,以及福柯涅尔(Fauconnier,G.)和特纳(Turner,M.)的概念整合理论为主要代表;语用层面的研究则以格赖斯的会话含义理论及斯珀伯(Sperber,D.)和威尔逊(Wilson,D.)的关联理论为主要代表。面对隐喻的理解问题,这两个层面的研究一直存在分歧:前者认为隐喻理解主要依赖人类非言语认知操作等幕后(backstage)推理过程,后者则认为隐喻理解主要依靠交际中出现的语言单位。

四、认知语用学

近年来,语用学的界面研究日益兴起,语言学开始和其他学科融合,产生了多个交叉领域,比较有代表性的有 Leech(1983)的社交语用学、Sperber 和 Wilson(1986)的认知语用学、Blum-Kulka(1989)的跨文化语用学、Kasper(1989)的语际语用学、Mey(1993)的社会语用、Blutner(1998)的词汇语用学、Verschueren(1999)的语用顺应论、Kadmon(2000)的形式语用学、Stemmer 和 Schonle(2000)的神经语用学、何自然(2003)的语用模因论、Noveck 和 Sperber(2004)的实验语用学、Benz 等(2006)的博弈决策论语用学、Wierzbicka(2006)的民族志语用学以及文学语用学、习得语用学、法律语用学、历史语用学、计算语用学、工程语用学等。① "语用学处于认知科学内外众多领域的交叉口,这些领域包括语言学、认知心理学、文化人类学、哲学、社会学、修辞学等"。② 这里我们重点介绍认知语用学。

熊学亮认为认知语用学是一门超符号学,"把这种符号和交际意图之间的、在历时过程中逐渐趋向固定化的关系看成'超符号'关系,研究这种超符号关系的学科就是认知语用学"。③ "认知语用学指的是语用学和认知的双向关系……它聚焦语境中意义识解的认知机制"。④ 近年来,认知语用学的内涵不断丰富,外延不断充实。例如,巴拉的《认知语用学:交际的心智过程》从语言学、神经科学、人类学、心理学、临床医学等多学科角度切入,该书构建了一个兼具理论意义和实践价值的认知语用学分析框架,从认知科学的角度出发,凸显了心智状态的核心地位,运用逻辑学的形式化方法对交际中参与各方的心智状态进行了刻画,进而在外部交际和内部心智之间构建了联通⑤。此外,2012 年德国德古意特穆彤(De Gruyter Mouton)出版社出版了一本《认知语用学》论文集,声明相比巴拉的"心智状态",更加注重"认知机制"。该论文集引用期刊《语用和认知》将其研

---

① 孙亚:《语用和认知概论》,北京大学出版社 2008 年版,第 2—3 页。
② Green, G. *Pragmatics and Natural language understanding*. Hillsdale: LEA Publishers, 1996.
③ 熊学亮:《认知语用学概论》,上海外语教育出版社 1999 年版,第 1 页。
④ Schmid, H. J. *Cognitive pragmatics*. Berlin: De Gruyter Mouton, 2012. p.11.
⑤ [意]布鲁诺·G. 巴拉著,范振强、邱辉译:《认知语用学:交际的心智过程》,浙江大学出版社 2013 年版,第 1 页。

究目标界定为,"旨在探究人类、动物以及机器使用的符号系统与人类认知活动的所有关联:逻辑和因果依赖、能力获得的条件与丧失的过程、普遍或特殊的生物和神经属性的建模和形式化模拟、社会和文化变异、审美表达、历史演变"。①

"认知语言学的兴起与发展为语用学提供了新的视角,它可以进一步补充和丰富语用学理论"。以认知语言学所揭示的人类基本认知方式解释言语生成和理解,语用推理和会话含义的研究思路被称为"微观认知语用学"②。孙亚的《语用和认知概论》一书依然认为认知语用学指的是关联理论,但同时强调"国内外基于认知语言学理论背景的语用学研究尚不多,研究还不够系统。国内的研究均集中在认知转喻理论、心理空间理论与言语行为、语用预设的研究上"。③ 该书从原型效应理论和意象图式理论等视角,进一步推动了语用学和认知语言学的融合。认知语言学家和语用学家开始联手申报课题和撰写专著,代表性的有何自然、王寅等的《认知语用学——言语交际的认知研究》。该书呈现了三个方面:(1)认知语言学与言语交际的认知观;(2)言语交际中话语标记语的认知语用研究;(3)言语交际中语用推理照应。

近年来,为进一步打通认知语言学和语用学之间的壁垒,促进两者的优势互补,王寅、陈新仁等学者倡议构建"新认知语用学","正是沿着当今语言学的发展方向和研究思路迈出的新步伐,可望为新世纪的语用学研究提供新思路"。④ 新认知语用学可以运用认知语言学的研究成果,研究真实交际场景中符号意义生成和理解的认知能力、具身机制和动态认知过程。"基于当代 CL 的新认知语用学理论可以充分、具体地解释语用现象。不考虑对认知语用研究的启示,L 研究将失去部分现实意义。反之,认知语用研究脱离 L 就无法把握人类的认知方式及其语言表征是如何影响人类交际的,就难免'空当'多多,想当然多多,可信度不高,说服力不强。这也是关联理论显得比较笼统的原因。要弥补这一不足,可以借鉴当代 CL 理论模块。"⑤可以预见,随着认知科学的日益深入,认知语用学

① Schmid, H. J. *Cognitive pragmatics*. Berlin: De Gruyter Mouton, 2012. p.4.
② 陈新仁:《新认知语用学——认知语言学视野中的认知语用研究》,《外语学刊》2011年第2期。
③ 孙亚:《语用和认知概论》,北京大学出版社2008年版,第13页。
④ 王寅:《新认知语用学——语言的认知—社会研究取向》,《外语与外语教学》2013年第1期,第3页。
⑤ 陈新仁:《新认知语用学——认知语言学视野中的认知语用研究》,《外语学刊》2011年第2期,第44页。

研究大有可为。

五、形式语用学

形式语用学与描述语用学之间并没有不可逾越的鸿沟。1985 年,塞尔和范德维克(Vanderveke)出版《语旨逻辑基础》一书,就在描述语用学的基础上运用现代逻辑工具对语旨行为作了形式处理,构造了一个语旨逻辑系统。它启示人们:形式语用学是语用学研究中的一个重要发展方向。

塞尔他们的语用逻辑还不是严格意义上的形式系统。在我国,蔡曙山博士在塞尔他们研究的基础上进一步将言语行为理论形式化。在《言语行为和语用逻辑》一书中,蔡曙山建立了命题语用逻辑、量词语用逻辑和模态语用逻辑的形式系统,包括自然推理系统和形式公理系统;建立了各个系统的语义模型。此外,作者还用语用逻辑的观点和方法来分析人类言语行为以及计算机的语言和行为,分析语用逻辑在计算机科学特别是在人工智能中的应用。作者的工作是开创性的。

长期以来,人们普遍认为,没有一个令人满意的语义理论能够忽视表达使用和解释的语境的作用。话语是一个动态的互动过程,言语行为影响其发生的情境,而情境又影响言语行为被理解的方式。20 世纪 50 年代,来自英国语言哲学家(最有影响力的是约翰·奥斯汀、彼得·斯特劳森和保罗·格莱斯)批评了传统的语义描写,这些描写忽视了语言使用的语境和言语是一种行为的事实。90 年代以来,语言学家和逻辑学家开发并运用了很多强大的形式机制来研究语境和语境中的话语,如情境语义学、话语表征理论,动态谓词逻辑和动态蒙太格语法等,这些理论既借鉴了非形式的格赖斯-奥斯汀传统的思想,也借鉴了形式化的方法,大大密切了语言与逻辑的联系。

如美国逻辑学家蒙太格(Montague,R.)从 20 世纪 50—70 年代相继发表了一系列论文,论述了语言表达式和内涵之间的关系,后来人们称之为"蒙太格语法"。蒙太格语法既是语形学、语义学,同时也是语用学。蒙太格在《语用学和内涵逻辑》一文中明确地指出:"语用学是个在开始时要效法语义学或它的现代形式——模型论,这种理论最早地探讨真理性和满足性(在一个模型中或一种解释下)的概念。然后,语用学使用类似的概念,不过我们在这里谈到真理性和满足性时,不仅涉及一种解释,而且涉及使用的语境。"①

　　动态语义学同样持一种内涵语义理解方式,认为语义是改变信息的方式。语义是一个关于如何用新信息更新一个现存语境的指令,通过这个指令,现有的文本(text)或话语(discourse)片段作为输入对现有语境进行更新,得到一个新的语境。也就是说,语境转化潜力是一种对语境转化过程进行凸显的机制,语境是理解当前语句语义的前提,它为语义解释提供必要信息的信息状态,新语句把命题和语境结合,得到所有满足命题的可能世界的交集。

---

① 中国逻辑学会编译:《语用学与自然逻辑》,开明出版社 1994 年版,第 168—169 页。

第五章　符号的意义

第一节　符号意义的意义

一、什么是意义

符号学是意义之学，"人的思维的重要功能就是准备符号，人面对实践世界，在头脑中用符号设计出意义解释的方案（例如合同上签字并加日期），而意义本身则永远处于'待在'之中。只有符号才是连接时间的纽带：过去的经验，此刻的存在以及尚未实现的未来意义"①，整个意义世界需要符号才能引出。因此，意义问题是符号学的核心问题。符号学研究，归根结底，就是为了更好地理解符号的意义，获取客观事物的讯息。从这个意义上说，符号学就是意义学。意义问题是多学科所关注的，然而语言学、逻辑学以及哲学等学科所研究的意义问题，本质上都是符号的意义问题。符号学的意义学属于意义的元理论。

研究符号的意义，首先必须了解什么是"意义"。然而问题来了。列维·施特劳斯在《神话与意义》一书中曾经这样写道："在语义学里，有一件非常奇怪的事，那就是在整个语言里，对意义这个词，你要找出它的意义恐怕是最难的了。"②这就是说，要弄清"什么是意义"却是一件非常困难的事情。

---

① 赵毅衡：《符号学第一悖论：解释意义不在场才需要符号》，《西华大学学报》（哲学社会科学版）2018 年第 2 期，第 3 页。

② 〔法〕列维·施特劳斯：《神话与意义》，多伦多大学 1978 年版，第 12 页。

为了弄清"意义"的各种意义,研究者们曾经花费了大量的时间,然而众说纷纭,莫衷一是。1923 年,英国学者奥格登(Ogden, C. K.)和理查兹(Richards, I. A.)在他们的著作《意义的意义》一书中,就列出了"意义"的 16 种定义、23 个义项,即:

1. 内在的性质。

2. 跟其他事物独特而不可分析的关系。

3. 词典中附属在一个词后面的其他词语。

4. 词的内涵。

5. 本质。

6. 投射进客体中的活动。

7. a. 预期的事件。

b. 意志。

8. 任何事物在一个系统中的位置。

9. 一事物在我们未来经历中的实际结果。

10. 陈述所包含或暗指的理论结果。

11. 任何事物所引起的情感。

12. 由被选出的一种关系把它跟符号实际上联结起来的事物。

13. a. 刺激的记忆效果。所获得的联想。

b. 对任何出现的事物的记忆效果都合适的某种另一出现事物。

c. 符号解释成属于它的事物。

d. 任何使人产生联想的事物。

就记号来说

记号的使用者实指的事物。

14. 记号的使用者应该指的事物。

15. 记号的使用者认为自己在指的事物。

16. 记号的解释者:

a. 指的事物。

b. 认为自己在指的事物。

　　　c. 认为使用者在指的事。①

上述一连串意义的意义,当然远没有穷尽古今中外所有关于意义的意义。

　　那么,究竟什么是意义? 或者说,符号意义的意义是什么? 从符号学的角度上说,意义不是别的,而是一种关系。

　　释为下述三者的关系:1. 符号;2. 思想或所指;3. 被指示对象。如图:

他们认为:思想和符号之间存在直接的联系,思想是抽象的,它要通过符号才能表达出来。思想与被指示对象也是直接相联系的,前者是后者在头脑中的反映。而符号与被指示对象之间没有直接的、必然的联系,它们之间的联系是任意的,或者说是约定俗成的。

　　实际上这个"意义三角"就是一个睡倒的"符号三角"。"意义三角"所说的"符号"就是符号的能指,亦即符号形体。作者说,符号形体与被指示对象没有直接关系,那是因为他们没有了解符号形体与符号对象之间存在着极其重要的指称关系。至于符形与思想之间的关系,下面还将具体地讨论。

　　波兰哲学家沙夫(Schaff,A.)在《语义学引论》一书中也明确地指出:"意义是一种关系"。内容包括:1. 指号与指号之间的关系;2. 指号与对象之间的关系;3. 指号与关于对象的思想之间的关系;4. 指号与人的行动之间的关系;5. 应用指号来互相交际的人们之间的关系。② 沙夫对于意义关系的讨论,显然更为具体。

　　因此,在符号学中,我们要理解"什么是意义",那就必须在符号的三元关系

----

　　① ［英］奥格登、理查兹著,白人立、国庆祝译:《意义的意义》,北京师范大学出版社 2000 年版,第172 页。

　　② ［波］沙夫著,罗兰、周易译:《语义学引论》,商务印书馆 1979 年版,第 227 页。译文所说的"指号"即是符号。

中寻求答案。

二、信息、讯息和意义

"信息"(Information)既是一个非常古老的语词,又是一个非常现代化的概念。在汉语文献中,"信息"一词最早出现于五代南唐诗人李中《暮春怀故人》的诗句:"梦断美人沉信息,目穿长路倚楼台。"但是,现代意义上的"信息",却只是近几十年的事情。

什么是信息? 或者说信息的意义是什么? 这也跟意义的意义一样,有各种不同的说法和理解。

"信息"一词的一般意义是指音信或消息。"梦断美人沉信息"的"信息"即此意。

现代意义上的"信息",通常是指现代科学信息论的基本术语——"信息"。它的狭义理解就是"新消息",即收讯人预先不知道的消息。广义的理解包括所有与信息有关的领域。凡是一切通讯和控制系统内部各部分之间,以及相互联系的各系统之间相互传送的用以清除系统的不确定性的东西,都可以称之为信息。信息是物质的普遍属性。信息论的奠基人、美国电气专家申农在他的著名论文《通信的数字理论》中说:"通常,信息是有意义的;那就是说它按照某一种关系与某些物质或概念的实体联系起来。"①申农所说的"信息",实际上是一种信号或符号,或者仅指符号的符形或符形系统。所谓"信息处理",就是一种符号的操作。历史发展到了"信息时代"的今天,信息处理技术实质上就是符号或符形处理的技术。在这个层面上讲,我们用"比特"来衡量信息量也就不存在什么疑问了。

在当代,"信息"一词也被理解为符号认知的效应,或者说,在观察事物中得到的知识。比如说通过温度计中水银柱的位置来获得某一杯水温度的信息;比如卢瑟福通过高速粒子穿过原子后的运动轨迹来获得原子内部结构的信息。又比如说,对于同一符号,不同的人由于知识、经验的不同而产生不同的认知效应。例如经验丰富的猎人根据动物留下的脚印可以获得相应的信息:这是什么动物,体重多少,大概走了多远,等等;而对于一个缺乏狩猎经验的人来说,则不可能获得这么多的信息。这些信息显然不同于前面所说的"信息",它是认知活动

---

① 庞元正、李建华:《系统论、控制论、信息论经典文献选编》,求实出版社 1989 年版,第 508 页。

的结果。在这种用法中,信息就是符形或符形系统所传达的内容。

显然,"信息"一词这种多样性的用法,容易导致使用上的困难和不必要的争论。为了方便,我们选择了另一个词——"讯息"来取代"信息",专指信息的最后一种用法。

所谓"讯息",就是特定的符形或有序符形系统所传达的内容,亦即符号使用者的思想情感。比如在通信工具并不发达的情况下,一个战士远战疆场,其妻日夜牵挂,直到有一天,她收到丈夫托人捎来的书信或口信之后,悬着的心才终于放下了。因为她从这书信或口信中获得了重要的讯息,即她的丈夫还活着。由此可知,讯息就是认知主体在认知过程中通过符形所获得的认知效应,亦即符号的内容。当然也可以说是符号的所指或解释项。

我们从符形中获得了讯息,也就意味着我们理解了符号的意义。因此可以说,讯息即意义。

三、符号的意义

现在我们该讨论究竟"什么是符号的意义"这个问题了。正如奥格登和理查兹或者沙夫所说的那样:符号的意义是一种关系。准确地说:

> 符号的意义就是符号通过符形所传达的关于符号对象的讯息。

说到底,符号的意义是一种讯息,在符号三角的定位中,符号的意义即符号的所指或符释。约略地说,符号的意义即思想。

符号意义不是别的,它是符号通过符形所传达的关于符号对象的讯息。在我们生活的符号世界里,周围的符形无时无刻不在向我们传达讯息:商店门上悬挂的招牌向我们传递这家商店卖什么商品的讯息;柜台上标着的数字向我们传达着商品价格的讯息;墙上的海报向我们诉说着关于某种新产品的讯息;大厅里悬挂的横幅向我们呼喊着有关店庆大减价的讯息。我们能从这些符形中获得了各种讯息,也就意味着我们理解了符形的意义。

索绪尔把符号定义为能指与所指的结合体,能指即"音响形象",所指就是"概念"。我们知道,概念是判断、推理等思维活动的基础,同时又是这些复杂思维活动的结果,概念是凝结在特定符形(能指)上的思想,是对事物属性的认知。例如"水"这个词,它所可能传达的讯息是:简单的氢氧化合物,化学式 H_2O;无色、无味、无臭的液体,在标准大气压下,冰点 0℃,沸点 100℃,4℃时密度最大,比重为 1。这些讯息就是"水"的所指或符释,它是在人类的科学认知活动中,经过判断、推理等复杂思维活动后形成的,因而是凝结在"水"这一符形上的思想。一个简单的符号尚且如此,对于复杂符号乃至文本而言就更不用说了。如论著、诗歌、小说、电影、电视等有序的符号系统,他们的意义包含着极其丰富的思想或情感。因此,"意义即是思想",只是一种约略的说法,它还应当包括人们能够表达或不能表达的复杂情感。

索绪尔从整体论的角度将语言看成一个先验的、静止的结构。而这个结构具有上帝般的自我运作能力,它分别在声音和思想连续体上进行切割,产生一定数量的能指和所指的相互对应。[①]　正如索绪尔所描述的那样:

> 从心理方面看,思想离开了词的表达,只是一团没有定型的、模糊不清的浑然之物。哲学家和语言学家常一致承认,没有符号的帮助,我们就没法清楚地、坚实地区分两个概念。思想本身好像一团星云,其中没有必然划定的界限。预先确定的观念是没有的。在语言出现之前,一切都是模糊不清的。
>
> 同这个漂浮不定的王国相比,声音本身是否呈现为预先划定的实体呢?也不是。声音实质并不更为固定,更为坚实;它不是一个模型,思想非配合它的形式不可,而是一种可塑的物质,本身又可以分为不同的部分,为思想提供所需的能指。因此,我们可以把全部的语言事实,即语言,设想为一系列相连接的小区分,同时画在模模糊糊的观念的无限平面和声音的同样不确定的平面上面。[②]

索绪尔对符号的这种描述,一方面排除了主体在意义产生中的作用,另一方面又使意义的生成脱离了对象世界。这种封闭的观点对于意义的理解,显然存在很大的局限性。而且,这种认为符号意义固定不变的观点,也是有悖于我们的常识

---

①　丁尔苏:《语言的符号性》,外语教学与研究出版社 2000 年版,第 58 页。
②　[瑞士]索绪尔著,高名凯译:《普通语言学教程》,商务印书馆 1980 年版,第 157 页。

的。与索绪尔的观点不同,皮尔斯不但肯定了外部世界的存在,将符号对象引入符号三元结构,而且认为符号意义是在认知主体与外部世界的相互作用中产生。此外,皮尔斯的符号学理论还关心产生意义的生活背景,而不仅仅停留于符号本身。他在论及符号意义时,曾这样说过:"除非我们将指称对象同集体意识联系起来,不然它们不可能具有意义。"①这里的集体意识指的就是符号使用者关于生活世界的知识积累,它主要来源于符号使用者的集体生活。这无疑是对符号二元关系的一种突破,使符号的意义获得一种开放性。

　　符号的意义作为一种关系,是极其复杂的关系。它同符形之间具有"直接的"意指关系;符形与对象之间具有指称关系,这关系也应该是直接的。意义和对象之间具有反映与被反映的关系,但这种关系是通过符形间接地实现的。奥格登和理查兹从"意义中心论"出发认为它们具有"直接的"关系,其实不是。因为在符号的三元结构中,处于中心地位的是符形,它是符号对象和符号解释的媒介物,没有符形就没有反映对象的意义。意义的重要性在于符号的目的性,人们是为了认知客观事物才创造符号的。

　　符号意义关系的复杂性远不止此。比如发讯者和收讯者的关系,编码和解码的关系,讯息与讯道的关系,符号与符号的关系,符号与情境的关系,等等。然而归结起来,主要是三种关系:语形的关系、语义的关系和语用的关系。

　　掌握了符号意义的各种复杂关系,我们就可以超越二元感知关系,进入自由的王国。通过史书,我们可以徜徉在历史长河之中,尽览各大文明古国的无穷魅力;通过电话,我们可以与千里之外的亲朋好友互通佳音;通过电影和故事,我们可以领略未来星球大战的壮观场面;通过克里克的论文和模型,我们可以认识DNA 的内部结构。通过符形建立起来的"对象—符形—符释"的三元符号关系,是一种基于感知又超越于感知的认知结构。它使我们的认知对象的范围大大地扩展,所能获得的关于符号对象的讯息也就得到极大的丰富。符号的意义正是在这种三元关系中获得生命,并不断生成和发展。

　　"意义"是一个相当复杂的概念。前述《意义的意义》关于意义的各种意义(或者说意义的各种解释),并不是没有一点道理,只是"瞎子摸象",不够全面,或

---

① 引自丁尔苏:《语言的符号性》,外语教学与研究出版社 2000 年版,第 60 页。

者没有说到本质而已。符号意义的复杂性,主要表现为意义"生命"的过程性、意义类型的多样性和意义层次的开放性。意义产生于符号能指和所指之间的意指和意指作用,它也有一个增长、老化乃至消亡的过程。在类型上,符号意义可以有不同的类别,如内涵意义和外延意义、理性意义和情感意义、现实意义和虚拟意义等。在层次上,符号意义具有无限的开放性,除非现实生活迫使我们中断这种在理论上具有无限可能性的意指活动。关于这些问题,我们将在后面几节中作比较详细的讨论。

第二节　意义的生命历程

一、意义的生成：意指过程

符号虽然不像生物体那样生老病死,但在某种意义上也具有类似"生命"的过程,即从生成、繁衍、老化而走向死亡。意义是符号的灵魂,没有意义就没有符号。索绪尔说,符号学是研究"社会生活中符号生命的科学",符号的生命就在于意义的生命,反过来说,意义的生命决定了符号的生命。

意义生成于意指过程。

罗兰·巴尔特说:"符号是音响、视像等的一块(双面)切片。意指(signification)则被理解为一个过程,它是将能指与所指结成一体的行为,该行为的产物便是符号。"①因此,意指过程也就是符号意义生成的过程。中国古人常常将人的品德赋予自然物象,使它们成为符号,如《说文解字》说狐有三德,《本草纲目》说雁有四德,《韩诗外传》说雄鸡有五德,《檐曝偶谈》说蚕有六德,《增益经》说孔雀有九德,等等。此外,在传统的吉祥图中,有所谓的"伦叙图",画面为鹤、凤、鸳鸯、鹭、鹡鸰组合图文,用以表示人与人之间的五种社会关系。其中凤表示君臣关系,鸳鸯表示夫妻关系,鹡鸰表示兄弟关系,鹤表示父子关系,鹭表示朋友关系。这些都是一个个具体的意指过程,也就是符号意义的生成过程。

符号学家们对于意指和意指作用的认识有一个渐进的过程。起先,索绪尔

---

① ［法］罗兰·巴尔特著,王东亮等译:《符号学原理》,三联书店1999年出版,第39页。

只是把符号看成能指和所指的统一体,没有明确地指出意指在符号形成过程中的作用。也就是说,没有表明意义是怎样生成的。其一般图式为:

$$Sa/Sé$$

巴尔特说:"在索绪尔那里,符号被明确地表示为一种深层次状况的纵向延伸,语言中的所指(Sé)某种程度上隐藏在能指(Sa)后面,只能通过能指才能达到所指。问题在于:首先,这一过于空间化的隐喻显示不出意指的辩证性;另外,符号的封闭性只有对语言这样纯粹的非连续系统才适用。"①

随着研究的深入,符号的意指作用凸显出来。丹麦语言学家叶尔姆斯列夫(Hjelmslev, L.)把符号的能指和所指分别改称为"表达"(expression)和"内容"(content),并且明确地提出它们之间存在关系"R",也就是意指关系。图示为:

$$E\ R\ C$$

巴尔特说:"叶尔姆斯列夫偏爱一种完全图式化的表述:在表达层面(E)与内容层面(C)之间有关系(R)存在。这一图式既简约又无需假手隐喻,反映出元语言或分离系统的情况。"②

按照叶尔姆斯列夫的理论,意指过程也就可以被理解为认知或交际主体在特定关系下通过能指寻找并获得所指的活动。这个活动可以是简单的,如听到"牛"这个声音,在脑海中想到牛的样子;但也可能很复杂,如看一部影片或读一部哲学著作,领悟所表达的思想。符号的意义正是在这个活动中生成,认知或交际主体也由此获得所需要的讯息。

在索绪尔看来,人类语言中,语音的选择并不是语义本身强加给人们的。例如"牛"这个概念并未规定一定要发"牛"这个音,因为在其他语言中,其语音便有所不同。因此索绪尔说,能指和所指之间存在一种任意性的关系。然而法国语言学家本韦尼斯特(Benveniste, E.)对此提出疑问。他认为构成"任意"的该是

---

① [法]罗兰·巴尔特著,王东亮等译:《符号学原理》,三联书店 1999 年出版,第 40 页。
② 同上。

能指与"所指物"（"牛"的语音与"牛"这种动物）之间的关系,而我们已经看到,对索绪尔本人来说,所指不是"物",而是该物的心理再现（即概念）。语音与心理再现的结合是集体训练（例如对法语这门语言的学习）的结果,而这种结合,即意指活动丝毫不具任意性（没有一个法国人乐意将之随便修改）,恰恰相反,它是必然的。①

本韦尼斯特的质疑是有道理的。索绪尔的失误在于他只注意到符号能指和所指的二元关系,忽略了符号的另一个二元关系——符号的符形（能指）和对象之间的关系。"牛"的语音（符形）与"牛"这种动物（符号对象）是指称关系而不是意指关系,它们之间具有任意性是不难理解的;然而"牛"的能指与所指之间却是意指关系,它们之间就不那么"任意"了。"牛"的所指（意义）反映"牛"的符号对象是通过能指进行的,受到"集体"的心理意识的制约,因而在一定意义上具有必然性。

符号的意义生成于能指和所指相结合的时候,亦即意指的过程中。意义是关于对象的讯息,在意指发生作用之前,它只是一片混沌,而不是意义。意义通过能指反映对象,因而符号的指称方式和意指方式虽然彼此有别,但却又是密切相关的。一般说来,肖似性让人们产生联想,因果性启示我们推理。即使是纯粹的约定也能体现某种集体意识,不妨看成另一种理据性。

美国符号学家西比奥克（Sebeok, T. A.）曾经列举了 10 种意指情形,这些实例可以说明意义生成的某些意指的特征。这 10 种意指情形是:

1. 一位放射学家在某病人的 X 光照片上发现一片阴影,诊断其为肺癌。

2. 一位气象学家觉察到气压上升,并以此为根据作出明天的天气预报。

3. 一位人类文化学家注意某原始部落成员的一组交换礼仪,并由此获得该部落的政体、经济和社会组织的认识。

4. 一位法语老师举起一张画着马的图片,她的美国学生说"horse",老师摇了摇头,读出"cheval"。

5. 一位历史学家看到某位前总统的手迹,并由此获得他对研究对象的

---

① ［法］本韦尼斯特:《语言符号的性质》。引自［法］巴尔特著,王东亮等译:《符号学原理》,三联书店 1999 年版,第 41—42 页。

新认识。

6. 一位克里姆林宫观察家观察到某个政治局委员在五一庆典上与党总书记靠得很近，并由此猜测该委员现在所处的政治地位。

7. 在审判时有人拿出相关的指纹作证，被告因此而被判有罪。

8. 一位猎人在雪中发现几组由尖蹄利爪留下的长方形动物足迹，前蹄足迹长 15 厘米，宽 13 厘米，相应的后蹄足迹长 15 厘米，宽 11 厘米，沿途还有柱状的动物粪便，20 到 30 毫米长，15 到 20 毫米粗。猎人猜测在他的前方很有可能有一头雄的驼鹿在行走。

9. 某人发现一条狗正在对着他狂叫，那条狗抬头伸颈，龇牙咧嘴，两只耳朵朝前竖立。这人由此得出自己面临攻击的结论，并采取躲避行动。

10. 一只雄孔雀向一只等待配偶的雌孔雀开屏，雌孔雀立刻蹲下，交配开始了。[①]

在西比奥克列举的 10 种意指情形中，不管是放射学家根据 X 光照片诊断病症，还是雄孔雀对雌孔雀开屏，都有一个意指过程，亦即意义生成的过程。它们不同的意指方式都与相应的指称方式有关。例如：

例 4，一张画着马的图片，属于像似符号，美国学生联想到那种与图片肖似的动物，于是赋予它的意义为"horse"，而法语老师则认为不是"horse"，而是"cheval"。符号所指上的区别仅仅是语音的缘故。

例 2，气压上升属于指索符号，气象学家根据气压与天气之间的因果关系作出明天的天气预报。它的意指方式为推理。

例 3，某部落成员的一个仪式，属于象征符号。它是约定俗成的产物，是一种集体意识的体现，具有某种必然性。那位人类文化学家从中获得该部落的政体、经济和社会组织的认识，这种赋予意义的方式则是一连串的推理。

从上述 10 种意指情形中不难看出，它们差不多都存在推理。我们知道，联想中也有推理，类比既是联想又是推理。必然性同样意味着推理。推理是意指过程中的核心内容，而推理总是语形的、语义的或者是语用的。上述 10 例主要

---

① 引自丁尔苏：《语言的符号性》，外语教学与研究出版社 2000 年版，第 2—3 页。

表现为语用推理，其中情境因素可以忽略不计的为语义推理。

二、意义的繁衍

意义生成以后并不是静止不变而是变化发展的，它有一个类似于生物体那样的繁殖衍生的过程。

意义的繁衍，主要表现为以下几种情况：

1. 意义的增长

当意指行为把能指和所指结合成为符号的时候，一般地说来，最初生成的意义讯息量是不大的。随着人们认知和交际的发展，对于符号对象的理解越来越深入，于是符号的意义就会逐渐地丰富起来，形成了意义在量上的增长。例如人们对于"光"的认知，牛顿时代认为光是一种粒子，因为它很好地解释了光的折射、反射等现象；到了19世纪，光学中的一系列发现，如杨氏干涉试验、菲涅尔对光衍射现象的解释和证明，再加上麦克斯韦尔的电磁场理论和赫兹的试验证明，光的波动说逐渐占了上风。直到量子理论提出后，人们对光的本质又有了更深刻更全面的认识：光具有波粒二相性，即光既是一种波，又是一种粒子。因此，在这几百年中，"光"这个符号的意义获得了极大的丰富。又如在计划经济时代，我们对"市场经济"的认识是很片面的和肤浅的，甚至是错误的。但随着改革开放和社会主义市场经济体制的建立，我们在越来越广泛深入的经济活动中，对市场经济的作用、运行的规律、局限性等方面的特征都有了更全面深入的认识，"市场经济"的意义也就增加了许多新的内容，同时也修正了一些错误的内容。

符号意义的增长是指一个符号的意义由一个义项增加到若干个义项，但它还是原来的符号，亦即原来能指的意义，只是内容更加丰富罢了。世界的瞬息万变使知识永远处于指数级的增长过程中，新信息和意义的增长也反映在新符号的出现。例如，"小康社会"是社会形态意义的增长，"可持续发展"是社会发展意义的增长，"电子商务"是商务意义的增长[①]，"新媒体"是媒体意义的增长，等等。

2. 意义的延伸

如果说符号意义在知识量上的增长还是原来能指的意义，那么意义的延伸

[①] 黄华新、徐慈华：《论意义的"生命"历程》，《哲学研究》2004年第1期，第45页。

已经不是原来能指的意义，实际上形成了新的符号。当今世界瞬息万变，信息处于爆炸式的增长中，当现有的符形（能指）无法简洁有效地表达新增的意义时，新的能指也就应运而生，于是形成新的符号。从这个角度看，新符号的出现在一定程度上正反映了意义的延伸。改革开放数十年，我们的社会生活发生了急剧的变化，出现了许多新的语词符号。例如"小康社会"是社会形态意义的延伸，"可持续发展"是社会发展意义的延伸，"电子商务"是商务意义的延伸，"信息安全"是"安全"概念的延伸，"代际公平"是"公平"概念的延伸，等等。在非语言符号中，像流行音乐、为新产品做宣传的广告、反映新时代特色的电视电影、反映现代思潮的艺术作品，等等，无不通过符号能指的创新来表达新的意义。

符号意义的延伸表现为意义增长中质的变化，但是新产生的符号与原来符号在意义上总有许多关联，因而有别于一般新符号的产生。

语言符号中的转义现象，明显地表现为符号意义的延伸。例如"学"，有四个互相联系的意义：① 学习：学技术。② 模仿：学鸡叫。③ 学问：学有专长。④ 学校：上了一天学。其中学习是本义，其余都是本义的延伸，称为引申义。它们虽然共有一个能指，但是由于不是原来同质的意义，因而是"一形多义"，属于不同的符号。古汉语中的"道"，本义是"道路"，引申为"道理"和"学说"等义。在现代汉语中，"道路"、"道理"和"学说"都各有自己的能指了。修辞上的比喻义，也属于意义的延伸。

3. 意义的变异

意义在不断增长和延伸中可能会出现变异的现象。"变异"一词本来是生物学中的一个概念，指的是同种生物世代之间或同代生物不同个体之间在形态特征、生理特征等方面所表现的差异性。在符号学中，符号意义的变异指的是这样一种现象，即符号能指在不同的历史阶段或同一历史阶段的不同场合具有多种不同的意义，而这些不同意义与原意之间没有关联性。

符号意义的变异主要是因为新理据的引入而发生的。建构新理据的讯息可以来自符号对象，可以来自符形本身，也可以来自符号所处的环境或符号认知主体的经验。

以文化蕴含丰富的"龟"为例，古代人们首先认识到的是龟这种爬行动物生命周期很长的特征，因此人们"借龟之名，效龟之行，托龟之庇，以追求长寿，并相沿成习","龟"成了中国寿文化的重要象征符号。而到了元代以后,龟在人们心目中的形象急转直下,由贵反贱,龟寿崇拜的习俗逐渐消失。其主要原因是人们发现龟常和蛇、鳖在一起,就用龟来指称妻子与他人通奸的男子,于是民间就有了"缩头乌龟"、"龟儿子"、"王八蛋"等詈语。这个例子说明,如果以符号对象的不同性质为理据,符号的意义就会发生变异。

能指自身的性质也可能为意义变异提供理据。如"大虾"的原意是"很大的虾",但在网络中,因其与"大侠"谐音,而被用于指称那些网络中资深的网虫。这样的谐音词在网络语言中比比皆是,如"斑竹",即版主,讨论区的管理者,"菜鸟",指新手,"美眉",即妹妹,等等。

符形所处的环境也会为符号意义的变异提供理据。例如"他是个大学生",如果在教授前面说这句话,意味着这个人是一个"初学者"、"没有经验的人";如果在一群工人中讲这句话,则意味着这个人"是有学问的",甚至可能是"专家"。由此可以看出,一个符形的意义是由其所在参考系决定的;参考系发生变化,意义也会随之变化。

意义变异的理据性支持,有时候还来自认知主体的经验。也就是说,对于同一现象,仁者见仁,智者见智。有一部影片叫《刮痧》,影片讲述的是一个老华人在美国给自己的孙子刮痧,因此而引起法律纠纷的事。在中国人的眼里,刮痧是一种治疗疾病的手段,爷爷给孙子刮痧是长辈对晚辈的爱,而在西方人的眼中,却成了虐待儿童。由此可见,由于认知主体的经验不同,对符形进行解释的依据也会有差异,从而导致符号意义的变异。

此外,我们想说说汉字符号中的假借字,它们很典型地体现了符号意义的变异。假借字利用原字符的读音,撇开原来的所指,给予一个新的意义,即假借义。例如"北"字本义是二人相背,借用指北方的方向,"骄"字本指六尺高的马,借用为骄傲的"骄","自"字本义指鼻子,借用为代词或介词。由于假借义与原意没有关联,因而属于意义的变异。假借字是一种不造新字的造字方法。

三、意义的消亡和再生

人有生死,木有荣枯。在符号意义的生命历程中,也有类似生物体的由老化而衰亡的现象。然而不同的是:消亡了的意义可以在一定条件下"起死回生",

而生物体不能。

1. 意义的消亡

符号意义消亡的主要原因，大体上可以归纳为以下几种：

（1）符形消失

符形是意义的载体，对于大部分符号而言，符形的消失直接会导致意义的消亡。符形很多是一些物质性的东西，如声音、木刻、石刻、壁画、建筑物等，而有形的物质总是难免消亡的结局。例如在自然力的作用下，木刻会因为虫蛀而腐朽，石刻会因为风雨剥蚀而被抹去痕迹，壁画的颜料会因为与空气接触而褪色。当然还可以有人为的原因。由于符形的消失，意义也就免不了走向消亡。当年秦始皇"焚书坑儒"，就是想通过消灭符形导致不利于秦朝统治的思想（意义）的消亡。其实焚书坑儒不仅暴虐而且愚蠢。正如唐代章碣《焚书坑》诗云："坑灰未冷山东乱，刘项原来不读书。"人们痛恨秦代暴政的思想并非都来自书本或儒生，一种意义（思想）可以有不同的符号载体。

（2）脱离系统

符号学认为，每个符形的意义都是在系统中确定的，是在与其他符形的对立关系中确定的。两个人下象棋，如果缺少一个"车"，可以任意找一个木块来替代。这个木块的形状、颜色、性质等都无关紧要，上面没有"车"字也没关系。只要按车的走法去走，它就是车。棋子的意义不是它自身的属性所决定的，而是该棋子在整个象棋系统中的位置所决定的。也就是说，系统为意义的存在提供了一种理据性支持。如果一个符形脱离了系统，就意味着它失去了这种理据性支持，而导致意义的消亡。在考古中，最忌讳的就是破坏性挖掘，这种挖掘会使大量符形脱离了原有的系统，从而为理解它的意义增加了难度。考古中还有很多谜一样的符形，学者们无法破解，正是因为我们对这些符形所处的系统一无所知或者知之甚少。

（3）停止约定

社会的约定是符号生命活力的来源，如果停止了约定，符号的意义就会消亡。

例如语言，据语言学家推算，远古时期地球上曾有 12 000 种语言存在，由于社会没有持续约定，如今只有 6 000 多种了。就目前的发展趋势看，这 6 000 多种语言中有半数面临灭绝的危险。每一种语言都承载着特定的意义系统，语言的停止约定也就意味着意义的消亡。即使是"活着"的语言中,某些语词符号也会因为停止约定而走向消亡。例如汉语,马是古代主要的动力来源,只有作细致区分才能进行有效的管理。因此古人很重视区别不同的马:黑鬃的白马叫"骆",毛色纯黑的叫"骊",毛色红白相间的叫"騜",毛色青白相间的叫"骢",等等。随着电动机和内燃机的广泛应用,马作为动力的时代已不复存在,人们不再使用这些词语来区分不同的马了,于是"骊""骆"等的意义也就消亡了。对于自然界的现象,每个民族都会有很多传说,赋了了特定的神秘意义。随着自然科学的发展,某些传说由于没人听也没人传,原有的意义消亡了。比如我们看到刮风、下雨或打雷,再也不会想到是哪个天神在发怒。

2. 意义的再生

已经消亡的符号意义,有可能在某种条件下获得再生。这样的条件主要表现在两个方面:

(1) 符形重现

符形(能指)是意义的载体,符形重现是意义再生的前提和基础。符形重现有多种方式,如通过考古发掘,让埋在地底下的各种符形重现人间,或通过修复,使一些支离破碎的符形以完整的形态再现出来。要使重现的符形获得意义的再生,还必须引入理据,即把符形放回到原有的符号系统中去,从符号系统中获取相关的讯息,以期逆向地恢复符号的原意。这种方法在文字学中较为常用,古代的文字,如古埃及的象形文字、美索不达米亚的楔形文字、克里特岛的线形文字、中国的甲骨文等的破译,都采用这种方式使意义获得再生。甲骨文是指殷商时代刻在龟甲或兽骨上的汉字,内容多是占卜的记录,少部分为记事的刻辞。据《甲骨文编》说,已发现的甲骨文单字有 4 500 字左右,可认识的约 1 700 字。也就是说,这 1 700 个甲骨文字的意义获得了再生。

(2) 情境转换

有些符号的符形依然存在,只是某种原因导致部分义项消亡。例如语言符号中的一些修辞义的丧失,如"火车"一词,本来有"以烧火为动力"的义项,后来被使用者淡忘了,以致出现"电气火车"时也不觉得是个自相矛盾的说法。又如"山脚"、"桌腿"以及干部"上台"、"下台"等词,原来都具有比喻意义,由于用得太久太熟,人们忘记了它们的比喻义,以至蜕化为一般的约定性符号。

　　然而这种消亡了的意义在一定的符号情境中还可以复活。赵毅衡在《文学符号学》一书中说："被消义后的比喻是能复活的，也就是说，重新使之具有激发形象的能力。在符号学中，这称为'再义化'。"①当然，消亡义的复活是有条件的，这个条件就是符号情境的转换。以隐喻复活为例，"死隐喻在特定的语境中恢复其字面义"②。在"大城市的厕所怎么样？面对窘境，京片子毕竟幽默：上厕所比第三者更难'插足'"这个句子中，"插足"已经高度词化，表示介入别人婚姻生活。在例子提供的情境让"插足"的本源义重新唤醒，实现了"再义化"③。赵毅衡说："词如'秋波'，成语如'遍体鳞伤'，如果按字面译成外语，会使外国读者惊羡不已：'秋水的波'竟是媚眼，伤痕竟然能如鱼鳞，还有比这更生动的比喻吗？""当我们说到时下大办喜事的陋习，说新郎得置办'三十六条腿'时，'桌腿'、'椅腿'的比喻就复活了。"④

第三节　意义的多样性和层次性

一、意义的多样性

　　如前所述，符号的意义是极其复杂的，这种复杂性在意义类型上表现为意义的多样性，诸如内涵意义与外延意义，理性意义与情感意义，真实意义与虚拟意义，等等。

　　1. 内涵意义与外延意义

　　在索绪尔的语言学理论中，语言是音响形象和概念（思想）的结合体，其中概念就是所指，即我们所说的意义。在逻辑学中，概念有内涵和外延之分。概念的内涵是指反映在概念中的对象的属性，而概念的外延则是指具有概念所反映的那些属性的对象。相应地，在符号学中，意义也有内涵意义和外延意义的区分。

　　符号的内涵意义指的是反映在符号解释项中的对象的属性。符号对象都具

---

① 赵毅衡：《文学符号学》，中国文联出版公司 1990 年版，第 178 页。
② 束定芳：《隐喻学研究》，上海外语教育出版社 2000 年版，第 89 页。
③ 莫嘉琳、刘润清：《死隐喻复活的语义及语用阐释》，《解放军外国语学院学报》2014 年第 3 期，第 76 页。
④ 赵毅衡：《文学符号学》，中国文联出版公司 1990 年版，第 178—179 页。

有许多属性,我们在认知的实践中不必弄清对象所有的属性,只需分析出它们的特有属性从而能够把对象同其他事物区别开来即可。因此,我们把概念所反映的对象的特有属性写成一个义素集合,就算掌握了符号的内涵意义。例如"男人"和"女人"的内涵意义应是这样两个义素集合:

男人:〔＋人＋成年＋男性〕

女人:〔＋人＋成年－男性〕

符号的外延意义指的是具有符号解释项所反映的具有一定属性的对象集合。概念的外延不是客观事物,而是符号使用者头脑中所认知的符号对象,因而它同涵一样是符号解释项的重要组成部分。比如说,我们看到"人"这个词,就会想到许许多多的人:亚里士多德、孔子、索绪尔、普希金、姚明等;或者是不同肤色的人:黑种人、白种人和黄种人。它们都是"人"的外延意义。用集合可以表示为:

"人":〔亚里士多德,孔子,索绪尔,普希金,姚明,…〕

"人":〔黑种人,白种人,黄种人〕

逻辑上所说的内涵定义和外延定义,就是给出符号的内涵意义和外延意义。例如:"人是符号的动物,包括黑种人、白种人和黄种人。"就是一个内涵和外延相结合的定义。内涵定义是关于对象属性的知识,外延定义则是关于对象的知识。前者为抽象意义,后者是具体意义。

内涵意义和外延意义并不局限于语言符号的词或短语形式,它也适用于更大的语言单位。比如句子"苏珊在想象未婚夫",它的意义可能有两种情况:一是苏珊确有一位未婚夫,苏珊正在想象他此刻的情况,这是句子的外延意义;另一是苏珊还没有未婚夫,她只是在构想一位英俊潇洒、很有才华而且善解人意的男子,而这些还只是未婚夫的属性,因而是句子的内涵意义。范畴语法所说的内涵语境和外延语境,它们传达的意义即内涵意义和外延意义。

内涵意义和外延意义还不局限于语言符号,也就是说,非语言符号也有内涵意义和外延意义。例如交通路口的信号灯,用以指挥交通是它的内涵意义,它有红灯和绿灯,则是外延意义。教师批改作业用的符号,内涵意义是指学生作业的对错,外延意义是"√"和"×"。

符号的内涵意义和外延意义并不是永远固定不变的。因为第一,客观事物本身是发展变化的,随着客观事物的发展变化,符号意义也会随之发生相应的变化。比如说,在不同的国家和各个国家不同的历史时期,由于各阶级所处的地位和相互关系的变化,使得"人民"这个词在不同的符号情境中的内涵意义和外延意义也有所不同。第二,人们对客观事物的认识总是不断深化和发展的,符号的外延意义和内涵意义也会随之变化发展。例如,1906 年爱因斯坦在他的一篇短文《物质所含的惯性同它们所含的质量有关吗?》中,全面分析了质量与能量的关系,提出了著名的质能关系式:$E = mc^2$(E 表示能量,m 表示质量,c 为光速)。在此基础上,我们对质量和能量的认识都得到了深化,质量即能量。因此与经典力学相比,"质量"概念的内涵和外延都得到了相应的发展。

2. 理性意义与情感意义

理性意义是符号解释项中认知主体在判断、推理等活动基础上获得的那部分内容。科学解释就是理性意义的典型例子,因为在科学解释中,情感意义被严格地排除在外。科学术语中,如"力"一词的意义是:物体之间的相互作用,使物体获得加速度或发生形变;"纳米"一词的意义是:长度单位,1 纳米等于一百万分之一毫米;"月球"的意义是:地球的卫星,表面凹凸不平,本身不发光,只能反射太阳光,直径约为地球直径的四分之一,引力相当于地球的六分之一。在科学研究的图形、模型等符号中,如太阳系的示意图,反映的是太阳系中太阳、八大行星及其卫星等的相对位置和活动轨迹;克里克和沃森做的双螺旋模型,反映的是DNA 的内部结构和碱基配对情况。这些都是符号的理性意义。

由于以科学研究为基础的理性意义具有较强的确定性和较少的模糊性,很多意义学家,如奥格登和理查兹以及布龙菲尔德等人都曾认为科学能够澄清意义方面的一些概念,使人们对符号的意义不再有疑问。① 就符号学而言,科学的发展确实在一定程度上有助于理性意义的澄清,但是现代科学发展的历史已清楚地表明,那种认为科学的发展像往水桶里注水那样不断累加的过程是不正确

① [英]杰弗里·利奇著,李瑞华译:《语义学》,上海外语教育出版社 1987 年版,第 2 页。

的。事实上,科学发展的过程往往具有革命性,其未来的结果难以预测,因此我们也不能过分地指望获得一个无需重大修改的理性意义。

符号意义除了具有理性意义之外,还有情感意义。情感意义指的是符号在认知主体头脑中激起的肯定或否定的心理反应,如喜欢、愤怒、悲伤、恐惧、爱慕、厌恶等。各种艺术形式和艺术作品是情感意义的主要表达载体。比如,绘画中的不同的色彩可以用来表达各种不同的心境;音乐中的不同的节奏可以表达各种不同的情绪;舞蹈中的不同的体态表达了人世间种种喜怒哀乐。

理性意义与情感意义之间的区别还在于:凡是理性意义都是可以表达的;而情感意义只有很少的一部分可以表达。在是否具有可表达性的维度上,理性意义与情感意义的集合关系可用下图表示:

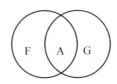

集合 F 是理性意义,具有可表达性,而集合 F 以外的元素不具有可表达性。集合 G 是情感意义,它与集合 F 有一个交集 A。在集合 G 中,交集 A 具有可表达性,而其余部分都不具备可表达性。这就是说,情感并非都是不可表达的,所谓"言有尽而意无穷",这无穷的"意"才是不能表达的情感意义。

理性意义与情感意义往往交织在一起。大卫·贝斯特说:"自然的反应与理性之间有一种复杂的依存关系,理性能够赋予情感以新的可能性,全方位的感受只对那些有理性理解能力的人才是可能的。"[①]这里强调了情感意义依附于理性意义。然而心理学最新研究表明,传统范式认为理性应当超脱于感性的约束,而新范式则要求我们头脑和心灵保持和谐。没有情绪智力,思维就无法达到最佳境界。人们常说"晓之以理,动之以情",就是强调把理性意义和情感意义结合起来的重要性以及它的实践性意义。

3. 真实意义与虚拟意义

莱布尼茨在他的《形而上学》一书中提出了"可能世界"的概念。所谓可能世

---

① [英]大卫·贝斯特著,季惠斌译:《艺术 情感 理性》,工人出版社 1988 年版,第 2 页。

界，就是能够为人们所想象的情况或场合。例如：

> 如果今天早晨不下雪，我们现在就已经登到山顶了。

这是一个同我们生活于其中的世界的实际情况多少有些不同，但它是可以想象的世界。这就是一个可能世界。

> 如果我活到八百岁，那么我就是世界上最博学的人了。

这同我们生活于其中的世界的实际情况相距比较远，但仍然能够为我们所想象，所以也是一个可能世界。

> 西湖有条白蛇，变成美女，嫁给了一个书生，成为贤妻。

在我们生活的这个世界里，这是不可能发生的事情，然而它还是能够为我们所想象，所以仍然是一个可能世界。

我们生活于其中的是一个真实世界，它也是一个可能世界，是许许多多可能世界中的一种。在许许多多可能世界中，除去真实世界，其余各种可能世界都是虚拟世界。

符号的意义就是符号通过符形所传达的关于符号对象的讯息。符号对象可以是真实的，也可以是虚拟的，根据对象的不同，我们将反映真实世界的意义称为真实意义，而将反映其他可能世界的意义称为虚拟意义。

比如，"长城""金字塔""人工智能""SARS病毒"等语词的意义，因为反映的是真实世界的情况，所以具有真实意义。此外，还有新闻报道、纪录片、人物传记、研究论文等，反映的也都是或都应当是真实意义。

反映虚拟意义的符号也有很多，如在佛教画像或塑像中，我们常常看到千手观音的形象，而在真实世界中是不存在的，因此它所具有的意义就是虚拟意义。虚拟世界是人们想象和编造出来的，像亚当和夏娃偷吃禁果的故事、狼外婆的故事、女娲补天的故事、武侠小说《天龙八部》、科幻影片《星球大战》、网络游戏《生化危机》等,虽然脱离了真实世界,但是它们都具有意义,都具有虚拟的意义。

在当前信息技术革命的推动下,计算机虚拟现实技术得到了越来越广泛的关注和运用。计算机虚拟技术建构起来的实际上是一个符号的世界。这个符号世界有时反映的是真实世界的情况,如 1996 年,原杭州大学工业心理学国家重点实验室的研究成果"虚拟故宫",就是根据真实世界中存在的北京故宫开发的。因此,"虚拟故宫"这一符号系统所反映的意义应该是真实意义。另外,像一些虚拟游戏,如《古墓丽影》《FIFA》系列、《极品飞车》系列等,均有想象成分,不同于客观真实的世界。因此,这些符号系统反映的意义是虚拟意义。这也就是说,计算机虚拟现实技术建构起来的虚拟环境所传达的意义并非都是虚拟意义,虚拟环境所传达的意义也可能是真实意义。

文学和艺术作品的意义属于虚拟意义,但往往又同真实意义融合在一起,以达到特定的表达效果。比如小说创作,作者为了增强小说的真实感和感染力,就会使用一些具有真实意义的时间、人物或地点。有些历史体裁的小说,一开始就用一些帝王的年号,如康熙××年、光绪××年等,试图把小说的事件说成是历史上真实的事。福尔摩斯据说住在伦敦贝克街 120A 号,贝克街是伦敦中心区地名,这足以造成一种真实感。在超现实主义绘画作品中,我们可以看到真实意义和虚拟意义在绘画中的完美结合。西班牙画家萨尔瓦多·达利是超现实主义代表人物之一,在他的作品中,我们可以看到写实的细致入微与想象的荒诞不经纠缠在一起,一些内容几乎达到了以假乱真的地步。它们都有意义——真实意义或虚拟意义。

二、意义的层次性

1. 意义的二层次说

意义的分层研究,发端于早期释义学对《圣经》的注释和解说。经过长期的酝酿,形成了关于意义的二层次说。

二层次说的解释理论,首先假定被解释的圣典有多层含义,这多层意义可以分为两大层次:第一层次是语言的或历史的意义;第二层次是精神的意义。语言的意义或历史的意义是指文字表面的意义,也就是文义,因为语言随历史而变化,所以也称为语言的历史意义。精神意义在早期解释学浓烈的神学意味中,用于指神圣的精神境界，或人应当企求的心灵境界。它又可以进一步分为三类：象征性意义、道德性意义和神圣崇高的意义。①

《圣经》的语言富有象征性意义。在《圣经》教义中，以水洗象征精神上的再生，以面饼和葡萄酒分别喻指耶稣的肉和血等。可见，语言显然有一层超越它自身的象征意义。

语言中的道德意义是一个比较复杂的问题，然而神学把道德意义放在与历史意义相对的精神意义范围中考虑。这除了肯定道德意义的神赋之外，用意还在于置道德于语言之先，使道德意义与语言意义分离。相对于道德意义而言，语言的象征意义还有一种作为运载工具的作用。

神圣崇高的意义是精神的意义中区分出来的最高层，其内容也相当具体和多样。在这里，除泛指神圣的精神境界外，还用来喻指理解作品时需要心领神会的作品意境。这个意境当然包括道德意义和象征意义，及其融为一体而生成的作品灵魂。

意义的二层次理论是从神学释义学的角度提出的，成为理解和解释《圣经》的理论工具。但神学解释学试图去寻找"原意"，它假定上帝是《圣经》的作者，对《圣经》的理解只有符合上帝的意图，才是唯一的选择。因此，当解释学超出神学的限制，被发展成为人文科学的理解方法之后，解释依然继承着神学解释学的取向，致力于重建和再现历史和作品中的"原意"。这使得传统解释学的道路变得越来越窄，最终导致解释的危机。

2. 意义的四层次说

基于意义层次问题在意义理解中的重要地位，国内外学界对这个问题的研究表现出高度的热情和广泛的兴趣。我国也有不少学者探讨这个问题，并提出了一些新的思路，尤其是周礼全的"意义四层次说"更具有理论深度。

周礼全将语言符号分为四大类：抽象语句、语句、话语和在交际语境中的话语，然后分别讨论这四大类语言形式的意义。

（1）抽象语句的意义——命题

抽象语句是根据语形规则由语词构成的有机整体。语词表达概念，并且指

---

① 殷鼎：《理解的命运》，三联书店1988年版，第74—75页。

谓事物。同语词情况相类似,一个抽象语句表达一个命题,一个命题描述一个事态。抽象语句所表达的命题是语言使用者的思想,而命题所描述的事态是存在于思想之外的客观存在。例如,"苹果落地"这样一个抽象语句,它表达的是一个命题,这个命题由语词"苹果"、"落"、"地"按一定的规则组合而成,描述的是客观世界中苹果落地这样一个事物的运动状态。我们把抽象语句记为"A",把抽象语句"A"所表达的命题记为 A。

（2）语句的意义——命题态度

一个语句除了包含抽象语句,还包括附在抽象语句中的节律,节律表达说话者对命题的态度。对命题的态度是说话者附在命题上的感情,是对命题的一种承诺。例如:"小王去图书馆。"表达了说话者对命题的肯定态度;"小王去图书馆?"表达了说话者对命题的疑问态度;"小王去图书馆!"表达了说话者对命题的命令态度。我们把一个语句记为"FA"。"F"是语句中的节律,表达的是对命题的态度,记为 F。一个语句所表达的思想感情记为 FA。FA 是由对命题的态度 F 和命题 A 所构成的有机整体。我们把 FA 叫作命题态度。一个语句"FA"的意义,就是这个语句所表达的命题态度 FA。

（3）话语的意义——意谓

话语"U(FA)"中除了包含语句"FA"外,还包含副语言成分"U"。副语言成分"U"指的是话语中那些超出音高、音强和音长的正常范围的语言特点以及那些超出正常发音方式的语音特点。语句"FA"表达命题态度 FA,副语言成分"U"则表达说话者附加在命题态度 FA 之上的思想感情。我们把副语言成分"U"所表达的思想感情记为 U,把话语"U(FA)"所表达的思想感情记为 U(FA)。U(FA)是语句"FA"所表达的命题态度和副语言成分"U"所表达的思想情感 U 构成的有机整体。为简便起见,我们将话语"U(FA)"所表达的思想感情 U(FA) 叫作意谓。

（4）交际语境中的话语的意义——意思

交际语境中的话语是 C_R"(U(FA))"。话语"U(FA)"所表达的说话者的思想感情是 U(FA)。相应于交际语境 C_R,说话者也具有某种思想感情,即说话者对语境中的因素的认识和说话者遵循交际规则的意愿。我们把说话者相应于交际语境 C_R 的思想情感记为 C_R^*。交际语境中的话语 C_R"(U(FA))"所表达的思想感情,是由说话者相应于交际语境 C_R 的思想感情 C_R^* 和话语所表达的思想感情 $U(FA)$(即意谓)所构成的有机整体。我们把这个有机整体记为 $C_R^*(U(FA))$,并称其为话语的意思。

由上可知,周礼全对话语意义的分析是基于对话语形式的分析。在这四层意义中,后者比前者具体,是由前者和一个新因素所构成的有机整体;前者比后者抽象,是后者这个有机整体中的一个构成因素。其中,意思是语言交际中具体的、完全的和真实的意义,其他部分只是语言交际中抽象的和部分的意义,都只是意思的构成因素。①

3. 符号的 n 层意义

除上述介绍的两种意义层次说以外,语言学、哲学、逻辑学、符号学中实际上还有很多对意义的分层方法。由于分层标准和分层角度的不同,各种不同的分层方法之间也千差万别,因此我们可以说,符号有 n 层意义。下面着重讨论符号学中的几种意义分层。

(1) 符号的意义与符号的意指意义

巴尔特认为,神话符号系统由两个相互交错组合的符号系统组成:第一个符号系统由"语言—客体"的语言学体系组成,包括符号的能指和所指;第二个符号系统以第一级系统中的能指与所指的结合,构成其能指,再与自己的所指构成新的符号系统,也称为二级符号系统。

正如巴尔特所说:"神话是一个奇特的系统,它从一个比它早存在的符号学系统链上被建构:它是一个第二秩序的符号学系统。那是在第一个系统中的符号(也就是一个概念和一个意象相连的整体),在第二个系统中变成一个能指……可见神话里有两个系统,其中一个与另一个相互交错:一个语言学体系,语言(或者与之类同的描绘方法),我将称之为语言—客体,因为这是神话为建立系统所要掌握的语言。而神话本身,我将称之为元语言,因为它是第二语言,人在第二语言中谈的是第一语言。"②

在巴尔特的两级系统中,符号的意义指的是第一级系统中的所指,而符号的意指意义则指的是二级系统中的所指。本书的第一章介绍了巴尔特所举的一个

① 周礼全:《逻辑——正确思维和有效交际的理论》,人民出版社 1994 年版,第 15—22 页。
② Roland Barthes: *Mythologies*, New York: Hill and Wang, 1972, p.115.

典型的例子：巴尔特在理发店看到一本杂志的封面，画的是一个穿法国军服的年轻黑人正在向法国三色旗敬礼。在巴尔特的符号学分析中，显然，整个封面中的年轻黑人、法国国旗、军装是第一级系统的能指；所指是黑人士兵正在行法国式的军礼。这个所指也就是符号的意义。由第一级系统的能指和所指组合成第二级系统的能指，并产生意指功能，形成新的所指：法国公民人人平等，黑人士兵的效忠形象是对诽谤法国是殖民主义者的最好的反击证明和回答。这个第二系统中的所指，就被称为符号的意指意义。

与符号的意义相比，符号的意指意义虽然更含蓄、模糊和多义，但更接近事物的本质。

（2）语形意义、语义意义与语用意义

根据莫里斯的语形学、语义学和语用学三分法，我们可以把符号意义分为语形意义、语义意义和语用意义三个层次。语形意义指的是特定符形在系统中区别于其他符形的特征，以及符形与符形之间的关系；语义意义指的是脱离具体语境的符形的所具有的意义；语用意义指的是符形在特定语境中所具有的意义。

以中国的国旗——五星红旗为例：

语形意义：红色的旗面，旗面左上方缀黄色五角星五颗，一星较大，居左；四星较小，环拱于大星之右。符形意义向我们说明了一符形有别于其他符形的特征和符形的内部结构。

语义意义：红色意指新中国的建立是用革命烈士的鲜血换来的。大五角星意指中国共产党，四颗小星意指工人、农民、城市小资产阶级和民族资产阶级。每颗小星的角尖对准大星的中心点，以表示各阶层紧密团结在党的周围。这就是符形不依赖于具体语境所具有的语义意义。

语用意义：指五星红旗这一符形在具体语境中所具有的意义。根据语境的不同，五星红旗所传递的讯息是不一样的。五星红旗在奥林匹克运动会的某个会场上升起，向我们传递了中国运动员喜获佳绩的讯息；五星红旗插上了珠穆朗玛峰，标志着中国登山队登顶成功；在摩纳哥升起了五星红旗，是向世人传递了上海申博成功的讯息。2013年12月15日，嫦娥三号在月球着陆，五星红旗第一次亮相月球，标志着中国的航天事业进入一个崭新的阶段。

由上可知，语形意义、语义意义和语用意义三者之间是一种层层递进的关系。前者是后者的基础,后者是前者的深化和拓展。

（3）可表达意义与不可表达意义

在符号所传递的讯息中,有些讯息是可言说、可表达的,而有些讯息却是不可言说、无法表达的。根据讯息是否具有可表达性（可言说）,我们将符号的意义分为可表达和不可表达两层意义。

可表达意义指的是符号传递的讯息中可言说的那部分内容。如上文说到的理性意义,就是可表达意义,因为它可以用言语进行具体的解释和说明。而不可表达意义指的则是符号讯息中不可言说的那部分内容。不可言说,并不意味着就没有意义,而只能说这些意义无法用言语表达。讯息的复杂性和言语的局限性都可能导致表达的困难,使我们有很多东西无法言表。对于这些不可言表的意义,如诗的意境、画的韵味等,我们只能以意会的方式获得,即所谓"只可意会,不可言传"。

现代科学知识观非常强调知识的可表达性,非常注重可表达层面的意义。这种可表达性有助于知识的传播和应用,也有助于知识的共享和积累。很难想象,有一种科学理论不具有可表达性。也很难想象,某一科学理论只靠意会就能被理解。如果一种知识不具有可表达性,那么它也就无法得到检验,因此,也不能被称为科学。

不可表达意义通常是指情感意义,但不是所有的情感意义都不能表达。例如绘画《蒙娜丽莎》、音乐《梁祝》,内行人都能说出许多,但是谁也不能把它们说尽,总有一些是不能表达的。诗也是如此。所谓"诗家语"韵味无穷,甚至"不著一字,尽得风流",那是谁也说不清楚的。在禅文化中,禅悟是最典型的不可表达意义的获得。禅师们认为,禅对于未开悟的人来说,是无论怎样说明、怎样论证也无法传达的经验。如果能用语言和逻辑传达,那就不是悟了。因此,禅向有"不可说"之说。日本佛学大师铃木大拙说:"悟是突现的闪光,它指向对至今未曾梦想到的真理的崭新的意识。""人类语言对于表达禅的深刻道理是不合适的工具,而且禅并不是应由逻辑来解释的问题。"[①]

符号的可表达意义和不可表达意义还可以再分层次,至少可表达意义可以

---

① ［日］铃木大拙著,谢思炜译:《禅学入门》,三联书店 1988 年版,第 100、17 页。

分为理性意义和可表达的情感意义。随着意义研究的不断深入,也可望对不可表达的意义分出层次。

第四节　意 义 的 探 究

一、意义理论

什么是意义? 哲学家、语言学家、逻辑学家和心理学家们从各自的理论立场出发理解意义,于是形成了众多的意义理论。其中比较具有代表性和影响力的,主要有以下几种:

1. 真值条件论——语形平面的意义理论

真值条件论认为,了解一个语句的意义就是要了解在什么条件下这个语句为真。也就是说,它是用"真值"这个概念来解释"意义"的。公式是:

$$x\ 是真的,当且仅当\ p$$

x 代表语句名称的变项,p 代表任一语句的变项。例如:

"雪是白的"是真的,当且仅当雪是白的。

前一个"雪是白的"加了引号,是对象语言,即用以述说世界上的事物的那种语言;后一个雪是白的不加引号,为元语言,是用以述说对象语言的语言。在真值条件论的意义论中,很注意区别对象语言与元语言。区别这两种语言,可以帮助我们防止出现"说谎者"那样的语义悖论。

真值条件论是由波兰逻辑学家塔尔斯基提出来的。他将这种理论限制在完全人工的形式化语言上,所以说它是语形平面的意义理论。这种理论对一些关心自然语言语义的逻辑学家具有很大的吸引力。它将语言实体与非语言实体配成对偶,这在一定程度上是成功的,并对逻辑真理论的研究产生了深远的影响。

这种理论的困难在于:有些词如"善良""美丽"以及一些所谓情感语句,其意义不能简单地由真值来决定;有些表达命令、允诺、规范、建议、祈祷、诅咒等语句不好断定其真假,也就是说,无法确定其真值条件。

2. 指称论和观念论——语义平面的意义理论

意义的指称论是一种传统的观点。这种理论认为,意义就是符号所指称的事物。例如"西湖"这个词,就必须有以"西湖"这个词所命名的湖存在;"六和塔"这个词必须有以"六和塔"这个词所命名的塔存在;"钱塘江"必须有以"钱塘江"这个词所命名的江存在。这样,"西湖"这个词的意义就是它所指称的湖;"六和塔"这个词的意义就是它所指称的塔;"钱塘江"这个词的意义就是它所指称的江。

然而,人们对于意义是否就是指称的对象持有不同的看法。德国哲学家弗雷格在其论文《意义与所指》中指出,意义和指称并非等同。他举了一个例子:"晨星"和"昏星"都是指太阳系中的行星——金星,太阳升起前的金星称为"晨星",太阳落山后的金星称为"昏星",虽然两者所指的对象相同,但其意义显然是不同的。又如"中华人民共和国的首都"和"2008 年奥运会的主办城市"都是指北京,但它们各自的意义却不相同。

如果意义与指称对象完全等同,那么我们就很难理解下面三句话:

    A. 他没有妻子。
    B. 当今的法国国王是聪明的。
    C. 我刚才吃的苹果很甜。

如果 A 是真实的,那么"妻子"这个词的意义是什么? 现在法国实行的是共和制,已没有国王,那么"当今的法国国王"这个词是否就没有意义。如果 C 的陈述是真实的,那么苹果的意义是不是已被我吃掉呢?

为解决"苹果"意义被吃掉之类的矛盾,意义的观念论提出了新的解决思路。观念论主张,语词或语句的意义就是它们所代表或引起的人心中的观念。值得我们注意的是,"观念"(idea)这一术语在英国古典经验主义者那里,指的是一种感觉的或精神的意象,比如当你看见一张桌子时,你的心中就会产生一个相应的桌子的观念,这实际上是一种感觉得来的图像。英国古典经验论哲学家洛克对观念论作过最明确的阐述,他说:"字眼的功能就在于能明显地标记出各种观念,而且它们的固有的、直接的意义,就在于它们所标记的那些观念。"①

观念论的优点可以避免原始指称论的一些困难。以"当今的法国国王是聪明的"这句话为例,这类句子给指称论造成了很大的麻烦,是因为在现实世界中找不到语句所指的对象。但对于观念论来说这个问题比较容易解决,因为人们虽然在现实世界中找不到语句中所指对象,却可以在头脑中找到相应的观念。②

对意义观念论的批驳主要有两点:第一,对于许多语词(例如"基本粒子""四维空间")和语句(例如"假如 A 是 B 的充分条件,那么 B 是 A 的必要条件"),人们往往说不出它们究竟在心灵上形成了什么样的意象;第二,就算是对于那些能形成意象的词,词和意象之间的关系也并不是一一对应的。富多尔举过一个例子,像 tablecloth(桌布)可能在某一天使我想起它脏得不得了,非洗不可;在另一天又使我想起那个每次圣诞节都给我送一张桌布的姨婆。对一个人,桌布可能引发游戏的联想;而对另一个人,又可能不引起任何联想。③

指称论和观念论都属于语义平面的关系论,或称对应论,因为它们都认为词的意义总是对应于一个事物或对象。这个事物或对象可以是物质的,也可以是抽象的、心灵上的。

3. 行为论和使用论——语用平面的意义理论

鉴于观念论的模糊性和复杂性,行为论索性将研究的注意力集中在简单的、可观察的外在因素上,因而从语义平面转换到语用平面。这个理论将一个语句的意义跟引起这个表述的某种刺激,或跟由这个表述所引起的反应等同起来,因而也称为因果论或刺激-反应论。

行为论的意义论从行为主义心理学那里移接过来不少的概念。行为主义心理学是 20 世纪 20 年代在美国兴起的现代心理学的主要流派,他们反对以往心理学通过内省的方法研究人的心理活动,而用刺激-反应的观点来研究人类的行为。他们认为,人和动物的所有反应都可以分析为刺激和反应。美国结构主义语言学家布龙菲尔德按照意义行为论思想给意义下了定义,即"说话人发出语言

---

① [英]洛克著,关文运译:《人类理解论》下册,商务印书馆 1983 年版,第 386 页。
② 梁彪:《逻辑哲学初步》,广东人民出版社 2002 年版,第 288 页。
③ Janet D. Fodor: *Semantics: Theories of Meaning in Generative Grammar*, Sussex: The Harvester Press,1982, p.16.

形式时所处的情境和这个形式在听话人那儿所引起的反应"。①

行为主义论用"刺激"和"反应"的简单模式代替了复杂的观念,把人类的言语活动等同于低级动物的机械活动,认为某一刺激一定会引起某种反应。但是,这种简单机械的观点无法对人类言语行动的复杂性作出最好的解释。由于思想的介入,同一刺激对于不同的人或同一个人在不同时间和情境中,都会有不同的反应。比如说,"今天天气真好!"这样一句话,不同的人可能会作出不同的反应:对于外出的人意味着可以不带伞;对于家庭主妇意味着可以晒被子;对于情侣意味着可以出去游玩。因此,听了一句话后,我们可以作出各种不同的反应,甚至也可以不作任何反应。也就是说,"刺激"的意义并不是僵化不变的,刺激所引发的反应也不可能只有一种。因此,"刺激"与"反应"之间的关系的复杂性,并不是行为主义理论所能完全解释的。

使用论认为,一种语言表达方式的意义就是说话者使用这种语言的方式。这是目前西方比较流行的一种意义理论。

提出使用论的代表人物是英籍奥地利哲学家维特根斯坦。他认为"一个词的意义就是它在语言中的使用"。

维特根斯坦认为,他前期的意义理论与其他一些错误的意义理论一样,都假定语言中存在着某种固定不变的本质。他进一步认为,在形形色色的语言中寻找一种共同的东西,是一种迷梦,是许多哲学谬误的根源。他观察到语言现象是多种多样的。因此以使用论为基础,他提出了形象而深刻的语言游戏说。

维特根斯坦的语言游戏说包含两个要点②:1. 主张每一个符号都在使用中获得生命。下棋是一个比较典型的例子。如果有人问你"王"是什么意思,你不能把某个棋子拿给他看,并说"这就是王",而是要告诉他"王"的具体下法,只有这样才算真正弄懂了"王"的意义;2. 人类的语言活动像游戏一样,无法概括出统一的共同特征。虽然可能有许多游戏有某种共同的特征,而另一类游戏也具有另一特征,我们仍然找不出为一切游戏所共同的特征。因此,维特根斯坦甚至还提出了"不要问意义,要问使用"的著名论点。

维特根斯坦的语言游戏论在当代西方语言哲学家中引起了广泛的注意和详

① [美]布龙菲尔德著,袁家骅等译:《语言论》,商务印书馆 1980 年版,第 167 页。
② 徐友渔:《哥白尼式的革命》,上海三联书店 1994 年版,第 87 页。

尽的研究。他的思想和方法为进一步的研究提供了具有启发性的线索,从而使得同时代的人和后来者能沿着他所开创的道路前进。

使用论的优点是它能概括一切意义现象,因为任何语言都有一个共同的属性,就是它在被使用。使用论的缺点在于,使用一个词的可能性是没有限制的,它可以扩展到每一个可以设想的语境中去。这样,一个人如果不完全了解整个语言,就有可能不理解某个词的意义。

二、构筑意义探究的新平台

上述各种意义理论,都从不同的角度和在不同的程度上回答了"什么是意义"这个问题,但也在解释中遇到了某些困难。因此探求一种较为完整的意义理论,应是当前符号学研究的一个重要课题。作为跨学科方法论之一,符号学要构筑一个意义探究的新平台,必须形成自己学科的研究视角。主要是:

1. 整合论的视角

纵观各种意义理论,真值条件论从形式系统出发,是最抽象的真理理论;指称论把意义等同于指称的对象,简单明了,但无法克服意义被"吃掉"的危险;观念论把符号的意义等同于心理意象,避免了指称论的危险,却把意义的理解带入模糊的沼泽;行为论为了避免观念论的模糊性,提出"刺激-反应"模式,虽然具有可观察性,但过于简单机械。使用论的提出,对前述理论有所弥补,但还是有其自身的弱点。因此,符号学要建立意义理论的新平台,就必须进行范式的整合,打破各种理论界限,扬长避短,构筑一个全方位的视角。

"范式理论"是由科学史家托马斯·库恩在研究科学发展的规律和机制时提出的。他认为,任何一种常规科学都是一种范式,这种范式"是任何一个科学部门达到成熟的标志"。然而在他的《科学革命的结构》一书中,范式只是一个非常模糊的、不确定的概念,竟有20多种不同的用法。为了澄清对范式概念的理解,库恩写了《再论范式》一文,对范式概念作了进一步的说明。总括库恩对科学范式的种种论述,他所说的范式,指的是特定的科学共同体从事某一类科学活动所必须遵循的公认的"模型",它主要由以下构成要素:

(1)一定时期内科学共同体"看问题的方式",包括共有的世界观、方法论、信仰和价值标准。

(2)科学共同体一致接受的专业学科的基本理论和取得的重大成就,包括可以进行逻辑和数学演算的符号概括系统。

(3)范例,指的是根据公认的科学成就作出的典型的具体解释。库恩十分强调范例的独特作用,认为只有通过范例的学习,才能掌握范式。

符号学作为一门新兴的学科,正逐步形成一种新的范式,它有自己的"看问题的方式"、基本理论和研究范例。在库恩看来,新范式的建立是对旧范式进行的一场革命性的"颠覆"。因此在意义的理解上,符号学解释范式不仅应有别于哲学、逻辑学、心理学的解释范式,而且对意义问题应更具理论的解释力。

符号学范式的整合,应包括两部分内容:其一是外部整合,即消化吸收传统的语言哲学、逻辑学、心理语言学等学科的理论成果,它们是符号学解释范式整合发展的必要前提条件和基础;其二,内部整合,即对符号学理论进行系统梳理和调整,使其更具内部和谐性和外部解释力。当然,我们主张范式的整合,并不意味着用符号学的范式去替代哲学的、逻辑学的、语言学的范式,因为学科范式间的必要张力,对于各学科的发展都是大有裨益的。

2. 建构论的视角

建构主义理论的创立源于两条脉络,一条是哲学,另一条是心理学,基本上是沿着"行为主义—认知主义—建构主义"的轨迹发展起来的。其主要代表人物有皮亚杰、维果茨基、布鲁纳、奥苏伯尔、加涅等。

建构主义理论有较多的流派,其中影响较大的有激进建构主义、社会建构主义和信息加工建构主义。

激进建构主义的基本理念是:知识不是对客观事物本来面目的反映,知识只是适应和体现主体的经验,知识不能传递,只能由个体建构。它的过激之处在于过分强调个体必须独立建构自己的经验世界。

社会建构主义的要义,是把学习看成个体内部建构与外部建构相互作用的过程。社会建构主义虽然也强调个体建构,但认为社会因素对个体的学习发展起到必不可少的作用。

信息加工建构主义是在信息加工理论基础上发展起来的。它坚持信息加工的基本范式,同时也承认"知识由个体建构而成"这一建构主义基本原则。它认为学习不仅是人对外部信息的加工,而且意味着外来信息与已有知识之间存在双向互动作用,新经验意义的获得要以原有的知识经验为基础,并超越所给的信息,而原有经验又会在此过程中被调整或改造。

虽然建构主义的各流派之间存在分歧,但在基本观点上是一致的,即强调事物的意义不是独立于我们之外而存在的,对事物的理解更主要取决于学习者内部的建构。

建构论的视角为理解符号的意义提供了重要的理论支持。首先,建构论有助于我们更好地理解意义解释中的个体差异性问题,因为意义的理解是在每一个个体中完成,个体在原有知识和主观意识上的差异,导致了对意义理解的差异。其次,建构论有助于我们更好地理解意义生成变化中的社会约定问题。在社会建构论视野中,社会约定即意义建构的过程。同时,社会因素的引入能够较好地解释个体与个体之间在意义理解上所具有的一致性。最后,建构论有助于我们更好地理解意义增长中的信息加工问题。建构论的信息加工视角使我们更好地理解新意义与旧意义的关系问题,新意义的获得是以旧意义为知识背景的,同时旧意义会因为新知识的获得而进行必要的调整和修改,这也就更好地解释了意义增长的问题。

3. 系统论的视角

系统科学诞生于 20 世纪 40 年代,其发展异常迅猛。20 世纪 40 年代首先产生了系统科学一般性的理论,以贝塔朗菲的一般系统论、申农的信息论和维纳的控制论为代表。60 年代又产生了自组织理论,以普利高津的耗散结构理论、哈肯的协同学和艾根的超循环理论为代表。70 年代以后又发展出了非线性动力学理论,以菲根鲍姆的混沌学理论、曼德勃罗的分形几何学理论和斯各特的弧波学理论为代表。这些理论为科学技术的发展提供了新思想、新观点、新方法。同时,经科学方法论提炼而形成的系统分析方法、信息方法、控制方法、自组织理论等,对于人文社会科学的发展也产生了意义深远的影响。

简单地说,系统分析方法是为确定系统的组成、结构、功能、效用,而对系统各要素、过程和关系进行考察的方法。信息法通过研究信息的获得、传输、加工、处理、利用、反馈等过程,揭示事物的本质和规律,进而认识和调控对象。控制方法是根据系统内部和外部的条件,以系统为对象、功能为目标、信息为基础、反馈为手段,达到调节系统的目的。而自组织理论则研究的是系统从无序向有序转变的过程。

　　总之,系统论的视角要求我们,把研究对象看作一个整体,把事物的普遍联系和永恒运动看成一个总体过程,全面地把握和控制对象,综合地探索系统中要素与要素、要素与系统、系统与环境、系统与系统的相互作用和变化规律,把握住对象的内环境与外环境的关系,以便有效地认识对象。

　　符号学研究的对象是符号系统,任何意义的理解也都是在系统中进行的。系统为意义的有效理解设定了具体条件。因此,我们分析符号的意义时,也应形成系统论的视角,将符号放在特定的系统中,分析符号与符号之间的相互关系和作用,符号与系统之间的相互关系和作用,符号所在的系统与其他系统的相互关系和作用,并在这种关系和相互作用中把握符号的意义。

第六章　符号系统

第一节　符号系统的一般理论

一、"符号系统"诠释

什么是系统？系统是指性质相同或相类的事物按一定秩序和内部联系组合而成的整体。例如交通系统、灌溉系统、价格系统、城市管理系统，等等。

符号系统也就是这样的整体。符号作为系统，它是由性质相同或相类的事物——符号，按一定秩序和内部联系组合而成的。

具体说来，符号系统有以下几个明显的特征：

第一，符号都具有"三元"结构。

组成符号系统的相同或相类的事物即符号。符号系统区别于其他任何系统的本质特征，在于组成它的符号具有符号形体、符号对象和符号解释的"三元"结构关系，包括它们的指称和意指方式。有时为了简便或者强调意指关系，我们也说成能指和所指的二元关系。以人的体态符号为例，组成体态符号系统的每一个体态符号，都是能指和所指的统一体。例如竖大拇指，能指是把大拇指竖起，其余四指弯向掌心；所指表示夸耀。跷小拇指，能指为小拇指跷起，其余四指弯向掌心；所指表示对对方的蔑视（如果指自己，则是自嘲）。如此等等。如果用三元关系作解释，还需要指明符号对象：竖大拇指和跷小拇指的符号对象都是某个特定的事件。归根结底，符号具有三元结构关系。

不具有这一特征的任何系统,都不能称之为"符号系统"。

第二,符号系统内部井然有序。

符号系统内部都有一定的秩序。例如自然数符号"0,1,2,3,4,…"的排序是显而易见的。一个似乎混乱的人群,仍然可以应用不同的根据进行符号系统的排序,比如按姓氏笔画排序、年龄大小排序、身材高低排序,如此等等。

有的符号学家认为,符号可以是"系统的",也可以是"非系统的"。例如公路信号有圆盘、长方形和三角形,它们构成了信号的极为确定的种类,因而是"系统的";一张广告招贴为使人注意一种洗衣粉商标而采用的一定的形式和一定的颜色,或者为了这同一商标的洗衣粉而连续使用不同的广告,则是"非系统的"。实际上"非系统的"的说法不尽恰当。正如法国符号学家皮埃尔·吉罗所指出的:"广告招贴,颜色的选择、广告的大小、所使用的字体,都似乎服从于一种初看并不怎么严格而实际上很严格的决定主义。"[1]有些符号组合,表面似乎是"非系统的",而在实际上同样有序,因此,确定这样的符号组合的系统,应当是符号学研究的任务之一。

第三,在系统中,各个符号互相依存。

系统中的符号不仅有序,而且存在着内部联系,彼此之间互相依存。符号一旦离开了系统,就失去了意指作用,因而也就不成其为符号。例如玫瑰花离开了礼品符号系统,就不能象征爱情,失去了符号的意指作用,就只是一种普通花卉而已。

一个符号总是特定系统中的符号。在另一符号系统中,它可能不是符号,或者是另一个符号。例如竖大拇指在中国的体态符号系统中表示夸耀,在日本则表示"老爷子",在英国表示要搭别人的车;跷小拇指在中国表示蔑视,在日本表示"情人"。

《红楼梦》的"太虚幻境"有一副对联云:"假作真时真亦假,无为有处有还无。"这似乎颠倒了是非有无,其实在"太虚幻境"的符号情境里,各个符号之间的依存关系并没有改变,所有符号一齐颠倒,实际上关系依旧。

第四,符号系统借助编码组织起来。

"编码"(code)一词,从词源上说,是将法律条文按一定分类和次序排列在一

---

① ［法］皮埃尔·吉罗著,怀宇译:《符号学概论》,四川人民出版社 1988 年版,第 35 页。

起，以免重复或者彼此冲突，后来演化为"规则或系统"的意思。符号系统就是借助于编码组织起来的。

编码作为一种符号行为，在特定的符号对象领域里，应用某种规则把符号形体和符号对象以及解释项三者结合起来，并在符形和对象之间结成指称关系、在符形和解释项之间结成意指关系。在这里，规则是至关重要的，没有规则便没有编码，没有符号系统。

编码是符号使用者之间的约定过程。在这个过程中，符号使用者承认符形、对象和解释项三者之间的关系，并在使用中遵守这种关系的规则。

不同的符号系统有不同的编码方式。编码根据不同的编码方式区分为不同的编码类型，例如语言编码和非语言编码、逻辑编码和美学编码，等等。不同的编码方式在编码化的程度上往往有所不同，例如逻辑编码化程度很高，而美学的编码化程度就相对比较低。

第五，符号系统间的转换必须通过翻译。

人们通常所说的"翻译"，是指把一种语言或文字的意义用另一种语言文字表述出来，例如英译汉、汉译英都是。中国的翻译事业起源甚早，《周礼》中的"象胥"就是译官的总称。《隋书·经籍志》云："汉桓帝时，有安息国沙门安静，赍经至洛，翻译最为通解。"佛经的翻译自汉至宋，历时 1 300 余年，是世界上罕见的翻译工程。

符号学所说的"翻译"，不限于不同语言符号系统之间翻译，而是指任何两个符号系统间的转换。例如把语言符号转换为电码、旗语、盲文等，或者相反；例如把交通信号转换为体态符号；例如电脑把其他符号转换为数字符号再将数字符号还原为其他各种符号。如此等等，这都是翻译。近年来，随着数字技术的快速发展，语言符号同视觉、听觉等多模态符号日益成为传播信息的主要媒介。就翻译实践而言，除以语言符号转换为主的语际翻译和语内翻译之外，以语言符号和非语言符号并存的多模态翻译实践数量增长迅速。多模态翻译包括文本内不同符号模态间转换，也包括不同文本之间的跨符号和跨模态转换。"多模态文本指兼涉两种及以上符号或感官渠道的文本，既包括语言符号与非语言符号共存的文本，也包括视觉、听觉、触觉、嗅觉等两种及以上感官渠道共同参与意义建构的文本。"[1]

---

[1]　王洪林：《多模态翻译研究的学术史考察》，《中国翻译》2022 年第 6 期，第 107 页。

在多模态翻译中,图片、图像和声音发挥重要作用,非语言符号在跨模态意义转换中发挥的作用日益凸显①。

翻译这种符号操作,是以系统间符号的等价性为前提的,在此基础上寻求对等的表达。当然,通过翻译实现系统间符号的正确转换,并非一件容易的事情。翻译者必须对原符号系统和目标符号系统都比较熟悉,而且懂得翻译技巧。

二、符号的能指系统和所指系统

这里着意于符号形体和解释项的系统性(符号对象的系统性被指称为符号形体的系统性,并间接地体现在解释项中)。为了述说方便,我们沿用索绪尔的术语"能指"和"所指"。

符号具有"能指"和"所指"的二元结构,相应地一分为二,符号系统可以分为能指系统和所指系统。

符号的能指系统即符号的形式系统,它们不考虑符号的所指问题。由于能指(符形)媒介地位的特殊性,以致人们常常把它作为"符号"的代用语,所以最容易引起人们的关注。

能指系统最早并且最有成就的研究当推数学和逻辑,它们都是"纯形式"的学科。20世纪以来,数理逻辑已经发展到了成熟阶段。美国籍奥地利逻辑学家哥德尔在1930年发表的博士论文中,证明了谓词演算系统的完全性定理,即谓词演算的有效公式皆可证,为模型论的发展奠定了基础。次年他又发表了著名的不完全性定理,证明了:1. 一个包含初等数论的形式系统,如果是无矛盾的,那么就是不完全的;2. 如果这样的系统是一致的,那么其一致性在该系统中不可证。哥德尔的不完全性定理的证明,解决了长期以来关于数学基础问题的争论,被誉为"数学与逻辑学发展史中的里程碑"。

20世纪语言符号能指系统的研究,也取得了令人瞩目的成绩。布拉格学派语言学家特鲁别茨柯依于1939年提出了音位学。他发现每个人的口音可能有所不同,但在同一语言系统中,人们的一些发音只要能与其他语音区别开来,那它们就属于同一音位,具体的不同并不影响意义。因为重要的不是语音的个别

---

① Pérez-González, L. *Audiovisual Translation: Theories, Methods and Issues*, London & New York: Routledge, 2014.

特征,而是它与系统中其他语音的关系,即它在系统中的位置。其后,法国语言学家马丁内提出了语言分节理论,即把语言符号切分为意义层次和区别层次,对于语言符号系统的能指研究产生了深刻的影响。

其实,符号能指分节并非只是语言符号。以汉字符号为例,它的意义单元是独体字或偏旁,区别单元为笔画。汉字符号的能指系统包括:1. 初始符号,即一、丨、丿、丶、乛五种基本笔画。2. 组合规则:由笔画组合成独体字或部件;由部件组合成字符。3. 约定规则,包括约定俗成规则和权威约定规则。其他符号系统,比如说交通信号系统,也都有比较严格意义上的符号能指系统。

符号的所指系统亦即意义系统,它是能指系统的配对物。

符号世界中最严格的所指系统,应算是现代逻辑的形式语义系统。在现代逻辑的形式系统中,每一个符号能指都有一个所指,并且一个所指仅指一个能指。也就是说,它们的所指都是单义的。例如"p"表示命题,"→"表示蕴涵,"∧"表示合取,"∨"表示析取,等等。现代逻辑中的"模型",就是指满足一定条件的解释。比如令一阶语言中的合式公式 A、B、C 等组成的集合为 Γ,如果存在一个解释 I,使得 Γ 中的每个公式在解释 I 中皆真,就可称 I 为公式集 Γ 的模型。研究形式语言及其解释之间关系的理论,即模型论。

符号世界中最复杂的所指系统是语言符号的意义系统。由于语言符号的多样性、多义性以及意义的多层次等特点,语言符号所指系统的研究难度很大,而且学派林立,莫衷一是。英国语言学家利奇说:"'意义'这个词和它相应的动词'意指'是英语中争议最多的术语之一,语义学家常常花费很多时间来推敲'意义的各种意义'。"①奥格登和理查兹在《意义的意义》一书中列举的对"意义"的各种不同理解,足以说明在这个问题上是如何的混乱。乌尔曼和福德各自出版了一本《语义学》,虽然书名相同,而在内容上几乎没有共同之处。这些分歧,自然与语言符号所指系统的复杂性密切相关。不仅同一语言内部符号所指系统具有复杂性,不同语言的所指系统也存在迥然差异。一种语言中的所指对象在另一种语言文化中不存在或与另一种语言中的可比对象明显不同,在理解或翻译时会造成困难。例如汉语中的"客气"就很难在英文中找到对应的译文,英文中的

---

① ［英］杰弗里·利奇著,李瑞华等译:《语义学》,上海外语教育出版社 1987 年版,第 1 页。

"polite"也不能准确表达它的意义。再如汉语中的"阴阳"也很难在英文中找到精准对应的所指和表达,这是由于两种文化的哲学思想和文化观念存在不同。"阴阳"源于道家思想,认为世间万物皆有阴阳两面,相克相生,相互转化,这对中国人不难理解,但对西方人来说,就不知所云。①

符号世界中所指系统最不确定的是艺术符号系统。皮埃尔·吉罗说:"美学符号,由于其形象特征,它们比之逻辑符号来讲,是约定性很差的,因此也是编码和社会化较差的。"②艺术符号的所指系统很不确定,往往"言有尽而意无穷"。所谓"见仁见智",一千个人的心目中就有一千个哈姆雷特。例如《诗经》首章《关雎》,汉代人认为是政治讽刺诗,传说周康王为女色所迷,迟迟不朝,大臣作诗以讽之。后来有人说"《关雎》乐得淑女以配君子",认为是一首提倡伦理理想的政教诗。宋代朱熹进一步主张:"淑女配君子",就是指"太姒配文王"。直到 20 世纪中期,余冠英指出这诗是写男女恋情的。谁知今后还会有什么新说呢? 其他艺术符号系统,特别是现代派的绘画、雕塑等,它们的所指更是难以说得清、道得明的。

进入"互联网+"时代,符号能指日益呈现多模态化,融声音、文字、图像味觉、嗅觉、触觉于一体。以短视频为例,"新冠"疫情以来,短视频迅速成为一个在人们日常生活中异常强势的社交和娱乐媒介,并日益与其他新媒体相互融合,融入、塑造和建构人们的语言、思维、行为和生活的方方面面。短视频的表意是一种漂移的、破碎的、零乱的、不固定的,非能指与所指约定俗成结合的表意方式,而成为一种没有链条的能指,没有所指含义的能指。因此,短视频传播对线性时序的打乱重组、拼贴,成为一种重要的新媒体艺术形态,一种新型商品文化、消费文化,成为审美的日常生活化或日常生活的审美化的最佳例证。③ 再比如,美食类短视频是诉诸"味觉能指"的影像形态,在内容传播中遵循"涵指系统"的两级表意框架。其中,涵指系统的能指即短视频中的味觉能指,大多美食类短视频都沿着"影像—味觉—意义"的创作思路和步骤实施个性化表达,先运用影像、声

① 姚建华、邱凤秀:《英汉语言所致意义的文化内涵》,《闽西职业大学学报》2003 年第 4 期,第 40 页。
② [法] 皮埃尔·吉罗著,怀宇译:《符号学概论》,四川人民出版社 1988 年版,第 84 页。
③ 陈旭光:《短视频:能指狂欢、互文指涉的消费美学与文化生产》,《现代视听》2021 年第 12 期,第 88 页。

音、文字等符号调动身体感官,继而借助后者进行意义的言说。研究表明,味觉能指既能唤起受众的通感体验,又能引发受众的价值认同。[1]

三、符号系统的分类

人们世世代代生活在一个复杂纷纭的物质世界里,同时也生活在一个五光十色、独特而奇妙的符号世界里,符号无处不在,无时不在。那么,这两个"世界"是什么关系呢?我们知道,物质世界包容一切,无与伦比,然而符号世界也是疆域无限。从理论上说,一切事物都可以成为符号,加上人工创制的大量符号,这倒好像符号世界比物质世界更为广大。那当然不是。因为人工创制的任何符号也都是物质世界的组成部分。也就是说,符号世界永远不会大于物质世界。

然而符号世界毕竟是个大系统,包括一系列的子系统、子子系统乃至子子系统的子系统、如此等等。为了研究方便起见,必须对符号系统进行分类。

分类是以对象的本质或特有属性为依据所作的划分。符号系统的分类不同于符号的分类,后者着眼于符号,而前者则着眼于系统。大大小小的符号系统是性质相同或相类的符号的集合。符号系统分类所根据的本质或特有属性就是不同符号系统不同的能指和所指,以及它们的指称和意指方式。

因此,符号系统的一般分类是:

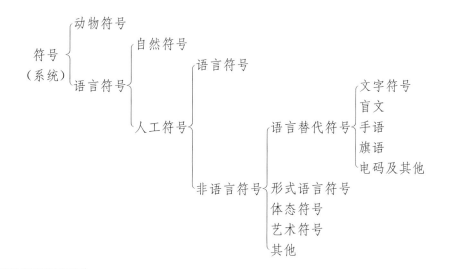

---

[1]　周钰榈、杨星宇:《美食类短视频的"味觉能指"研究》,《美食研究》2021 年第 4 期,第 40 页。

这是一个符号谱系略图,虽然挂一漏万,但它留下了填补空白的空间,从而可以对任何符号进行归类,给出它一个准确的位子。例如象征爱情的玫瑰花,属于人类符号系统中的自然符号系统;朋友见面时握手、拥抱,属于非语言符号系统中的体态符号系统;交通信号属于非语言符号系统中的"其他",本身也是一个系统,可以单列出来。如此等等。

这个谱系真的能够给出任何一个符号的系统吗?似乎没有那么简单?比如空符号、文化符号,它们属于哪个系统?

空符号相对于实符号,是指符形空位的符号。例如数学中的"零概念",音乐中的休止,话语中的停顿,书面语中的空格,中国书画中的"留白",以及个人行为中的"不作为"等,都属于空符号。小说人物在现实世界中空位,也属于空符号。网络的虚拟空间更是我们时代发展极为重要的一种空符号。空符号实际上存在于每一个符号系统之中,也就是说,每一类符号都可以分为"空符号"和"实符号"两个类别。

文化符号是一个"复杂符号",它有太多的含义。19世纪英国泰勒给出的"文化"定义是:"所谓文化或文明乃是包括知识、信仰、艺术、道德、法律、习俗以及包括作为社会成员的个人而获得的其他任何能力、习惯在内的一种综合体。"[1]因此,文化符号属于复杂符号,文化符号学包含若干各不相同的符号子系统。其他如社会符号、科学符号也属于复杂符号。

下面将对谱系中一些重要的符号系统约略地作些说明:

动物符号系统。例如蜜蜂发现蜜源时的"舞蹈",鸟儿吸引异性的"情歌",都属于动物符号系统。这些动物符号也是某种意义上的"交际"工具。虽然动物符号不能跟人类符号同日而语,但在符号系统分类上应当给它一个位置。美国符号学家西比奥克,就是研究动物符号最有代表性的学者。

自然符号系统。相对于人工符号而言。它是利用现成事物作为能指,根据认知或交际的需要赋予意义之后而成为符号的。例如"月晕而风,础润而雨",这"月晕"和"础润"本是自然现象,由于人们赋予它们"风雨先兆"的意义,于是成了符号。

---

[1] 引自《文化学辞典》,中央民族学院出版社1988年版,第109页。

　　语言符号系统。苏珊·朗格说："迄今为止，人类创造出的一种最为先进和最令人震惊的符号设计便是语言。"①语言符号最重要的特点是"透义性"，人们可以直接地了解它所传达的意义，而其他符号则必须翻译为语言符号才能为人们所理解。由于语言符号系统在众多符号类别中的特殊地位，以致罗兰·巴尔特认为，符号学应是语言学的一个部分。

　　非语言符号系统。语言符号系统由于它的特殊地位独立成为一个大类，其他人工符号构成另一大类——非语言符号系统。这个十分庞杂的符号系统，有着众多的子系统和子系统的子系统，它们的符号虽然各有自己的能指和所指，但是所指通常都必须翻译为语言符号才能被理解。因为这样，非语言符号系统的子系统都同语言符号系统存在着亲疏远近的关系。非语言符号子系统的排列次序，反映了它们同语言符号系统由近而远的关系。

　　文字符号系统。文字是记录语言符号的符号，是语言替代符号中最为重要的符号系统。索绪尔说："语言和文字是两种不同的符号系统，后者唯一的存在理由是在于表现前者。"②语言属于听觉符号，文字属于视觉符号。语言替代符号系统除文字符号系统以外，还有盲文、手语、旗语、电码、密码等符号系统。

　　形式语言符号系统。一种人工表意符号。例如数理逻辑所使用的形式语言，它是具有精确规则的能表意的符号系统，目的在于避免有声语言的多义性和模糊性，以便于实现公式化并给予严格的证明。其他如用于数学演算以及用于计算机程序设计的各种语言，也都属于形式语言系统。

　　体态符号系统。由人体姿态发出讯息的一种复杂的符号系统，包括面部表情符号、身姿符号、体动符号、体距符号等子系统。语言、文字、体态，是人类最常用的三大交际工具，论资格应以体态最老，语言次之，文字又次之。

　　艺术符号系统。艺术符号的能指是艺术形象，例如文学形象、音乐形象、舞蹈形象，以及绘画、雕塑、摄影等艺术形象；它的所指即艺术形象所表现的"人类的感情"，或曰"意蕴"。文学称为"语言艺术"，实际上语言是它的表现手段，艺术才是实质，所以归入艺术符号系统。

　　其他人工符号系统如：信号系统、徽章符号系统、礼貌仪式系统、占卜符号

①　［美］苏珊·朗格著，滕守尧、朱疆源译：《艺术问题》，中国社会科学出版社1983年版，第20页。
②　［瑞士］索绪尔著，高名凯译：《普通语言学教程》，商务印书馆1980年版，第47页。

系统,等等。

符号系统的一般分类,有助于部门符号学的建立。

第二节 殊论(一) 语言符号系统

一、双面

索绪尔最早提出语言符号是由能指和所指组成的双面体:能指为音响形象,所指即概念。他在《普通语言学教程》一书中说:"语言还可以比作一张纸:思想是正面,声音是反面。我们不能切开正面而不同时切开反面,同样,在语言里,我们不能使声音离开思想,也不能使思想离开声音。"[①]从索绪尔提出符号学的构想,皮尔士建立符号学体系开始,语言学与符号学就具有天然的联系。语言学与符号学的特殊关系注定了两者的联姻,语言符号学是时代发展的产物。语言符号学作为一门新兴交叉学科,旨在研究语言符号以及运用符号学的方法研究语言学,其建立的时间不长,尚需我们共同探究与维护。[②]

语言符号是由声音和思想(概念)构成的"双面体",是语言符号区别于其他符号的本质特征。作为一个系统,索绪尔十分重视语言符号内部的秩序和规则。在这一点上,他用了另一个比喻。索绪尔说:"语言是一个系统,它只知道自己固有的秩序。把它跟国际象棋相比,将更可以使人感觉到这一点。在这里,要区别什么是外部的,什么是内部的,是比较容易的:国际象棋由波斯传到欧洲,这是外部的事实,反之,一切与系统和规则有关的都是内部的。例如我把木头的棋子换成象牙的棋子,这种改变对于系统是无关紧要的;但是假如我减少或增加了棋子的数目,那么,这种改变就会深深影响到'棋法'。"[③]

索绪尔关于语言符号"双面体"的思想,在后来的学者中得到进一步的发展。丹麦学派叶尔姆斯列夫把语言符号的能指和所指间的关系看成表达面和内容面的关系,并且认为语言符号就是由表达项和内容项构成的一种函数,即符号函

---

① [瑞士]索绪尔著,高名凯译:《普通符号学教程》,商务印书馆1980年版,第158页。
② 王铭玉:《语言符号学纵横》,《当代外语研究》2023年第2期,第13页。
③ [瑞士]索绪尔著,高名凯译:《普通符号学教程》,商务印书馆1980年版,第46页。

数。他还对表达项和内容项作了进一步的层次分析。法国哲学家德里达从他的解构主义出发,不同意把符号的"二元"关系简化为能指和所指两个要素,因为这样一来,就看不到了二者之间的关系性或意指性。德里达认为,能指和所指两个项中间还有第三个要素:符号的结合方式,亦即意指方式。德里达强调意指为能指与所指之间的第三个要素,自然是有道理的。

语言符号作为由声音和思想构成的"双面体",其真正的独特之处在于它的"透义性"(transparency to meaning)。语言符号的"双面体",是指作为能指的"声音"和作为所指的"思想",在自然状态下形成一个特定的有机整体,没有什么东西"在它们背后",因而在交际过程中,只要不发生某种障碍,比如说不是说话人的口音难懂或者音调特殊,人们的注意力总是集中在了解对方所传达的思想上,而不去注意声音的物理性质。其他符号的能指和所指之间由于缺乏这种"透义性",在交际过程中一般都需要翻译为语言符号才能被理解。例如旗语、交通信号、礼仪符号等,都要经过语言符号作出解释,才能沟通双方的思想,实现成功的交际。所以其他符号只具有语言符号的"导出"性质,是以语言符号"反射的光发亮的"。

语言符号由于自身的"透义性",不仅不需要翻译为其他符号就能为人们所理解,还使得它不像其他符号受到材料的限制,具有无可比拟的抽象能力,从而达到高度精确化的水平。所以语言符号是人类有史以来"最为先进和最令人震惊"的伟大创造,并在符号大系统中处于核心的地位。

语言符号具有透义性,并不意味着符号能指和所指之间有什么"先验"或必然的联系。在语言符号系统之内,符号的"思想"是由语言符号之间的关系决定的,而与"声音"没有多少联系。也就是说,语言符号的能指和所指之间的联系具有一定的任意性。例如指示"书"的那个符号,汉语的能指为[shu],英语为[buk],法语为[livr],俄语为[kniga],日语为[hon]。当然,一个语言符号的能指,也往往会有若干缺乏必然联系的所指,或者说,一个语言符号的所指赋予能指什么样的内容也不是必然的。语言符号"双面体"的这一特征,恰好说明了它们的社会约定的性质。

语言符号的任意性只是相对而非绝对的。例如有一种鸟,英语叫它"cuckoo",法语叫"coucou",德语叫"kuckuck",在汉语里叫它"布谷",这类拟声词就不是那么"任意"了。一些语言中的"爸爸""妈妈""大""小"等词的能指都同发音部位有关，也不那么"任意"。如果从溯源学的意义上说，大概可以找到更多的非任意性的依据。中国古代也有学者认为，"名物各有来源"，"非徒无主而生是也"。读读汉代刘熙《释名》一书，可以从中了解到一些汉语符号的起源。准确地说，语言符号是任意性和非任意性的统一。

二、双轴

在索绪尔看来，语言系统各个项之间的关系，沿着两个不同的层面展开，其中每一层面都产生出一定的价值秩序。它们是语言符号系统的双轴：组合轴和聚合轴，或曰"组合关系"和"聚合关系"。

组合关系是指由不同位置的单位在言语现实中形成的关系，是语言成分与成分的组合模式。组合是符号的一种排列，具有空间的延展性；在语言符号系统中，这种延展性是线性且不可逆的。例如"我—读—书"就是线性的，它们的发音不可能同时进行，只能按照先后的次序发为"我""读""书"。"飞—鸟"的组合是不可逆的，如果转换为"鸟—飞"，那是另一个语言单位，前者为短语，后者则是句子。

聚合关系是指具有共同特征的成分在心理联想中形成的关系。它存在于人的记忆之中，因为彼此有一定类似性，所以可在组合轴同一位置上彼此替代。例如"我读书"的"读"，可以联想到"买""借""抄""写""教"等，并可以用它们来替换原来的"读"，构成"我买书""我借书""我抄书"等组合关系。这就是聚合关系。当然，"我"和"书"也可以有自己的"聚合"。由于聚合关系是通过心理联想在言语活动中起作用的，所以在索绪尔那里，聚合关系又称为联想关系。在索绪尔看来，同组合关系相比，联想关系是"不在现场的"，而组合关系则是"在现场的"，这是两者的重要区别。

组合关系和聚合关系是语言符号理论中最重要的组成部分，是打开语言符号系统的两把钥匙。因为语言符号中所有的单位和规则都不能离开这两种关系。组合和聚合的"双轴"，把分布在言语活动中的各种成分毫无遗漏地编织起来，形成一个多层次的关系网络，从而带动整个语言符号系统的正常运转。例如：

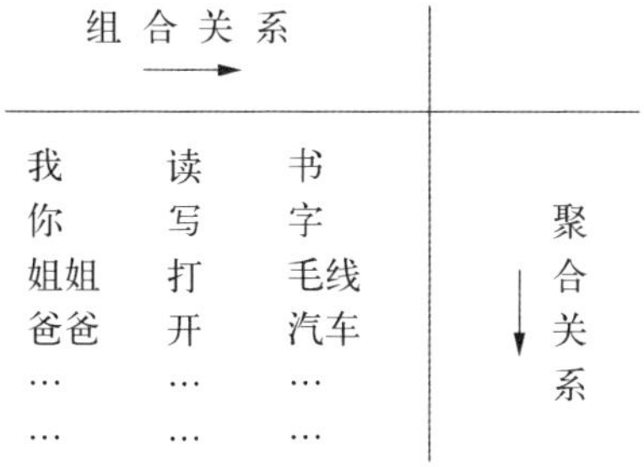
组合关系
我　读　书
你　写　字
姐姐　打　毛线
爸爸　开　汽车
…　…　…
…　…　…
聚合关系

如果以 X—Y—Z 为语言符号系统的组合关系，以 X_1，X_2，…，X_n 等为聚合关系，那么语言符号系统的“双轴”表现为下面的图式：

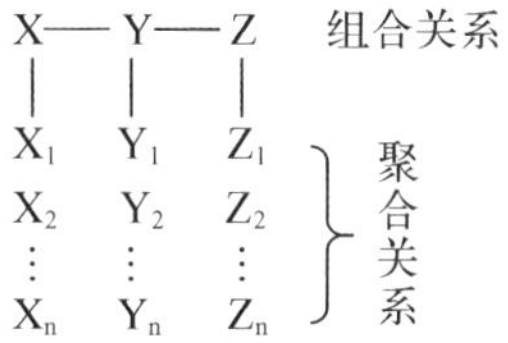
X—Y—Z　组合关系
X_1　Y_1　Z_1
X_2　Y_2　Z_2
X_n　Y_n　Z_n
聚合关系

“双轴”图式形象地说明了语言符号的系统性。索绪尔还用建筑结构中类似的现象给予比喻的说明。他说：“例如一根柱子。柱子一方面跟它所支撑的轩椽有某种关系，这两个同样在空间出现的单位的排列会使人想起句段关系（即组合关系——引者）。另一方面，如果这柱子是多里亚式的，它就会引起人们在心中把它跟其他式的（如伊奥尼亚式、科林斯式等等）相比，这些都不是在空间出现的要素：它们的关系就是联想关系。”①

三、双层分节

语言学家马丁内提出语言的双层分节机制，进一步丰富了索绪尔的语言符号系统理论。马丁内所说的“双层分节”，指的是话语连续体的两次切分。第一次切分出意义单元：单词或词素，为第一分节层次；第二次切分出无意义的区别单元：音位，为第二分节层次。语言符号的双层分节机制，产生了极强的分离组合作用，说明人类语言只需要为数不多的音位，就可以构成无数有意义的话语。例如美洲西班牙语，只用 21 个音位，却产生出 10 万个单词或词素；至于由词组

① ［瑞士］索绪尔著，高名凯译：《普通语言学教程》，商务印书馆 1980 年版，第 171 页。

成短语和句子,那就不可思议了。

先说作为区别单元的音位层次。

音位是语言中能够区别意义的最简单的语音形式。例如汉语"包"(bāo)、"抛"(pāo)、"刀"(dāo)、"涛"(tāo),开头的 b、p、d、t 各是一个音位。汉语有 10 个元音音位,22 个辅音音位。音位本身与意义无关,属于"前意义"层次。由于音位不受意义的"纠缠",可以进行纯粹的符形描述,这就是音位学。又由于它是前意义层次,直接与有意义的词相联系,因此成为体现意义的不可或缺的物质实体。音位研究,对于了解语言符号能指和所指的关系具有重要的意义。

至于意义层次,由于语言符号系统的复杂性,又可以分为词素(或词)、句子和文本等若干次层次。分述如下:

词素或词

词素是语言符号系统中最小的音义结合体。例如"我""桌""葡萄"等,它们是意义单位,因而有别于音位。所谓"最小",是说不能再分解。例如"葡萄",如果分解为"葡"和"萄",它们就失去了意义。词是最小的能够独立运用的语言单位。"独立运用"是指可以自由地充当句子成分,这样的成分以词为最小。词可以是一个词素,如"我"、"葡萄",也可以是两个或几个词素,如"桌子""葡萄干""工程师"。词素或词是把意义引入语言形式最为基础的层次,又是联结音位和句子的中间层次。

句子

句子是表达完整意思的言语单位。"言语"就是说话,每一句话,或者说每一个句子,都是言语的基本单位。例如:"我买葡萄干。"句子的意义是由组成句子的词的意义和词与词结合的语法意义共同体现的。每个句子都是按照一定的结构规则组织而成的,这些结构规则即语法。句子作为组合关系轴上的完整单位,它是语言符号系统中的核心层次。然而句子层次还是表达完整意义的基础层次,更为完整的意义表达则是文本层次。

文本

文本是由句子组成的话语单位。它可以是一首短诗,也可以是一次长篇演说,或者是一部著作。文本成立的基本条件是讯息的连续性,在形式规定上具有较为松弛的性质。判断文本的标准不像语法那样"正确"还是"错误",而是"恰当"或者"不恰当"。作为句子的复合单位,文本层次是比起句子层次更高也更为复杂的意义层次。

一个符号系统是由符号和符号串组成的,然而符号串的切分可以长也可以短。在语言符号系统中,特别是在意义层次的切分上,简而言之,可以切分为"词—句—文本"三个层次;细而言之,词与句之间还有短语层次,句子与文本之间还有句群(句段)层次。词素也可以看成音位与词的中间层次。

四、语言符号系统的分类

语言符号系统可以有不同的分类。其中的结构分类,着眼于词的各种语法形态的变化,所以又称为形态学分类。由于结构分类反映了语言符号系统的本质类型,也称为类型分类。

语言符号系统的结构分类,主要分为词根语、黏着语和屈折语三种类型:

1. 词根语

词根语又称为孤立语。它的特点是词内没有专门表示语法意义的附加成分;缺少形态变化,词同词的语法关系依靠词序和虚词来表示。大多数词根语都是单音节的,一般都有几个声调。这一类型的语言,因为词的内部结构主要是词根,缺少词尾、词缀等附加成分,所以叫作词根语。又因为词在句子中没有一点变化,孤零零的,所以也叫作孤立语。汉语就属于词根语。古代汉语绝大多数是单音节词,现代汉语一般是由单音节的实语素与实语素构成的合成词。汉语不像西方语言那样,名词、动词、形容词具有性、数、格、时、人称的变化;汉语中的"老虎""桌子"之类,像是有前缀或后缀,其实似是而非,而且为数不多。

除汉语以外,其他属于词根语的如越南语、缅甸语以及我国境内的藏语、壮语、苗语等。西非民族语言中也有属于词根语的。

2. 黏着语

黏着语的词内有表示语法意义的附加成分。一个附加成分表示一种语法意义,并且一种语法意义只用一种附加成分来表示。词根或词干同附加成分的结合不紧密。以韩国语(朝鲜语)为例,它的语法关系只依靠附着在单词后面的助词或词尾的变化来表示。这些助词和词尾是没有独立性的附加成分,只表示语法关系,或带来某种意义和语感。在这一点上,它与孤立语完全不同。

黏着语除韩国语以外,还包括日本语、蒙古语、土耳其语、匈牙利语、芬兰语,以及非洲的斯瓦希里语、班图语等。

黏着语是介于词根语和屈折语之间的语言符号系统。

3. 屈折语

屈折语的词内有专门表示语法意义的附加成分,一个附加成分可以表示几种语法意义。词根或词干同附加意义的结合非常紧密,难以截然分开。词的语法意义除通过附加成分表示外,还可以通过词根音变来表示。所谓"屈折语",就是指它们的形态"屈折变化"而言的。例如英语的附加成分"-s",附加在名词后面表示复数,如"cats"、"dogs";附加在动词后面,表示第三人称、单数、现在时,如"He jumps"、"It rains"。英语"read"不仅有"reads"、"reading"等形态变化,而且还有"reader"这样的派生新词。如此等等。

除英语外,其他如德语、法语、西班牙语、俄语、希腊语、印地语、乌尔都语等,都属于屈折语。

语言符号系统的结构分类,有人在词根语、黏着语和屈折语之外又加上一类:多式综合语。这是一种词和句子重合的语言符号系统,其特点是把主语、宾语和其他语法项结合到动词词干上,它既是一个词,也是一个句子。例如印第安人的契努克语、爱斯基摩—阿留申语等。

词根语、黏着语和屈折语的分类,只是语言符号系统内部结构的不同,没有先进与落后的区别。那种认为词根语落后、屈折语先进的说法是站不住脚的。若论形态变化,综合语比屈折语更为复杂,那是不是说综合语最先进呢? 古代英语的形态变化很丰富,后来逐渐减少,那是不是意味着英语正在退化呢? 实际上都不是。人类现有的语言都已经发展到了相当完善的阶段。

语言符号系统还有一种常用的分类方法:亲属关系的分类。亲属分类就是根据各个语言符号系统在历史来源中亲密关系的远近,把世界上的语言进行不同层级的系统分类。

世界上每一个语言符号系统,彼此之间都有一定的亲疏远近的关系,亲属分类法把它们分为语系、语族、语支三个子系统,再根据系统内部的分歧程度,分为不同级别的方言。例如汉语属于汉藏语系汉语语族,包括北方方言、吴方言、赣方言、粤方言、客家方言、闽方言、湘方言七大方言[①]；藏语属于汉藏语系藏缅语族藏语语支；英语属于印欧语系日耳曼语族西支语支；如此等等。世界上的语系除印欧语系、汉藏语系以外，还有乌拉尔语系、阿尔泰语系、闪—含语系、高加索语系、达罗毗荼语系、南亚语系、南岛语系等。

第三节　殊论(二)　艺术符号系统

一、"有意味的形式"

艺术到底是不是符号，是一种什么性质或类型的符号，是艺术符号学和艺术理论研究的基本问题[②]，也是一个争议不断的问题。总体来看，多数学者主张将艺术视为符号。卡西尔曾指出，应当把"人定义为符号的动物"，并认为"艺术可以被定义为一种符号语言"。新艺术史家布列逊与巴尔在《符号学与艺术史》一文中，更是明确"提议一个针对艺术史的符号学转向"[③]。艺术（或美学）符号的编码化程度较差，不大容易准确地翻译成为语言符号。从这个意义上说，艺术符号不像文字、逻辑等符号那样，与语言符号有着比较严格的对应关系；艺术符号是同语言符号距离较远的一个符号系统。

艺术符号系统的特殊性，在于艺术符号具有独特的能指和所指。那么什么是艺术符号特有的能指和所指呢？

英国艺术理论家克莱夫·贝尔著有《艺术》一书，被称为现代派艺术理论的柱石。"有意味的形式"就是这本书的基本概念。贝尔认为，"有意味的形式"是"艺术品最基本的性质"，"离开它，艺术品就不能作为艺术品而存在；有了它，任何作品至少不会一点价值也没有"[④]。贝尔举例说，圣·索菲亚教堂、卡尔特修道院的窗子、墨西哥的雕塑、波斯的地毯、中国的古碗、意大利帕多瓦的乔托的壁

---

① 翟嵩堂和劲松教授 2013 年发表了《论汉藏语言联盟》一文，使用语言联盟的原理，为汉藏语言的发展源流构建了一个新的谱系框架。参考何丽、李玲：《汉藏语言谱系分类的新构想》，《中国藏学》2015年第 2 期。

② 赵奎英：《试论艺术作为出场符号》，《文学评论》2018 年第 4 期。

③ Bal，M.，& Bryson，N. Semiotics and art history. *The Art Bulletin*. 1999(2). pp.174-208.

④ ［英］贝尔著，周金环、马钟元译：《艺术》，中国文联出版公司 1984 年版，第 4 页。

画,以及普辛、皮埃罗・德拉、弗朗切斯卡和塞尚的作品中所共有的性质,那就是"有意味的形式"。正是"有意味的形式"这个基本性质,才使艺术品同其他所有的事物区别开来。

"有意味的形式",按照语言逻辑的分析方法,它是由两个义素构成的集合,即{形式,意味}。其中的"形式",为艺术符号的能指,"意味"就是所指,它们的结合构成了艺术符号。在艺术符号系统中,形式和意味是一个不可分割的整体,"形式"是意味的形式,"意味"是形式的意味。

作为艺术符号能指的"形式",亦即人们常说的"艺术形象"。它是艺术反映社会生活的可感性形式,以其光、色、声、形作用于欣赏者的感官,给人以栩栩如生的感觉效果。例如文学形象、音乐形象、舞蹈形象、影视形象等。

作为艺术符号所指的"意味",亦称"意蕴",是指艺术品所传达的审美感情,或曰"审美情感"。它们在很多情况下是不能用语言来表达的,也就是不能准确地翻译为语言符号。

那么怎样创造"有意味的形式"? 按照贝尔的说法就是"简化"。他说,"没有简化,艺术不可能存在","而只有简化才能把有意味的东西从大量无意味的东西中提取出来"。所谓"简化",就是"砍掉不相干的细节"。然而他说:"这一点说起来容易,哪些细节是不相干的呢? 在一件艺术品中,除了为形式意味做贡献的东西以外,就再也没有别的是与艺术相关的了。"①

为创造"有意味的形式"的"简化",在美国哲学家苏珊・朗格那里称之为"艺术抽象"。她说:"艺术家也同逻辑学家一样,同样关心着抽象,或者同样关心着对纯形式的认识。这是因为,'抽象'对理解任何关系都是不可缺少的,所以不管艺术家还是逻辑学家同样都在自发地以同样熟练的技巧从事着'抽象'活动。"②她又指出艺术抽象不同于逻辑抽象:"在艺术中,仅仅是对其中的一个范例进行天才的构造,并给它赋予一种符号的特征和性能,而这种符号性能的取得又是通过对它的真实构成——如画布、震动的空气或一连串传统上称为'词'的纹样——加以压制或消除而得到的。"③这里说到的"压制"和"消除",也就是"简化"。

---

① [英]贝尔著,周金环、马钟元译:《艺术》,中国文联出版公司 1984 年版,第 149—150、152 页。
② [美]苏珊・朗格著,滕守尧、朱疆源译:《艺术问题》,中国社会科学出版社 1983 年版,第 159—160 页。
③ 同上书,第 170—171 页。

中国文论中的"意象"一词,颇相当于西方人所说的"有意味的形式"。早在汉代王充的《论衡·乱龙》中,就有"礼贵意象,示义取名也"之语。南朝刘勰在《文心雕龙·神思》中有云:"独照之匠,窥意象而运斤。"它们中的"意象",都是"意思与形象"之义,后来更发展为系统的文艺理论。"意象"同样可以分析为两个义素的集合:{象,意}。"象"就是艺术符号的能指,"意"为所指。其中的"象"是意的象,"意"则是象的意,"意"和"象"彼此不能分割。它们的结合,就是艺术符号。因此也可以说,"意象"就是艺术符号。

在西方,"意象"(image)虽然不等同于"有意味的形式",但也是大体相当或相通的。皮埃尔·吉罗说:"科学意味着我们加与自然的一种秩序;艺术意味着我们面对自然所产生的情绪。因此,美学符号是现实之意象。"[1]按照吉罗的说法,意象是一种表达情绪的符号,因此理解为"有意味的形式",自然也是恰当的。

二、符号的第二系统

符号能指和所指的二元关系是一种意指关系,我们用"e"表示能指(表达面),用"c"表示所指(内容面),用"R"表示意指关系,这样,我们就可以得到一个关于"符号"的一般公式:

$$e \ R \ c$$

然而艺术符号系统有它的特殊情况:艺术符号的能指本身通常就是一个符号,也就是说,它的能指 e 就具有 eRc 结构,而它的所指则是符号 eRc 的所指。因此,艺术符号的公式应为:

$$(eRc) \ R \ c$$

罗兰·巴尔特在他的《符号学原理》一书中,把符号 eRc 看成第一系统,把符号(eRc)Rc 看成第二系统。这样,第一系统成为第二系统的一个简单要素——

---

[1] ［法］皮埃尔·吉罗著,怀宇译:《符号学概论》,四川人民出版社 1988 年版,第 83 页。

能指,于是从第一系统引申出第二系统。艺术符号系统的符号,就属于这样的第二系统。艺术符号的能指和所指关系,可以图示如下:

艺术符号作为符号的第二系统,它的所指就比一般符号系统多了一个层次,或者说,意义更深入一步,甚至于"深入"到只能意会而不能言传。这样的"意义"可以称之为"第二意义",亦即罗兰·巴尔特所说的"意指"。

例如:王维《送元二使安西》诗云:"劝君更尽一杯酒,西出阳关无故人。"就语言符号而言,它是一个复句层次的意义单元,这一组语音或一串汉字是它的能指;它的所指是说:走出阳关便是穷荒绝域,不会有朋友相聚饮酒之事,所以劝君多饮一杯。然而这些仅仅是字面意义。从诗歌艺术的意义上说,它是一个"有意味的形式",或曰"意象"。它以上述能指和所指的结合为能指,给出新的所指,赋予更为深刻的含义。因为西出阳关免不了艰苦和寂寞,"劝君更尽一杯酒",就像是一杯浓郁的感情琼浆,既有依依惜别的情愫,又有对远行者的深情体贴,以及前路珍重的殷勤祝愿。对于送行者来说,不只是让朋友多带走一分情谊,而且有意无意地延宕分手的时间……其实,诗人的感情远比这里述说的更要丰富得多。这些就是"有意味的形式"的"意味"。

凡·高《星月夜》描绘了这样一幅图景:夜空里星月交辉,大气奔涌流转,苍松撕裂扭曲如火焰般升腾,远山与丛林相伴而舞,土地与房屋共同起伏。然而越过画面意义,研究者认为,这是一幅内蕴宗教意味的象征画,画中的月亮、11 颗星星和松树,分别地象征耶稣和他的使徒以及教堂。即使撇开画中的宗教象征意味,我们仍然能够从作者独具个性的色彩和线条中,读出他那绝望与希望相交织、痛苦与兴奋相融汇的精神世界。

米开朗琪罗的《大卫》,这尊雕像高达 5.5 米,人物体格雄伟健美,神情勇敢坚定,是一个外在和内在都体现着全部男性美的理想化身。大卫怒目而视,头部向左方扭转,手握投石器,以高度的警觉面对敌人。《大卫》还深层次地表现了人对自身力量的肯定。在意大利走向衰落的 16 世纪初年,人们呼唤着拯救社会、改变现状的英雄人物出现,《大卫》就是以"压倒一切的威力和满怀献身的悲壮"这样的凛凛气势降临人间的。

现代建筑悉尼歌剧院,最吸引人的地方是那巨型平台上弧线优美的十片白色壳体,辉映在港湾的天光水色之间。按照设计者的原意,那些张开的屋顶像橘子瓣或飞翔中的鸟翼,然而人们却有更多的想象:那是贝壳,是白帆,是盛开的花朵,是一次交通事故或"大鱼吃小鱼"的戏剧性表演。它给想象力丰富的人们留下了任意驰骋的空间。

颜真卿的《祭侄稿》,被誉为"天下行书第二"。在唐代安禄山叛乱中,作者从兄颜杲卿及其幼子季明,"父陷子死,巢倾卵覆"。作者满怀沉痛悲愤之情,匆匆起草,无心作书,然而在至情郁结、忠义激发的心理条件下,不自觉地把切骨之痛伴和着郁怒、激切、哀悼、缅怀之情倾注于笔端。直到今天,人们从那一泻千里的气势、刚中见柔的线条、大量的渴笔和随手涂改的字迹中,依稀想见书家当时的胸怀、心绪和急切欲书的情状。

由这些实例可见,艺术符号系统是在符号第一系统基础上的第二系统。它的能指即第一系统的符号——"意味的形式",其所指为"形式的意味"——一种特殊的审美感情。这种感情虽然可以用语言来表达,但是在许多情况下"言有尽而意无穷"。艺术作品的符号不只是一种工具和载体、手段或途径,而是艺术活动的直接现实,是艺术作品的血肉之躯,而非"得意"后就可忘掉或就能忘掉的东西[①]。

艺术符号属于符号的第二系统,但这并不是说,符号的第二系统都是艺术符号。

三、艺术符号系统的分类

苏珊·朗格说:"艺术品是将情感(指广义的情感,亦即人所感受到的一切)呈现出来供人观赏的,是由情感转化成的可见的或可听的形式。"[②]从这个意义上说,艺术符号系统可以分为视觉艺术符号、听觉艺术符号和视—听觉艺术符号三个子系统。

1. 视觉艺术符号系统

视觉艺术符号也称为"空间艺术符号",是用一定的物质材料塑造直观形象

---

① 赵奎英:《试论艺术作为出场符号》,《文学评论》2018年第4期,第193页。
② [美]苏珊·朗格著,滕守尧、朱疆源译:《艺术问题》,中国社会科学出版社1983年版,第24页。

的艺术符号的总称。视觉艺术符号通过能被人的视觉直接感知的艺术形象来传达审美讯息,具有客观存在的静态的审美特性。视觉艺术符号的分门别类,构成了视觉艺术符号系统。

视觉艺术符号系统包括绘画、雕塑、建筑、摄影以及汉字书法等符号门类。这些门类也就是视觉符号系统的子系统。举其要者如下:

（1）绘画

绘画是在二维平面上创作出三维空间的静态艺术门类,是以线条、色彩和形体为主要表现方式的视觉艺术符号。其中线条为第一要素,是艺术家从万千世界中提取出来并赋予了艺术生命的高度抽象化的产物,是绘画的气势与神韵之所在。色彩是绘画艺术符号中最具表现力、最富情感力的部分。艺术家正是通过各种颜色的搭配和浓淡轻重的变化使画面形成不同色调的。而形体观念则是指立体地理解物象。从"焦点透视"的意义上看,画家在观察对象时,只能从一个角度去研究立体物象的各个体面,从而在二维平面上创造出三维立体的艺术效果。

绘画艺术大体上分成东西方两大体系。东方绘画体系以中国画为代表,"'意象'是传统中国画中用来寄托主观情思的客观物象,这一点上与西方象征符号无异"①;西方绘画体系是从古希腊罗马发展起来的,以欧洲为中心,以油画为代表。例如毕加索在《格尔尼卡》中,以公牛代表侵略者,高更借助描绘大溪地原住民的彷徨无助来映射内心矛盾等,都是创造性地运用象征符号表达理念。

（2）雕塑

雕塑是三维空间的艺术符号。与绘画的二维平面不同,雕塑是用金属、木、石、泥土等材料制作出具有三维空间和实在体积的视觉艺术门类。观赏者可以转换不同的视角和距离,以获得不尽相同的审美感受。雕塑的符号语言主要体现在形式上,形式是雕塑有机整体的一个重要组成部分,它提供了使用和评价等活动的对象和起点。在一定程度上可以说,一个雕塑家是否有创建符号的意识,是否擅长运用艺术符号,标志着他艺术水平的高下,甚至影响他艺术风格的形成。②

作为一种立体的造型艺术,雕塑只能表现人物动作或事物情态的一瞬间。

---

① 田伊萌、曹铁娃:《20 世纪 90 年代中国绘画符号化现象的思考》,《国画家》2021 年第 1 期,第 55 页。

② 刘颖:《雕塑符号浅析》,《艺术与设计》2009 年第 10 期,第 313 页。

所以雕塑在取材上必须高度浓缩生活素材,以简驭繁,以静寓动。观赏者可以由眼前的静态想象出它的过去和未来,雕塑作品也因之在有限的空间形象里展现出丰富的艺术内涵。

雕塑分为雕刻和塑造两个基本类型。雕刻是将材料剔削而成型,如玉雕、石雕、木雕等;塑造是以增添材料而成型,如泥塑、面塑等。前者的方法是"减",后者的方法是"加"。

（3）建筑

建筑同雕塑一样,也是三维空间的造型艺术,然而它又是一种实用艺术,是实用与审美的统一。"以视觉形式为表现方式的符号体系对于建筑形式的审美情趣和审美时尚发挥了越来越重要的影响。大众与业主所关心的已不再是物质,而是符号,符号价值已经成为建筑形式的重要组成部分。"[①]

建筑作为一个艺术门类,要求建筑者按照美的规律,运用形体、质感、比例、尺度、色彩、空间组合等建筑艺术手段,构成三维空间的可视性形象。歌德、雨果、贝多芬都曾把建筑称作"凝固的音乐"。这个意思是说,建筑艺术通过空间序列,由柱子、门窗、阳台等所形成的天然节奏,让人感受到时间艺术多变而流动的画面犹如音乐的序曲、渐强、高潮、渐弱一样。建筑艺术是一定社会的物质与精神文明的缩影。

建筑艺术一般分为:纪念性建筑、宗教性建筑、宫廷陵墓建筑、住宅建筑、园林建筑和生产建筑等。

2. 听觉艺术符号

听觉艺术符号也称为"时间艺术符号",是指通过欣赏者的听觉引起审美感受的艺术符号。其特点是:运用音响或语言符号塑造艺术形象,主要的审美讯息输入通道是听觉器官;欣赏者随着时间的流动,体验到作品的思想情感内容。听觉艺术符号一般包括音乐符号和文学符号。

（1）音乐

音乐是以声音为物质媒介,以时间为存在方式并且诉诸听觉的艺术符号。音乐是经过音乐家把客观存在的声音加以改造,以旋律、节奏、和声等音响来塑造音

---

① 王又佳:《谈我国当代建筑中的符号化倾向》,《华中建筑》2021 年第 4 期,第 11 页。

乐形象的。音乐形象不像视觉艺术符号那样具有空间的确定性,它在时间中展开,具有时间上的连续性和流动性。芬兰符号学家埃罗·塔拉斯蒂(Eero Tarasti,1948—　)在《音乐符号学》一书中对音乐符号的能指和所指进行了界定:

> 大致而言,所有音乐模式都可以区分为两个层次:1. 能指层面——音乐被聆听、物理刺激、音乐材料;2. 所指层面——概念、思想和音乐引起的情感;所指内容是否上述描述的先于音乐模态过程的层次,或它的解码和去模态化的层面,即音乐事件之后,听众情感内容的阐述。①

音乐长于抒情,是一种直接表现审美主体感情体验的艺术。音乐家们的作曲、演奏或歌唱,都是在倾诉不断变化着的情感。音乐的声音是抽象的、流动的,然而又是可以理解的,能给听众留下广阔的联想和想象的空间,产生强烈的情感共鸣。

音乐一般分为声乐和器乐两大类别。有乐器伴奏而又是人声演唱的音乐,也归入声乐一类。

(2) 文学

文学是通过语言符号来传达情感讯息的艺术形式。文学作品可以诉诸听觉,口耳相传,也可以通过视觉来阅读,但是人们还是把它看成听觉或时间的艺术符号。在索绪尔结构主义语言学和符号学基础上形成的俄罗斯形式主义、布拉格学派、法国结构主义和后结构主义理论的重要思想家、符号学家和文艺理论家,如雅各布森、穆卡洛夫斯基、列维-斯特劳格雷马斯、巴尔特、德里达、拉康等人,都无不把文学艺术视为“符号”。

文学符号与语言符号有着质的差别。《意义的意义》的作者之一理查兹说过:“一个陈述的目的可以是它引起的指称,不管这指称是否正确,这是语言的科学用途。但一个陈述的目的也可以是用它所指称的东西产生一种感情或态度。”②这里的“语言的科学用途”,指的就是语言符号,属于符号的第一系统。

---

① [芬兰]埃罗·塔拉斯蒂著,黄汉华译:《音乐符号学理论》,上海音乐学院出版社 2016 年版,第 71 页。

② [英]理查兹:《文学批评原理》,引自赵毅衡:《文学符号学》,中国文联出版公司 1990 年版,第 104 页。

"用它所指称的东西产生一种感情或态度",也就是以原来的符号为能指,另外赋予它"感情或态度"的所指,这是文学符号,属于符号的第二系统。元曲有云:"骤雨过,琼珠乱撒,打遍新荷。"这里用"琼珠"比喻"雨珠",属于另外赋予的所指,因而是文学符号,而不是一般的语言符号。

文学作品一般分为诗歌、小说、散文和戏剧文学四大类别。

3. 视—听觉艺术符号

视—听觉艺术符号也称为"时—空艺术符号",或者"综合艺术符号"。包括舞蹈、戏剧和影视等艺术门类。

（1）舞蹈

舞蹈属于动态的视觉艺术符号。舞蹈创作中符号的意义受人物身份的影响,同时又取决于符号情境。"符号意义的实现,是人物及其行动的结果,没有人物就没有意义,人物行动严重影响符号的表意。而人物身份的确立,要靠语境来完成"①。舞蹈的基本审美特点,在于通过奔放舒展、刚柔相济的优美动作塑造各种各样的舞蹈艺术形象,用以传达丰富的情感内容。舞蹈总是与音乐共生共存的。音乐"包含了并决定着舞蹈的结构、特征和气质",增加了观众的听觉快感,并由此产生了巨大的艺术魅力。"音乐是舞蹈的灵魂,舞蹈是音乐的回声。"

舞蹈作为符号系统可以有不同的分类。例如按体裁分为独舞、双人舞、群舞、舞剧等;按美学特征分为芭蕾舞、中国古典舞、民间舞和现代舞等。

（2）戏剧

戏剧是由演员扮演人物、当众展示故事情节的艺术符号。戏剧符号有自己的特殊属性,主要表现在以下四个方面:

> 其一,是戏剧能指的一次性。构成戏剧能指的每一种因素都处于不断的变化之中,戏剧的每一场演出,都有自己的独一无二性。其二,是戏剧符号的多中介性。中介的不同侧重,对于戏剧符号能指的构建有着不同的影响。其三,是戏剧符号与戏剧观众的关系。从符指过程看,戏剧离不开观众,这使戏剧成为与现实联系最紧、对现实反映最敏锐的艺术种类之一。从

---

① 高旭、唐雯:《舞蹈、符号与意义初探》,《当代音乐》2021 年第 9 期,第 160 页。

戏剧能指的形成过程看,戏剧观众对戏剧的能指会产生多方面的影响。其四,是剧本能指与舞台能指的关系。戏剧从本质上说是舞台演出,剧本是为舞台演出服务的,舞台演出的特点决定了剧本的视觉性和简约性。[1]

作为视听结合的艺术,戏剧综合了文学、舞蹈、音乐、美术等因素。然而它的根本特征却在于戏剧冲突。戏剧的剧情总是由一系列的矛盾冲突构成的,没有冲突便没有戏剧。

(3)影视

电影和电视是最年轻同时也是最富有影响力的视—听觉或时—空艺术符号。它们虽然有许多不同之处,但是"服从于同一种艺术规律",因而可以看成同一种艺术符号。"影视艺术的符号,应既包括视觉方面的影像,也包括听觉方面的声响,缺其一者,就不是完整的影视符号结构。"[2]影视把画面同声音结合起来,并且超越了时空界限。如果内容需要,天南地北,昼夜古今,都可以在瞬息之间相继出现在画面上。影视不断地使用现代高新科学技术手段,使自己获得了无与伦比的表现能力,拥有了艺术符号系统中最多的观赏者。影视是包含了摄像、编辑、声音、字幕、特效和动画等的多模态符号系统。相比较绘画,摄像拍摄的是真实的场景,相比较图片摄影,摄像又具有动态性。编辑将不同的镜头组合在一起,形成有意义的表达,称为"蒙太奇"。影视字幕不同于文学中的艺术符号,因为字幕在影视中是动态呈现的,具有独特性,计算机图形的运用带来了三维字幕等样式,更加丰富了字幕符号的表现力。影视中的声音符号的艺术性表现在其与画面的配合,创造出多模态场景。动画是计算机图形学的杰作,可以二维或三维呈现,可以单独播出,也可以嵌入到拍摄画面。特效也是影视符号的独有特征,比如画中画效果,运用数字特效制造的转场效果等。[3]

电影和电视毕竟是两个不同的艺术符号系统。电影按传统的说法,有四大片种:故事片、美术片、科学教育片和新闻纪录片。电视还另具特色,比如电视剧就是电影所不能完成的。其他如电视文献片——电视艺术中的报告文学,以

---

[1] 赵炎秋:《作为符号的戏剧》《湖南社会科学》2019年第5期,第135页。
[2] 谢淑丽、李博:《影视影像的符号性研究》,《影视评论》2009年第21期,第34页。
[3] 同上。

及音乐电视、电视散文、电视诗歌等，也都是全新的艺术品种。

第四节　殊论（三）　自然符号系统

一、作为"第二职业"的符号

自然符号是相对于人工符号而言的。人工符号是为一定认知或交际目的而专门创制的符号产品。它们是一些"专职"的符号，唯一的功能就是符号功能——认知或者交际。而自然符号则不然，它们不是"专职"的符号，作为符号只是它们的"第二职业"。

自然符号本来并不是符号，是人们赋予它符号的意义之后而成为符号的。例如莲花只是一种多年生草本植物，在人们赋予它"纯洁无瑕"的含义之后，于是成了象征"君子"的符号。周敦颐《爱莲说》云："予独爱莲之出淤泥而不染，濯清涟而不妖，中通外直，不蔓不枝，香远益清，可远观而不可亵玩也。"这是文学艺术符号：表面说的莲花自然属性只是符号第一系统，而用莲花隐喻君子的高洁气质，则是符号的第二系统。对于莲花来说，作为君子的象征符号不是它的本职工作，而是"第二职业"。

自然符号并不局限于自然物，其他如自然、社会现象乃至一切现成事物都可以成为自然符号。例如"电闪雷鸣"属于自然现象，人们可以把闪电看作雷声即将响起的自然符号。有人说"文艺是社会生活的晴雨表"：文艺繁荣，人民富裕；文艺萧条，人民贫困。这"晴雨表"就是自然符号的意思。美国纽约的"双塔"，"9·11"事件之前一直是纽约乃至美国的标志。"双塔"是人工建筑物，然而作为"标志"，就是自然符号。

作为"第二职业"的自然符号，有自己独特的能指和所指。自然符号的能指就是一切现成的事物——从物体到现象，所指是人们赋予这个特殊能指的意义，如莲花象征君子的意义，文艺作为社会生活"晴雨表"的意义，等等。这也就是说，自然符号的特殊之处就在于利用现成事物作为能指，而不像人工符号那样专门创制一个能指。

从理论上说，宇宙间任何事物都可以成为自然符号，但这不等于说任何事物都是自然符号。现成事物获得"第二职业"而成为自然符号,关键在于赋予意义。只有当某个事物被人们选择为符号的能指同时赋予意义的时候,它才成为一个自然符号。例如路口的一棵榕树不是符号,只有当人们把它当作通往某个村庄的标志时,它才成为自然符号;打喷嚏本来是一种生理现象,在人们意识到可能着凉的时候,打喷嚏成了自然符号。

自然符号的"符号化"的进程就是从它获得符号功能时开始的。在此之前,它只是自在之物,只具有实用的功能。有的符号学家认为,一个自然物或者实用物,只要"获得了超出它作为自在与自为的个别存在的意义时",它便成了自然符号。按照这种观点,现成事物是很容易成为自然符号的。例如有人看到一块石头,想起"这是石头",把它作为同类物的代表时,它已经不只是纯粹的实用体,而是一个自然符号。当有人说"我见到一位老人",那被称为"老人"的人便成了自然符号。动物园里的动物都是自然符号。

现成事物获得"第二职业"而成为自然符号,与符号情境特别是文化情境密切相关。例如东方人使用的筷子,它只是一种进餐的工具,但是在西方人的眼里,它却成了极具典型性的东方文化符号。罗兰·巴尔特在他的《符号帝国》一书中盛赞了筷子的东方文化品质。他说筷子具有一种"母性的气质",人们使用筷子,"这种准确、细致、十分小心的动作正是用来抱孩子的那种细心劲儿"。筷子不像西方人的刀具,它不是用于扎、切或是割,它"从不去伤害什么,只是去选取、翻动、移动"。筷子"从不蹂躏食物","食物不再成为人们暴力之下的猎物,而是成为和谐地被传送的物质"。① 同样,一个东方人初到西方,也会满眼都是符号,西方任何一个国家也都会是一个"符号帝国"。

作为"第二职业"的自然符号,有时候也会失去"第一职业"而成为"专职"的符号。例如中国的长城,它的"第一职业"是防御外敌入侵;随着时间的推移,长城失去了古时的军事作用,而成为中华民族的象征以及中华民族古老文明的象征。陈列馆里的每一件展品,也都失去了原来的实用功能,只剩下本来是"兼职"的符号功能。然而即使是"专职"的自然符号,它也是自然符号而不是人工符号,因为它是以现成事物为能指的。

---

① 〔法〕罗兰·巴尔特著,孙乃修译:《符号帝国》,商务印书馆1996年版,第24—25页。

自然符号在获得"第二职业"之前,它们只具有潜在的而不是现实的符号功能,我们不妨称之为零符号。当它们失去了实用功能而成为"专职"的自然符号时,可以称之为纯符号。所有人工符号都是纯符号,而作为"纯符号"的自然符号仍然是自然符号。

二、自然符号系统的分类

自然符号系统可以分为指索的自然符号、象征的自然符号和图像的自然符号三个子系统。

1. 自然指索符号

自然符号突出地表现为指索符号。这是因为人们在长期的经验积累中熟悉了一些事物之间的因果或邻近的关系,并在此基础上形成了自然指索符号。征兆、标示和踪迹等,都属于自然指索符号。

（1）征兆

征兆是指一事物为另一事物发生的先兆或征候,而这种先兆或征候总是表现为事物间的某种因果邻近关系。例如韩非子《亡征》一文,举出一系列国家致亡的征兆:诸侯之国反而小于卿大夫之家,人主之权反而小于人臣;贪图享受,聚敛财富,使百姓疲于奔命;事鬼神、信卜筮而好祭祀;可以权势求官职,可以贿赂得爵禄;懈怠无成,优柔寡断;乖戾不和,拒谏好胜;侮辱大臣,无礼父兄,杀戮无辜,等等,一共 47 种。这些都是社会变革的征兆。谚语云:"瑞雪兆丰年。"由于冬雪保温杀虫,有利于农作物,所以被人们看成来年丰收的吉兆。这是天文气象的征兆。如果有人双手叉着腰眼,或者卷袖子、捋胳膊,或者紧握拳头,都是要跟别人打架的征兆,属于生理和心理现象。

（2）标示

标示可以是人工符号,如商标是商品的标示,路牌是道路的标示,但这里所说的是自然标示符号。例如敲门声是客人来访的标示,汽笛声是火车或轮船临近的标示,"寿斑"是人体细胞衰老的标示,瞳孔放大是人死亡的标示,等等。

标示与征兆不同,征兆发生在目标事件之前,而标示则是与目标事件同时发生的。"一叶落而知秋",这一片落叶只是秋天来临的征兆,而"秋风吹渭水,落叶满长安",这满街落叶则是秋天的标示。鬓边一丝白发是人老的征兆,而满头白发则是老人的标示。

（3）踪迹

踪迹也能表明事物间的某种因果邻近关系。例如猎人通过足迹爪痕知道有某种兽类或鸟类曾经经过这里，考古工作者通过出土文物推断古代的社会生活，公安人员通过勘查现场来侦破案件，他们的依据都是踪迹。

其实踪迹也就是标示，它们都是同目标事件同时发生的。只是踪迹对于观察者来说，当时是不在场的。所谓"事后诸葛亮"，踪迹是观察者对目标事件的回溯。

2. 自然象征符号

自然符号也常常表现为象征符号。自然象征符号可以分为自然象征、物品象征和人物象征等符号门类。

（1）自然象征

自然界的一切事物和现象都可以成为自然象征符号。太阳是光明和生命力的象征，也代表男性；月亮是美好和安详的象征，又是女性的代表。星星具有特殊的向导和守护神的象征意义，占星术就是一个神秘的象征符号系统。雷电是具有创造力和破坏力双重含义的象征符号，据说雷公和电母是一对神灵夫妻。彩虹在欧洲是发现财宝的征兆；在中国被当作连接天与地的神龙，"虹女"指代美人。

动植物作为自然界的生命之物，也有丰富的象征意义。在动物世界中，狮子象征威严和勇敢，豺狼象征凶残，狐狸象征狡猾，绵羊象征温顺，鸽子象征和平。即使是龙和凤凰之类在现实中不存在的神物，也有它们各自的象征意义。在植物界中，玫瑰花象征爱情，百合花象征"百年好合"，松、竹、梅象征"岁寒三友"。如此等等。

（2）物品象征

作为"物品"的象征符号，是指被赋予了符号功能的人工制作的实用物品。例如天平是正义和公正的象征；钥匙是开启心扉的象征，也是破译信息密码的象征；犁是和平的象征；镰刀是劳动者的象征；轮子是动力的象征，也代表了永无休止的循环运动。

有些物品原本具有实用功能，后来蜕变为纯粹的象征符号。例如华表又叫"诽谤木"，让人们在上面刻写意见，相当于现在的意见簿；现在的华表，成了中华民族的象征符号。"如意"原是搔痒的工具,现在成了象征吉祥的符号。

（3）人物象征

这里所说的"人物",主要是神话传说和艺术作品中的人物,也指真实世界的人物。例如玉皇大帝是"天"和神权的象征,孙悟空是向往自由、勇于斗争的叛逆者的象征,堂吉诃德是脱离实际、流于幻想、被现实撞得头破血流的人的象征,诸葛亮是聪明人的象征,西方的海伦和中国的西施是美女的象征,华盛顿是美国的象征,雷锋是做好人好事的象征,邓小平是中国改革开放的象征。

3. 自然像似符号

自然符号也表现为像似符号。这就是说,在自然符号中,也有利用其能指与对象之间的肖似性的。自然像似符号可以分为象形和象声两个类别。

（1）象形

自然像似符号主要表现为视觉形象的肖似,属于视觉符号。例如镜像,镜中的人像与真实人像之间毫无二致,能指与符号对象外形上肖似,我们称之为象形的自然像似符号。

在旅游文化中大量地表现为象形的自然像似符号。例如桂林象鼻山、巫山神女峰、太湖鼋头渚,以及黄山的"梦笔生花"、"猴子观海"等,它们的能指与对象之间惟妙惟肖,都属于象形的自然像似符号。浙江雁荡山奇峰环绕,怪石林立,夜观灵峰附近的犀牛望月、雄鹰敛翅、夫妻峰、婆婆峰等景致,甚至每走几步就是一个形象,堪称自然像似符号的绝唱。

（2）象声

象声的自然像似符号诉诸听觉,属于听觉像似符号。这些符号不同于指索符号和象征符号,它们的能指与对象之间具有声音上的肖似性。例如北风的声音与人的哭泣声肖似,人们赋予它"呜咽"的含义,流泉的声音与琴声肖似,人们赋予它"优雅"的含义。它们都是象声的自然像似符号。

此外,犬吠"汪汪"、鸡鸣"喔喔"等象声词以及音乐作品中对自然声音的模仿,似乎属于人工符号,但从某种意义上说,也可以看成象声的自然像似符号。索绪尔说过,"拟声词从来不是语言系统的有机部分"。[①] 拟声词即象声词,与一

---

① ［瑞士］索绪尔著,高名凯译:《普通语言学教程》,商务印书馆1980年版,第104页。

般语言符号确有不同之处。文艺批评家莱辛也说:"诗应该努力把它的人为的符号提高为自然的符号"。① 莱辛的"自然的符号"概念更为宽泛。除了将象声词视为对物体的直接模仿以外,他还把格律所产生的效果也看成物理的,因而属于"自然的符号"。

---

① 引自[美] 韦勒克著,杨岂深、杨自伍译:《近代文学批评史》,上海译文出版社 1987 年版,第 221 页。

第七章 应用符号学与符号学应用

第一节 什么是应用符号学?

一、应用符号学的定义

理论来源于实践,又必须服务于实践。任何学科在进行理论层面探讨的同时,还须考虑其在社会实践中解决实际问题的能力。因为"有用"是任何理论发展的初心与归宿。因此,符号学除了研究符号的一般理论——就像本书前几章所讨论的那样,还需要研究符号学的应用问题。正如德国符号学家伊丽莎白·瓦尔特在《广义符号学引论》中所指出的:"如果人类意识活动的这种普遍的包含各种感觉形式的媒介,除了具有理论的概念外,而不具有实践的观念,那就是怪事了。"①显然,这些专门研究符号学应用问题的学科便是"应用符号学"。

1. 应用符号学是理论符号学的应用研究

应用符号学是相对于理论符号学而言的,没有理论符号学,也就无所谓应用符号学;反之,没有应用符号学,也无所谓理论符号学。众所周知,符号学从诞生直到今天,还没有形成一个能被学者们公认的一般符号学理论体系,但这并不影响应用符号学的建立和研究。因为应用符号学可以应用最一般的、成系统的符号学理论,也可以应用比较一般的、未成系统的符号学理论,甚至可以应用各门

---

① 〔德〕马克斯·本泽、伊丽莎白·瓦尔特著,徐恒醇译:《广义符号学及其在设计中的应用》,中国社会科学出版社 1992 年版,第 110 页。

各派所提出的一些符号学思想。毕竟从符号学创立以来,已经有了许多为人们普遍接受的符号学基本理论知识,如索绪尔关于符号能指—所指的"二元结构"说,皮尔斯的符号形体—符号对象—符号解释的"三元一体"说,以及像似符号、指索符号、象征符号的符号三分法,等等。严格地从符号学的角度出发来研究这些基本理论的应用问题,应当说可以形成相应的、也许不够成熟的应用符号学。

理论符号学对应用符号学具有指导作用。理论符号学作为理论科学,其根本任务是系统而深入地进行符号学科的一般理论研究,即研究符号的本质、结构、系统以及符号意义的产生、传达和释义过程,研究符号的指称和意指方式的一般规律。理论符号学的成果在符号学科中通常具有基础性、系统性和前瞻性,它是符号学研究的最高层面。因此,理论符号学为应用符号学提供启示性、指导性的理论和科学根据,以便于解决众多的符号学应用问题。

例如广告符号学,就是在理论符号学指导下的一门应用符号学。在我们的现实生活中充斥着大量的形形色色的广告,广告的本质是什么? 广告的基本模式是什么? 借助于符号学的理论,可以对上述问题做出回答。从符号学的角度看,广告活动是广告人的一种有意识的符号行为,是广告符号的编码—解码操作和符号信息的传播过程。广告的符号学模式如下:①

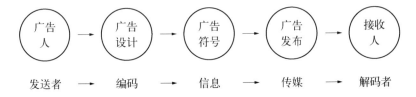

根据皮尔斯的符号理论,广告符号是由广告符号的符形、对象和符释组成的三元关系。每一个广告符号实质上就是以下的"三位一体"关系:

---

① 参阅曹予生:《论广告符号学的性质和主题》,《探索与争鸣》1999 年增刊。

这一"符号三角"说明,每一则广告只有在这"三位一体"的符号图式中才能获得它的意义。以 LUX("力士")牌香皂为例,在此广告的传播中,联合利华公司是广告符号的发送人,可能的消费者是接收人,电视媒体是传播媒介。符号对象即"力士"牌香皂,符号的能指有语言、视觉、音响等,符号解释或其意义就是该香皂的讯息,在可能的顾客群中产生的接收者即解码者。根据他们个人的经验或爱好,力士牌香皂可能作为"最佳洗涤剂"而成为一种"价值",从而使尚不属于"力士"牌香皂的消费者转变成"力士"的消费者。在这里,广告符号学作为一门应用于具体领域的符号学理论,解释了什么是广告的本质和基本模式。

然而,既然理论科学本身就具有理论联系实际的能力,它为应用科学提供了理论基础和科学根据,为什么还有必要形成与理论科学相应的应用科学呢?因为理论的应用并不是现成理论的一味照搬。应用过程本身往往也是非常复杂的科学问题,它需要更进一步的研究,以便让理论原理因时因地制宜地在各个领域得到有效应用。理论有不同层次的理论、不同方法的理论,甚至有不同观点的理论。但理论科学的某项成果并非放之四海而皆准,在具体应用时必须找准与实际的契合点。什么时候应用什么理论原理,怎么应用,怎么更有效地解决实际问题,这些都需要应用科学进一步加以研究。就应用符号学研究而言,在理论选择及具体应用方面仍存在一系列值得深入思考和探讨的问题。这是因为,至今仍没有公认的理论符号学体系,且"种种理论彼此并不竞争,而是各行其是,互不相容:它们的基本概念已如此分歧,以至于几乎不能有共同的讨论了,更何况理论符号学还面临着自身的'危机'"。[①] 在这样的理论符号学研究现状下,应用符号学更需要就用什么理论、怎么应用等问题进行深入的探讨。

此外,理论符号学和应用符号学也是彼此交织、相互作用的。应用科学要不断地为理论研究提供新的研究课题、方向和素材,以进一步促进理论研究的发展,理论科学也要回应应用研究中遇到的问题,以更好地指导应用科学的研究。当我们把理论符号学原理应用于某个学科,应用于诸如人类语言、文学创作、艺术设计、大众传播、文化交流甚至于自然界等的实际问题时,就形成了相应的应用符号学,如语言符号学、文学符号学、艺术符号学、广告符号学、服饰符号学、建

① 〔德〕艾施巴赫:《为文化符号学辩护》,引自李幼蒸《理论符号学导论》,社会科学文献出版社1999年版,第91页。

筑符号学等。而伴随着其他科学的进一步发展,应用符号学的研究领域不断扩大,有的同邻近科学结合,建立起了符号学的边缘学科、交叉学科,这对理论符号学的研究也提出越来越高的要求。正如有的学者所指出的:"目前的情况似乎是应用符号学走在理论符号学之前,也许,符号学本来就不应该理论先行,而应该从发展中取得生命力。"①

2. 应用符号学同部门符号学相互交叉

符号学还可以分为一般符号学和部门符号学。由于理论研究往往指一般性的研究,而应用研究则局限于特定的某一领域,所以通常将理论符号学看作一般符号学,而将应用符号学等同于部门符号学。其实这种"等同"是不恰当的。因为应用符号学与部门符号学的学科领域虽然有许多重叠,但是两者的属性并不相同。

部门符号学是相对于一般符号学而言的。要了解部门符号学的研究对象,必须首先弄清什么是一般符号学。一般符号学的"一般",意味着其研究对象具有一般化和普适性的特征,正如罗兰·巴尔特所说的: 符号学"以所有符号系统为研究对象"。② 一般符号学研究的符号系统不仅包括语言符号,还可以扩大到非语言的其他符号系统,如礼仪、服饰、绘画、音乐、建筑、交通等。从这个意义上说,语言符号系统只是一般符号世界的一个部分。索绪尔的符号学理论已潜在地接受了这一前提,所以他说:"语言学不过是这门一般科学的一部分,将来符号学发现的规律也可以应用于语言学,所以后者将属于全部人文事实中一个非常确定的领域。"③一般符号学的"一般",甚至不仅涵盖人类的符号系统,还可以扩大到非人类的符号系统,如动物符号系统等。一般符号学的"一般"还有一个含义,即指为符号学研究提供统一的一般方法论,符号学家通常称之为"元符号学"。

一般符号学研究符号学的一般理论,是从符号的"大系统"意义上说的,而相对于一般符号学的部门符号学,其研究对象则是符号系统的某一子系统。例如以动物符号为研究对象的动物符号学,以语言符号为研究对象的语言符号学,以文字符号为研究对象的文字符号学,以艺术符号为研究对象的艺术符号学,以体

---

① 赵毅衡:《文学符号学》,中国文联出版公司1990年版,第265页。
② [法]罗兰·巴尔特著,王东亮等译:《符号学原理》,三联书店1999年版,第5页。
③ [瑞士]索绪尔著,高名凯译:《普通语言学教程》,商务印书馆1980年版,第38页。

态符号为研究对象的体态符号学,甚至以嗅觉符号或称"气味代码"为研究对象的嗅觉符号学等,都是部门符号学。部门符号学还指对某一现存其他学科用符号学方法进行研究而构成的独立的交叉学科。例如将符号学原理应用于文字学研究构成的文字符号学,应用于文学研究构成的文学符号学,以及诸如电影符号学、戏剧符号学、建筑符号学等。

由此可见,应用符号学与理论符号学的不同是就符号学的研究层面而言的,而部门符号学与一般符号学的区分则是就符号学的研究对象范围而言的。因此,理论符号学也进行一般性的研究,但理论符号学并不等同于一般符号学,因为对象的一般性和理论的系统性并非必然一致。同样,部门符号学虽然带有应用的特征,但部门符号学并不等同于应用符号学,因为对象的局部性和理论的应用性也并不等同。应用符号学与部门符号学作为两个不同分类所得的子项,它们之间不可能是等同关系,而只能是交叉关系。理论符号学和应用符号学、一般符号学和部门符号学之间的关系,如下图所示:

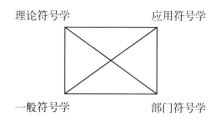

就应用符号学而言,它可以是应用的理论符号学,研究应用符号学的一般理论问题;也可以是一般的应用符号学,不专门论述某个部门或专业的符号学应用问题;当然还可以是部门的应用符号学,它既是部门符号学,也是应用符号学。最后一种情况最多,比如语言符号学、影视符号学、广告符号学等,它们都可以既是应用符号学又是部门符号学。

3. 应用符号学是研究符号学应用的符号学学科

从以上的讨论中可以看到,应用符号学是一门独立的符号学学科,它在符号学系统中的地位是确定的。

首先,应用符号学具有同理论符号学不同的研究层面。理论符号学研究符号学的理论层面,而应用符号学研究的则是符号学的应用层面。然而这不等于说,应用符号学没有理论,或者理论符号学与应用无关。事实上,理论符号学研究的是符号学的一般理论,并且是同实践相结合意义上的理论;而作为独立的符号学科的应用符号学,它必须研究应用层面上的一般理论,或者某一学科领域的应用理论。应用符号学与理论符号学是相对独立而又相辅相成的两个不同的符号学科。

其次,应用符号学和部门符号学密切相关。虽然,从研究范围上说,相对于一般符号学的部门符号学,其研究范围要狭小得多,它总是"部门"的,是符号大系统中的一个子系统。而应用符号学不存在研究范围问题,它可以是一般的应用符号学,也可以是部门的应用符号学。然而,应用符号学通常也是部门符号学,因为部门符号学一般都是把符号学的普遍原理应用于部门符号学研究,所以总带有应用符号学的性质。

因此,作为与理论符号学相对应的而又有别于部门符号学的应用符号学,它有自己特定的研究对象。一般地,应用符号学可以定义为:

> 应用符号学是符号学理论与相应的特定学科或专业相结合,并从应用目标出发,应用于此特定领域而形成的符号学分支学科。

这是一个发生定义,虽然未必深刻,但是有助于明确应用符号学的研究对象,给应用符号学一个比较确定的学科定位。从这一应用符号学的定义可以看出,它有三个要点:一是符号学分支学科;二是从应用目标出发;三是符号学理论与相应的特定学科或专业相结合。第一点为邻近的属概念,第二、第三两点为种差。有了这三点,就可以把应用符号学同相关学科乃至一切事物区别开来。凡是符合这一定义的符号学就是应用符号学,否则不是。例如"认知符号学""交际符号学""审美符号学""建筑设计符号学""交通信号符号学""广告符号学""时尚符号学""爱情符号学"等,或者概括地说,"××符号学"通常即应用符号学,如果它们符合上述定义的话。

因此,应用符号学首先是符号科学,它必须是结合相关学科或专业的系统的符号学理论。如果只是零星或分散地应用符号学的观点来讨论某个领域中的某些符号学问题,并没有形成系统的理论,这样的研究,我们称之为"符号学应用"或"符号学的应用"。

　　符号学应用与应用符号学相比,它们虽然有许多共通的地方,但也有重要的不同之处。符号学应用也是把符号学理论应用于某个特定的学科、专业领域乃至日常生活领域,当然也是从特定的应用目标出发的,但是它并没有形成特定的符号学分支学科。以应用符号学的定义来衡量,符号学的应用与应用符号学相比,它虽然具有与应用符号学相同的种差,但是不属于同一个邻近的属概念。也就是说,在将符号学的理论应用于某个具体领域时,符号学的应用只是形成了一些符号学知识,还没有形成符号学的理论体系,因而不是确定的符号学分支学科。

　　当然,"应用符号学"和"符号学应用"的区分也只具有相对的意义。因为它们的区分只在于是否形成了应用符号学的理论体系,而这个理论体系却有一个从不成熟到成熟的过程,而这个过程中间并没有一个截然分明的"楚河汉界"。一般地说,应用符号学的研究都是从符号学应用开始的,"符号学应用"是"应用符号学"的初阶,"应用符号学"是"符号学应用"的进阶。在不严格的意义上,"符号学应用"可以归属于广义的应用符号学范围。这个问题,我们将在第三节进行详细的讨论。

二、应用符号学的特征

　　如前所述,应用符号学是这样的符号学科:为了某个特定的应用目标,将符号学理论与特定学科或专业相结合而形成的符号学分支。应用符号学这一学科性质,决定了它具有如下特征:

1. 跨学科

　　应用符号学具有跨学科的特征。伊丽莎白·瓦尔特认为:"从一般性符号理论的意义上说,符号学较之数学、逻辑学、语言学和各种艺术占有优先地位。这是因为它所研究的是所有这些领域中都要应用的各种符号、符号关系以及符号化过程。也就是说,没有任何精神活动所应用或可以应用的媒介不是从属于广义符号学这一领域的。"[①]因此,从符号学的角度说,一切符号学都具有跨学科的性质。应用符号学作为符号学的一个分支——将符号学理论与特定学科或专业相结合而形成的符号学分支,其交叉学科的特征更为明显、更为突出。

_____

　　①　[德]马克斯·本泽、伊丽莎白·瓦尔特著,徐恒醇编译:《广义符号学及其在设计中的应用》,中国社会科学出版社 1992 年版,第 110 页。

例如,话语符号学就是符号学与现代语言学、文化人类学、文艺批评理论等相结合而形成的交叉学科。索绪尔的《普通语言学教程》,为话语符号学研究提供了重要乃至主要的理论依据和思想启示。本维尼斯特有关"陈述活动语言学"的研究成果,使得符号学借助于叙述主体的陈述来掌握意义成为可能,从而形成了话语符号学的概念和研究方法。由于文化人类学与符号学都关心话语中影响个体言语的文化习性,如风俗、习惯以及积淀在集体言语活动实践中的动因等,所以它们在这些方面多有交叉。列维·施特劳斯认为:"社会性变成了一种系统,而在这个系统的各个部分之间,我们可以看到衔接、等值和蕴涵关系。"①显然,这一原理与符号学在话语中的研究极为相似。罗兰·巴尔特在 20 世纪 50 年代开始的社会神话研究和继而进行的叙事文结构研究,使得文化人类学与话语符号学的关系有了进一步的发展。俄罗斯形式主义文论家普洛普于 1928 年出版了《俄国民间故事形态学》,格雷马斯在其基础上深入而又全面地研究了叙事语法,提出了完整的既可用于文学叙事文又可用于社会叙事文的符号学理论。因此,人们经常把话语符号学、结构人类学和比较神话学联系在一起,也就不足为奇了。

当然,应用符号学中的符号学知识与其他学科(或专业)的知识,并非机械地凑合在一起,而是水乳交融、天衣无缝地构成一个有机的整体。如果在名之曰"××符号学"的研究中,只论述其专业知识而不见符号学理论,或者前面一部分论述符号学理论,后面一部分论述其专业知识,两者互不搭界;或者只是在介绍符号学知识的过程中选用了该专业的一些实例,这样的研究都不应当认为是严格意义上的"应用符号学"。

2. 实用性

应用符号学作为符号学的应用学科,着眼于对符号学理论的应用,因此实用性是其重要特征之一。作为符号学的分支学科,其理论成果必须与一定的学科或专业相结合,具有可操作性和使用的有效性,才能实现其作为分支学科的实践价值。

从符号的工具性的角度来看,如果说一般理论符号学为人们的认知和交际

---

① 〔法〕尤瑟夫·库尔泰著,怀宇译:《叙述与话语符号学》,天津社会科学院出版社 2001 年版,第 2 页。

提供了最一般的工具,那么应用符号学提供的就是特殊的工具。"一般"往往会因其宽泛、抽象而不够实用、有效,特殊的工具则因其适合具体实际,因而具有其独特的效用。所谓"杀鸡焉用牛刀",杀鸡的刀和"牛刀"各有用场。应用符号学研究就好比为我们提供一把得心应手的刀,让我们在具体领域中实践起来事半功倍。例如,应用符号学同建筑领域相结合,为建筑的设计和建造提供了实用的理论工具。西方的银行建筑习惯使用陶立克式柱,而中国的银行则往往在大门前摆放两只石狮子,风格有别,但都能体现银行符号的功能:严肃、无个性、有理性、有男子气概,这种形象对存款人有安全感,而对盗贼则具有威慑力。贝聿铭设计的香山饭店,运用中国传统建筑中连续性和因借等语构原理,并从江南民居造型因素中抽取出正方形这些符号元素加以重复运用,构成鲜明的中国主题,给人以强烈的印象。应用符号学因其特殊的用途而创造一项特殊的工具,可以让我们使用起来更加便利、有效。

　　符号学的元科学性质,也使得应用符号学具有更高层面上的工具论意义,或者说,具有更为重要的实用性。符号学家将符号学视为"科学的科学"和"方法的方法",许多学者从作为"元科学"的符号学出发,应用符号学的理论和方法对相关学科进行符号学研究,从而取得重要的学术成果。例如法学家应用符号学理论对"法律时效"的研究,就具体体现了符号学作为元科学的实用功能。"法律实效"是法律理论中经常出现的概念。法学符号学认为,"法律实效"是法律文本信息传递的一个部分,这个法律文本可以是书面的,也可以是口头的,可以是言语的,也可以是非言语的。"法律实效"还是一种价值模式转化的表现形式,一种要求主张的信息传播。在这个意义上,法律符号学将"法律实效"看作是法律论辩中传递的观念信息,应用符号学方法可以对"法律实效"作为法律论辩中信息传播的特定形式作出更加详细的描述。比如在不同的法律文本下,"法律实效"为什么具有不同的意义?在某个特定的文本中,"实效"是如何被构造的?在相似或不同情况下它是如何作出的?应用符号学理论,这些问题都可以得到恰当的解释。此外,从业律师对当事人的解释,上诉法官对案件的判定以及法哲学家对其同行的建议,都可能具有不同的构造及解释。[①] 这些都是应用符号学实用性

---

① 详见徐爱国:《欧洲结构主义符号学法学的几个侧面》,《中外法学》1998 年第 4 期。

的表现。

3. 理论性

应用符号学是运用符号学的基本理论于某一特定学科或专业,围绕其中的符号学问题(如这个特定学科或专业中的符号的性质、结构、类型、能指和所指及其意指和指称过程等)而建立起来的一个相应的理论体系,并由此形成的一个独立的符号学分支学科。应用符号学之所以被冠以"学"的称号,是因为它有既定的研究对象,具备自身的概念和范畴体系以及学科理论体系。但是,如果将符号学理论应用于某一特定学科或专业,研究其中的局部的符号学问题,则理论解释是零散的,即还未能建构一个理论体系,那么这样的研究还不是"应用符号学",而是"符号学应用"。也因此,应用符号学具有理论特征。

应用符号学的理论意义是不能低估的。有些学科领域,它们虽然有各自独立的学科体系、理论和方法,但是有的理论有缺陷,有的方法失去了原有的解释力,许多学者就尝试用符号学理论对这些研究对象重新加以阐释,建构一个新的学科体系,从而构成相应的应用符号学科。20 世纪 80 年代法律符号学的产生就是一例。在 19 世纪,西方法学发展迅速,对法律基本问题的研究已经具有相当的规模。20 世纪初年,法学继续向前发展,许多新的方法被应用到法学领域,于是产生了各种各样的法学理论。然而这一切并非尽如人意。注重功利和实际的美国学者,用浅显的社会学和明确的统计学等方法分析法律,或者用更新的或更费解的心理学、阐释学、修辞学等理论批评传统的法学理论,使法理学领域变成了大杂烩。理性的法学家则用经济分析的方法来分析法律现象,大有使法学变成经济学分支的倾向。这些研究使得在 19 世纪形成独立学科的法理学又回到了分崩离析的状况。在这种情况下,以卡林诺维斯基(Kalinowski, G.)、兰多维斯基(Landowski, E.)和阿尔努依德(Arnaud, A-J.)等学者为代表,为了维护法学理论的统一性,尝试用符号学方法来阐释法学理论。他们认为,法律现象是一种符号现象,法律概念、理论也是符号,立法者的活动是一种动作符号的过程,法官判案也是对符号的操作。一句话,法律本身就是一个符号体系,由此开创了法学符号学的研究,重新构建了一个新的法学符号学学科分支。

应用符号学作为符号学这门科学的一个分支,它的一般性理论成果可以并且应该上升为一般理论符号学的组成部分,但它本身不应也不能替代或者超越它的母学科——符号学,就如同应用逻辑学之于逻辑学,应用语言学之于语言学一样,前者不能替代或超越后者。很难设想,在逻辑学界,会有学者将语言逻辑、认知逻辑等应用逻辑来替代经典逻辑,在语言学界,会有学者将语法学、修辞学等超越语言学。

三、应用符号学研究的分类

应用符号学集中了符号学的一些新兴学科,是符号学的一大门类。应用符号学是相对于理论符号学而言的,除了理论符号学,符号学的其他研究内容在应用符号学中都可以存在。因此,对于应用符号学研究的分类,至少可以分为以下三种:

1. 一般的和部门的

应用符号学可以分为一般应用符号学和部门应用符号学。一般应用符号学的"一般",主要指研究应用符号学的基础理论和一般方法论。在现有的符号学研究中还未发现一般应用符号学的代表性著作,但这并不能否认一般应用符号学在符号学学科体系中的地位和它对应用符号学发展的指导性作用。我们认为,一般应用符号学研究是将所有的应用符号学作为一个整体对象,首先要明确应用符号学研究什么,什么样的符号学研究属于应用符号学,而什么样的研究不应该属于应用符号学;其次,应当明确应用符号学的学科性质和学科地位,明确应用符号学与其他符号学门类如理论符号学、部门符号学等之间的关系;它还要研究应用符号学的应用模式和应用方法,以及应用符号学研究的意义与价值;等等。

部门应用符号学又可以称为应用的部门符号学。例如语言符号学、文字符号学、体态符号学、艺术符号学、自然符号学等。

2. 形式的和描述的

形式的应用符号学是这样的一些形式系统,它是把一般符号学理论应用于特殊主题,并使用形式化方法所产生的一些应用符号学分支。在应用符号学的研究中,对人工语言符号系统的语形和语义研究已经大量地使用了形式化方法,并建立了一些相应的形式系统。例如蒙太格语法,它实际上就是形式化的语言符号学。蒙太格语法首先是一部英语符号学,讨论英语的语法结构问题;它又是形式化的。蒙太格写道:"在自然语言和逻辑学家的人工语言之间没有重要的理论上的差别。的确我认为,在一个自然的和数学上精确的理论之内,综合这两种语言的语形学和语义学是可能的。"①蒙太格舍弃了英语语法中的心理、社会因素,采用严格的形式化方法处理英语现象,完成了对三个英语部分语句系统的形式化处理。

描述的应用符号学不采用或未采用形式化的方法,没有或现在还没有建立形式系统,它有自身特殊的规则和方法,以及独立于其他符号学学科的范畴理论体系。由奥斯汀和格莱斯等人开创的语用学研究,就属于描述的符号学应用研究。格雷马斯的结构语义学及其叙述和话语符号学,采用的也都是描述的方法。

应该说,学科研究通常都是从描述研究开始的,就连被称为形式逻辑的逻辑学,在亚里士多德时代并未建立完整的形式系统。描述研究是形式研究的基础,现在的应用符号学绝大多数属于描述的应用符号学。当然,随着描述研究的量的积累,它们有可能向着形式研究的方向发展,这包括大量的还未形式化但已经采用形式处理的应用符号学研究。因为描述研究不采用形式化的方法,但它并不拒斥形式,它可以部分地采用形式的方法。例如莱文森的《语用学》,从总体上讲是描述的,但在涉及自然语言和日常推理时,也使用了形式的方法,如他对会话含义中的一般量度含义(Generalized Quantity Implicatures)推理的形式构建,就是一种形式的方法。②

当然,这并不意味着描述的应用符号学会必然地发展为形式的应用符号学,更不能把描述的应用符号学理解为初级形式的应用符号学。描述的应用符号学是一种独立的应用符号学研究方法。

3. 理论的和操作的

应用符号学一般都包含有符号学的应用理论,也有实际的操作方法,但由于着眼点的不同,应用符号学可以分为理论的应用符号学和操作的应用符号学。前者着眼于应用理论体系的构建,后者强调实际的应用操作,虽然它也有一个理论体系。

以建筑符号学的研究为例,如果着眼于建筑符号的基本理论,就会形成理论

---

① 邹崇理:《逻辑、语言和蒙太格语法》,社会科学文献出版社 1995 年版,第 5 页。
② 参见 Levinson, S. C. *Pragmatics*. Cambridge University Press. 1983. p.132.

的建筑符号学；如果着眼于建筑的技术性方面，就会形成操作的建筑符号学。建筑艺术本来就是审美和实用的统一，比如说，对于东西方建筑风格的美学符号学研究，应当属于理论的建筑符号学；如果比较它们的实用性，则更多的是操作的应用符号学。

当然，在一本建筑符号学的著作里，可能既有建筑的符号学理论，也有实际的操作方法，但一般都有所侧重。如果真的不分伯仲，那就不妨称之为"理论的—操作的"建筑符号学。

第二节　应用符号学的理论与实践

一、应用符号学的一般模式

模式（型）是对现实的简化和总结，它是社会科学工作者用来整理资料、创立理论的重要工具。面对纷繁复杂的现实世界，我们常常无法同时处理所有信息，模式的作用就是帮助我们筛选和简化，凸显出其中有用的关键信息。虽然这样做可能会扔掉一些有血有肉的东西，但却能够抽象出事件的核心与本质。为此，我们也使用模式的方法对应用符号学的理论研究加以凝练。

应用符号学是将符号学一般原理应用于某个特定的学科或专业，从而构成新的理论体系，这一应用过程既具有一般应用学科的共性，又具有某个学科或专业的独特性。根据上面对应用符号学研究对象和学科性质的分析，应用符号学一般应用模式可以概括如下：

$$\Sigma: R(S_t, S_r) \rightarrow A_s$$

这是对各门具体应用符号学的抽象。模式解释如下：

Σ 表示应用课题。应用符号学的研究是应用学者的一种有目的的活动，是为了完成某项理论或实践任务，这个任务通常就称为"应用课题"。

S_t 表示所应用的符号学理论（Theories of Semiotics）。S_t 可以是一般符号学理论，也可以是部门符号学理论；可以是一家之言，也可以是通说。

S_r 表示符号学理论应用于某一学科或专业领域(Realm of Specialty)中各个部分的具体研究。

R 表示 S_t 和 S_r 两者之间的关系(Relation)。研究应用符号学的主要工作就是将符号学理论应用于特定学科或专业领域,把它们有机地结合起来,使之交融在一起。$R(S_t，S_r)$ 所表示的就是这种结合关系。而两者如何结合,这是研究应用符号学的一个关键问题。

A_s 表示所形成的应用符号学(Applied Semiotics)分支学科。将符号学理论应用于特定的专业领域,两者相结合,形成一个有机整体,构建一个新的符号学理论体系,并成为一门新的独立的交叉学科——应用符号学 A_s。

这个应用符号学模式简单明确,它体现了应用符号学的学科性质和一般特征,即它属于符号学科、交叉学科和应用学科。符号学理论与某学科或专业领域相结合,即 $R(S_t，S_r)$ 是研究的关键。这种交叉的结果,产生了新的符号学理论体系,即应用符号学 A_s。这个过程就是 $R(S_t, S_r) \rightarrow A_s$。

为了进一步讨论如何建立应用符号学的问题,我们还可以把上述模式适当地扩展为:

$$\Sigma: O \leftarrow (R(S_t，S_r) \rightarrow A_s) \rightarrow E$$

这里增加了两项内容:应用目标 O 和应用效果 E。

O 表示应用目标(Objective)。在特定应用课题中必定存在着特定的应用目标。一项应用课题允许多目标并存,目标 O 可以是个集合,即 $O = \{O_1, O_2, \cdots, O_n\}(n \geq 1)$。

E 表示应用效果(Effects),即建立起来的应用符号学的实际效用。应用符号学的应用效果通常具有以下特征:1. 不可分离性。符号学的实际应用总会产生这样或那样的结果,即应用效果 E。2. 可预测性。根据应用条件,可以测出应用的可能效果 $\diamondsuit E$($\diamondsuit$ 表示可能)。3. 多样性。应用效果可以是个集合,即产生多种结果,$E = \{E_1, E_2, \cdots, E_n\}(n \geq 1)$。4. 可取消性。由于对条件估量不正确或者条件发生了变化,应用效果未能产生。

在一个应用课题 Σ 中,$R(S_t, S_r) \rightarrow A_s$ 是这个应用模式的核心内容,它一方面制约着应用目标 O，是确定应用目标的依据，即 $O \leftarrow (R(S_t，S_r) \rightarrow A_s)$；另一方面，它又是获得应用效果 E 的前提，制约着应用效果，即 $(R(S_t，S_r) \rightarrow A_s) \rightarrow E$。也就是说，它既制约着应用目标，同时又制约着应用效果，所以它是模式的核心。

由于应用目标 O 和应用效果 E 同为 $R(S_t，S_r) \rightarrow A_s$ 所制约，所以两者具有一致性。从根本上说，它们统一在应用课题 Σ 之下，应用目标是 Σ 的出发点，应用效果是 Σ 的归宿。两者虽然具有一致性，但前者是主观愿望，后者是客观实际。在建立应用符号学的实践过程中，O 与 E 可能会出现以下情况：1. O＝E，目标达成，并取得了预期的效果。2. O＜E，效果超出预期目标，效果之好出乎意料。3. O＞E，实际效果未达到预期目标，效果不尽如人意。有时还可能出现 E＝∅，即没有应用效果。这是因为一些科学领域的新理论还没有引起人们的关注，或者还不具备应用条件，不能够马上付诸实施，取得实际的应用效果；但这并不意味着它们没有应用效果，而是应用效果尚未显现。我们还要注意到，将符号学理论应用于艺术领域构成新的应用符号学，如电影符号学、戏剧符号学、绘画符号学、舞蹈符号学等，对于艺术的表演者和欣赏者来说，似乎并没有什么影响。例如电影演员可能根本不了解电影符号学，但这并不影响他们的表演，而当观众坐在电影院里观赏电影时，即使他本人是个符号学家，这时也可能只关注电影的故事和艺术感染力，而忽视了其符号性。对于他们而言，符号学似乎没有应用效果。但对于电影导演而言，符号学却可能极具应用价值，电影中不同的符号呈现可能会给观众带来不同的观影体验，电影本身也将具有不同的艺术价值。因此，对这些应用符号学而言，其应用效果并不能视为空集∅。4. E‖O，即 E 和 O 不相干，出现这样的情形，则是符号学的失败应用。

二、应用符号学的实践案例

随着应用符号学的发展，语言符号学、音乐符号学、生物符号学、社会符号学、文化符号学等应用符号学研究逐渐发展，确立了自身独立的学科地位，明确了核心的研究问题，并产生了一系列的实用价值。为此，我们将结合上述应用符号学的一般模式，结合具体案例，展现应用符号学在具体学科中的理论与实践。

例 1. **语言符号学**（以王铭玉《语言符号学》为例）

王铭玉在其 2015 年再版的《语言符号学》一书中，指出了系统建设语言符号学学科的必要性与合理性,并给出了相应的符号学理论(S_t)和语言学问题(S_r),通过二者的有机结合探讨了语言符号学的 12 个核心问题[$R(S_t,S_r)$]。可见,应用符号学相关理论于语言研究,建立语言符号学新学科便是作者的研究课题(Σ)。作者认为,虽然索绪尔在《普通语言学教程》中提出了相关的语言符号学思想,但"语言符号学"学科"迄今并未建立","本书的主旨就是为语言符号学的创立进行尝试"。[①]

语言符号学所应用的符号学理论既包括系统的符号学一般理论,也包括相关的符号学理论思想。在《语言符号学》一书中便以皮尔斯、莫里斯和艾柯的一般符号学理论,索绪尔、罗兰·巴尔特、雅各布森、巴赫金和洛特曼的语言符号学或文化符号学理论,作为语言符号学的理论前提。作者将这些理论应用于具体的语言学问题,给出了语言符号学的 12 个核心问题,并应用相关的符号学理论进行了具体探讨与研究:

1. 语言符号的二元对立

区分"语言"和"言语",并认识二者间彼此对立统一的关系是进行语言符号学研究的第一步。为此,索绪尔的相关理论可以对其进行系统阐释。"语言"和"言语"的二元对立关系可以归结为:(1)具体的执行能力与概括的指导功能之间的对立;(2)话语表达的连贯性和结构单位的层次性之间的对立;(3)言语和语言对情境的相依性和分离性之间的对立;(4)言语和语言在发展上的变异性和稳定性之间的对立。

2. 语言符号的层次

语言单位的层级等级体系问题是语言程序理论的基本问题之一。为此,可以结合符号系统的层次分类对语言符号的层次进行分类,并针对语言的实际情况,运用思维科学和理论和语言科学的理论来对语言符号作进一步的层次分析。为此,可以从语言符号的狭义层次、基本层次和过渡层次四个角度进行研究。

3. 语言符号的意义

语言符号的主要作用就在于表达和传递意义,因此试图避开意义问题去透视语言及语言中的各种现象的实质的办法都是徒劳的。为此,王铭玉结合索绪

---

① 王铭玉:《语言符号学》,北京大学出版社 2015 年版,第 88—90 页,和原版《前言》。

尔的二项说、皮尔斯的三项说、奥格登和查里兹的"符号学三角形理论"、黑哥尔和麦尔尼科夫的"语义梯形说"和"语义四方形说"等理论,从方法论意义观、本体论意义观和认识论意义观三个方面对语言符号的意义问题进行了探讨。

4. 语言符号的指称

由于阐明符号与客观世界的关系是符号学的三大任务之一,因此作为应用符号学一部分的语言符号学,自然也应把探讨语言符号与客观对象的关系视为自己的主要研究课题。为此,需要讨论语言符号的意义和指称之间的关系,以及语言指称的特性及其层级类型。

5. 语言符号的关系

现代语言学认为,研究语言体系即研究语言符号及其相互关系。因此,语言符号间的关系研究是语言符号学研究的核心之一。为此,索绪尔的语言学理论作了相关讨论,将语言符号的关系归纳为聚合关系和组合关系。

6. 语言符号的时态

语言研究的共时态和历时态矛盾是古典语言学和现代语言学之间的基本区别,因此语言符号研究也必然需要讨论这两个时态的关系。对于语言符号而言,共时态更具重要性,但语言符号的演变是不可避免的,语言符号的发展有其普遍规律以及矛盾性变异。

7. 语言符号的功能

王铭玉结合符号的功能观,探讨了语言符号的功能问题。语言符号的功能分为表义功能和交际功能。前者是指语言能对客观对象进行基本的刻画和表述;后者是指语言在表义功能的基础上能被用来进行社会交际。前者从认知范畴描写语言;后者是从意向范畴描写语言。

8. 语言符号的主体观

"主体"概念自被引进语言学领域以来一直未被赋予一个非常确定的意义。因此,有必要从符号学的角度透视主体概念。实际上,主体概念属于语言这个层级符号装置的重要零部件之一,所以依据符号学理论,主体也应该能被置入语构学、语义学以及语用学之中去研究。

9. 语言符号的双喻观

隐喻和换喻一直作为主要的修辞格被语言学者加以研究,而随着对其成因和功能的深入研究,隐喻等对整个语言学乃至其他科学正产生愈来愈重要的影响。因此有必要从符号学等多角度、理论联系实际地分析隐喻和换喻的特征,为语言学研究提供一种新的思路和素材。

10. 语言符号的可逆性

王铭玉认为可逆现象不仅仅是词汇学中的一种反义词,而是一个既复杂又有趣的语言现象,极富研究价值。因此有必要从语义、语法、逻辑等层次来分析,结合符号学的相关理论,打破词法范畴的限制来研究其句法体现,阐释其性质和特点,探讨其功能句法分类问题。

11. 语言符号的像似性

"像似性"是认知语言学中的一个热门课题,它指的是语言结构与人的经验结构或概念结构之间的自然联系。研究"像似性"对进一步了解语言符号的本质,揭示概念与认知之间的关系有着重要的价值。因此有必要结合国内外研究成果,结合符号学的相关理论,对语言符号的"像似性"做阐述性分析。

12. 语言符号的标记性

标记现象存在于所有人类语言之中,比如程度对立的反义词,表示肯定意义的无标记,表示否定意义的有标记。它具有普遍性、非离散性、不对称性等本质特征。在当代语言符号学领域中,标记理论的研究主要体现在语法学、语义学、语用学、社会语言学、篇章语言学等方面。

基于上述语言符号学的核心问题,《语言符号学》一书可以说建立起了作为应用符号学的语言符号学分支学科(A_s)。正如北京大学胡壮麟教授所说:"我们高兴地看到,作者胜利地完成了这个任务。"[1]实际上,语言符号学作为一门学科已有了较为系统的理论体系,并在文学、翻译、广告传播、网络游戏等诸多方面具有应用价值。

例 2. **音乐符号学**(以黄汉华《抽象与原型——音乐符号论》为例)

《抽象与原型——音乐符号论》是黄汉华 2004 年出版的著作。《音乐符号论》的主题是系统地论述音乐符号的现实原型及其抽象过程,从而建立音乐符号学的基本理念。因此,该书虽并未刻意建立应用符号学学科,但其核心部分对音

---

[1]　王铭玉:《语言符号学》,北京大学出版社 2015 年版《序》。

乐和符号关系的探讨 R(S$_t$，S$_r$)体现了音乐符号学的本质。

《音乐符号论》主要依据的艺术理论有克莱夫·贝尔《艺术》中"有意味的形式"理论、苏珊·朗格《艺术问题》等相关著作(S$_r$)。但同时也基于符号学理论(S$_t$)对相关艺术理论进行了讨论 R(S$_t$，S$_r$)，并提出了质疑。例如，苏珊·朗格认为，"一切真正的艺术都是抽象的"，艺术品"从作为媒介的具体材料中抽象出来'有意味的形式'"，"音乐的音调结构，与人类的情感形式……在逻辑上有惊人的一致"。作者肯定这些论述的正确性，同时指出了其中的不足：一是从无声的人的生命情感形式抽象为音乐符号的过程缺少中介环节的论述；二是忽略了现实生活原型如何通过人的生命情感原型的中介被抽象地反映到艺术符号中去的重要一面。

《音乐符号论》在苏珊·朗格艺术符号学理论的基础上展开研究，具体讨论了音乐符号学的相关核心问题。

在"言语声态与音乐符号的抽象"一章中，作者从"言的感叹、诗的嗟叹、歌的咏唱和乐的奏鸣"四种言语声态形式，分别阐述了音乐符号抽象的过程。"言""嗟叹""咏歌"作为人的内在生命情态的外化，以人的声态作为物质媒介。"言"的声调之所以要转化为"嗟叹"的声调，"嗟叹"的声调之所以要转化为"咏歌"的声调，是因为表现情感的需要。"咏歌"(歌曲声态)并非音乐符号形式抽象的最终环节，随着抽象的进一步发展，它又会被非人声的声态(器乐)所取代，其语义也会被扬弃，从而形成了非人声、非语义的纯音乐符号形式。作者认为，《毛诗序》的"情动于中而形于言，言之不足故嗟叹之，嗟叹之不足故永歌之，永歌之不足，不知手之舞之，足之蹈之也"，为解答这个问题提供了一条基本线索。

在"体态与音乐符号的抽象"一章中，作者指出在表征人的内在的生命情态中，声态是不能离开体态的，体态的参与程度与声态表情强度总是相关联的。人的内在生命情态正是通过其自身的声态和体态得以外化的。正是这种外化使原本是无声、无形的内在生命情态转化为有声、有形的外在的生命情态。这种转化为音乐符号的抽象提供了直接的基础。音乐、诗歌、舞蹈，作为艺术符号其本质都是人的内在生命情态的符号表征。三者在原始艺术中原本是融为一体的，只是随着人类艺术实际活动的不断发展才逐渐从混沌一体的原始艺术中分化独立出来,抽象为各自独立的艺术符号形式;即使是各自独立以后,三者之间仍然保持着互渗互阐的密切关系。

在"现实声态、动态原型与音乐符号的抽象"一章中,作者分别从自然声态、动态原型与音乐符号的抽象和社会声态、动态原型与音乐符号的抽象两个方面进行了阐释。作者认为音乐形式与现实生活声态、动态原型的抽象关系以及音乐与现实的反映关系的问题,只有在"物"—"心"—"音"—"心"—"物"的转化中才能得到较全面的说明。苏珊·朗格的音乐符号理论揭示的只是脱离了社会现实生活内容的人的生命情感形式,并没有指出无声内在生命情感形式是如何外化为音乐音响形式的这一问题。而《音乐符号论》提出的"物""心""音"转化链条恰当地解决了苏珊·朗格的理论缺陷,这也是该书最具价值之处。

针对苏珊·朗格的音乐符号理论的不足,《音乐符号论》展开并完成了音乐符号学的建构($R(S_t, S_r) \rightarrow A_s$)。对此,学界评价道:"这部具有创见的学术著作,紧紧地从'原型到抽象'又从'抽象到原型',全面地、深入地论述和阐释了'音乐符号'的美学本质与美学内涵",这"是我国第一部系统研究音乐符号学的专著"。

例 3. 生物符号学(以《生物符号学》[*Biosemiotics*]杂志为例)

《生物符号学》杂志是国际生物符号学研究学会(ISBS)于 2008 年创办的学术期刊。该期刊的发行意味着符号学理论被应用于生物学领域,两者相结合,形成了一个有机整体,构建一个新的符号学理论体系,并形成了一门新的独立的交叉学科——"生物符号学"(A_s)。

1961 年至 1966 年间,遗传密码的发现几乎立即激发了人们对生物学和符号学之间深刻联系的想法。[①] 乔治在 1966 年发表宣言称:"遗传密码的破译揭示了我们拥有一种比象形文字更古老的语言,一种和生命本身一样古老的语言,一种最有生命力的语言——即使它的字母看不见,它的单词埋在了我们身体的细胞里。"[②]1974 年,"生物符号学"(Biosemiotics)一词被创造出来,用于分子水平上的符号研究。[③]

[①] Barbieri, M. What is biosemiotics?. *Biosemiotics*. 2008(1). pp.1-3.

[②] Beadle, G. W & Beadle, M. *The language of life. An introduction to the science of genetics*. New York: Doubleday. 1966.

[③] Barbieri, M. What is biosemiotics?. *Biosemiotics*. 2008(1). pp.1-3.

随着生物学与符号学的共同发展,生物符号学也逐渐发展和成熟。1963年,"人类才是符号动物"的观点受到了挑战,动物符号学被提出;1977年,西比奥克(Sebeok)提出,医学也是一门符号学学科,因为医学是关于线索解释的学科;1981年克兰彭(Martin Krampen)认为植物世界也存在符号学;1988年,索尼亚(Sorin Sonea)提出,细菌世界也存在符号学。生物符号学直到21世纪初才最终融合成一个统一的学科。[①]

《生物符号学》杂志指出,生物符号学的研究涉及对生物体及其系统中的符号和意义的研究。其基于共同信念是符号是生活世界的基本组成部分[R(S$_t$,S$_r$)]。生物符号学引发了对生物学(S$_r$)和符号学(S$_t$)基本假设的重新思考。生物学应该承认生命的符号本质,并据此重塑其理论和方法论,而符号学和人文学科则应该承认人类领域之外符号的存在。生物符号学也通常分为理论生物符号学和应用生物符号学。

生物符号学的核心研究问题包括:

(1)生命过程的意义、交流和习惯养成。

(2)自然界中的符号学(创造和改变符号关系)。

(3)所有标志和标志解释的生物学基础。

生物符号学整合了生物学和符号学的发现,提出了科学生命观的范式转变,挑战了关于生命本质的传统假设并提出替代观点,它开辟了令人兴奋的新研究路径。生物符号学处于生命基础研究的前沿,这也是《生物符号学》杂志创立的原因。

第三节　符号学应用

一、非严格的应用符号学

如前所述,在符号学的应用研究中,将符号学理论与相应的特定学科或专业相结合,可以在两个层面上进行:一是建立起一个完整的理论体系,成为符号学

---

① Barbieri, M. What is biosemiotics?. *Biosemiotics*. 2008(1). pp.1-3.

的一个分支;一是零星地应用符号学的观点来讨论某个领域中的某些符号问题,没有形成理论体系,未成为符号学的分支学科。前者是严格意义上的应用符号学,也可以称为狭义的应用符号学;后者则是非严格的应用符号学,也可以说是广义的应用符号学。这种非严格意义上的广义的应用符号学,就是通常所说的"符号学的应用",简作"符号学应用"。具体说来,可以定义或解释如下:

> 符号学应用是指把符号学理论知识非系统地应用于某种学科、专业或社会实践的一些方法或行为。

符号学应用区别于应用符号学的"非严格性",主要表现在以下三个方面:

1. 学科的属性:未必属于符号学

应用符号学属于符号学,而符号学应用则不一定属于符号学。符号学应用只是非系统地应用符号学的理论或知识于某个学科、专业或某项社会实践活动,以解释这些领域中的符号现象,研究其符号性质以及指称或意指过程。这些现象往往是该领域中的局部问题,对其理论解释也只是零散的,其理论成果并未突破原学科的范畴理论体系,这样的符号学研究成果,可以称之为"符号学在××中的应用"、"××与符号学"或"××中的符号学"。

以"设计中的符号学"为例,设计中隐藏着许许多多的符号现象。如马路转弯处的墙壁涂成黑黄相间条纹的图案,借以提醒汽车驾驶员集中注意力,避免发生意外。因为人们看到黑黄相间的条纹时都会不自觉地产生畏惧感和警惕性,这是人们生活经验中对老虎或蜜蜂的畏惧与警惕的延续。而绿色会使人们产生心旷神怡的愉悦感,仿佛置身于茂密的丛林与清新的空气之中,因此,绿色被更多地运用于医药、环保等关于生命领域的设计课题中。这些设计中就蕴藏着符号学的原理。为此,设计者在设计过程中可以自觉地应用符号学理论,对设计中符号的特性,如设计符号的认知性、普适性和独特性等加以研究,在此基础上作出合乎符号学规律的设计,使设计的信息传达更加科学准确,表现手法更加丰富多彩。这些研究虽然其对象是设计的符号,但其使用的概念范畴更多地仍属于设计专业学科,其研究目的不是为了创立一个设计符号学理论体系,而是为了更好地进行设计创作。因此,它属于设计中的符号学应用而非应用符号学。

2. 理论的系统性：非系统

符号学的应用区别于应用符号学的最主要之处就在于理论的非系统性。应用符号学是符号学的分支学科，已建立一个完整的理论体系，而符号学应用则只是形成了零散的符号学知识。

以"文字符号学"为例，作为应用符号学的文字符号学，它必须着眼于文字的"符号性"这一本质属性，阐明文字符号的功能在于记录语言符号，是语言符号的符号。文字符号学必须明确地从符号学的角度讨论文字符号的能指和所指问题，并且一以贯之，形成文字符号学的理论体系。这样的符号学分支，才能称得上作为应用符号学的"文字符号学"。如果不是这样，而只是零星或分散地应用符号学的若干观点，讨论文字学中的某些问题，那它还不能算是"文字符号学"，只能说成"符号学在文字学研究上的应用"。事实上，当代的文字学著作都或多或少讨论到文字的符号性，但由于不是着眼于文字符号学的系统理论，所以我们仍然称这些著作为"文字学"，而不说它们是"文字符号学"。

3. 方法：描述的、部门的、操作的

符号学应用不是一个理论体系，重心在于实际"应用"，因此在方法上也区别于应用符号学。应用符号学研究可以是形式的，而符号学的应用则主要是描述的，它还不可能上升到形式研究的层面；应用符号学研究可以是一般的，以便探讨应用的基础理论和一般方法论，而符号学应用则主要是部门的或者局部的甚至只是个案的应用问题；应用符号学应该包括应用理论的研究，而符号学的应用则更为关注实际的符号操作。

符号学的应用一般可以分为以下几种：

第一，符号学的专题研究。即把符号学理论应用于某一专题，研究其中的符号学问题，但还够不上新的符号学分支。例如平面设计中的符号学研究，广告的符号学研究，服装的符号学研究等。目前这一系列的符号学应用研究犹如雨后春笋，应该说，这样的研究可以认为已具有了应用符号学的初始形态，它们为应用符号学科的建立奠定了基础。

第二，符号学的专项分析。即应用符号学理论来分析某学科、专业或社会生活中的符号现象，如对某一文学作品、电影、建筑、礼仪等的符号学分析，甚至有人对爱情中的符号现象,如体态、情书、玫瑰、钻戒等加以符号学分析,还有对社交传播中的表情包、语气词等加以符号学分析。这样的分析为应用符号学提供了大量的素材,具有明显的实用价值。

第三,符号学的实践应用。即把符号学知识应用于某项具体工作或日常交际中。目前,有许多学者在撰写相应的著作时,或在自己的具体工作、日常交际中,自觉地把符号学理论应用于这些领域,为这些领域提供了坚实的理论基础,加强了理论深度。如教师教学过程的符号学考察,人际冲突中的符号根源研究,等等。这些也是非常有意义的符号学应用研究。

二、符号的帝国

符号学作为一门元语言学科,其实用性与其跨学科特性是相辅相成的。越来越多的研究将符号学作为一种工具,将其应用于自身专业的问题研究中。通过对当前符号学及其应用的文献调研,可以发现符号学在语言、逻辑、伦理、文学、社交、教育、动漫、文化、信息、商贸等领域都有较多的研究应用。[①]

例如,舒国滢在"从司法的广场化到司法的剧场化——一个符号学的视角"中,从符号学的视角描述历史上的和现实的司法活动,讨论了"司法广场化"和"司法剧场化"两种司法方案的特点;[②]蒋晓丽和梁旭艳在"场景:移动互联时代的新生力量——场景传播的符号学解读"中,基于符号学的理论,揭示了新的场景传播下蕴含的媒介理论及其对人们生活的影响;[③]杨魁在"消费主义文化的符号化特征与大众传播"中,讨论了符号化消费对消费的目的和意义的影响,并强调了媒体对传播消费文化的责任;[④]黄华新在"认知科学视域中隐喻的表达与理解"中,从认知符号学的视角重新审视了隐喻的表达和理解,运用符号学理论,重构了隐喻表达和理解的认知过程……[⑤]可见,符号学在学术研究中发挥了非常

---

① 基于 CSSCI 和 Web of science 核心合集两个数据库的"符号学"的"应用"关键词文献,运用 citespace 分析文献元数据,挖掘出了符号学应用热点领域。

② 舒国滢:《从司法的广场化到司法的剧场化——一个符号学的视角》,《政法论坛》1999 年第 3 期,第 12—19 页。

③ 蒋晓丽,梁旭艳:《场景:移动互联时代的新生力量——场景传播的符号学解读》,《现代传播》(中国传媒大学学报)2016 年第 3 期,第 12—16 页。

④ 杨魁:《消费主义文化的符号化特征与大众传播》,《兰州大学学报》2003 年第 1 期,第 63—67 页。

⑤ 黄华新:《认知科学视域中隐喻的表达与理解》,《中国社会科学》2020 年第 5 期,第 48—64 页。

重要的工具作用。事实上,不仅如此,符号更是我们生活的一部分。

《符号帝国》是法国符号学家罗兰·巴尔特游历日本后,以符号学的观点写成的一部具有文化比较研究性质的著作。他把日本人日常生活的各个方面——诸如语言、饮食、游戏、城市建设、商品包装、木偶戏、礼节、诗歌(俳句)、文具、面容等——均看作是一种独特文化的各种符号,并且对其伦理含义作了深入的思考。正因为如此,他将一本关于日本的观感和游记的著作取名为《符号帝国》,其结果是我们有了一本符号学应用的典范。

在《符号帝国》中,巴尔特把符号学理论和概念糅入他所观察到的日本文化现象中,以独到的符号学方法和精深的思维,使这本著作充满创造性和独特性,拓宽了读者的视野,给读者以清新而深刻的文化震动、文化启示和高层次的美的享受和理智的满足。巴尔特不仅为读者描写了日本生活的方方面面,更为我们提供了一种环视世界、透视社会生活的全新的视角,这就是符号学的视角。

从符号学的视角看,世界就是符号的世界,而人类生活的各个方面都可以成为符号学应用的对象。正如艾柯在《符号学理论》一书中所指出的那样:"任何符号学探讨的主题,都不过是符号化过程的符号学主体,也就是,关于符号空间的概观所促成的世界切分过程的历史、社会结果。这一主题就是观察世界的方式,并且只能理解为分割宇宙,并把语义单位与表达单位搭配起来的途径:通过这种劳作,它逐渐有资格持续毁坏和重构其社会、历史的系统结晶。"①这段话告诉我们,符号学的主题实质上就是观察世界的方式,我们的社会的、历史的文化结晶,都是通过符号化的重构所取得的。因此,符号学的应用领域可以涵盖人类社会的全部内容。

这种观察世界的方式,即符号学的方式,对于有明确的能指和所指构成的符号体系来说是不难理解的,也是易于应用的,如对人类的语言、文字等的符号学研究。其实,符号学的应用不仅能将有纯粹符号意义的符号现象作为符号学研究的对象,也能揭示被实用功能所掩蔽的符号现象的符号意义。如商品的包装,其主要功能就是为了在运输、销售过程中保护商品,后来兼有装饰或吸引消费者

---

① ［意］乌蒙勃托·艾柯著,卢德平译:《符号学理论》,中国人民大学出版社 1990 年版,第 357 页。

的符号作用。而巴尔特在《符号帝国》中则是通过符号学的方法来重新审视日本的礼品包装,使包装的实用功能"解蔽",使其符号意义彰显了出来。他说:"由于制作非常完美,这种外皮常常重复制作(你可以没完没了地打开包装),这种外皮推迟了人们对里面装的那件物品的发现,里面装的东西常常是无关紧要的,这恰恰是日本包装的一个特点,即里面的东西小小不言,它与外皮的那种豪华不成比例。这样一来,礼品似乎就是那个盒子,而不是它里面装着的物品。……因此,盒子就具有这种符号作用:作为外皮、遮蔽物、面具,它和里面藏着的、保护着的、指示的东西价值相当;它从两重意义的角度,即金钱的与心理的,使人上当;但是它所装的、所表示的那件东西直到后来在很长一段时间里一直被人忽略了,似乎这种包装的功用不是用来作空间上的保护,而是用来作时间上的推延;似乎这种工艺劳动(制作)的发明,就在这种外皮上,但是因此里面装的那件物品却失去了它存在的意义,变成一种虚无缥缈的东西:从外皮到外皮,那个受指内容逃逸了,而且当你最后得到它的时候,它看上去小小不言,教人忍俊不禁,毫无价值;快乐——施指符号的领地——被得到了;包装并不是空洞的,而是被弄空了;见到这种包装里面的那件物品或是见到以这种符号表示的受指内容,就是抛弃这件物品或受指内容;日本人用蚂蚁似的力气所搬运的,实际上是空空洞洞的符号。"①

符号学的应用不仅能揭示被实用功能所掩蔽的符号现象的符号意义,而且还能把完全无符号意义的现象作为符号加以研究。原来,我们可能没有将这些自然或社会现象视为符号现象而加以观照,它们的运作对我们来说既是不言而喻的,也是熟视无睹的。但是,通过符号学的应用,现象本身被符号学方法转变成"透明体",带上了符号意义。如一日三餐,我们都只是将其作为生存的必须加以制作和享用,虽然这种制作和享用过程已带有悠久的民族饮食文化的积淀,但我们几乎意识不到饮食还具有什么符号的意义。但巴尔特应用符号学的方法,却使"日本饮食"成为符号学的"透明体",揭示了其具有的出人意料的丰富的符号意义。巴尔特在《符号帝国》一书的《汤水与薄片》篇中深刻地写道:"日本菜在一种省减的质料系统(从一清见底的东西到可分割的东西)中、在这种施指符号

---

① 〔法〕罗兰·巴尔特著,孙乃修译:《符号帝国》,商务印书馆 1996 年版,第 71—72 页。

的闪光中建立起来：这些都是以语言的一种摇摆性为基础建立起来的书写所具有的基本特点；日本菜表现出来的的确就是这种特点：这是一种写出来的菜肴，它从属于那种分开和选择的动作，这种动作不是把食物刻写在餐盘上（这与照片中的菜肴风马牛不相及，那是我们那些妇女杂志的花哨摆设），而是刻写在一种将人、桌子和宇宙等级化的深广的空间中。因为书写正是这样一种行为：在这同一种劳作中，把那些不能被理解的东西在那种纯属表现的浅平空间中结合成一体。"①

其实，用符号学的方法来观察世界并非巴尔特的首创，这种应用在人类文明史上由来已久。对各种自然"异象"的解释，在古代政治中就扮演着很重要的角色。如地震的发生，原是地壳运动的自然现象，地震灾后的赈济善后工作也只是政治的实际运作部分，但如果把地震解释为"改朝换代的先兆"，在这种"符号化"过程中，异象本身变得透明了，变得非实在了。"灾变异象"成了一种传达政治信息的能指，"异象"就变成了自然符号，即没有发送者的符号。这种把自然的或非自然的现象变成能指的办法，至今在我们的生活之中存在，尤其是在艺术活动或艺术化的社会活动中存在。太阳升起可以具有精神的、政治的含义；一枝红玫瑰象征爱的一心一意；静夜檐雨则令人思乡。我们已习惯了各种各样的"符号化"思维方式，只是我们没有像巴尔特那样应用符号学理论进行生动、深刻地说明而已。

当然，科学的符号学应用不能只停留在作出现象解释这一步。几何学从丈量土地的技术中演变出来，抽象地研究符号图形之间的推演关系；释义学从《圣经》资料的考据中演变出来，理论地阐明文本与意义之间的关系。符号学应用也必须进行这样的抽象。

以丰子恺漫画《某父子》为例：

第一，把现象的功能性、实用性方面暂时搁置起来，甚至把它们的内容方面也搁置起来，把它们作为纯符号来处理，集中地研究它们的符号性质和符号的形式特征。从《某父子》抽象出漫画中父子两人的外表符号和内在表情符号两类，分别如下表：

---

① ［法］罗兰·巴尔特著，孙乃修译：《符号帝国》，商务印书馆 1996 年版，第 19—20 页。

外表符号：

	儿　子	父　亲
帽　子	美国式礼帽	中国式毡帽
衣　服	西装	中国式服装
鞋　子	美国式皮鞋	中国式布鞋
手　杖	＋	－
大　衣	＋	－
手提包	－	＋
包　袱	－	＋

表情符号：

	儿　子	父　亲
眼　睛	－	＋
鼻　子	－	＋
嘴　巴	－	＋
脸部表情	－	＋

第二,运用符号学理论和方法对所研究的符号现象的性质进行语义的解读。《某父子》的外表符号特征说明：儿子：美国式,现代;父亲：中国式,传统。内在表情符号特征说明：儿子：没脸部,无个体特征(既不是中国人也不是美国人);父亲：有脸部,有个体特征。

最后,也是最重要的,是在语形学分析的基础上,进行语义学和语用学的分析,用以达及符号的"意义"。在《某父子》中,儿子一身美国式新潮装束,而父亲则是典型的中国传统样式：儿子挂着手杖,昂首挺胸走在前面,父亲不仅要挎着自己的包袱,还要拎着儿子的手提箱,像个老仆似的跟在后面。更重要的是,儿子在画里根本就没有五官和表情,而父亲则不仅有五官,而且他的表情表露了他的一颗破碎的心。丰子恺采用简洁的画脸和不画脸的符号手段,他要表达的是什么意思呢? 儿子"没脸部",表达的是这个不知感恩的家伙仅仅是一个没有思想和灵魂的影子,而不是一个真正的人。通过他,作者极大地讽刺了那些虽然受过良好教育却忘了父母甚至鄙视父母的人的非人性行为。当然,"意义"是个复杂的问题,只要探求到了释义和理解的基本程式,即符号的意指过程,就完成了将符号学应用于某现象的一个研究过程。

戴上符号学的有色眼镜,这个世界就是符号的帝国。随着全球化、信息化、智能化社会的到来,基于符号学视角的数字化符号更是成为新时代下不断增进人类互惠性理解的意义容器,将更进一步推进实现积极向善的文明交流互鉴。[①]而符号学这面观察世界的镜子更将在时代的洪流中不断做出新的科学阐释,观照世间的万事万物。

---

① 肖珺,张驰:《互惠性意义共通:朝向文明交流互鉴的数字化符号表意阐释》,《现代出版》2024 年第 2 期,第 8—21 页。

第八章　符号拜物教

第一节　符号拜物教——符号世界的异化现象

一、什么是符号拜物教

符号拜物教普遍存在于现实世界中,例如人们对神的崇拜和对鬼的畏惧,对明星的追逐和对名牌的迷信,等等。我国学者金克木较早地关注到这一现象,他说人类在生存和发展中构建了一个"反映现实世界的符号世界";然而,"这个符号世界并不是仅仅客观反映,像镜子一样,而是反过来能起'反馈'作用。就语言来说,它可以起超越个人的社会作用,因为这是一个社会文化系统。这正如神像那样。神像是人造的偶像,但因为它是一种社会文化象征,于是又凌驾于个人之上起了超越那个具体物质偶像的作用。"金克木将符号世界的这种"反馈"或"超越"现象称为"符号拜物教"。①

符号拜物教是符号世界的一种异化现象。所谓"异化"(alienation),《辞海》解释为"主体在一定的发展阶段分裂出的对立面,变成外在的异己的力量"。符号拜物教就是指人类创造了某种符号为己所用,然而符号却变成了一种超越自己的神秘力量,反过来奴役自己,控制自己,让创造者成为符号的奴隶。

具体说来,符号拜物教有以下几个特征:

---

① 金克木:《科学技术丛谈》,三联书店 1986 年版,第 84—85 页。

第一，符号拜物教是一种异化现象，但并不是所有的异化现象都是符号拜物教。例如"平均主义"主张财富共享，消除人际差别，却因此产生了懒惰现象。这只是异化现象而不属于符号拜物教。

第二，符号拜物教作为"拜物教"（fetishism），总是具有一定程度的神秘色彩，表现为某种信仰、崇拜或者畏惧。这从"拜物教"一词的词根"fetish"——"物神"上可见端倪。

第三，并非所有拜物教都是符号拜物教。例如商品本来是商品生产者生产出来的东西，然而有时候商品的命运却支配着商品生产者的命运，市场盲目自发的势力成为一种神秘力量统治着商品生产者，于是形成了商品拜物教。但是商品拜物教不是符号拜物教。商品品牌的拜物教才是符号拜物教。

二、符号拜物教的历史踪迹

符号拜物教产生于人类的蒙昧时期。远在上古时代，由于先民们愚昧无知，缺乏科学知识，对许多自然现象以及人类自身的现象不能做出合理而科学的解释，于是产生了各种臆测和猜想，从而创造了许多神秘符号并加以崇拜。他们认为，这些神秘之物虽然看不到、摸不着，却有着超人的力量，控制着整个世界，掌握着人们的生老病死、荣辱祸福。例如由于对梦的迷惑，人们便臆造出人的"灵"与"肉"分离之说：人在醒时灵魂附于肉体，入睡后灵魂从肉体中飞出，去做各种各样的事情。这就是梦。人死后只有灵魂没有肉体，这就是鬼。这样一来，"灵魂"与"鬼"这两个符号就在人们的愚昧无知中诞生了。至于"神"，则是氏族领袖死后的灵魂。因为他们为氏族的生存发展做出过贡献，死后的灵魂不叫作"鬼"，而称之为"神"。主宰宇宙万物最高的神便是"天帝"（或曰"上帝"）——人类创造的一个最为神秘莫测的符号。

符号拜物教一般都同特定的民族文化传统相联系。作为一种神秘文化现象，人们深信这些符号能够传达神灵或其他超自然力量的讯息，指示人们如何趋吉避凶。在历史的长河中，符号拜物教发展了一系列颇为精致的理论，从"天人感应"学说到各种占卜相命之书，据说还非常灵验。以致直到今天，仍有许多善男信女为之顶礼膜拜，深信不疑。中国的一些知识分子都或多或少懂得这方面的学问，谈论命理之学成为他们茶余饭后继琴棋书画之外又一高雅的消遣。一些江湖术士更是推波助澜，街头巷尾，茶肆酒楼，随处都能见到他们的身影，至今未曾绝迹。

在当今科学昌明时期，符号拜物教出现了新形式——一种迷信数字化的拜物教。由于数字化是高科技的信息加工手段，因而这类拜物教具有很大的科技含量，一别其他拜物教中的愚昧无知的特点。又由于数字化具有时空的虚拟性，人们不再为可感可视的具体物所控制，而是为数字化符号所承载的巨量信息所包围、所影响、所控制。还由于数字化符号范围的全球性、作用的联袂性以及危害的潜伏性，使得数字化符号拜物教的涉及面之广阔，影响力之深远，也为其他拜物教现象所不及。

符号拜物教是符号应用的误区。符号拜物教能够教人崇拜和迷信，有其复杂的原因。一是与符号的神秘性有关。江湖术士们往往以破译"天书"密码的"神仙"自居，容易取信于善男信女们。二是一般人都有趋利避害的心理，希望"神仙"能够指点迷津。虔诚的信徒们津津乐道那些"灵验"的内容，不自觉地充当了义务宣传员。第三，即使懂得科学的人也会认为"或许是个未知领域"而"宁信其有"。至于数字化拜物教，则是为它的高度科学性所震慑而成为"俘虏"。

金克木说："'商品拜物教'这个词大家都知道。我想也可以说有一种符号拜物教。这是伴随着符号世界而来的。只有认识了商品的真正意义才能完全摆脱商品拜物教。只怕符号拜物教也是这样。"①

三、符号拜物教面面观

符号世界五光十色，符号拜物教五花八门。它们可以是像似符号，如偶像；指索符号，如写有"西天接引"的魂幡；或者象征符号，如某些数字符号。它们可以是自然符号，如把一棵老树封之为"神树"而膜拜，或者是人工符号，如八卦占卜符号。它们可以是语言符号，如宗教活动中的"真言咒语"，或者是非语言符号，如风水符号。如此等等。从理论上说，任何符号都可以成为人们崇拜和迷信的对象。

为了叙述方便，我们选择几种具有代表性的符号拜物教类型，先在这里概而

---

① 金克木：《科学技术丛谈》，三联书店1986年版，第85页。

论之,然后分节进行具体的讨论。它们是:占卜术、语言崇拜、名牌效应和数字化迷信。

1. 占卜术

皮埃尔·吉罗说:"占卜术是求拜神灵的艺术,是和上帝、冥土、命运交流的手段。占卜术是符号系统。"古人用占卜的方法预测吉凶祸福,这是世界性而非地域性或民族性的。

占卜术种类繁多。据皮埃尔·吉罗说,巴黎出版的《占卜百科全书》记载有350多种占卜术,这自然是不完全的统计。中国的占卜术作为符号系统可以分为两个类别:一类是人工符号,如八卦、求签、卜卦等;另一类是自然神秘符号,包括相面符号、八字推命符号、测字符号、风水符号、占星符号和占梦符号等等。

2. 语言崇拜

语言学家陈原说:"语言本来是与劳动同时发生和发展的一种社会交际工具。但是在对自然现象和自然力太不了解的环境里,语言往往被与某些自然现象联系起来,或者同某些自然力给人类带来的祸福联系起来。这样,语言就被赋予了一种它本身所没有的、超人的感觉和超人的力量;社会成员竟以为语言本身能够给人类带来幸福或灾难,竟以为语言是祸福的根源。谁要是得罪这个根源,谁就得到加倍的惩罚;反之谁要是讨好这个根源,谁就得到庇护和保佑。这就自然而然地导致了语言的禁忌和灵物崇拜。"①语言符号由于能指与对象之间的指称关系是约定俗成的,没有必然联系,因而很容易被神秘化,被误认为就是所指称的具体事物而成为崇拜对象。

语言拜物教包括语言灵物崇拜、语言禁忌以及符咒等。

3. 名牌效应

"名牌"通常是指出了名的招牌或品牌,如北京的"全聚德烤鸭"、贵州的"茅台酒"等。"效应"即效果或反应。然而"名牌效应"则是指人们对于名牌的相信、崇拜、迷恋乃至迷信,满足于形式的追求而不究其实质。"名牌效应"是一种符号拜物教。

随着社会的发展和人们生活水平的提高,人们不再满足于吃饱穿暖,逐渐追

---

① 陈原:《社会语言学》,商务印书馆 2000 年版,第 342 页。

求生活品质，不单注重商品的数量，而且对商品所蕴含的文化和精神品质提出了要求，商品名牌符号拜物教便应运而生了。名牌拜物教除商品名牌以外，还包括名人、名校、名刊、名师等等。

4. 数字化迷信

与上述的拜物教相比，数字化拜物教可以说是当今数字化时代的"新生事物"，它是计算机科学高度发达的产物。数字化给我们的生活、工作和学习带来了极大的变化，越来越多的人正在或即将体味数字化时代美妙的数字化生活。但是数字化符号在为人类构造美好生活的同时，也埋下了许多邪恶的种子，形成了一种新形式的拜物教——数字化迷信。

数字化迷信的表现多种多样。例如形形色色的数字化犯罪危害着人们的生活甚至生存，使人们畏惧它；数字化病毒凭借其极大的威力而使人类对它退避三舍；数字化黑客依仗高超的电脑技术为所欲为，激起了人类的恐慌和谴责，然而他们超人的本领又令无数人叹服；数字化沉溺使得越来越多的年轻人陷入泥沼，以为沉迷于其中就可以逃避现实，从一定意义上实现"自我"。此外，数字化符号已经深深地影响了人们的生存，人类越来越依赖它，逐渐成为"数字化人"。总之，数字化符号如同一股巨大的神秘力量，控制着人类，威胁并危害着人类，整个世界似乎变成了一个不具"目的"、丧失"人性"的庞然大物，人类反而成了计算机的奴仆。这就是数字化符号拜物教。

第二节　占　卜　术

一、八卦

相传伏羲画八卦，文王演《周易》。《周易》又称《易经》，是一本以八卦为占卜方法的奇书，大约形成于三四千年之前。"易占取天地生化之理数'建模'，而这一'建模'也代表了中国传统最重要的宇宙图式。"[1]皮埃尔·吉罗说，在占卜术的符号系统中，《易经》是"最完善而且在结构上最有逻辑和最抽象的一个系统"。[2] 诚

① 关长龙：《爱止国学丛稿》，浙江大学出版社 2019 年版，第 285 页。
② ［法］皮埃尔·吉罗著，怀宇译：《符号学概论》，四川人民出版社 1988 年版，第 77 页。

然,《易经》是一本占卜之书,又是一本义理之书,而符号拜物教的信奉者却舍弃了它的义理而只取它的占卜迷信。

卦,是《易经》中象征宇宙万物运动变化的一套符号。八卦,《易经》中的八个基本图形,用"━"和"╍"符号组成,名称分别是:乾(☰)、坤(☷)、震(☳)、巽(☴)、坎(☵)、离(☲)、艮(☶)、兑(☱)。

《易经·系辞传》云:"易有太极,是生两仪,两仪生四象,四象生八卦。"太极是指天地阴阳未分时的原始的混沌之物。太极二分生成天地两仪,就是阳爻和阴爻。阴阳两爻生成四象,即少阳(⚎),老阳(⚌),少阴(⚍),老阴(⚏),分别象征春、夏、秋、冬四季。四象再生八卦,八卦分别象征天、地、雷、风、水、火、山、泽八种自然物体。除此之外,后人还赋予它们更多的内容,如乾爻还可以表示父、首、健、马、西北和秋冬等意思;坤爻可以表示为母、腹、顺、牛、西南和夏秋等义;震爻可以表示长男、足、动、龙、东与春等意义。如此等等。八卦两两相叠生成六十四卦。《系辞传》说:"八卦而小成,引而申之,触类而长之,天下之能事毕矣。"八卦推演到六十四卦,形成了一个完备的形式系统。

八卦占卜的第一道工序是制卦。《系辞传》载有具体的制卦方法,简单地说,就是用五十根蓍草或竹签,按照规定的操作步骤得出一个卦象,比如乾卦、坤卦、大过、归妹等。由于这种方法过于复杂繁难,民间流行比较简便的掷钱法,即用三枚硬币抛掷,六次就可以由下而上地得到全卦。

八卦占卜的第二道工序是用卦,即对制卦所得的卦象进行推断和解释。具体说来,就是对照《易经》的卦辞和爻辞,结合占卜时的具体情境来推断吉凶,指导求卜者的行动。例如《左传·僖公十五年》记载,晋献公欲把女儿嫁给秦穆公,以发展两国的友好关系。占卜时得到归妹卦后又变为睽卦,史苏认为不吉利。原因在于"睽"为隔绝、离散、不合之意,嫁女将会使两国关系紧张,有违初衷;归妹卦上六爻辞为:"女承筐,无实;士刲羊,无血。无攸利。"意思是做事不会有收获。这样的卦象,自然不利于嫁女,于是嫁女之事罢议。

八卦占卜的释义方法主要有两种。一是着眼于卦象,称为取象法。例如屯卦,震下坎上相叠而成,有雷也有水,雷响则雨下,示意为"屯"。屯为聚集之意,也有艰难之意。雷雨交加,久旱逢甘雨,秧苗将会长得很好;雷雨交加,环境险恶,不便外出,宜于躲在家中。二是着眼于卦符所象征的意义,称为取义法。以乾卦为例，卦符的释义为"元、亨、利、贞"，意思是：占得此卦，大吉大利。

六爻取奇数为阳称为九，偶数为阴称为六，乾卦的六个爻皆为阳爻故都称为九。爻位按自下而上的顺序排列，分别称为初九爻、九二爻、九三爻、九四爻、九五爻和上九爻。初九爻辞为："潜龙勿用"，即巨龙潜藏在水中，暂时不宜施展才华。九二爻辞为："见龙在田，利见大人。"意思是巨龙出现在田间，有利于德才兼备的人才出世。九三爻辞为："君子终日乾乾，夕惕若，厉无咎。"意思是君子应时刻健行不息，警惕戒备，如果这样的话，就算遇到危险也能免于灾难。九四爻"或跃在渊，无咎"，九五爻"飞龙在天，利见大人"，上九爻"亢龙有悔"。乾卦另有用九"见群龙无首，吉。"各爻都有具体的解释。

八卦占卜灵还是不灵？也灵也不灵。八卦符号是人工创造的占卜符号，它与自然现象、人类的生活之间没有必然的联系。然而古往今来，众多的善男信女深信不疑，一些有识之士也爱之不舍。这与《易经》既是占筮之书又是义理之书的两重性有关。作为义理之书，《易经》弥补了作为占筮之书的缺陷，使得占卜的可信度大为提高。

《易经》作为义理之书，在中国传统文化中占有重要的地位，这在本书第十章还要作更为详细的讨论。

二、占星术、风水、相术

《易》曰："观乎天文，以察时变。"此所谓天文。《汉书．艺文志》曰："形法者，大举九州之势，以立城郭室舍形，人及六畜骨法之度数，器物指形状以求其声气贵贱吉凶。"此所谓地理、人文、物理。占星术、风水、相术可对应天文、地理、人文，是将"各种自然存在的现象加以观察归纳，因以得出与个人与社会吉凶相关的特征"。①

1. 占星术

占星术是以星象来推断人事吉凶的方术，星象包括日月星辰的运行、位置、颜色、亮度、形状以及相互间的关系等。所谓"帝王有德，天见其瑞"，"人事有失于下，则星变见之于上"，五星连珠，日月合璧，都是瑞应之象。

---

① 关长龙：《敦煌本数术文献辑校》，中华书局 2019 年版，第 5 页。

将日月星辰的运行情况与人世间的盛衰荣辱挂钩,显然没有科学依据。所谓"天人感应"是缺乏说服力的。中国古老的占星术由于主要用于占验军国大事,现在已经无人问津。然而西方人的星座推命术,方法简单,如今在中国却方兴未艾,年轻人中不少人关心自己所属的星座,关心星座提示给自己的命运。

2. 风水

"风水"一词,最早见于郭璞所作的《葬书》①:"葬者,乘生气也。……气乘风则散,界水则止。古人聚之使不散,行之使有止,故谓之'风水'。"意思是说,选择葬地是为了秉承地气,所以葬穴必须能够蓄风,以免生气乘风而散;还要有水界气,才能乘风驭气。作为方术,风水是指宅基或坟地的地理形势,如地脉、山水的走向等。迷信风水的人认为,风水好坏与家族、子孙盛衰都有关系。风水可分为相墓和相宅两大类别。相墓又称"相阴宅",是相人死后的住所。

原始人类为了适应生存,不断摸索适宜的居住条件,总结了许多地理、气候和地质方面的经验,这也许就是风水的起源。如"河澳、向阳、穴居"等就有一定的科学道理。人们喜欢在风景秀美、气候和暖的地方造房建屋,也完全符合人们对美好环境追求的心理。由于后来风水越来越与"龙脉""理气"等迷信的东西绞在一起,所以历史上的天子几乎都十分信奉风水之说。例如明成祖曾委派风水大师廖均卿再三选择才选定了明代帝王的陵寝——十三陵。顺治皇帝去风台山狩猎,见风水绝佳,景色迷人,则定为自己的墓地。

风水之说也广泛地影响了普通的人们,无论是造房还是选择墓地,他们都要请教风水先生,认为风水好会带来福祉,不好的话就会遭遇灾害,必须另择它所。这种风俗一直延续至今。其实人的命运与风水并无直接关系,正如一首讽刺风水先生的诗云:"风水先生惯说空,指南指北指西东。倘若真有龙虎地,何不当年葬乃翁。"

相命术包括相术和命学两种方术。

3. 相术

相术是这样一种方术,它主要根据人的相貌以及人体的其他部位,辅以眼神、表情、行为举止等来判断人的吉凶善恶与贫富贵贱。相术最早见于《左传·

---

①　余格格:《郭璞〈葬书〉伪书考》,《浙江学刊》2016 年第 5 期。

文公元年》的记载："元年春,王使内史叔服来会葬,公孙敖闻其能相人也,见其二子焉。叔服曰:'谷也食子,难也收子。谷也丰下,必有后于鲁国。'"意思是说,周天子派内史叔服前往楚国参加葬礼,叔服说公孙敖的两个儿子,叫"谷"的会供奉他,叫"难"的将来会为他送终。"谷"的下巴丰满,他的子孙日后定在鲁国得到发展。东汉王充的《论衡·骨相篇》进一步把相术理论化了。他说:"人命禀于天,则有表候于体。察表候以知命,犹察斗斛以知容。"意思是说,人的命运是由上天决定的,命运的征兆则是人的外貌。观察人的外貌可以预知命运,就如同看斗斛就可以知道它的容量一样。

相术认为人的外貌、声音、动作、表情等都与人的命运前途息息相关。据说刘邦的岳父吕公是一位相面高手,当刘邦还是一个小亭长时,他就一眼看出刘邦日后定会成为皇帝,并把女儿嫁给了他,吕公的女儿就是后来的吕后。相术还认为人的相貌与人品、性格以及行为举止有着大大的关系。例如春秋时期的著名谋士范蠡,在帮助越王勾践复仇雪耻之后,毅然离开勾践隐居了起来。他在写给大夫文种的信中说:"蜚(飞)鸟尽,良弓藏;狡兔死,走狗烹。越王为人长颈鸟喙,可与共患难,不可与共乐。子何不去?"范蠡从勾践的"长颈鸟喙"的外貌推断出勾践不可共富贵,明智地隐退了,而文种后来果然被勾践杀害。与范蠡相似的还有秦国的谋士尉缭。尉缭从秦王的"蜂准、长目、挚鸟膺、豺声、少恩而虎狼心"等外貌特征和为人特征推断出:"诚使秦王得志于天下,天下皆为虏矣,不可与久游。"于是逃走了。

相术主要是指相面术,也包括相骨、相身、相痣、相手足、相形神、相气色、相声形言谈等诸多类别。

三、八字算命

推命术有很多种,仅在敦煌出土文书中就能见到"六十甲子纳音性行法""推人行年命法""推十二相属法""推十二禽兽法""推人行年禄命法""推九曜行年灾厄法"等①。后世较为流行的,主要是八字算命和星命。

八字算命,或曰"八字推命",是用一个人的出生年、月、日、时"四柱"配合天

---

① 关长龙:《敦煌本数术文献辑校》,中华书局 2019 年版。

干地支,一共八个字的算命方法。甲、乙、丙、丁、戊、己、庚、辛、壬、癸为十天干,子、丑、寅、卯、辰、巳、午、未、申、酉、戌、亥为十二地支,它们两两搭配,构成了六十循环甲子,如甲子、乙丑、丙寅、丁卯、戊辰、己巳、庚午、辛未、壬申、癸酉、甲戌、乙亥、丙子、丁丑,等等。假如某人出生于甲子年丙寅月庚午日丁卯时,这"甲子、丙寅、庚午、丁卯"就是他的"八字"。算命先生将八字与阴阳五行结合起来解读人的命运,推演其中禀气的顺逆、衰旺和五行的消长、生克,从而预测一个人的命运。例如天干为甲,地支为寅,寅的属性是阳木,方位是东方,节气是立春,甲得天时地利,禀气深厚,称为"临官",大吉大利。如果是庚寅,地支为寅,寅的属性是阳木,而方位在西方,时令是立秋,金克木,正是万木凋零之时,称为"绝",当然不是好运气。

星命术以出生时刻十一曜在十二宫中的位置推算命运,也是一种符号的应用。韩愈《三星行》以磨竭为身宫,苏轼《命分》以磨竭为命宫,以此感叹命运多舛。但无论是八字算命还是星命都属于伪科学,属于符号应用的误区。

四、占梦术和测字

当个人面对未知而产生疑虑时,需"别择中介物象以呈现之,从而使之得到观察和吉凶系联"。常见的方法就有占梦与测字两种。

1. 占梦术

古人由于不了解梦的产生,认为梦是人的灵魂暂时离开肉体的结果,并且认为梦能够感知人的旦夕祸福,因而从梦可以占得人的吉凶。《周礼详解》中有云:"梦者,精神之运也。人之精神往来,常与天地流通。而祸福吉凶皆运于天地,应于物类,则由其梦以占之,故无逃也。"

古人占梦有许多方法,大体都是牵强附会之说。三国占梦家周宣"三占刍狗"就是一个有名的例子。《三国志·魏书》记载,周宣为曹丕中郎官时,曾有人问他:"我昨晚梦见了刍狗(结草为狗),是什么意思?"周宣说:"您将有美食吃了。"此人出行果有丰盛的宴席相待。后来此人又问周宣:"我昨晚又梦到刍狗了,这是什么意思?"周宣说:"您将要从车上摔下,摔伤您的脚,您要小心。"果然不久此人摔伤了。后来这个人又问周宣:"我昨晚又梦到刍狗了,这是什么征兆呢?"周宣说:"您家将要失火,请小心。"没几日,家中果然失火了。此人实在佩服之至,对周宣说:"我其实并没有做那几个梦,只不过想试探您的本领,何以如此灵验?"周宣说:"这是神灵所为,与梦无关。"此人又说:"我说梦到三次刍狗,为何预兆皆不同?"周宣说:"刍狗是祭神之物,所以您的第一个梦表示您将得到美食。祭祀之后,刍狗扔在路上,会被车轮碾压,暗示您将从车上坠下。刍狗碾坏后,会被人拣去当柴烧,因而预示将会有火灾。"从这个例子可以看到,占梦其实有很多是依据日常的生活经历和经验,与梦本身没有必然联系。那人根本就没有做刍狗的梦,即使碰巧吻合,也纯属偶然。

2. 测字

测字是一种通过对汉字的形音义进行曲解来预测人的命运的占卜方法,是一种对汉字的灵物崇拜。《指谜赋》说:"字,心画也。心形如笔,笔画一成,分八卦之休咎,定五行之贵贱,决平生之祸福,知目前之吉凶。富贵贫贱,荣枯得失,皆于笔画见之。"意思是说,字是人心的外部表征,从笔画可以看出一个人的贫富贵贱和吉凶祸福。测字法撇开汉字"六书"的原则和字的本义,任意曲解汉字原有的能指与所指,硬是把它们同人的命运联系起来。

测字最常用的方法是相形法,即从字形入手,根据情境对它进行分离组合、删减增添,重新对汉字进行解释。相传宋徽宗时相士谢石"名闻九重",徽宗写一个"朝"字求测,谢石对送字的人说:"这个字不是你写的。'朝'字可以分解为'十日十月',因而一定是一位生于十月十日的大贵人写的。"徽宗十分佩服,谢石也因此大获赏赐。宋高宗南渡,写了个"春"字问测于谢石。谢石说:"这是一个好字,富贵之象也。只是'秦头太大,压日无光'。"可是没有想到当时是奸臣秦桧当权,"秦头太大,压日无光"大大地触犯了他,谢石遂被放逐而死于戍所。如果谢石真的能够测得人的命运,那么为什么没有测出自己将死于戍所的命运呢?

测字法有时好像挺灵,这并不是汉字真的与人的命运有关联,而是高明的测字先生善于察言观色,通过看、听、问等手段掌握求测人的情况,再根据具体情境进行推断,所以八九不离十。例如同一个"吞"字,如果求测者是一位体弱多病的人,测字先生说是"上天下口",老天要吃人了,病是无望好转了;如果是个笑容满面的老太太,测字先生会说"二人下面一个口",儿女如果成亲的话,一定甜甜蜜蜜,恩恩爱爱;反之,如果是个愁容满面的人,测字先生则会说"二人抢一张口",

争吵太多,家庭不和睦。可见,同一个字,见不同的人有不同的说法,真是"见人说人话,见鬼说鬼话",其中的奥秘不是很清楚吗?

第三节 语 言 崇 拜

一、语言灵物崇拜

语言是人们为了交流思想感情、协调劳动节奏而创造出来的人工符号。可是从它被创造的时候起就被创造者神秘化了,把它看成超自然的"灵物",可以给人们带来吉凶祸福,于是形成了语言崇拜——一种语言符号的拜物教。佛家密宗又称真言宗,崇尚真言咒语,认为观诵真言(不可解的梵音)就可以治疗疾病,甚至降伏诸天,策使鬼神。电影《阿里巴巴和四十大盗》喊一声"芝麻开门",就能打开满藏珍宝的洞府。语言符号成了一种神奇的物质力量。

语言的灵物崇拜起源于先民们误把语言符号等同于它所指称的具体事物。就拿"名字"来说吧,一个人的名字原本只是用以称呼人的人工符号,同一个名字可以称呼不同的人,同一个人也可以用不同的名字来称呼,这里面不存在必然性。可是在语言符号拜物教那里却不是这样。正如法国学者列维·布留尔所说:"原始人把自己的名字看成某种具体的、实在的和常常是神圣的东西","涉及谁的名字,它就意味着涉及本人或涉及这个名字的存在物。这意味着对他这个人施加暴力,强迫他现身"。[①] 就是说,一个人的名字等同于他本人。

人们既然相信语言符号是一种"灵物",可以造福于人,因而希望通过语言符号获得利益。中国一些地区小孩闹夜,小孩的父母便会写一张帖子贴到街心,内容是:

> 天皇皇,地皇皇,
> 我家有个夜哭郎;
> 过路君子念一念,

---

① [法]列维-布留尔著,丁由译:《原始思维》,商务印书馆1930年版,第42页。

一觉睡到大天光。

据说贴的时候必须夜深人静、不让人知道才会灵验。这种风俗许多地区都有，只是帖子的文句略有不同。

由于语言符号"能够"造福于人，所以人们都喜欢说、喜欢听吉利的话。例如古代帝王走到哪里，"万岁万岁万万岁"的呼声就响到哪里。民间小孩如果讲了不吉利的话，大人立刻就会说："太公在此，童言无忌。"这样可以消弭孩子惹下的祸患。即使当代，诸如"恭喜发财""祝你心想事成"之类的吉祥话和祝愿语仍然普遍流行。这虽然出于良好的愿望，可是细细想想，恐怕也是一种语言的灵物崇拜吧！

人们对于吉祥话或吉利语的崇拜，还突出地表现在神秘数字的崇拜上。它是语言灵物崇拜的一种表现，与后面要说的"数字化迷信"不是同一回事情。

神秘数字崇拜从古代到现代，深深地渗透到人们的日常生活之中。众所周知，"六"和"八"这两个数字很受欢迎。1996年电话号码升位，北京统一在前面加上了"六"。广州原来计划加"5"，由于许多人认为"5"与"无"谐音，不吉利，只好取消；后来加上了"8"。为什么"六"和"八"这样受到大家的青睐呢？原来"六"与酒令中的"六六大顺"相联系，取"六"图个吉利。至于"八"，据说来源于广东话。广东话中"八"的发音与"发"一致，于是广东人便把"八"与"发""发财""发家致富"以及"发迹""发展"等联系起来。随着改革开放的深入发展，这种地域文化从南到北，从东向西逐渐影响到全国各地，从经商领域扩大到人们生活的方方面面，就连带"八"的电话号码和汽车号码也身价倍增，甚至不惜重金买得这个符号。

与"六"和"八"相反，"四"是人们讨厌的，因而一味地回避它，原因在于"四"与"死"同音。其实从本源上讲，"四季"蕴含着春、夏、秋、冬的轮回，代表了生命与青春；"四海"泛指天下，蕴含了博大的胸怀；"四大美女""四大才子""四合院""四面八方"等都没有任何迹象将"四"与"不利""不顺""不吉祥"联系在一起，对"四"的恐惧是现代人创造的现代迷信。有人觉得这样对"四"不公平，要为它洗清不白之冤，将"四"解译为音乐中的"4"，音与"发"一样，这样便可以与"八"称兄道弟了。这种解释饶有趣味，而且也正好透露出"四"与"死"和"发"的联系纯粹是人为的,是人类自己创造了数字牢笼来囚禁自己。

数字迷信有很强的民族性和地域性。例如"13"在西方文化中是个不吉利的数字,因此在每月的"13"号不安排重要活动;影剧院的"13排""13座"就成了影剧院的过道;宾馆也跳开了"13号房间"和"13楼"。据说这一忌讳来源于基督教:耶稣与十二门徒共进"最后的晚餐"时,他说:"你们中间有一个人出卖我了。"由于叛徒犹大是这里的第十三个人,从此"13"就成了不祥之物。杭州曾经发生过一件颇让外地人迷惑不解的事情:杭州电信推出极低价格促销末尾为"62"和"4"的"小灵通",但总是卖不出去。"4"的原因不言自明,至于"62"就令人费解了。原来在杭州话中"62"的发音是一句最常用的骂人的粗话,表示"傻瓜""笨蛋""神经质""怪异""过时守旧"等意思。虽然小灵通"62"的价格一低再低,可仍然少有杭州人问津,最后购买的多半还是不明情况的外地人。

二、语言禁忌

由于缺乏科学知识,人们对很多事物或现象不能理解,因而产生畏惧心理,并将这种畏惧转移到了指称这一事物或现象的词语身上,认为一旦提及这一词语,就等于触犯了这一词语所指称的事物。为了避免受害,只好避免使用这些词语。这种现象就叫作语言禁忌。它是"一种扭曲的语言文化现象"。

语言禁忌主要有以下几种表现形式:

1. 称谓禁忌

称谓禁忌就是赋予一些特殊称谓以特殊的力量,从而让人们避免提及这些称谓的语言现象。中国古代普遍存在对帝王名字的回避,这种避"君讳"的称谓禁忌甚至涉及全社会的每一个人和每一件事,所以是典型的避讳形式。例如汉文帝名恒,故改恒山为常山;简文帝郑太后名春,则改富春县为富阳县;因宋太祖的祖父名敬,故改敬州为梅州;因明成祖名棣,改沧州的无棣为广云。秦始皇叫嬴政,"政"与"正"同音,于是将正月改为"端月"。隋文帝杨坚之父杨忠,隋代人不但要避讳"忠",而且连"中"也要回避,于是隋代中央的三省之一的"中书省"改为"内史省"。这样的例子,清代的钱大昕在《十驾斋养新录》中举了二百多例。

除了君王的称谓不能提及,就连各级官员的称谓也得回避。"只许州官放火，不许百姓点灯"这句话，就是源于称谓禁忌。"田登作郡，自讳其名，触者必怒，吏卒多被榜笞，于是举州皆谓'灯'为'火'。上元放灯，许人入州治游观。吏人遂书榜揭于市曰：'本州依例放火三日。'"因为地方官叫"田登"，故要回避所有与"登"同音的字，这样便有了"只许州官放火，不许百姓点灯"之说。

对称谓的禁忌并非君王或官员等统治阶级所特有的现象，它也适用于亲人和长辈。例如司马迁写《史记》时，因其父名司马谈，故将战国赵襄子的门客张孟谈改为"张孟同"。湖笔工匠为避笔祖娘娘卜香莲的"香"字，规定不得在工场内吃香食。《礼记·冠义》曰："已冠而字之，成人之道也。"甚至朋辈之间也常常以字代名。如诸葛亮字孔明、韩愈字退之、岳飞字鹏举等，朋友间以字互相称谓。古人还喜欢给自己的孩子取"小名"或"贱名"，认为这样可以避灾祛祸。如孔子小名叫"丘"，其子小名为"鲤"，陶渊明小名"溪狗"，宋武帝刘裕小名为"寄奴"，曹操小名为"阿瞒"，王安石小名为"獾郎"，顾恺之小名叫"虎头"。直到现在，有些地区尤其是农村，还有给孩子起名"丑丑""狗儿""狗蛋"等，有的以外貌特征命名，如卷毛、白白等。

其实，人的名字只是用以称呼和作标记的符号，根本不存在所谓的神秘力量。唐代诗人李贺，父名晋肃，有人说他不得考进士，因为"进"与"晋"同音。韩愈反驳说："若父名仁，子不得为人乎？"如果父亲叫"仁"，儿子也就不能成为人了吗？

2. 不吉利词的禁忌

有些词是指称那些不吉利或人们不愿看到的事物或现象的，由于主观上对这些事物或现象的排斥，导致人们对这类语词的回避。例如人们不愿明说"死"，就用各种婉约的方法来表达。这种表达，语体色彩不同用语不同，有的是文言词，如"亡""丧""没""逝"，有的是通俗口语，如"去了""老了""离开了""走了""翘辫子了""到很远的地方去了"。不同身份用词不同，如"驾崩"（天子死），"薨"（诸侯死），"填沟壑"（大臣死），"卒"（大夫死），"不禄"（士人死），"香消玉殒"（漂亮女子之死），"玉楼赴召"（文人早死），"兰摧玉折"（有才华的人早死），"殇""夭""夭折"（未成年而死）。还有一些带有明显的宗教色彩，如佛教的"圆寂""上西天""归西""撒手西去"，道教的"仙逝""仙去""仙游""羽化""坐化"等。最近还产生了些新用法，如"牺牲""就义""光荣"等。《红楼梦》关于"死"的说法，仅标题中就有以下这些：

> 贾夫人仙逝扬州城。秦可卿夭逝黄泉路。觉大限吞生金自逝。
> 因讹成实元妃薨逝。苦绛珠魂归离恨天。还孽债迎女返真元。
> 史太君寿终归地府。鸳鸯女殉主登太虚。死雠仇赵妾赴冥曹。

正因为对"死"的禁忌，人们将"死鱼""死鸡""死鸭"改称为"文鱼""文鸭""文鸡"。吴方言中"死"和"洗"的发音相同，于是改"洗"为"汰"和"净"。储蓄时为避免说"死期活期"而改说"定期活期"。

在中国的传统中，对"战争"也是处处回避的，也许是因为战争与死亡、暴力和不幸紧紧相连。春秋时对"战争"就有许多委婉说法，例如《左传·僖公四年》云："不虞君之涉吾地也。"意思是说，没想到您会踏上我们的土地。其实是指齐桓公侵蔡伐楚。又如《左传·僖公二十八年》中描写晋楚城濮之战时，没有直言战争，楚大夫斗勃只是别有意味地叫了一声："请与君之士戏。"而晋使者栾枝也故意毕恭毕敬地言道："既不获命，敢烦大夫，谓二三子，戒尔车乘，敬尔君事，诘朝将见。"言辞虽尽卑恭之态，实为迎战之辞。

不吉利词的禁忌很多具有强烈的行业特征。例如吴方言中的"筷子"本应是"箸"，"抹布"本应是"幡"，由于明代"舟行忌住讳翻"，故将"箸"改称"筷子"，将"幡布"改称"抹布"，这一习惯一直延续至今。再如沿海地区忌讳"翻船"，所以在酒席上只好把"将鱼翻一下"说成"将鱼转一下"。

语言禁忌还广泛地影响着人们的生活。例如水果中梨是不可分吃的，原因在于"分梨"与"分离"同音；祝寿过生日不能送钟，原因在于"送钟"与"送终"同音。

3. 隐私词禁忌

隐私词是指关于人体的私密处以及关于性和排泄的词，人们由于难以启口而常常选用一些较为委婉和含蓄的说法。例如人们将女性的"月经"称为"月信""例假""好事""来事""倒霉""该诅咒的""大姨妈"等。国外似乎更为婉约，曲言为"不好""不妥""欠妥"以及"在周期中"（inher period）、"在花期中"（in the flowers）、"难题的日子"（problem days）和"忧郁的日子"（blue days）等。性、性爱是隐私词的主要话题。汉语中多用自然现象来表达,如"春""春心""春意""春情""怀春""风月""风情""风怀""风花雪月""云雨"等;也有称为"房事""家庭""生活""夫妻生活""做爱""同房""交好"的。山西方言中将"做爱"称为"透"。上海松江等地将女性器官称为"筶",书面语中常用"×"表示。

三、符咒

语言学家陈原说:"语言灵物崇拜到了极端就是符咒。符,这是书写的语言——看上去似懂非懂的图形'文字';咒,这是口头的语言——听起来似懂非懂的神秘'语言'。符是书面语的物神化,咒是口头语的物神化。"[①]"符"亦称符箓,"咒"即咒语,无论是符箓或者咒语,人们都相信它们具有超人的神力。

远古时期的部落大都重视符咒,认为它们可以决定部落的兴衰。有些部落甚至将他们的贵族工作设定为念好咒、画好符。因为这样,就可以使五谷丰登、人丁兴旺,可以让敌人不战自败,可以让变心的情人回心转意。否则便会对部落不利,或者收成减少,或者人丁不旺,或者发生其他灾难。甚至直到今天,仍然有人在生病的时候,家属不是送他去医院治疗,而是请来"大仙"画符念咒,镇妖驱鬼,结果反而把病人折腾死了。

《西游记》中的孙悟空,足智多谋,勇敢正义,可是他争强好胜,任性放旷。如来佛为了让他能帮助唐僧取经成功,特意设下一计,给他戴上金箍子,一旦不听话,唐僧就念起紧箍咒,孙悟空疼痛难忍,只得顺从。这咒语的神力,连神通广大的孙悟空也只得就范。李伯聪说:"在历史上,许多地区的许多族群都曾相信和使用过咒语。而咒语的特点和'本质'就是企图和认为通过念咒这种在'语言符号世界'中发生变化的方法,直接地在现实世界中产生相应的变化。如果咒语也是一种方法(尽管把它归于巫术类的方法之中)的话,那么,她的'幼稚'正是'幼稚'地把语言符号世界同现实世界混为一谈。在人类思想史上对符号问题认识中的一个重大进展是明确地认识到符号世界自身是一个与现实世界不同的'虚存'的世界。"[②]

画符念咒的迷信在国外也同样存在。如美国人比尔斯的《恶魔词典》中收录

---

① 陈原:《社会语言学》,商务印书馆 2000 年版,第 347 页。
② 李伯聪:《符号世界与符号异化》,《哲学研究》1998 年第 7 期。

了这样一张符图,是由一系列英文字母组成的等腰三角形:

$$
\begin{matrix}
A\,B\,R\,A\,C\,A\,D\,A\,B\,R\,A \\
A\,B\,R\,A\,C\,A\,D\,A\,B\,R \\
A\,B\,R\,A\,C\,A\,D\,A\,B \\
A\,B\,R\,A\,C\,A\,D\,A \\
A\,B\,R\,A\,C\,A\,D \\
A\,B\,R\,A\,C\,A \\
A\,B\,R\,A\,C \\
A\,B\,R\,A \\
A\,B\,R \\
A\,B \\
A
\end{matrix}
$$

据说是可以治牙病的。

　　无论中国人还是外国人,都有佩戴护身符的习惯。美国人类学家吕威 (Lowie,H.)写道:"农民身上佩戴使酋长息怒的符箓;行路的人佩带避野兽防疾病的符箓;妇女的腰佩带防止不育的符箓;战士身上佩带几种避兵器的符箓,还佩带几种令人丧胆的符箓。"[①]中国道家《抱朴子》一书中也载有许多符箓。例如你要穿行于深山老林之中,为避山川百鬼虎狼虫毒之害,需要佩带入山符;你想刀枪不入,可书写北斗字及日月字,制成不畏白刃的护身符。还有其他许多符箓,并有图示。

　　迷信的人们除希望符咒能给人带来福祉外,还把它们看作加害别人、报复对头和惩罚敌人的工具。他们认为,如果要加害某人,不必亲自动手,只需把他的名字或生辰八字写在纸上,或者写在假人的身上,用针刺它,用火烧它,或者用笔划它,这样一来,那个人就会受难,就会被惩罚。例如电视剧《还珠格格》中,就有容嬷嬷对小燕子不满,便做了假人并用针刺它以致被发现的情节。

---

① ［美］吕威著,吕叔湘译:《文明与野蛮》,生活书店 1935 年版,第 348 页。

第四节　名人名牌效应

一、商品名牌效应

什么是"名牌"？名牌必定是同类产品中的佼佼者。名牌应该具有很高的知名度和美誉度，还应是品质、服务、文化与品位等的统一体。名牌不仅代表良好的质量、精湛的工艺，而且还承诺了优质的服务和应尽的责任。它不仅积淀深厚而丰富的文化，而且还蕴含高雅而时尚的品位。因此可以说，名牌给人带来的不仅仅是耳目的欢愉和身体的舒适，更是身份地位和文化品位的象征。品牌符号的建立和传播是品牌传播的重要环节，它能够将品牌的价值、理念、文化等元素传递给消费者，从而形成品牌认知和品牌忠诚度。[①] 可见，品牌和名牌与符号学密切相关。"印象·西湖"之所以从 2007 年以来一直能成为有影响力的山水实景演出项目，不仅在于演艺的质量，还在于"江南忆，最忆是杭州"的独特文化含量。同样，一件鳄鱼衬衫的价格要比普通衬衫高出 5—10 倍，这当然和它舒适、透气和富有动感的高品质分不开，但也因为"鳄鱼"蕴含着勇猛、强悍、珍异等多种文化内涵。正是因为名牌有这样的综合实力，从而赢得生产者、经营者的自信和消费者的青睐。

然而，商品的"名牌效应"就不是这么回事了。它是消费者由于对名牌过分赞赏而导致一味追逐名牌的盲目崇拜现象。

中国的名牌热产生于 20 世纪 80 年代。随着改革开放的不断深入，随着国家对品牌战略的日益重视，随着人民生活水平的快速提高，人们已经不满足于吃饱穿暖，而希望在消费的同时获得身心的愉悦，在享用产品良好质量的同时体现高雅的品位和独特的人生。正是在这样一种时尚、潮流的驱使下，许多人加入了名牌拜物教的大军。人们宁可花上几倍甚至是几十倍的代价去选购名牌产品，而不愿购买物美价廉的同类非名牌产品；人们购买产品时忽略了性能、质量和价格，只要听说是名牌便刮目相看，完全相信它；年轻人为了购买让自己心仪已久

---

① 张丰年：《品牌符号学原理》，浙江大学出版社 2023 年版。

的名牌,宁愿节省自己的伙食费。至于逢年过节、外交公关,或者生意洽谈,更需要以名牌示人,即使囊中羞涩也不甘落后,以免丢了面子;甚至连小孩都知道这名牌那名牌,要买名牌东西,否则"同学会笑话的"。搜狐网站曾经公布一条新闻,说是杭州的白领阶层和高薪族不再穿某个名牌 T 恤,就是因为杭州大街小巷、老老少少,不管是老板还是工人,甚至连打工仔都穿着这种 T 恤,当然有许多的假冒产品。既然某个名牌到了泛滥的地步,人们也就改变了对它的忠诚,改为崇拜其他名牌了。

人们对名牌产品的盲目崇拜而产生的"名牌效应",致使生产者和经营者大打"名牌"的主意,产生"名牌效应"的另类情况:

1. 为获取暴利,生产者不择手段谋取名牌、假冒名牌。名牌价格不菲,利润比一般产品高,高额的利润大大吸引了生产厂家。有的厂家试图与拥有名牌的企业联合,利用别人已创的名牌使自己的产品也贴上名牌的标签;而拥有名牌的企业也以自己的已创名牌为诱饵,企图吞并其他企业,结果企业吞并成功了,规模扩大了,可是产品一时难以达到名牌的高要求,最后反而毁了辛辛苦苦创下的名牌。还有一些企业,艰苦创下名牌以后,盲目地搞起了延伸,使名牌错位而失去价值。例如一家以"男人的世界"著称的国际品牌,开始生产女士皮包,把名牌商标印贴在另一种产品上,导致名牌错位最终丧失了名牌。又如一家国产名酒与世界名酒联合,生产出一系列不中不西的"混血儿",损害了原来名牌的声誉。有一些企业为了获取名牌,不是苦心创业,而是把心思花在其他手段上,耍弄各种公关手段,甚至不惜重金购买名牌。这样"买"下的名牌自然是有名无实。更有甚者,有的厂家干脆假冒名牌,把自己的伪劣产品贴上名牌商标,一夜之间"麻雀变成了凤凰",利润也就滚滚而来。

2. 一些职能部门为了获利,胡乱评选名牌。因为名牌可以给生产厂家带来实实在在的效益,一些企业一心想拥有名牌,这就造成一些职能部门利用名牌的评定权而随心所欲地制造"名牌"从中获利,于是在企业获得名牌的渴望声中,评名牌活动如雨后春笋般频频出现,评定方式也渐渐偏离正规轨迹。各种单位甚至个人以营利为目的,搞出名目繁多的名牌评选活动,使得评选出来的"名牌"鱼目混珠、良莠不齐。有的甚至强迫企业参加名牌产品的评选,从"通知—交费—评选—公榜"的传统程序发展到"一手交钱,一手交货"的方式,致使神圣而庄重的名牌评选活动镀上了金钱的金黄色。有些人甚至鼓吹说:"名牌要靠广告吹捧出来","生命在于运动,评牌要靠活动","有钱买名牌、无钱丢名牌、钱多大名牌、钱少小名牌",等等。那些名目繁多、行为不正的评选活动严重地干扰了争创名牌工作,使真正的名牌产品蒙上阴影,引起消费者对名牌的淡化心理,从信赖名牌变为怀疑名牌、反感名牌。这样一来,不但使评选丧失了公正的标准,助长了投机取巧的歪风,而且打击了一些兢兢业业努力创业的企业的积极性。名牌的名实不副,也大大地降低了我国产品在国际上的地位,使我国的经济形象蒙受损害。其实,"名牌"是在市场形成的,消费者通过对各种产品的比较,逐渐形成对某种品牌的忠诚度,不是能够人为地品评出来的。有关部门应该慎重对待名牌评选,把评价交给市场。

二、名人效应

名人效应,亦即名人崇拜,是人类社会发展过程中的普遍现象。远古时代的名人崇拜带有浓厚的宗教色彩,而在文明社会里,社会大众所崇拜的则是这个社会中各领域里的杰出人物,包括英雄崇拜和明星崇拜等。

1. 英雄崇拜

何为"英雄",魏人刘邵《人物志》这样解释:"夫草之精秀者为英,兽之特群者为雄,故人之文武茂异,取名于此。"文武双全,出类拔萃者为英雄。英雄崇拜是将英雄美化和神化,赋予他完美的人格魅力和超现实的神秘力量。

中国人对英雄的崇拜由来已久,例如女娲、炎帝、黄帝、夸父等,他们是上古的神话英雄;秦始皇、汉武帝、唐太宗、宋太祖等是封建王朝的英雄帝王。还有不计其数的其他英雄人物,他们如同黑夜里的繁星,在夜空中熠熠生辉。

这里仅以关羽和诸葛亮为例,说说某个历史人物是怎样经过神化而成为人们崇拜偶像的。

说起关羽,人们总是把他和"忠义"与"勇烈"联系起来,想起桃园结义、义释曹操、义释黄忠等义行;想起于百万军中斩颜良、诛文丑,过五关斩六将等武功,以及单刀赴会、刮骨疗毒等壮举;想起"身长九尺,面如重枣,唇若涂脂,丹凤眼、卧蚕眉"的堂堂相貌,清光凛凛的青龙偃月刀和"日行千里,登山涉水如履平地"的坐骑赤兔马等。关羽被后人尊为"武圣",与"文圣"孔子相媲美。在封建社会里,全国供奉关帝的"武庙"处处皆是,形成了"中原有地皆修祀,故土无人不荐香"的盛况。其实,关羽只是中国历史上的众多金戈铁马、叱咤风云的英雄人物中的一个,他也有自身的弱点:心高气盛,不能忍让,如辱骂求婚的吴国使臣,轻侮南郡太守糜芳;他骄傲自大,刚愎自用,以致最后败走麦城。可是对英雄的崇拜促成了对关羽的美化和神化;反之,对关羽的美化和神化又加深了人们对他的崇拜。

诸葛亮是个家喻户晓的传奇人物,历来被誉为聪明人的代表。历史人物诸葛亮是三国时期一个杰出的政治家、军事家,但是他的文治武功远不是那么神乎其神。就历史功绩而言,正如陈寿在《三国志》中所说:"然亮才于治戎为长,奇谋为短,理民之干,优于将略。""(诸葛亮)可谓识治之良才,管、萧之亚匹矣。然连年动众,未能成功,盖应变将略,非其所长欤。"这两段话都是说诸葛亮治理国家具有杰出才能,可以和管仲、萧何相提并论,但在应变和智谋上,却无见长,军事上亦无过人之处。可是在《三国演义》以及后人的心中他却成了文韬武略的全才,料事如神的奇人。这是人们的崇拜心理在起作用。难怪鲁迅先生在看到诸葛亮于赤壁筑台祭风,借东风火烧曹军八十万大军的情节时,不禁发出"吾观孔明近乎妖"的感慨。

2. 明星崇拜

明星崇拜并非始于现代。古代那些"名优""名角"也曾使许多人乃至王公贵族为之倾倒。白居易《琵琶行》诗云:"五陵年少争缠头,一曲红绡不知数。"就是明星崇拜的写照。然而当代的明星崇拜,更有它鲜明的时代特征。当代的明星主要是指球星、歌星和影星,他们是人们(特别是年轻人)心目中的偶像。美国人伊曼纽尔(1990)的调查表明:许多美国青年人把摇滚歌星视作自己的"绝对英雄"。我国某重点中学对全校高中学生进行了"你最崇拜谁"的问卷调查,结果表明对影视歌星的崇拜占了86%。可见"追星"已经不再是个别现象,而是现代社会的一个普遍现象。在崇拜明星的过程中,一批批的"追星族"产生了。他们从对革命领袖、英雄模范人物、科学家等的崇拜,转化为对当代娱乐界明星的追逐。

随着改革开放的进一步深入和经济的快速发展,追星现象历久弥新、异彩纷呈。有的人千方百计收藏偶像的照片或画册,随身携带,或者贴在卧室墙上以便观赏;有的人倾慕偶像的一举一动、一笑一颦和衣着打扮,并极力模仿;有的人对偶像的身世、行踪、血型、星座、婚恋、起居等细节都关心入微,不厌其烦地挂在嘴边,以致开口"动力火车",闭口"青春美少女";有的人为了得到偶像的亲笔签名或一睹其风采,不远千里赶赴,在漫漫寒夜中苦苦等候;还有的人甚至毫无节制地给所崇拜的偶像写信、寄照片,表达心意乃至爱慕之情,大有非君"今生不娶、此生不嫁"之意,一旦听到某某将要结婚的绯言时,便心如刀绞,心灰意冷,甚至产生轻生的念头。还有些人因为崇拜明星产生了变态心理,做出了恶性的暴力行为。美国影星朱迪·福斯特因主演《被告》和《沉默的羔羊》两获奥斯卡影后的称号,她的美貌和聪慧深深地吸引了富家公子辛克利。辛克利狂热地爱上了她,可是一直都未得到朱迪的芳心,但他并未就此罢休,想出通过刺杀总统里根来感动朱迪的怪招。结果在 1981 年里根的一次活动中,辛克利扣动了扳机,幸而里根大难不死。

追星族对体育明星崇拜显得更为狂热和普遍,因为在人们的心中,他们是力量与正义的象征,他们的胜负与国家的荣誉息息相关。美国曾做过"谁是你心目中最崇拜的人"的社会调查,结果是著名球星"篮球博士"欧文与总统并列,位居榜首。据说有个英国球迷,因为不想与自己崇拜的西班牙球星分开,于是辞去了原来的工作,举家迁往巴塞罗那。

对体育明星的崇拜,常常给社会带来了不稳定因素。以 2022 年印度尼西亚发生的球迷冲突事件为例,该事件造成了骇人听闻的 131 人死亡,547 人受伤的惨剧。根据印尼官方的统计数据显示,从 1994 年到 2022 年期间,累计死于绿茵场的球迷和警察超过 200 人,这一数字的背后,是无数家庭的破碎和悲痛。更令人扼腕的是,在世界足球的历史长河中,因骚乱、狂热情绪失控等原因而引发的惨案屡见不鲜。波士顿大学的一个调查表明,美国体育迷中有 60% 的人参加过谩骂或打架事件;足球场上发生的暴力事件,60% 是球迷干的。暴力事件逐渐升温,令人忧心忡忡,它给社会造成了极其恶劣的影响,为体育运动的健康发展带来了重重障碍。

根据最新的调研数据显示,近年来青少年对偶像的理解发生了深刻变化,从表面的感性审美转变为更深层次的理性思考与价值判断。北京教育科学研究院德育研究中心(2021)面向北京市 16 个区万余名中小学生展开调查,近半数的中小学生将偶像视为最崇拜、最佩服的人,其次是最喜欢的人,再次为最羡慕的人,而少数则视为最亲近的人。这一发现打破了我们对学生偶像选择取向的固有认知。十年前,学生的偶像崇拜主要基于感性的审美情绪和时尚追求,超过半数的学生将偶像视为"喜欢的形象",仅有三分之一的学生将偶像视作学习榜样。从偶像类型上看,中小学生的名人崇拜如今呈现出积极的趋势,主流价值观的榜样人物成为其主要的崇拜对象。在本次调研中,科学家以27.9%的比例高居偶像榜首,远超其他类型,其中袁隆平、钱学森等杰出科学家备受推崇。回顾历史,20世纪60、70年代科学家一直是中小学生的主要偶像,但进入21世纪后,娱乐明星逐渐占据主导。然而,本次调研结果显示,中小学生的偶像价值观正在发生转变,学生们对知识和科学精神的重新认识和尊重呈现出回归的态势。[①]

3. 权威崇拜

在生活和认知的过程中,我们有时对论题不作具体的论证,往往不加分析地摘引权威人士的言论,以之作为论题正确性的充分论证。例如:在中世纪的欧洲,亚里士多德享有至高无上的权威。亚里士多德曾认定人的神经是在心脏汇合,而当时的解剖学家已经发现事实并非如此。于是,一些解剖学家请宣传亚里士多德的经院哲学家去看人体解剖。不料,经院哲学家们看后竟说:"您清楚明白地使我看到了一切,假如在亚里士多德的著作中没有与此相反的说法,即神经是在心脏里汇合的,那我也就一定承认神经在大脑里汇合是真理。"这在实质上是一种把权威的片言只语视为绝对真理的谬误,我们称之为"滥用权威"的谬误。

通常意义上的权威,是指具备更高的专业素养,对自身领域有更广泛更深厚的理解并为该领域做出过杰出贡献的人物。相比普通人,他们对某些问题的判断更具有可靠性,因而应当充分尊重他们的意见。但是,权威说的话并不因此而成为绝对真理,尊重不等于信奉,信任不等于不容许质疑。例如,牛顿是一位伟大的物理学家,但是他的绝对时空观也严重桎梏了后人的思维,以至于爱因斯坦在提出相对论后备受诘难。卢瑟福是原子核结构论的提出者,公认为原子能时代的重要开创者,但他坚持认为人类任何时候都不能利用原子核中蕴藏的能量。他在英国皇家学会年会上的发言中说,凡是谈论大规模取得原子能的人都是胡

---

① 参见殷蕾:《如何让学生在偶像崇拜中进行榜样学习——基于对北京市中小学生偶像崇拜的大数据调研分析》,《中国教育学刊》2023年第11期,第97—102页。

说八道。可是 1932 年,他的学生查德威克发现了中子,1938 年哈恩发现了铀核裂变的链式反应。在这些发现的基础之上,美国通过曼哈顿原子弹工程,开启了原子能时代。

可见,对权威的崇拜不只是发生于愚昧无知者身上,它也发生于知识阶层。这与漫长的学习过程中形成的对书本知识的依赖有一定的关系。人们在学习过程中往往觉得书本是完全正确的,因此对其深信不疑。其实,书本知识只是人类认识的部分成果的总结,它本身就具有局限性和不完备性,因而当有疑问时就应当勇敢地质疑和探索。我们应当坚持自己的真理观,相信书本和权威,但更相信真理。

这是一个权威泛滥的年代。刷牙,有权威机构比如全国牙防组织向你推荐使用什么牙膏、牙刷;面对股市暴涨暴跌,会有权威分析师侃侃而谈,给你指明选股的方向;出了一部大片,权威机构的权威影评铺天盖地,推荐这部影片;每年的春天,伴随小升初、中考、高考的节奏,权威教育机构的成长辅导和人生规划课程广告充斥大街小巷。我们并不认为这些权威不值得一顾,而是说,他们中有相当一部分没有达到权威的水平,只是戴了一顶名不副实的华丽的"权威"帽子而已。

的确,权威在维持着社会的秩序,权威引领时代潮流,权威意识或多或少地左右着我们的思想和行动。我们既需要对代表文明与进步的权威给予足够的尊重和维护,同时更应摒弃对权威的盲目崇拜,摒弃权威意识对我们思想的桎梏和奴役,以避免个人奴性的滋生和创造性的退化以及个性的缺失。

第五节　数字化迷信

一、数字化杀手

数字化杀手是指这样一些人的数字化迷信:他们崇拜计算机的神奇,为了经济或其他目的,利用自己娴熟的计算机技能去伤害他人。所谓"杀人不见血",这种无形的杀手比起那些有形杀手,更让受害者感到恐惧。

这样的数字化杀手,包括数字化犯罪、数字化病毒、数字化黑客等。

1. 数字化犯罪

数字化犯罪是指罪犯通过网络利用自己高超的计算机技术而进行的各种犯罪行为,包括数字化盗窃、数字化诈骗、数字化入侵、数字化洗钱、数字化暴力以及数字化色情等。这样的犯罪不需亲临现场,只要凭借自己的技术天才在键盘上敲敲打打,就可以神不知鬼不觉地从银行取走他人的大笔钱款;就可以畅通无阻地随意侵入各种安全系统,破译其中的机密信息;就可以通过网络的一些承诺来骗取他人钱财,通过网络对别人进行人身攻击和安全威胁,以及传播色情,如此等等。

例如网络诈骗,无处不在,无孔不入。1988 年,美国佛罗里达的一名男子格雷·黑尔在互联网上做广告,声称只要用户将一定数额的美元汇到指定的银行账户中,便可得到一台性能良好而价格优惠的计算机。有很多用户汇去了足够的钱,但是左等右等,却没有计算机的踪影,汇去的钱无疑是石沉大海。在愤怒之中,许多网民向联邦调查局投诉。根据调查发现,黑尔在互联网上使用了大量的化名,从未公布他的真实地址和电话号码。基于此事,联邦调查局决定永久禁止黑尔在网上从事任何贸易活动。这是联邦调查局对网上贸易和广告的首例禁令。其实网络诈骗是任何"禁令"都禁止不了的,而且形式越发多样,诸如商业多层次传销、出售电子邮件、连锁电子邮件、高价回收骗局、瘦身减肥骗局、不劳而获秘方、免费赠品诱惑、创业机会骗局、修改信用卡、旅游促销骗局、内部消息、家庭加工骗局等等,让人们防不胜防。

又如数字化色情,近年来,全国各地公安机关相继破获多起网络传播淫秽物品牟利案,涉及湖南、河南、广东、上海和浙江等地。湖南绥宁赵某等人运营多个涉黄 App,在境外非法牟利数亿元;河南郑州的"唯美次元"网站制作并贩卖淫秽内容,部分买家为未成年学生;广东揭阳朱某团伙搭建淫秽视频分享平台,利用微信、QQ 等发展代理牟利;上海黄某等人开发多个色情 App 和网站,传播淫秽视频并收取广告费,涉及大量未成年人;浙江新昌的"深圳某文化传播公司"组织淫秽表演,通过用户充值打赏牟利。网络淫秽物品传播活动猖獗,严重危害了社会道德和未成年人身心健康。[①] "有了互联网,色情的东西变得更快捷了,你在

---

① 来源:https://wap.peopleapp.com/article/6183704/6086429。

10分钟内可以获得你所要的全部图片。"法国伯比尼法院院长让·皮埃尔·罗森斯维格如是说。

数字化犯罪与常规意义上的犯罪行为相比,它的特殊性在于犯罪主体的多样性、犯罪目的的超物质性、犯罪手段的先进性、犯罪危害的广泛性以及犯罪过程的隐蔽性。由此可见,防止数字化犯罪的任务紧迫而且艰巨。目前虽然有许多"志士仁人"自发地承担了"网络清洁工"的工作,但因技术进步的便利、经济利益的驱动、社会文化与监管的缺失等多方面因素的共同作用,使得这颗网上毒瘤仍然肆意妄为,专横跋扈。

2. 数字化病毒

"病毒"一词,最早是科幻小说家大卫·杰罗得用来指称有害电脑代码的。1983年,弗雷德·科恩首次明确而科学地定义了计算机病毒。一年以后,《时代》杂志和《商业周刊》相继以病毒作为封面主题。此后,随着计算机科学的日益发达和信息产业的不断进步,"病毒"一词更是广为使用,逐渐演化成了一个家喻户晓的常用词语。

所谓"数字化病毒",是指某些计算机软件和程序能够在计算机内部反复地自我繁殖和扩散,并造成种种不良后果,危及系统的正常运行。从实质上讲,它是人为的干扰程序。病毒具有传染性、潜伏性、隐蔽性、突发性和破坏性。从这点上说,它与生物病毒极为相似。例如,2017年腾讯安全联合实验室反病毒实验室TAV引擎利用AI技术捕获一勒索比特币的"CryptXXX"勒索木马新变种。该病毒通过电子邮件附件、恶意广告链接或感染的软件下载等方式进入用户系统,然后利用系统的漏洞进行自我复制和扩散。一旦病毒成功感染计算机,它会对系统中的文件进行加密。当用户尝试打开这些文件时,病毒会突然发作,显示一个勒索界面,要求用户支付一定金额的比特币作为赎金,否则文件将永远无法恢复。2021年5月,科洛尼尔管道运输公司(Colonial Pipeline Company)遭受的勒索病毒攻击关闭了美国最大的燃料管道数日,并导致该国东海岸的燃料短缺,对关键的国家基础设施和政府服务造成严重破坏。①

阿斯利康(Astra)公司技术人员表示目前存在超过10亿个恶意软件程序,

---

① 来源:https://guanjia.qq.com/news/n3/2218.html;https://www.secrss.com/articles/39144。

仅 2022 年上半年，全球就发生了 2.367 亿次勒索软件攻击，每次攻击的平均成本为 454 万美元。进入 2024 年，恶意软件攻击的威胁继续笼罩着全球组织。[①] 未来几年此类攻击的频率只会增加，而且花样越来越花哨，形式越来越富于变化，手段越来越高超，使人无法预料，难以设防。例如一种叫作"网络逻辑炸弹"巨大的概念性武器，通过登录敌方网站，进入对方的信息系统，在目标服务器或主机内埋下"炸弹"后悄然离开，或者利用电子邮件将炸弹寄到对方的邮箱，埋在对方的网络系统中，一旦到了预定的攻击日，网络逻辑炸弹就会自发引爆，复制出大量无意义的数据和资料，令敌方通信系统中的电脑锁定一连串没有关联的软件和目标，最后因为负荷过重而导致瘫痪。如果若干个网络逻辑炸弹同时爆炸，其威力巨大，足以令一个国家的光纤通讯网立刻烧毁，使敌方不战自败。网络逻辑炸弹还可以扮演"超级现代神偷"的角色，神不知鬼不觉地潜入敌方特定的系统和主机，窃取资料或将指定的资料"一洗而空"。这种炸弹最厉害之处在于具有孙悟空"七十二变"的本领，可以随时随机变成文字、照片、图像、音乐或乱码等多种形式。

病毒给全世界造成了巨大的损失。全球由病毒威胁所造成的损失，占网络经济损失的 76%，仅"爱虫"发作在全球所造成的损失，就达 96 亿美元。[②] 从 2003 年的"冲击波"病毒利用系统漏洞导致计算机崩溃，到 2008 年的"孔雀石"蠕虫病毒构建僵尸网络进行恶意活动，再到 2017 年的"永恒之蓝病毒"全球爆发，公共机构、企业和个人损失惨重，这些病毒对全球经济的危害远超人们想象。病毒的破坏性如此之大，并且如此难以预测，使得人们对它产生了超常的畏惧，总想避开它。可是只要你使用计算机，你就无法真正地躲开它，它就像一个难以驱除的幽灵。

3. 数字化黑客

"黑客"一词源于美国麻省理工学院，用来称呼一群热衷于电脑的年轻人，后来逐渐演化为非法入侵者。他们是网络时代的一群特殊身份者，都痴迷于电脑，热衷于在数字化王国中一显身手，一比高低。他们打着"自由平等地分享信息"的幌子，在"好玩、刺激、富于挑战和追逐利益"的动机驱使下，做了一件又一件坏

① 来源：https://www.getastra.com/blog/security-audit/malware-statistics.
② 来源：《中国互联网络年鉴（2002）》"网络安全"www.cnnic.net.cn。

事。正如臭名昭著的黑客组织"骗人高手"的创建者之一约翰·李叙述的他十年的黑客生涯那样：他只要轻松地触动键盘，便可以改变信贷记录和银行存款余额；就可以免费搭乘班机，免费入住五星级宾馆，免费享用豪华大餐；就可以随意地向网络上的用户发送软件病毒，破坏他人的信息系统；就可以轻而易举地获取有关的交易内幕和机密信息……

黑客们的这些行为对社会的安全和稳定造成了巨大的负面影响，也引起了世界性的恐慌。据《今日美国》报道，黑客每年给全世界电脑网络带来的损失估计高达 100 亿美元。更为严重的是一些大公司在遭到黑客袭击后，常常采取"沉默不言"的做法，不声张更不敢反抗，唯恐激起黑客的愤怒，再次引火烧身。这种"姑息养奸"的消极行为大大地助长了黑客的犯罪行为。据《每日电讯报》报道，英国许多大公司每年都要支付巨额资金，讨取网络蛀虫的"手下留情"。更有一些超级大公司由此受到启发，用重金聘请所谓的"高手"黑客帮助他们去盗取对手的资料，给对手设计障碍，进而袭击并摧毁对手。

黑客无疑是数字化智力游戏的高手，同时又是危害社会安全与稳定的肇事者。他们一别过去违法者的笨拙与低能，集"智慧天才"与"不法之徒"于一身，人们在畏惧他们、责难他们的同时，又对他们的高超技艺崇拜不已，他们甚至成了许多现代青年心目中的偶像。所以有人称黑客们为"数字化王国的双面杀手"和"现代社会的'红'与'黑'的统一体"。

二、数字化沉溺

数字化沉溺指的是另外一种数字化的迷信者，他们过分地将自己的时间、空间和情感专注于网络的虚拟世界，致使许多人沉溺于数字化王国而忘记了它的虚拟性和非现实性。这种心理疾病就是"网络痴癖症"，美国心理学会称之为"病态使用因特网症"，简称 PIU。

美国心理学家杨格认为患上这种疾病的人表现出这些主要症状：

1. 总是嫌上网的时间太少。
2. 无法有节制地控制上网。
3. 一旦减少上网时间就会焦躁不安。

4. 一上网就能使各种烦心事烟消云散。

5. 上网比学习和工作更重要。

6. 为了上网宁可失去重要的人际交往和工作。

7. 不惜支付巨额上网费用。

8. 对亲友隐瞒频频上网的行为。

9. 下网后产生失落、孤独和不安全感。

10. 下网后总是念念不忘网上的事情。

只要具备其中四条，便可以判断为 PIU。据报载，台北有一男青年，为了不耽搁在网上的时间，竟然在房间中储备了大量的纸尿布。这大概可以算是沉溺于数字化、患上 PIU 的典型例子。

随着智能手机的出现，移动式互联网高速发展。手机已经成为第一大通信乃至娱乐工具，拇指轻轻一按就可以轻松达到古时"天涯若比邻"的状态，而随着 5G 网络和智能手机的普及，又让整个互联网都尽收掌中。我们走到哪里都可以看着低着头玩手机的人。不过由于过分依赖手机，也伴随着也有越来越多的人患上了"手机病"。

2023 年，中国青年报社社会调查中心与问卷网联合开展了手机使用习惯调查。调查显示，76.6% 的受访者每天手机使用时长超过 3 小时，其中使用 5 小时以上的占比达到 31.6%。88.3% 的受访者感觉，长期依赖手机给自己带来了一些健康问题。换言之，目前近九成的网友已然成为"手机病"的受害者。[1] 为了进一步检验自己是否患上了"手机病"，请做一下以下测试：

1. 闲来无事之时是否经常习惯性翻看手机？

2. 忘带手机或是手机没有信号、没电时是否感觉不安？

3. 晚上睡觉时必须使手机保持开机状态，否则感觉不安？

4. 手机放在包里，是否会产生幻听铃声等现象？

5. 是否喜欢用手机搜索与工作或者学习无关的事项？

---

[1] 来源：https://zqb.cyol.com/html/2023-03/30/nw. D110000zgqnb_20230330_2-10. htm/n1/2021/0823/c1004-32203063.html。

如果以上五项中你有三项以上答案是肯定的话,那么说明你已经是"手机症候群"的潜在人群。那么你该怎么办呢? 你需要做的,便是放下手机出去活动。过度依赖智能手机容易让人们失去思考动力和能力,同时不再懂得运用憩息时间去任意消遣,都会损伤人体健康。

处于数字化沉溺状态的人是异化了的人,他们的喜怒哀乐都已经完全被置于数字化世界之中。他们是孤独的、逃避现实的、没有完善人格的人。虽然国外学者认为"沉溺"应该是一种持续性强迫且具伤害性的物质使用行为,因而对冠以"网络沉溺"之名是否合适还没有达成共识,但对它产生的不良后果皆深信不疑:人的喜怒哀乐皆受制于数字化符号,原有的生活秩序混乱不堪,孤独与沮丧的情绪与日俱增。[①] 处于网络沉溺中的人,已经对网络产生了依赖,正如人对毒品产生依赖一样,失去了正常人的生活、情感和心理,只钟情于数字化的虚拟世界而不能自拔。

三、数字化尴尬

随着信息科学的快速发展,人类在获得高科技带来福祉的同时,不断地受到它的控制,从工作到学习到生活都呈现出向数字化演进的趋势,人也渐渐地成为"数字化人"。数字化尴尬也就是"数字化人"的尴尬。

众所周知,为了提高办事的效率,为了使操作程序化,也为了方便人们的生活,越来越多的行业使用了各种各样的"卡"。这形形色色的卡当然就是数字化科学的产物,它们的诞生的确给人们带来了极大的便利。然而在它们发挥优势的同时,也渐渐地控制了制造它的人类,于是"只认卡不认人"的数字化尴尬便发生了:因为忘了密码而无法从自动取款机中取钱;因为身份证不见了而无法登机;因为忘了带饭卡而不能在食堂就餐;因为忘了密码而不能打开电脑中的文件;因为门卡锁在屋内进不了自家的门;等等。面对诸如此类的尴尬,人们往往抱怨说,"这世界真是变了,只认号码不认人!""我们人类是怎么了?"人们在嘲笑郑人买履只信尺码不信脚的愚蠢的同时,自己却在上演着一幕又一幕"郑人买履"的现代闹剧。这无疑让人们产生了困惑:人类为了方便自己而制造了卡,然

---

① [美]戴维·申克著,黄锫坚、朱付元、何芷、江泽译:《信息烟尘》,江西教育出版社2001年版,第177页。

而卡却又制约了人类,似乎只有它才是世界上至高无上的东西。

人们在遭遇各种卡所带来的尴尬的同时,还要承受数字化所释放出来的更大的威胁:我们知道许多国家,从政府到商业,从军队到传媒,从交通到金融,从教育到医疗,都全方位地依靠信息技术,信息技术在无形中已经控制了整个社会,当然也就控制了社会中的每一个成员。一旦有一天,网络出问题了,那将意味着一片混乱,一切瘫痪:银行无法存取款,航班不能按时起飞,病人不能接受及时的治疗,大众媒体无法传递消息……那无疑就像一个精神出了问题的人一样,无法控制自己的言行,狂言乱语,离经叛道。这并非危言耸听。有人不无忧虑地预言:第三次世界大战将发生在网络空间。

数字化符号异化导致"信息至上主义"广为流行。西奥多·罗斯扎克在他的《信息崇拜》一书中说:"如同所有的崇拜,信息崇拜也有意借助愚忠和盲从。尽管人们不了解对于他们有什么意义以及为什么需要这么多的信息,却已经开始相信我们生活在信息时代,在这个时代中我们周围的每一台计算机都成为信仰时代的'真十字架':救世主的标志了。"①

在以人工智能为核心的技术的推动下,这一轮数字化进程更快、更高、更深远、更广泛,相应的威胁与担忧也与日俱增。以霍金为首的科学家、企业家及发明家发表的联名公开信中这样写道:"短期而言,人工智能可能导致数以百万计的人失业;长期而言,可能出现一些科幻电影中的情况,人工智能的智力水平超过人类,开始'叛乱'。按人工智能的发展进度,不久的将来,机器可能超越受制于生物进化速度的人类,最终摆脱人类的控制。"②更让霍金等科学家担心的,则是未来可能出现的人类"生存危机"。简单的如机器人护士可能因网络故障而拒绝给病人服药;机器驾驶员可能因计算紊乱造成车毁人亡;更长远的担心则是具有远超人类记忆能力的机器人,在获得海量数据和复杂算法或赋予的分析判断能力后,会给人类带来怎样的挑战?

"人工智能带来了先进生产力和更好的生活体验,我们不能忽视这些便利,仅去谈论其可能带来的困境。"吴甘沙在提出上述隐忧的同时表示:"我一直相

---

① [美]西奥多·罗斯扎克著,苗华健、陈体仁译:《信息崇拜》,中国对外翻译出版社 1994 年版,《序言》。

② 张静瑾:《价值与隐忧:人工智能已驶入快车道》,《瞭望》2015 年 1 月 25 日。

信,人类的智慧发展到一定程度,会有新的解决方案,而目前人类必须解决的问题是,在一个更自动化的世界里,如何保持我们的生物进化能力,怎样保证我们的智力再进一步地往前发展。"①

---

① 张静瑾:《价值与隐忧:人工智能已驶入快车道》,《瞭望》2015 年 1 月 25 日。

第九章　西方符号学史略

第一节　古希腊时代

一、希波克拉底

古代希腊早期的符号学思想,主要面向自然符号(它不依赖于人,就如在镜子中的一个肖像,就是关于人的自然符号)。这样的符号并不创造交流意图,也不必然对语言符号构成关联。希波克拉底的医学符号学思想,就属于这样的自然符号学。

希波克拉底(Hippocrates,约公元前460—前397)是古希腊的著名医生。他不仅具有高超的医学造诣,还是古代希腊医学符号学(症候学)的创始人。由于在古希腊"症候"或"征兆"即符号,所以希波克拉底也被西方人称为"符号学之父"。

希波克拉底留传下来的著作被编为《希波克拉底文集》,文集包括大量关于生理、解剖以及总结医学经验的专题论文与病例医案。希波克拉底正是在他的医学理论的基础上,提出了直接的自然符号学理论。他对符号(sěmeion)的理解是以自然物体或生命体显示出的征候、证据为依据的。或者说,他是以视觉潜藏的征象作为医疗诊断的依据的。的确,在那个时代,将烟作为火的符号;云对于海上船员来说,就是即将到来的风暴的符号(或征兆);而发红的脸色,对于医生来说正是发烧的符号。当然,有时候"符号"也被用之于超自然的征兆,用之于面部表情或者观察者未必能够体验的行为符号,如脸红是害羞的符号,或者是感觉疼痛的符号。对于希波克拉底而言,诊断等于发现并断定一个潜在的病理过程。这样的诊断即为发现符号——表示某种疾病的症候,并依据症候去推知它的病因。

希波克拉底关于"症候符号学"的思想,体现着他试图以自然事物及其特征作为理解(和推知)医学诊断的"事实性意义",毕竟代表着希腊文明早期的主要面向——偏向于自然符号思想的研究;而理解和把握这种面向,对于西方符号学的产生和发展,有着重要的开端性意义。

二、亚里士多德

亚里士多德(Arisotle,公元前 384—前 332)作为古希腊时代伟大的思想家,同样在西方符号学理论诞生过程中发挥着重要的作用。

如果说,苏格拉底对道德词语的研究具有纯符号学的价值,而柏拉图的符号学思想是与他对逻各斯(logos)的关注和理念说的提出密切相关的,那么,亚里士多德对逻各斯的贯彻,催生了语言和逻辑符号学。

在《解释篇》第一章,亚里士多德就概述了语言符号问题。他的经典名言就是:"口语是内心经验的符号,文字是口语的符号。"亚里士多德把词分为名词和动词两大类别。他说:"名词是因约定俗成而具有意义的与时间无关的声音。名词的任何部分一旦与整体分离,便不再表示什么意义。"[1]他认为,本无天然的名称或名词,只是通过约定才有了名词;不连贯的声音,比如野兽发出的声音虽然具有意义,但却不构成名词。他说:"动词是不仅具有某种特殊意义而且还与时间有关的词。"[2]动词与名词的意义有两点不同:第一,动词带有时间的观念;第二,动词表示的对象或依附于一事物,或表现在事物之中。在定义了名词和动词之后,亚里士多德说到句子。他说:"句子是一连串有意义的声音","并非任何句子都是命题,只有那些自身或者是真实或者是虚假的句子才是命题"。[3] 随后,他解释了否定、肯定、命题等等的含义。

在亚里士多德看来,语言只是思想的符号,通过思想指示实在。对于语言、

---

① 苗力田译:《亚里士多德全集》,中国人民大学出版社 1990 年版,第 1 卷第 49 页。
② 同上书,第 50 页。
③ 同上书,第 51、52 页。

思想、实在(或外在对象)三者之间关系,亚里士多德在《解释篇》第一章的概述里,就区分了作为语词声音的符号,这种符号是与此符号相类似的"事物"在人心中的"感应"。这样意义和外在对象的关系也就相当于现代语义学中所说的意指作用的三要素。亚里士多德在《解释篇》中实际上以非明显的方式表明了他已经意识到"语义三角关系",即词一方面指概念,另一方面指事物。

亚里士多德的《范畴篇》有两个引起较大争议的地方。一是他是否区分了用语和用语所表达的东西,或语词和一般的事物之间的差别;二是他是否只研究了谓词,还是研究了包括主词在内的一般词项。这些都是不清楚的。我们这里所关心的是第一个问题:亚里士多德似乎注意到了两者的区别,即某一个符号究竟是指称一个语词,还是指称某个实体,所以他有时在某个记号的前面加上中性冠词(现代逻辑学家一般通过对语词加引号的方式对两种不同用法做出区分),来说明该记号仅代表这个语词,但他没有一贯这么做,没有明确指出两者的区别及其必要性。[①]

亚里士多德还将有关思想的理论纳入修辞学的研究范围。他在《诗学》中说,思想指能够得体地、恰如其分地表述见解的能力,思想这个成分主要是修辞学的研究对象,思想包括一切必须通过话语产生的效果,其种类包括求证和反驳,情感的激发(如怜悯、恐惧、愤怒等)以及说明事物的重要或不重要。在《修辞学》中,他认为每一个句子都具有意义,但并非每个句子都是做出了陈述的句子,仅仅那些可为真或为假的句子才是陈述句。他举例说,恳求是一种句子,但既不真也不假。对它们的思考属于修辞学或诗学的研究,于是他把修辞用的三段论法称呼为"恩梯墨玛"(enthymema),即"修辞式推论"。这样,正由于亚里士多德论述了演说亦即散文写作原理的修辞学,所以我们可以说,他间接地洞察到了语用学的存在。

从符号学角度来看,亚里士多德最初建立的知识百科体系,也包括了以三段论推理为主体的逻辑符号学。亚里士多德是西方逻辑学的创始人。他的前后《分析篇》、《论辩篇》乃至《修辞学》等著述都是讨论推理的。亚里士多德认为自己的主要功绩在于发现了三段论。在他那里,三段论是狭义的推理,推理是广义

---

① 胡龙彪:《西方中世纪逻辑及其现代性》,中国社会科学出版社 2023 年版,第 44 页。

的三段论。他甚至还广泛地研究了人们实际思维中的模态三段论。亚里士多德关于逻辑推论和句法理论的研究,都与符号理论或普遍意指关系具有间接而又重要的联系。

然而在今天的研究者看来,亚里士多德在符号学思想上的主要贡献尚不在于他对符号参与推论的概念和推论逻辑学方面,而在于他的范畴学与本体论研究方面。的确,他的《范畴篇》和《形而上学》对事物的存在结构和类型以及存在意义和方式的研究,是希腊逻各斯(含有话语、观点、理由以及思考能力等含义)思想的最高发展。从符号学角度看,亚里士多德对存在范畴的研究,具有明显的语义的重要性。因为,它是对经验世界进行分层语义的切分和归类的系统的讨论,也就自然具有符号分析的性质。

三、斯多葛学派

斯多葛学派的符号思想主要集中在关于"Lekton"的论述中。斯多葛学派称自己学说是"Lekton"的学说。"Lekton"是一个很难翻译和解释的概念。在历史上,"Lekton"有译之为"被表达者",或"所表达的东西",也有译为"所意谓者"或"意谓(什么)"。总之,众说纷纭。

塞涅卡认为,例如"我看见卡托散步",我的视觉中显露卡托在散步;我的头脑相信卡托在散步。我直接看到和我头脑想到的都是形体,而当我说(有一个声音)"卡托在散步",我意指(Lekton)不是形体本身,而是关于形体的正确肯定,或者叫作命题。塞涅卡认为,我意谓(Lekton)和我关于形体说的什么是有区别的。

塞古斯都和第根欧根尼传达的"Lekton"的定义几乎完全一致:适合理性描述的理解。意思是说,"Lekton"的定义应是一个理性描述,是一个能够由讲话传达(思想)的,可以理解的东西。他们还几乎一致认为,斯多葛派的"Lekton"可以分为完全的和不完全的两类。"完全的"如"苏格拉底写字",其表达完整彻底;"不完全的"如"写字",人们便会问"谁(写字)?"其表达不彻底。对"完全的"和"不完全的"Lekton还可以进行分类。

塞古斯都认为,斯多葛学派坚持"sēmeion"(符号)代表一个命题或"可理解的"(Lekton),这是一个结论的构成,由这一结论推出符号象征或代表什么。这样的"符号"实际是一个在有效假设的推论中的前提命题,它有助于显示结论。

例如："如果一个人有支气管分泌物，则它的肺有伤"，支气管分泌物是肺有伤的符号。由于前提是有效的，由以"某人有支气管分泌物"的事实开始，并以"他有肺伤"为结论；而且第一步服务于第二步。通过观察初始的东西，我们可以得到以下的理解：如果 X 是符号，而 Y 有表征的东西，那么可以从 X 推出 Y。也就是：

X

如果 X，那么 Y

———————————

Y

这表明斯多葛学派在符号的逻辑学方向上关注符号推论的性质与方式，其对符号所指内容的抽象化和普遍化，可以说是斯多葛派对符号理论的重要发展。

关于"意义"，斯多葛学派认为是"所意味者"，即"Lekton"，是与事物和符号相反的。因为事物和符号是物质性的东西，而意义则是非物质性的东西，它不是一个物体，而是一种特殊的存在。意义与作为物质的符号载体以及所意指者——相关的外界对象构成了"语义三角形"。后世学者认为，在斯多葛学派符号学的意义论中，对意义与相关事物的区分十分明确。

总之，斯多葛学派承前启后，它们补充和发展了亚里士多德的符号学思想，并把符号的意义从符号整体中抽离出来，这不仅在语义思想史上是一次重要的突破，而且对于现代符号学也同样起着不可忽视的启迪作用。

第二节　古罗马和中世纪时期

一、奥古斯丁

古罗马时代的符号学思想渊源于古希腊，在与基督教神学结合后，出现了奥古斯丁及其后继者的神学符号学研究。

奥古斯丁（Augustinus，254—430）是古罗马时期西方的宗教思想家和哲学家。从符号学的视角来看，他吸取并发挥了斯多葛学派的符号学思想，在他的宗教和哲学思想中有着丰富的符号学思想的体现。

　　奥古斯丁在论著中涉及符号学思想最多的就是他的《论基督教义》，其次是《忏悔录》。在这些论著中，他结合自己对生存的体悟，讨论了符号（signum）问题。他给符号下了一个一般性的定义："符号是这样一种东西，它使我们想到在这个东西加诸感觉的印象之外的某种东西。"①奥古斯丁接受了前人的观点，把符号作为一种有意义的特殊的"表征"。或者说，符号是这样一种东西，它使其他东西作为它的后果，并在心中出现。例如：我们看见兽类走过的足迹，便可以作出结论说，有某种兽类曾经在此走过。他认为，符号是物质对象，也是心理效果。一个符号就是这样一种东西，它除了本义以外，还可以在思想中表示其他的东西。他的这一区分直接影响了索绪尔和皮尔斯的符号观。奥古斯丁把符号分为两种：一种是自然符号，例如烟是火的符号；另一种是给予的或产生的符号，例如生物界为了交流情感、思想等等而使用的符号，其中以语词最为重要。词语是上帝赐给人类的，由撰写《圣经》的人授予人关于语言和关于事物的知识。他关注人的内在精神世界，尤其是心理对象和价值对象意义的问题。他首次将语言问题与时间意指问题相连，对思维内的符号、直接与间接的意义、过去对象与现在对象、意识层次及其意指关系等，一一加以考察。这些都是他对古代希腊自然符号学只限于对外部客体进行思考的超越。

　　奥古斯丁还在《论三一性》中，讨论了语言符号的功能和限制，进而对声音符号、所指者和心理之间的三角关系作了明确的表述。奥古斯丁区别声音与意义。他认为，声音与意义是两回事，声音方面有希腊语、拉丁语的差别，意义却没有希腊、拉丁或其他语言的差别。声音因人而异，随时而异，意义却是同一的。"幸福"这个词在各种语言中各不相同，不懂这种语言的人听到这个词就会无动于衷，但对幸福本身的追求却是说各种语言的人所共同具有的。奥古斯丁有时也把意义称作内在的语词，内在语词无须通过声音的表达而存在，外在的语词却总是依赖于内在语词的预先存在而存在的。但他也承认，从内在语词到表达，其中发生了一些变化：思维在最终的表达中成为清楚的东西。当然，上帝的行动没有先后之分，对于上帝来说，内在语词已经是清楚的。人们最初是怎么学会语词

---

① 引自俞建章、叶舒宪：《符号：语言与艺术》，上海人民出版社 1988 年版，第 12 页。

的呢？奥古斯丁这样描述自己童年的经验。他说，我看见大人称谓某个对象，同时转向这个对象，这时我会猜测，他们用这个声音来指称他们所要指出的那个对象。他们的确是这个意思，这一点可以从他们的姿态上看得很明白。此外也可以从所有种族的自然语言看得很明白：人们用表情、眼神、肢体动作和声调口气来展示心灵的种种感受，例如心灵欲求某物、守护某物、拒绝某事或逃避某事。我一再听到人们在不同句子中特定位置上说出来这些语词，从而渐渐学会去理解这些语词是哪些对象的符号，并逐渐学会用自己的口舌吐出这些音符来表达自己的愿望。

奥古斯丁在哲学上不关心自然世界，认为人的精神世界和神的世界才是符号的主要所指者，因此他所进行的符号学分类主要是针对心理、人事与天国的。按照他的内在性超越哲学，他还区分了人的外在身体部分、内在灵魂部分和最内在的超越部分，并把它们分别对应于知觉物质部分、理性灵魂部分和真理部分。李幼蒸认为，奥古斯丁试图以人类的内在意图性意义作为符号分类的意义标准，相对于大多数自然符号学关注外部思考，更具有符号学意义论的理论价值。①

二、托马斯·阿奎那

托马斯·阿奎那（Aquinas，Ch.，1225—1274）是意大利的神学家，中世纪具有代表性的经院哲学家之一，主要著作是《神学大全》。他对符号学的考察虽然不很系统，但在符号学说史上仍有比较重要的地位。

阿奎那的神学符号学主要是利用亚里士多德的形式和质料的学说，特别是关于"纯形式"的思想。阿奎那所说的"纯形式"，是指"无质料的形式"。那些存在于具体事物中的形式，就是从这种"纯形式"中产生的。他说，这种"纯形式"不是别的，它是万物的根源亦即上帝。阿奎那认为，"一般"有三种存在形式：1. "一般"作为上帝创造万物的原型的理念或原始的形式，存在于被创造物之前；2. "一般"作为上帝创造的个别事物的形式、本质，存在于个别事物之中；3. "一般"作为人对个别事物的认识而形成的概念或思想的"共相"，存在于人的理智之中。阿奎那强调，"一般"无论是作为理念、形式或概念，都是最根本、最实在的存在，

---

① 李幼蒸：《理论符号学导论》，中国社会科学出版社 1993 年版，第 69 页。

"个别"不过是"一般"的创造物。他的观点被认为是"温和的实在论"。

奥古斯丁曾经把语词区分为内在语词和外在语词,阿奎那继承了奥古斯丁的这一区分,认为内在语词是上帝的语词,体现着上帝的创造力量,外在语词则是一种受创物。上帝可以通过外在语词对人说话,也可以直接通过内在语词对人的内心说话。阿奎那还按照亚里士多德的理论,采取内在论的立场处理词与词义的关系,认为词的意义不是个体而是共相。他指出词有直接意义和譬喻意义的区别,认为圣经中论述的首先是直接意义,然后再将有关的事实和事件作为譬喻意义教人们去领悟。这样,阿奎那就把语词符号的意指性与事件符号的意指性区分开来。

阿奎那还将符号的意指问题和解释问题结合起来考察。例如圣餐是神恩的符号,圣餐仪式必须按一定的法则行事,其寓意是由上帝指示的。他在神学解释学中也充满了象征和隐喻的解释法,但在推论方面却有比较严格的逻辑性。他依照亚里士多德推演"纯形式""第一因"的方法和原理,提出了五种证明上帝存在的方法,虽然并非科学,但其中确有逻辑。当代意大利符号学家艾柯甚至说阿奎那的《神学大全》是一个代码系统,由此可以说明他的象征推论所具有的逻辑意义。

三、威廉·奥坎姆

威廉·奥坎姆(Ockham,W.,1285—1349)作为最后一位重要的经院哲学家,也是最富有符号学思想的中世纪学者。他主张以符号代表观念的形象,因而向现象论迈进了一步。虽然他认为知识不能如实地反映客体,但他又认为知识乃是由"标志着"事物的符号组成的。可以说,他由此提出了自己的"符号论"。

奥坎姆指出:"有两种普遍的东西。一些东西在本性上是普遍的;也就是说,从本性上说,它们是可谓述多个东西的符号,一如烟本性上是火的迹象,哭泣是悲伤的迹象,笑声是内心高兴的迹象。心灵的意向从本性上是普遍的东西。这样,心灵以外的任何实体,心灵以外的任何偶性都不是这种普遍的东西……另一些东西从习惯上是普遍的。这样,一个说出的词(它在数量上是一种性质)是一种普遍的东西;它是习惯上用来表示多个东西的意义的符号。这样,由于这个词被说成是普遍的,它可以被称为普遍的东西。但是应该注意,不是从实质上,而只是从习惯上,这个符号才是适用的。"①

奥坎姆的唯名论思想是相当明快和彻底的。他认为"存在就是个别的存在",只有个别事物才是实在的。在奥坎姆看来,共相不是实体,而是关于事物的知识。共相在逻辑上表现为概念,在语言上表现为"术语"。他把概念称作"自然符号",在不同的语言中它所表示的逻辑含义是相同的。人们可以借助于自然符号去认识事物,就好像呻吟是身体不舒服或疼痛的符号一样。术语是约定俗成的,也叫作"约定符号"。术语可以是口头的、书面的或会意的(或心理的)。前两类可以通过视听渠道为公共所接收;书面的从属于口头的。第三类是自然性的,不可直接传达。所以声音的意义来自约定的从属于自然的心理符号,即概念。术语对概念的表述,因语言不同而不同。共相作为概念和术语,都是存在于人心之中的东西。然而奥坎姆又认为,标志"共相"的符号,虽然只存在于心中,但它反映的是事物间相似的特征。按照他的说法,自然符号是原始的,存在于人的心灵之中的就是关于事物的符号,思维因此而得以表述。在这里,我们不难理解,奥坎姆的"共相",在逻辑上是指"标志着"许多客体的符号。因而共相是逻辑概念,或者说,它是替代这些概念与整群物体发生关系的术语,可以用文字或惯用的符号予以表述。

奥坎姆的语义学思想是将亚里士多德的范畴论理解为一种语义分类学,范畴作为普遍名词也纳入词项分类体系之中。一切约定的和心理的命题均由基本词项组成,而它们又分为虚词和实词两大类。虚词不能直接指示事物,但它与其他符号结合后可决定其准确的语义和句法功能,而实词则可直接确定意义并指示事物。但由于奥坎姆强调意义只与外延有关,即只指涉个体,在他的语义学中,意义与指称几乎没有区别。他因此以意义外延论而著称于西方逻辑学说史。在完成了他的词类和语义理论之后,奥坎姆系统地论述了由词的系列构成的命题。他的语义学的最终目标是命题推论真值条件的问题,因此这既是语义学,又是真理论研究。

从 14 世纪开始,逻辑学家特别关注奥坎姆在指代理论中提出的"符号"(sign)这一概念("符号"概念由欧塞尔的兰伯特等人最先提出,开始是用于讨论词项的意义,后被奥坎姆用于指代理论,不仅有语词符号,还有命题符号),一度

---

① 胡龙彪:《西方中世纪逻辑及其现代性》,中国社会科学出版社 2023 年版,第 260 页。

成为逻辑学家关注的焦点话题之一。阿尔伯特的词项属性理论就深受奥坎姆的影响,他认为词项的意义是言语符号通过概念的介入与个体事物之间的指称关系,共相也不过是个体事物的言语符号或者概念符号。①

第三节　近　代　时　期

一、洛克

近代时期的符号学发展由英国经验论与法、德两国的唯理论作为主要的思想来源。洛克在霍布斯等人的符号学理论的基础上,建立了行为主义的心理符号学,实现了全新的符号学的近代变革。

洛克(Locke,J.,1632—1704),英国哲学家。作为近代行为主义的心理符号学的创始人,其符号学思想集中反映在他的《人类理解论》一书之中。洛克反对天赋观念说,强调知识以简单感觉观念为基础。因此,他明确地提出了以这样的"符号学"取代过时的形而上学主张。

在《人类理解论》的"科学的分类"一章中,洛克将人类可以理解的东西分为三种:第一,事物的本质,事物间的关系及其运行方式;第二,人类自己为了各种目标的实现,有理性而又自动进行的行为;第三,获得和交流这些知识的方法和手段。他说,与此相应的,科学可以分为三类:第一类为物理学,第二类为伦理学,而第三类就是"Semiotic",即"符号学或符号的学说,是词语通常存在的地方"。由此可见,符号学在洛克的科学分类中占有极为重要的地位。

洛克关注符号和观念间的联系,特别是外部原因的性质与感觉观念的性质之间的相关联系。他认为事物与观念间的关系就是意指作用,观念是事物的符号,而词是观念的符号,因为词所指示的不是事物而是观念。具体说来,通名指示类的观念,类的观念是由类属性合成的。马具有四足、有毛、食草、善跑等多种属性,这些属性结合到一起就是"马"的意义,同时也是识别马的标准。这样,外在事物、感觉和词这三种不同的实体就通过意指和因果关系联结在一起了。因

---

① 胡龙彪:《西方中世纪逻辑及其现代性》,中国社会科学出版社 2023 年版,第 260 页。

此我们可以说,洛克的符号学思想在近代符号学发展史上具有承先启后的作用。这是因为他在语义三角关系上又作出了较前更为系统的分析,不仅在所指内容和所指物方面,而且还兼及外在自然和心理观念。

洛克在认识论上的第一性质与第二性质的论断,在现代义素分析学上仍有积极意义。洛克所说的"第一性质"是指物体的原始性质,如物体的体积、形相和运动等;而"第二性质"则是附着于第一性质的,如色、香、味等。他认为,与事物的两种性质相对应,关于事物的观念,也可以分为第一性质的观念和第二性质的观念。第一性质的观念是关于第一性质的肖像,第二性质的观念则不同,没有与它们相似的原型,具有主观性和相对性的一面,但并不意味着它们就是不反映事物性质的观念或符号;相反地,它们是与物体的第二性质相契合的实在的观念。

洛克在《人类理解论》中还明确维护了逻辑学和符号学之间的同一性以及观念的符号化本质。洛克把第三类科学称之为"Semiotic"(符号学)的同时,又把它叫作"logic"(逻辑学)。在洛克看来,科学的任务在于寻找中介概念,以便把需要解证的命题中的各个观念之间的契合或相违指示出来。他认为,三段论只是整理、排列、证明已有知识的方法,而不是发现新知识的方法。事实上,人们必须先有知识,然后才能进行三段论的推理。可以看出,洛克力图在经验主义的基础上重建推理学说,把感性和理性、归纳和演绎统一起来。由于洛克认为观念并不是事物的镜像,而是符号化过程的结果,它赋予我们的不是所命名事物的个体实质,而是其命名实质。这一命名实质,本身就是对所指的把握、综合与解证。从一堆经验过渡到一个名称,这一程序完全等同于从事物的经验引导到事物的符号,亦即观念。观念已经是一种符号学产品。显然,在洛克的体系里,"观念"这一概念,在促进符号学和逻辑学的发展方面卓有成效。

二、莱布尼茨

莱布尼茨(Leibniz, G., 1646—1716),德国著名哲学家、数学家,近代符号逻辑的创始人,也是"普遍语言"的发明者与倡导者。他同时认为,中国古代《周易》的八卦符号系统与他创立的二进位制的数理符号不谋而合。

在《人类理智新论》一书中,莱布尼茨从多个方面对洛克学说提出挑战,在语言和符号学领域也不例外。莱布尼茨质疑说,每个人的观念或心象都不尽相同,如果一个语词代表观念，那么它能代表哪个观念呢？莱布尼茨倾向于把语词认作同体共享的符号。

莱布尼茨对后世符号学发展最重要的影响是，他尝试建立人工符号的"普遍语言"。莱布尼茨从更加广泛的意义上理解语言，把语言看作各种可能符号的一种。他认为，人们发明语词，一方面受到客观事物的引导，另一方面却掺进了人们自己的偏好，自然语言依赖于知觉，具有模糊性、歧义性等种种缺陷。因此，自然语言不是描述客观事物的最佳工具。为了探究真理，必须建立一个由"普遍语言"组成的更为清楚的符号体系。这样的"普遍语言"要能够表示所有被认为终极的或不可解析的概念的符号，如断定、合取、析取、否定、条件联系、全称和存在这类形式概念的合适的表达方法。这样就会使所有的人，至少是有知识的人，都有一种由他们支配的根据简单原则构造的并且有严格语法规则的语言，不仅使思想交流更为容易，而且有利于思想本身。莱布尼茨甚至设想，总有一天人们不必再进行无谓的争论。遇到争论的问题，人们使用这种清晰的符号语言，就像在黑板上解数学题一样得到清晰而又准确的解释。

为了构造关于"普遍语言"的符号系统，莱布尼茨提出的基本原则是：表达式应当反映世界的结构。虽然代表简单的基本符号可以任意选择，但是在符号之间的关系和符号所表示的元素之间的关系——这两者之间必定有一种类似。所以，每一个复杂事物的名称都是这个事物的定义和它的所有性质的要旨。我们进行思维不能不用符号，但是我们日常使用的语言系统没有达到这种理想，这就是理智发生困难的主要根源："在符号中希望找到合适的东西，但符号总是很难表示事物内在的性质，因此需要在思维上付出艰辛的劳动。"[①]要摆脱这样的困境，只有走"普遍语言"的道路。

然而，莱布尼茨对怎样构造"普遍语言"系统并未提出一个详尽可行的方案。他有时认为"普遍语言"是一种文字，用这种文字可以用不同于词语的符号来表示；有时他又说，它好像是代数；有时他还有一种说法，它是中国表意的文字系统的改进。显然，在这样的情况下，莱布尼茨不大可能完成他构造"普遍语言"的符号系统的构想。

---

① 引自[英]威廉·涅尔、玛莎·涅尔著，张家龙、洪汉鼎译：《逻辑学的发展》，商务印书馆1985年版，第422页。

但是,也许我们永远也都不会忘记,现代逻辑所广泛使用的二值逻辑的符号系统,便是从莱布尼茨开创的符号系统基础上发展起来的。

三、康德

康德(Kant,I.,1724—1804),作为近代德国哲学家,他的符号学思想在《实用人类学》第一卷的"论认识能力"一节中有比较集中的反映。在康德看来,一切语言都是思想的标记;反之,思想标记的最优越的方式,就是运用语言这种最广泛的工具。符号是人类的标记能力,即以当前事物为媒介,把预见未来事情的观念与对过去事情的观念联结起来的认识能力。由这种联结所引起的心灵动作就是标记(signatio)。当事物的形象(直观)只是被概念用作观念的手段时,它就是象征。所谓象征,在康德看来,象征不是特性,它只能是间接的符号,因为它本身没有什么意义,只能由直观引向概念。

关于符号的种类,康德提出了广义的符号分类观。他认为,符号可以划分为以下三类:一是人工约定的符号,二是自然的符号,三是奇迹(或异样的)的符号。约定的符号包括表情(表演的符号,它部分也是自然的)、文字(字母、标点符号,它们是为了读者的)、数目(或数字)、字音符(乐谱)、等级、职务(如制服)、荣誉(如勋章)、耻辱(如给奴隶的烙印)八个种类的符号。自然的符号,康德按照它所标记的事物关系,将它分为演证的关系(如烟标志着火)、纪念的关系(如陵园是对死者纪念的符号)和预测(如医生对病人康复情况的预测)的关系。奇迹(或异样的)的符号是指掠过高空的光球,以及北极光、日食、月食等有违事物本性的事件。康德把如此广泛的事物列入"符号"之列,可以说,是近代西方开创"大符号观"的先行者。

康德的"先验哲学"是以"先验逻辑"为前提的,而他的"先验逻辑"则是由"先验语法"及其图式的语义分析组成的符号学范式。他指出,包括这些普遍的和必然的法则的科学(逻辑),简单地讲就是一种思想形式的科学,并且我们能够形成这门科学的可能性的概念,就像仅仅包含语言形式而没有其他东西的普遍语法一样。他的"先验逻辑"可以说就是以逻辑语形学作为他规定和推演其范畴的先验语法的性质,使其能像语法规则那样组织起经验材料,从而使其先验逻辑能够担负起以现象为可能经验的系统。也就是说,所有经验形式方面都是依据范畴及其衍生的原理作成的。这就像符号(数理)逻辑可以从有限的几条推理规则中推导出无数的定理一样,由先验逻辑所提供的范畴可以成为建立无数的可能经验的"先验语法"。"先验逻辑的语形学性质在于,尽管现象界是变幻的大千世界,然而经验在形式上却总是能够而且应该被有限的范畴、原理所规定。"①

然而"先验哲学"没有就此止步。康德进一步认为,"先验图式"只有运用于现象之上,与感觉质料结合起来才有意义。因此从符号学的角度来看,"先验图式"必须与对象相关联,使对象间的关系能够作出有关经验的判断形式,又能进入现象或经验的可能世界。这样,"先验图式"又起着语义学的作用:"一方面,图式通过为范畴提供语义解释,规定了范畴在特定的语义规则下运用于可能经验的对象,从而使范畴与对象相关,并由此获得意义。另一方面,图式又通过以时间范围为划界标准,限定了范畴可能的运用范围。范畴的运用一旦超出了这一范围,就是在经验维护下不可证实的,其最典型的例证是'二律背反'。"②

从语义学的视域看来,康德也提出了自己的意义理论,他说:"一切意义(Bedeutung),即与客体的关系……","如果没有对象给予概念(或至少给予构成概念的要素),那么这些概念全然不可能,且不能具有任何意义";"只有我们的感性的与经验的直观,能够赋予概念以含义(sinn)与意义"③,显然在康德看来,概念的意义存在于它与对象的关系之中。这也就是说,概念的意义必须由感性直观所提供,或者说,概念要从单纯的思维形式功能转化为现实的经验规定,一定要与感性直观相结合;离开了这种关系概念就毫无意义。正如他自己所言:"纯粹知性概念的图式,是此类概念由此概念与对象相关及具有意义的真实而唯一的条件。"④

第四节　现代：语言符号学

一、索绪尔

现代时期符号学思想的首要来源是现代语言学。这里主要是指现代结构主义语言学,尤其是其系统的创建人索绪尔的语言符号学思想。

① 陈嘉明:《建构与范导——康德哲学的方法论》,社会科学文献出版社1992年版,第122页。
② 同上书,第128—129页。
③ 〔德〕康德著,蓝公武译:《纯粹理性批判》,中国社会科学出版社1989年版,第211、143、109页。
④ 同上书,第146页。

索绪尔(Saussure, de F., 1857—1913)，作为语言学和符号学家，这位瑞士学者一直向他的学生们传递了这样一个思想：应该选择一种区别于以往的"关系"的观念对语言进行考察。当他创造性地运用种种二分概念表述这种观念，并且被记录下来的时候，他对语言学、符号学发展的重大影响便逐步显现。

1. 语言和言语

索绪尔首先完成了一个革命性的区分，他认为语言具有两种表现形态：一种是抽象的语言系统，他称之为"语言"(Langue)；另外一种是由这种抽象系统的规则在具体生活情景中显现的，称为"言语"(Parole)。语言是隐性的，言语是显性的；语言是完整的，言语是琐碎的；语言是整体的，言语是个别的。语言学的研究对象应该是语言而不是言语。作为"关系"的范例，语言在各个层面上显现着它的特性，即通过对立的联系确立结构之内元素的意义。

2. 能指和所指

索绪尔认为，作为语言的符号应当解释为由能指和所指构成的统一体。"能指"是指语言符号的"音响形象"，"所指"是指符号所表示的概念。语言是用声音表达思想的符号系统。"语言符号连结的不是事物和名称，而是概念和音响形象。后者不是物质的声音，纯粹的物理的东西，而是这声音的心理印迹，我们的感觉给我们证明的声音表象。"[1]这种心理印记，索绪尔称为能指，音响所代表的意义，称为所指。索绪尔创造的这对术语，体现的正是那种贯穿始终的"结构"和"关系"的特性。这样，他首次将语言符号理解为能指和所指的双面体，并且由此类推到一般符号上面去。能指和所指不是指名实关系，所指不是实物，而是概念。因为指称是实物，是指现成摆在那里的东西。因此理解索绪尔的"所指"的关键在于，它在本质上是指一种形式关系，是由能指的形式系统确定的。

在"能指/所指"的诸多关系性质之中，索绪尔认为任意性是第一位的。如此这般的能指和如此这般的所指结合而成一个符号是任意的。也就是说，没有任何的规定性告诉我们，在能指与所指之间有任何的必然联系。"'姊妹'的观念在法语里同用来做它的能指的 s-ö-r 这串声音没有任何内在的关系；它也可以用任何别的声音来表示。"[2]正如一本《语言哲学》所说："索绪尔的任意性原则有助于

---

① ［瑞士］索绪尔著，高名凯译：《普通语言学教程》，商务印书馆 1980 年版，第 101 页。
② 同上书，第 102—103 页。

我们看到在词语之外并没有一个已经切分好了的现实，提醒我们不能把词语理解为名称，把语言理解为名称的集合。"我们也许可以赞许索绪尔对任意性原则的强调，"哪怕这种强调有点矫枉过正之嫌"。①

3. 句段关系和联想关系

由于语言是"建立在各种关系之上"，一个语言符号的价值在与其他符号的差异中显现，这种"差异"在两个方面产生了作用：能指具有链条性特征，当两个或者更多的语言符号组成一个更大的单位时，通过这种模式实现"意指"功能，索绪尔将其称为句段关系；当一个语言符号出现，而其他符号并未出现时，在它们之间形成了可能的对立，"某些词的空缺可以部分地创造出并且必然会筛选和提炼那些现存的词的意义。"②索绪尔将其称作联想关系。句段关系是横向的差异，联想关系是纵向的差异。例如法语"Dieu est bon"（上帝是仁慈的），其中各个要素之间的关系，就是句段或组合关系。"enseignement"（教学）和"éducation"（教育）、"apprentissage"（学习），就构成了联想关系。索绪尔说："句段关系是在现场的；它以两个或几个在现实的系列中出现的要素为基础。相反，联想关系却把不在现场的要素联合成潜在的记忆系列。"③

索绪尔的句段关系和联想关系理论，后来在罗兰·巴尔特《符号学原理》一书中称之为"语言的双轴"，即组合关系和聚合关系，属于语言符号学基础理论的组成部分。

4. 共时研究与历时研究

19世纪末欧洲语言学界流行的是历史比较的方法（历时性研究），注重研究语言的沿革。它的问题显而易见，注重语言的历史状况的同时却很难深入语言的实质。对于语言变化背后隐藏的事实的关注，促使索绪尔开始疏离于这种方法。基于"关系"的语言观念，索绪尔认识到语言的"结构属性"，必须在众多纷乱变动的因素中找到"潜在的基本论据"。于是，索绪尔转向共时的研究方法。"语言是一个系统，它的任何部分都可以而且应该从它们的共时连带关系方面去考虑。"④语言的历时态是指语言的纵向发展变化，其间包含了众多并不属于语言

---

① 陈嘉映：《语言哲学》，北京大学出版社2003年版，第77—78页。
② ［英］特伦斯·霍克斯著，瞿铁鹏译：《结构主义和符号学》，上海译文出版社1987年版，第18页。
③ ［瑞士］索绪尔著，高名凯译：《普通语言学教程》，商务印书馆1980年版，第171页。
④ 同上书，第127页。

学范畴的因素,如文化、政治、地理环境等,这些因素在语言的发展过程中发挥了作用,但它们并非语言学研究的对象。语言的共时态是指语言的当下存在形式,作为一种结构而存在。索绪尔主张将注意力集中到纯粹的语言学范畴,从而对语言的结构进行研究。

语言符号是众多符号种类中最重要的符号,索绪尔对语言符号研究的革命性成果,不仅为语言学也同样为符号学的发展做出了重要贡献。

也许索绪尔的影响更为深远,当我们今天再度提及这个名字的时候,可能会自然地联想起另外一个更为普遍的概念——结构主义。的确,索绪尔对于"关系"的观念,对语言结构的深入探讨成为结构主义的开端。在列维·斯特劳斯、拉康以及罗兰·巴尔特的研究中,我们清晰地看到索绪尔的那种基本原则:结构大于要素,并且先于要素而存在,只有在结构之中才可显现要素的全部意义。

此外,我们当然记得索绪尔所说:"我们可以设想有一门研究社会生活中符号生命的科学;它将构成社会心理学的一部分,因而也是普通心理学的一部分;我们管它叫符号学(Semiologie,来自希腊语 Sēmeion'符号')。"[①]索绪尔的符号学不再局限于研究语言的符号学,而且还研究语言的非严格表达系统(可对各种非语言符号系统进行意指分析——如各种适合符号学分析的人文学科话语)。

二、叶尔姆斯列夫

叶尔姆斯列夫(Hjelmslev,L.,1899—1965)是丹麦语符学派的代表人物。他明确宣称以索绪尔为师,只赞成索绪尔的思想。叶尔姆斯列夫的理论对现代符号学的贡献是多方面的,他所确定的许多概念已为符号学界所接受。

1. 结构主义的语符学

叶尔姆斯列夫十分强调索绪尔关于"语言是一个符号系统"的思想,并对语言符号系统中的各种形式关系作了更加细致的研究。他区分了决定关系和相互依存关系。在决定关系中,一个部分决定另一个部分但不依赖于后者;而在相互依存关系中,两个部分相互依赖、相互决定。此外,他还发现另一种形式的共存关系:各部分之间虽然并无决定关系,但它们却具备和谐共存的条件。他说:

---

① ［瑞士］索绪尔著,高名凯译:《普通语言学教程》,商务印书馆 1980 年版,第 37—38 页。

"看来这是一个普遍适用的命题,即每一个过程都有 一个相应的系统,借助这个系统,可以根据数量有限的一些前提来分析和描述这个过程。"①叶尔姆斯列夫还提出了"语言结构图式"说,这"图式"是独立于语言规则的社会性实现和物质性实现的纯形式,为 langue(语言)的第一层次,亦即基本层次,它与第二层次,即规范层次相对立。后者是 langue 的作为实质性形式的部分,由一定的社会实现所规定。他所确立的理论,比索绪尔的理论更抽象、更缺乏语言物质,因此,也更有利于提出意义生成过程的超音位、超语法的一种符号学。可以说,以叶尔姆斯列夫为代表的语符学派与描写主义和功能主义的三种不同的面向,构成了 20 世纪"结构主义"符号学研究的主要模式。

2. 表达面与内容面

叶尔姆斯列夫用了更通常的词语"表达"和"内容"来取代索绪尔的能指和所指,也称为"表达面"和"内容面"。然而在他的符号理论中最富有"革命性的"贡献,还在于对表达面和内容面进一步作了层次的区分。叶尔姆斯列夫说,无论在表达面上还是在内容面上都有一个形式和实质的区分问题。按照叶尔姆斯列夫的双面三层符号观,索绪尔的符号能指相当于"表达实体",即其有形式的表达面上的质料,而符号所指实际相当于"内容实体",即具有形式的内容面上的质料。如果排除了与语言以外的事物——"质料"的联系,剩下的就是纯形式了。语言结构因此是一种纯形式。而在纯语言结构内,符号可以说是由内容形式和表达形式所组成的单元;符号函数的两个函子即内容形式和表达形式。他总结说:"表达与内容的区别及其在符号函数内的相互功能,对于任何语言的结构来说都是基本的。任何符号……其本身包含着一个表达形式和一个内容形式。"②于是,由能指和所指组成的索绪尔符号双面体转变为由表达项和内容项组成的叶尔姆斯列夫的符号函数。在讨论表达与内容的分层问题时,叶尔姆斯列夫有时以符号函数为对象,有时以整个语言为对象。但他对语言结构形式进行总体描述正是语言理论的主要目标,并将此有关语言系统的形态学称为语符学。语符素(glosseme)即语言形式基本成分,它既有表达侧面也有内容侧面,并分别划分为表达素(cememes)和内容素(pleremes)。有关这两个侧面上的形式单元

---

① ［丹］叶尔姆斯列夫:《语言理论导论》,威斯康星大学出版社 1961 年版,第 9 页。
② 李幼蒸:《理论符号学导论》,中国社会科学出版社 1993 年版,第 143 页。

结构研究分别称作表达形态学(cenematigue)和内容形态学(plerematigue)。

显然,表达面和内容面是一体的两面,彼此永远连在一起。表达是内容之表达,内容是表达之内容,"不可能有无表达的内容或无内容的表达"。这样一对极为平常的词语,后来竟使结构语言学分析的精确性大大地提高了。

3. 符号函数理论

在发展索绪尔结构主义理论方面,叶尔姆斯列夫的符号函数论贡献很大。函数概念成为统一索绪尔符号双面结构和系统双维关系的有效工具。

叶尔姆斯列夫从符号分为表达项(面)和内容项(面)的观点出发,认为符号应当相应地成为由表达项和内容项构成的一种函数,即符号函数(signfunction),表达项和内容项分别为符号函数的两个函子(functive)。函数是一种依赖关系,这种依赖关系既存在于类的成员与成员之间,也存在于类与其成员之间。为了扩大函数描述的普遍性,作为关系项的函子本身也可以是函数。这样,所谓符号函数,它除了是表达项与内容项之间的互依关系外,也与其他符号函数处于函数关系中。符号函数当然也处于索绪尔提出的组合关系系列和聚合关系系列中,叶尔姆斯列夫分别称其为过程领域和系统领域,并按此不同的关系系列规定主要函数关系的类型。

4. 音位符号学理论

按照叶尔姆斯列夫复杂的"立体性"语言结构观,音位描述也必然涉及表达面和内容面的双层分析问题。他认为音位学理论应当是一种普遍性理论,其中的音位是语言系统的成分,即结构的要素。这类要素可以用声音,也可以用其他符号系统来表示,因而"在声音与语言间无必然联系。决定性的事实是,其他非声音的符号也可以用来表达音位"。[1] 他说:"音位有一价值,它是一个实体;一个音位也有一内容,它在语言的音位学机制中有一功能性目的;一音位有一形式,即它在一音位学系统中占一位置,这仍取决于它的音位学价值;而且一音位有一表达,即某一符号化或物质化的表现。"[2]

叶尔姆斯列夫对音位符号学的重要贡献还在于,他提出了著名的对比替换测试法。这种方法的要旨在于,在表达面上用一个单元替换另一单元,后者同时

---

① 李幼蒸:《理论符号学导论》,中国社会科学出版社 1993 年版,第 198 页。
② 同上书,第 199 页。

符合内容的形式上的关系。因此可以说,对比替换法实际上就是指表达面与内容面之间的互为前提的关系。正因为如此,一种语言符号与另一种语言符号的任何组合都可以通过对比替换确定,从而使每一符号都被系统地置于一定的语境之中,以便发现哪些符号可能出现或不出现。叶尔姆斯列夫提出对比替换法的主要目的,是要在内容面和表达面之间促成全面的结构性类比,以有助于证明语音学和音位学的事实领域只能在功能检验的基础上规定,从而克服了传统的"实体主义"的或"外在的"语音学和音位学上的方法论局限。

三、雅各布森

雅各布森(Jakobson,R.,1896—1982),美籍俄罗斯人,"结构—功能"学派的代表人物。雅各布森在语言符号学思想上的主要概念,均渊源于索绪尔。例如他的"表达/意义"就是对索绪尔"能指/所指"的继承。不过与索绪尔相比较,他更强调语言符号的功能,所以称为"结构—功能"学派。

1. 符号和符号系统

在雅各布森看来,对符号系统的研究来自一个低级的非常原始的感觉,即符号有两个方面:"一个是可以直接感觉到的指符(signans),另一个是可以推知和理解的被指(signatum)。"它们都作为符号的"不可分解的统一体"的两个方面发生作用,它们之间可能存在的各种各样的关系形成了符号学结构的基础。由此,雅各布森提出了一种能够覆盖各种各样的(如文化形式和社会行为)符号系统的一般原则与方法,"每一个信息都是由符号构成的;因此,称之为符号学的符号科学研究那些作为一切符号结构的基础的一般原则,研究它们在信息中的应用,研究各种各样符号系统的特殊性,以及使用那些不同种类符号的各种信息的特殊性。"①

2. 隐喻和转喻

雅各布森作为一个结构主义者,他的一个目的是要说明语言符号的诗歌功能——诗学对他来说,是语言学这个广阔领域的一个部分。为此,他试图在更大的背景里,探索性地提出了两个具有普遍意义的语言学概念:极性概念和等值概念(polarities and equivalence)。雅各布森的"极性"概念来自索绪尔关于语言

---

① [美] 雅各布森:《语言和其他交流系统的关系》,载《雅各布森选集》英文版,1976 年版,第 698 页。

活动的句段的和联想的两个层次观点。1956 年,当雅各布森观察了"失语症"这种语言错乱现象时,他记下了两种主要的(并且对立的)组合错乱:"相似性错乱"和"邻近性错乱",他认为,它们竟然和基本修辞即隐喻和转喻紧密相关。在他看来,这两种修辞都是"等值"的,因为它们都独特地提出一个与己不同的实体,而这个实体同形成修辞格主体的实体相比具有"同等的"地位。例如"汽车甲壳虫般地行驶"是个隐喻,它是以主体(汽车的运动)和它的比喻式的代用词(甲壳虫的运动)之间的相似性或类比为基础的。而转喻则以人们在主体之间进行的接近的(或"相继的")联想为基础。例如"The kettle is boiling"(壶开了),用"kettle"(壶)表示"水",就是转喻。雅各布森认为,抒情诗一般富于隐喻性,史诗富于换喻性;浪漫主义侧重于隐喻,现实主义侧重于转喻。

雅各布森把隐喻和转喻看成二元对立的典型模式,也正是它们才为语言符号得以形成的选择和组合这一双重过程打下坚固的基础:"特定的话语(信息)是从所有的组成因素(代码)的库存中选择出来的各种组成因素(句子、词、音位,等等)的组合。"组合的(或句段的)过程表现在邻近性(把一个词置于另一个词旁边)中,它的方式因而是转喻的。选择的(或联想的)过程表现在相似性(一个词或一个概念和另外的词或概念"相似")中,它的方式因而是隐喻的。隐喻和转喻的对立,其实代表了语言符号学研究中的共时性模式和历时性模式的根本对立的本质。隐喻似乎和相似性错乱不相容,而转喻则和"邻近性"错乱不相容。

3. 语言通讯论

语言通讯论主要关注的是符号运用与传递的功能和方式。雅各布森对语言符号通讯(或交流)功能所作的阐述,表明了他是这一发展方向上重要的代表性人物。他的核心观点是,"信息"不可能提供交流活动的全部"意义",交流的所得,有相当一部分来自语境、代码和接触手段。简言之,"意义"存在于全部交流行为之中。

雅各布森认为,意义不是一个自由自在地从发送者传递到接收者的稳定不变的实体。因为传递过程中有六种因素:说话者、受话者、语境、信息、接触和代码,它们永远不会处于绝对平衡的状态。它们中的这一个或那一个总是在诸因素中多少居于支配地位。这样,交流活动在一种情境中会倾向于语境,在另一种情境中会倾向于代码,在其他情境中还会倾向于接触,如此等等。他坚持认为,交流过程中六个因素中的每一个都具有独特的功能作用。借助于下面的图表，我们可以清楚地理解这些因素：

语境

信息

说话者·······························受话者

接触

代码

雅各布森认为，我们可以有各种象征的图像、图像的象征等等，而在符号中占支配地位的方式的本质最终取决于它的语境。由于信息都必须涉及说话者和受话者都能理解的语境，因而语境使信息"具有意义"。

第五节　现代：一般符号学

一、皮尔斯

皮尔斯（Peirce，C. S.，1839—1914）作为现代符号学奠基者之一，他不仅创立了现代意义上的"一般符号学"，而且为这个学科奠定了坚实的理论基础。一百年来，皮尔斯的符号学理论的影响力越来越大，世界各地的符号学者都在致力于理解并拓展皮尔斯的符号学思想及其理论原则。

皮尔斯，这位"美国历史上最多才的学者"，研究所及包括哲学、数学、现象学、科学哲学、地理、宗教学、逻辑学、符号学等学科。但他一生坎坷，生前只出版过一本关于天文学的书，身后留下 10 万多页手稿、笔记、信件。哈佛大学在 1931—1958 年编辑出版了《皮尔斯全集》8 大卷。1996 年，曾任美国皮尔斯学会主席的李斯卡，编辑出版了《皮尔斯论符号》①一书，其后半部为《李斯卡：皮尔斯符号学导论》，对皮尔斯符号学理论作了系统的解说。

---

① ［美］皮尔斯著，赵星植译：《皮尔斯：论符号》，四川大学出版社 2014 年版。

1. 作为形式科学的符号学

皮尔斯把符号学简明地描述为关于符号的形式学说。作为一门形式科学，目的就在于鉴别所研究对象的必要条件，因为形式"就是任何事物如其所是的状态"，符号学是"对所有符号遵循的基本条件的分析"，由此鉴别"何者必定成为所有符号的特质……"以及"何者在所有情况下符号都成立……"①皮尔斯认为，数学是最纯粹和最典型的形式科学，原因在于数学是"得出必然结论的科学"。在皮尔斯看来，符号学依赖于优势科学门类，即数学，特别是数理逻辑所发现的一般规则。

根据皮尔斯的观点，一个符号之所以成为符号，它必须具备四个形式条件。这四个条件分别是：

（1）符号的基础——呈现条件

符号总是把它的对象呈现为对象的某个方面，因此符号具有部分地呈现其对象的作用。比如"这个火炉是黑色的"这一符号（在此例中，符号是一个命题）在一个特定品质上呈现了火炉，即黑色。不过，符号是以一种抽象的形式去呈现对象这些品质或特性的。因此，从形式的准柏拉图（quasi-Platonic）意义上来说，符号的基础是一种抽象品质或一种符号形式，当符号基础从它的对象中抽离出来时，它就是一个纯粹的形式或纯粹的观念。

（2）符号的对象——再现条件

符号的第二个基本形式特征就是它必须与一个对象相关联，或者说它必须再现一个对象。关于对象可能是什么这一问题，皮尔斯有较为宽泛的认识：它可能是一个已知的单一存在物，或者是一种被认为是先前就已经存在或先前就预料到会存在的某物，或者是这类事物的一个集合，又或者是一种已知的品质、关系或者事实。也就是说，几乎任何事物都可以成为一个符号对象。比如哈姆雷特，他是莎士比亚戏剧中虚构的一个人物，但从符号学的意义上说，他是可以充当对象的。

（3）符号的解释项——解释条件

第三个形式条件：一个符号只有能被解释成符号才能成为符号。换句话

---

① ［美］皮尔斯著，赵星植译：《皮尔斯：论符号》，四川大学出版社 2014 年版，第 143 页。

说,每个符号都必须能够表达一个解释项。在其广泛的意义上,解释项可以被理解为符号的翻译:"除非符号能把自身翻译为另一种发展得更为充分的符号,否则符号就不是符号。""意义[就是]它所主要接受的那种从一个符号到另一个符号系统的那种翻译","一个符号的意义就是它不得不被翻译成为的那个符号"。①

(4)三元关系——三元结构条件

第四个形式条件强调的是符号、对象与解释项之间的三元相互关系,它用以解释符号的活动,亦即符号过程。皮尔斯把符号过程定义为"一种行动或者影响,是符号、对象和解释项三个主体间的合作,而无论什么方法都不能把这种三元关系的影响简化为二元活动(的影响)"。符号过程不是符号—对象、符号—解释项和对象—解释项之间的关系的机械添加和复制,而是上述三者不可拆分地结合在一起,并且也不可能被化约为任何二元关系。

皮尔斯关于符号的"三元关系"学说,为现代意义上的一般符号学奠定了坚实的基础,皮尔斯也因此在符号学界赢得了极高的声誉。

2. 符号学的划分

皮尔斯认为,符号学是一门规范的科学。作为一门规范的科学,它关注基本价值——真、善、美中第一种价值——真。按照皮尔斯的观点,符号学在三个方面关注真,这也就界定了这个学科的三个分支:语法学、逻辑学和修辞学。这种划分显然同西方教育的古典三分法——语法、逻辑、修辞三学科相对应。古希腊人认为学习的基础根植于三个学科:语法,在语言中组织思维的能力;逻辑,训练推理的能力;修辞,培养良好沟通与说服他人的能力。从这里,我们似乎理解了皮尔斯符号学三分法的特别用心。

第一个分支语法学,研究符号形式特征及其表达方式。语法学所关注的是,符号如何携带讯息、产生意义,并且又是如何作为传播工具的。

第二个分支逻辑学,它所关注的是符号被用来鉴别真相的方式,关注人们如何应用符号进行推理:基于符号所携带的讯息以及它所蕴含的意义,人们如何从这些讯息中推断出真的断言和可能的断言。

第三个分支修辞学,是探究在社群中符号被用来表达和表达主张的方式。

---

① [美]皮尔斯著,赵星植译:《皮尔斯:论符号》,四川大学出版社 2014 年版,第 165 页。

人们如何使用符号与某个人进行探究和交流,或者在社群中共同致力于这样一类活动,就是修辞学所关注的问题。

在符号学的三个分支中,皮尔斯对于前两个分支作了大量的研究,而对第三个分支——修辞学的研究是很不完整的,因此也是最难重建的。

3. 逻辑学与符号学

皮尔斯关于逻辑学与符号学"等同"的论题,很多读者觉得不好理解。而在皮尔斯看来,一切思想都是符号,也都是推理,"一切符号为真的法则必定就是推理法则",推理是心灵认知的基本单元。符号学通过各种符号所具有的功能来解释推理的本质,这与逻辑学对于论证的分析乃是同一回事。不过尽管这样说,"等同论"还是很难认同。因此一些逻辑学家把符号学理解为广义的逻辑学:符号(数理)逻辑是运用符号进行严格的推理研究的逻辑,而如果把符号逻辑进行解释和运用,那就进入了广阔的符号学研究领域。[①]

皮尔斯认为,逻辑学所关注的是那些可以表达以及推断信息的符号类型,目的就是辨明"符号真相"的形式条件,而真相的主要形式条件就是符号与其对象相符合。不过皮尔斯拓宽了"真相"的概念。在皮尔斯看来,真相并非只是(命题)符号相符于它的对象,而更是最终被再现的对象相符于原命题所展现出来的有效推断,相符于命题之推断结果中所存在的那种方法,或相符于与该命题相关的那些论证,并由此汇聚成某种结果。[②]

在皮尔斯的逻辑学中,具体地讨论了三种推理类型:演绎、归纳和"abduction"。演绎和归纳本来为读者所熟悉,所以这里着重讨论"abduction"的推理。

皮尔斯所说的"abduction",可以译为"试推法"或"外展推理",也可以称作"回溯推"或"溯因推理",不过后者英语原文为"retroduction"。试推法或外展推理是皮尔斯对推断逻辑所作的原创性的贡献,尽管他把功劳归之于亚里士多德。

什么是"abduction"? 皮尔斯说:"存在着某种出人意料的或异常的观察或事件,E(从某个公认的或众所周知的假设 H_1 的观点看,它是出人意料的或异常的)。在另一个假设 H_2 之下,该事件并不出人意料(也即,E 是由 H_2 产生的)。

---

① 参阅张留华:《皮尔斯哲学的逻辑面向》,上海人民出版社 2012 年版第三章。
② [美]皮尔斯著,赵星植译:《皮尔斯:论符号》,四川大学出版社 2014 年版,第 214 页。

因此,有理由相信 H₂ 属于这种情况,也即,H₂ 是合理的(因为它能够解释 E)。"①

从皮尔斯这段话来看,如果我们把"abduction"看作假说的推理形式,那就比较容易理解了。逻辑书上所说的"假说",其推理形式应该就是这样的。皮尔斯当然意识到这种推理与归纳、演绎在有效强度上的差别,他说:"通常,'abduction'是一种弱的推理形式。我们的判断力一般只是略微倾向于结论,我们甚至很难说是相信结论为真;我们只是猜测它可能如此。"②然而正是这种有效度不强的推理方式,在当代逻辑研究及方法论学说中产生了深远的影响。

二、莫里斯

莫里斯(Morris. C.,1901—1979)是美国符号学系统理论的创始人之一。他继承了皮尔斯的符号学思想,并把它同美国行为主义社会学结合起来,建构了一门涉及语言、行为和文化的符号系统理论。可以说,莫里斯是在艾柯之前正式提出一般符号学理论体系的唯一符号学家。

1. "符号—行为"论

什么是符号? 莫里斯在 1938 年《符号理论基础》中首次提出了:"某物之所以是一种符号,只是因为它由某一解释者解释成某物的符号……"后来在行为主义社会学家乔治·米德的影响下,莫里斯大幅度修改了自己的符号理论。在1946 年的《指号、语言和行为》一书中,他以有机体的行为作为出发点,来构造他的"符号—行为"理论。他前后给了"初步抽象"的和"更精确"的"符号—行为"定义,但都比较烦琐和费解。③ 如果说得更为简单,那就是:符号,是这样的事物(a),它指导有机体(b)并对非当前刺激的某事物(c)的行为。例如一条经过训练的狗(b),听到某一声响(a)的时候,就会流口水,并且跑到某处寻找事物(c)。在这里,某一声响(a)就是符号。某处的事物(c)是那并非狗(b)的当前刺激的某物。某一声响(a)指导狗(b)对事物(c)的行为,使得狗流口水并且跑到某处寻找食物。因此,对于狗来说,某一声响是食物的符号。④ 莫里斯的"符号—行为"理论,构成了他的符号系统论的基石。

---

① [美]皮尔斯著,赵星植译:《皮尔斯:论符号》,四川大学出版社 2014 年版,第 226 页。
② 引自张留华:《皮尔斯哲学的逻辑面向》,上海人民出版社 2012 年版,第 291 页。
③ [美]莫里斯著,罗兰、周易译:《指号、语言和行为》,上海人民出版社 1989 年版,第 9、12 页。
④ 见上书"中译本译者序"。

2. 符号行为的分类学

莫里斯从他的"符号—行为"理论出发,按照意指关系,把符号分为四类:即指示符号(designators),意指一个刺激对象的性质的符号;规定符号(prescriptors),意指某一反映序列的要求的符号;评价符号(appraisors),意指某事物有引起爱好行为的符号;形式符号(formators),具有形式的意指方式的符号。莫里斯认为,这四种符号又各有四种用法,即告知性的(informative)、促动性的(incitive)、评价性的(valuative)和系统性的(systematic)四种。四种意指方式和四种用法相互匹配,于是组成 16 种论域类型。比如"指示的/告知的"为科学的论域,"评价的/促动的"为道德的论域,"评价的/告知的"为神话的论域,如此等等。

莫里斯的符号分类学,正像其他以行为主义为基础的理论一样,很难使它们关于生物行为的论述和相应的心理观念的论述达到令人满意的一致性。

3. 符号学的三分法

莫里斯认为,逻辑实证主义、经验主义和实用主义各自强调符号的语形、语义和语用方面,因而都具有片面性。事实上,符号具有三种类型的关系,即包括符号与符号、符号与对象以及符号与使用者之间的关系。在符号学说史上,莫里斯第一次明确地将符号学分为语形学(syntactics)、语义学(semantics)和语用学(pragmatics)三个部分并给以明确的界定:语形学研究符号与符号之间的形式关系;语义学研究符号与其所指示的对象之间的关系;语用学研究符号与其使用者(或解释者)之间的关系。后来,他又对语义学与语用学的界定作了修改:"语义学研究各种符号的意谓",语用学研究"符号的来源、应用与效果"。①

在符号学的三个部分中,莫里斯最关注语用学部分的研究,这尤其体现在他的《指号、语言和行为》一书之中,符号过程的语用学方面特别受到重视,作了特别详细的分析。在这本书中,符号的意义被解释为符号在听者身上引起的行为倾向和达到效果的条件,语言符号也是根据其在社会行为环境中产生的效果规定的。他说,"有关人类传递符号行为的科学"的符号学,就其基本原理而言是一种语用学。可以说,该书对于符号使用的过程或关系和意义的评价问题的研究,堪称现代语用学的开山之作。

---

① ［美］莫里斯著,罗兰、周易译:《指号、语言和行为》,上海人民出版社 1989 年版,第 261—262 页。

关于符号学三分为语形学、语义学和语用学的理论,是莫里斯对于现代符号学的重要贡献。这一理论及其后来的发展,本书第四章有比较详细的讨论。

4. 作为科学统一的符号学

关于符号学的实际的重要性,莫里斯很强调它的理论意义在科学统一中的作用。他认为,科学统一从两个方面出现:一是科学家追求某个主题的知识,而这个主题由于各种历史原因被分割为许多不同的领域;二是人们接受科学的现用语言,进而去寻找各种科学术语之间和多种科学规律之间能够有什么样的关系。他说:"符号学在科学统一的两个方面都能起作用:它提供了一种丰富的语言来谈论一个领域的现象(即符号现象),这个领域的现象一直是多种特殊的学科片段地加以研究的;它提供了一种工具来分析所有特殊学科的语言之间的关系。符号学既是科学统一中的一个方面,又是描述推进科学统一的工具。"莫里斯进而指出:"在《国际统一科学百科全书》所代表的科学统一的运动中,有四个主要的问题引起了许多的疑难。它们是:'形式科学'和'自然科学'之间的关系,心理学同生物学和物理学之间的关系,人文学科与科学之间的关系,以及哲学与系统化知识之间的关系。符号学相当清楚地说明了所有这些问题。"①

莫里斯是第一位试图按照符号及其分类观点来重新描述世界图式的哲学家,因此他对当代一般符号学理论的构想有较大的启发性。实际上,以他的理论框架为模型建立普遍符号理论的大有人在,特别是在美国和德国。但是在当代符号学运动兴起后,莫里斯的符号学哲学的示范作用就不断减弱。这是因为他的理论和现代精密的语言学无关,已经很难适应当代有关意指和通讯研究的新理论发展的需求,因此逐渐失去其理论说明与诠释的效力。

三、艾柯

艾柯(Eco,U.,1932—2016)作为意大利百科全书式的学者,他博学又兼有顽童式的洒脱,在学者与作家双重身份的自由切换,使他的符号学沾染上世俗的活泼,也使他的通俗文学作品保有知识分子的睿智。艾柯提出的一般符号学理论,学术界认为是比较成功的理论体系。

① [美]莫里斯著,罗兰、周易译:《指号、语言和行为》,上海人民出版社1989年版,第269页。

1. 一般符号论

关于符号学的定义,艾柯认为:"符号学所关注的是可以视为符号的万事万物。符号可以认为是从能指角度替代他物的东西。这种所谓的他物未必非存在不可,或实际就表现在符号介入进来以代表它的时候。因此,符号学是这样一门科学,它研究可用以说谎的每物⋯⋯关于'谎言理论'的定义应该视为一般符号学至为全面的大纲。"①为了建构一般符号学,艾柯一方面注意区分自然和文化现象中的符号现象与非符号现象,另一方面在符号概念问题上,他试图综合索绪尔的能指—所指二项关系论和皮尔斯的符形—对象—解释项的三项关系论。索绪尔的"符号"就是一种相关关系体,而不是单一实体。在此基础上,艾柯借用叶尔姆斯列夫的"符号函项"一词提出了他的一般符号论。从艾柯思想发展史上看,他似乎越来越从索绪尔立场偏转向皮尔斯立场。符号过程即一次行为,一次影响,它同时相关于符形、对象及其解释项。艾柯的一般符号学的认识论相当倚重于皮尔斯的一些主要概念,特别是"解释项"和"试推法"(abduction),已成为艾柯符号学理论的基本内容。

2. 一般代码理论

艾柯的一般符号学主要由一般符号论和一般代码论组成,前者以符号函项概念取代索绪尔的能指和皮尔斯的符号形体概念,后者以信息论时代的代码概念取代语言符号学中的 langue 概念。对艾柯来说,"代码"首先是规则系统的意思,代码不仅是符号系统的内部规则,它也是制约此符号系统的通讯环境中的有关规则。艾柯的一般代码论是一种超出自然语言语法的普遍符号函项论,对于一般符号论而言,艾柯想通过代码范畴取代语言系统范畴来建立一般符号学的规则系统。也就是说,艾柯借助代码模型来建立其一般符号学中的意指关系规则系统,后者又是作为信息通讯过程的表现而起作用的。他认为,系统代码可以独立于任何意指或通讯的目的,因而可被生成语法所研究。信息论不能解释作为一种相关规则的代码的作用,因此非意指性理论,也非通讯理论,而只是一种有关 S—code 的抽象组合可能的理论。

艾柯认为,他的代码论使其代码概念成为具有操作性和应用性的概念,可被

① 〔意〕艾柯著,卢德平译:《符号学理论》,中国人民大学出版社 1990 年版,第 5 页。

看作符号函项结构、编码和解码过程、符号生产过程、信息与文本的生产过程的基本范畴。至于语言的引申意指方面,是部分建立在语言结构上和部分建立在文化惯习上的现象。

3. 符号生产理论

艾柯发挥了皮尔斯的符号交流理论,进一步地提出了符号生产理论,在其符号交流理论的架构里使每一符号化行为的主体及其地位,成为符号学的中心。任何符号学探讨的主题,都不过是符号化过程的符号学主题,这一主题就是观察世界的方式,也是把语义单位与表达搭配起来的途径。

在艾柯看来,"符号化是经验主体赖以交流的过程,同时交流过程又由于意指系统的组织而成为可能之事"。① 艾柯在符号学认识论上企图兼采意指论方向和通讯方向,并按此双重原则研究文化符号学。他因此认为整个文化应当以意指作用系统为基础的通讯现象来研究。符号可被看作潜在的通信手段,发生于两个人之间,用以传达或表达某种内容。而符号的通讯是按照代码规则进行的,因为就信号而言,它不仅仅是刺激,而且在接受者身上激起一种反应。这一过程是由代码的存在促成的。的确,艾柯符号学的发展企图就是用符号生产过程论取代传统的符号论。艾柯认为,符号的结构和功能是与符号产生过程密切相关的,其内容面上的是与文化环境内符号生产过程紧密相连的。可以说,艾柯的符号论越来越遵循语用学方向了:符号的意指功能既与语境相关,又与符号生产过程相关。正因为如此,符号学不再是纯粹的分析工具,而是生产的方式和社会实践的形式之一,也是文化批判和社会批判的方式。

4. 对解释项的阐释

由皮尔斯创造的一种特殊的解释项概念(Interpretant),可以被用于符号引起的心理理论、中介性表象或符号本身,有时干脆指"关于符号之客体所知的一切事实"。解释项介于符号形体和外在客体之间,相当于直接对象和意义,或相当于直接客体和意义为社会所了解的方式。解释项作为符号学单元是一种观念性或心理性存在,或附着于实体上的观念性东西,因此被许多人当作意义的另称。在艾柯看来,解释项具有符号、符号定义、情绪联想和直接意指等多种形式。

① [意]艾柯著,卢德平译:《符号学理论》,中国人民大学出版社1990年版,第358页。

他列举了解释项概念的以下含义：在另一符号系统中作为等价的符号载体；指向单个物体；指同一符号系统中的科学或日常的定义；一种情绪联想，它具有引申意义（如"狗"指"忠实"），将字词翻译为另一种语言，或用同义词替代。显然，经过他的这些阐释，解释项便可相当被解释内容的任何编码的含义，即相当于整个符号载体的直接意指和引申意指的领域。

经艾柯解释之后，解释项大致为一种观念性意义，尤其是一种引申性意义。是可能的解释者心中的心理事件。同时由于任何意义本身都可作为进一步意义的符号或推出另一个意义的基础，因此解释项也是一种变动中的符号。

艾柯对解释项概念极其重视，他甚至认为正是这一概念使意指理论成为一门有关文化现象的严格科学，同时它使符号学避免陷入形而上学的泥潭。可以说，艾柯对解释项的"万能"阐释的根本目的，就是要使符号学有成为"文化符号学"的可能。的确，他的"解释项"作为文化的单元，成为艾柯文化语义学中的中心概念，参与语义成分分析。总而言之，一个语言词项的解释项可被当成：同一语言中的某一同义词；语言中所表达的一个意义；另一符号学系统中的相应符号；该词的对象的直示符号；认知该符号所获得的行为习惯；由此符号引申的全部推论系列。他将文化符号学与符号过程结合起来，而解释项即此符号过程中变动不居的意义载体。或者说，解释项、符号形体和对象构成了符号过程。

艾柯继承和发挥了解释项概念所具有的高度歧义性，但这又与他的符号学理论中的大量的科学性的名词的精确性用法形成了巨大的差异，他的符号学话语中的这种非一致性用法表明，他把某种准哲学性或文学性的论说纳入了符号学科学话语中。因此，他自然容忍了其歧义性，也正因为如此，他自己的意义论观念不能明确地区分实证主义的指称论和符号学的意指论。

四、西比奥克

西比奥克（Sebeok，T. A.，1920—2001）和艾柯都是 20 世纪最负盛名的符号学家。符号学研究超出结构主义传统，走向多元化，进而实现自然与人文的跨越，这在很大程度上归功于西比奥克。西比奥克以他独特的符号学理论和杰出的学术活动能力，不仅推动了美国的符号学发展，而且大大地扩展了美国符号学研究在国际上的影响。2000 年，美国符号学会年会将主题定为"西比奥克的世纪",以此表彰西比奥克所作出的贡献。2017年举行的国际符号学协会第13届世界符号学大会就设有专门纪念西比奥克的圆桌环节。会议期间,每位参会者都要在自己的胸牌上写"最喜爱的符号学家",国际符号学协会主席保罗·柯布利(Paul Cobley)教授在胸牌上写的就是西比奥克。"可以毫不夸张地说,把握住了他的符号学思想,就等于是抓住了现代西方符号学的真正脉络与核心。"①西比奥克对符号学最重要的创新之一就是"开创了符号学研究的跨学科性,使其涵盖了生物学、认知科学、语言学、民俗学、传播学、哲学、动物学、植物学等多个学科领域",他开启西方世界的符号学研究多学科融合、跨学科合作的局面。②

1. 作为生命科学的符号学

西比奥克继承了皮尔斯和莫里斯的符号学传统,是一位泛符号论者,也是一位生物学符号论者。在西比奥克看来,符号过程是人类心智中生来就有的一种内在能力,它能够把人的感觉印象变成可记忆的经验模式。生命是一个符号过程,大脑制造符号是一切形式的生命生存的基本条件。这样,符号学就回到"生命科学"本来的意义上来。

西比奥克的符号学研究采取了生物学的途径:所有的动物都从遗传得来为自己的生存使用符号的能力,人类与动物在这方面既有相似之处,也有不同之点。西比奥克把人类使用符号的能力作为生理能力来研究,这种能力把以感觉为基础的符号能力和受感情驱动的反应转变为无数的心理模式。③

西比奥克应用二分法给出了一个符号来源的分类图式,即符号来源分为无机物和有机物;有机物分为非地球的和地球的;地球的分为人类和动物……这个图式似乎与物质范畴分类没有什么区别,但它却是西比奥克的符号来源分类,在西比奥克那里,物体往往等同于符号。④

西比奥克"符号生命"的符号学思想,促使他创立了符号宇宙论学说。

2. 符号宇宙论

西比奥克的符号宇宙论(semiotic universe)的理论基础,除符号学的皮尔

① 余红兵、王峰:《国际符号学的阵地、理论与方法》,《北京第二外国语学院学报》2018年第6期,第20页。
② 同上。
③ 郭鸿:《现代西方符号学纲要》,复旦大学出版社2008年版,第69—70页。
④ 李幼蒸:《理论符号学导论》,中国社会科学出版社1993年版,第487页。

斯-莫里斯传统之外,还来自以下三个方面:语言学、人类学和生物学。在语言学方面,西比奥克主要受到美国结构主义语言学家布龙菲尔德、结构—功能主义语言学家雅各布森等语言学家的影响;在人类学方面,莫里斯引导并帮助他从语言学转到人类学;在生物学方面,他受到理论与实验生物学家雅各布·冯·乌克斯库尔和他的孙子舒尔·冯·乌克斯库尔,以及动物心理学家海尼·赫迪杰的影响。由此,西比奥克符号学研究开始从一般符号学扩展到语言符号研究乃至非语言符号和动物符号行为等超越传统结构主义的研究范畴,并融入了人类学、生物学、神经认知科学等其他学科的知识。这一多符号多科学的研究,西比奥克创造了更有生机的动态符号学体系,同时批判了人类中心主义和语言中心主义。这也符合后现代主义哲学思潮的反中心、多元化的思想潮流和主张。

西比奥克的符号宇宙论是对皮尔斯符号理论的继承和发展,主要包含以下几个方面的研究:现代生物学视野中生命的符号活动;人类语言与非语言符号;人类有意与无意的符号活动;多元阐释与一元阐释的符号;指示符号、象征符号与像似符号的全视角观照;人类符号历史研究。西比奥克的符号宇宙概念为符号存在的普遍性作了进一步解释,即认为自然界和社会中的一切现象都可以纳入统一的符号系统之中。

西比奥克把符号划分为六种:信号、征候、相似符号、标志符号、象征符号和名称。他认为所有生物都有使用符号的能力,但人类与动物的这种能力不同,人类心智中的内在能力就能够产生和理解所有符号,将符号与其相关的对象联系起来。所有生物的头脑制造符号的能力是一切形式的生命生存的基本条件。他通过生物学的方式把生物使用符号的能力作为一种生理能力进行研究,进而把所有自然界和社会的现象都作为符号学的研究对象。

3. 建模系统

建模系统是西比奥克符号学理论的核心,他融合了进化论、语言史、认知理论和生物学尤其是乌克斯库尔的 umwelt(环境)理论,认为模型建构是生物以特有的方式对世界进行动态认知、创造和改造的符号活动。西比奥克认为,在语言和文化之外还存在一个更基本的系统,即"非语言"符号系统,因为相比之下,人类拥有语言的历史要比整个人类史短得多,其原初功能应是为了建模,即构建主体内外环境的认知模型;并非为了交流,因为后者完全可以通过历史更为悠久的非语言方式进行,正如所有的动物一样。这也符合其一贯的反语言中心论的主张。也就是说,西比奥克的建模系统不仅以语言和文化为前提,还以"非语言"符号系统为基础,建模系统将意义视为内在模型,意义的生成就是内在模型中动态的主体性符号活动过程。

西比奥克所秉承的广义视角,在自然科学(尤其是生物学)以及信息科技突飞猛进的历史背景下,实现了符号学研究范式的突破,开辟了全新广阔的多元符号学研究领域。至于非人类符号系统以及非语言符号系统的研究,在多大程度上是"反人类中心"和"反语言中心"的? 它们的立足点是什么? 终极导向又是什么? 这些问题都是值得符号学研究者们进一步深入发掘和探讨的符号学课题。[1]

第六节　现代：文化符号学

一、罗兰·巴尔特

文化符号学研究方法的兴起,重新激起了人们将精神分析用于文学批评的强烈兴趣,也使得人们进入寻找潜意识的痕迹及其意义的世界。以法国为代表的西方人文社会科学领域中兴起的"文化符号学",可以区分为"结构主义"和"后结构主义"两个流派。

罗兰·巴尔特(Barthes,R.,1915—1980),作为符号学家,我们可以说他是一位语言符号学家或者一般符号学家,但是更为恰当的说法,他是一位文化符号学家。他是结构主义的符号学家,但是后期又成了"后结构主义者"。

1. 一般的文化符号学设构

早期的巴尔特提出了"有意义之物"与"被赋予意义之物"的概念,可以还原为索绪尔的语言学模式。显然,巴尔特在符号学思想上是一个索绪尔的解释者和发挥者。巴尔特早期撰写的《符号学原理》一书,就已明确地把语言学结构与其他文化符号结构统一在一个理论架构之内,体现出他试图建构一般符号学的意图,这种意图就是要为一般符号研究和符号分析提供统一的方法论。在巴尔

---

① 余红兵:《20世纪重要跨学科的符号学家:西比奥克》,《中国社会科学报》2013年第8期。

特看来,如果我们把文化世界分为语言形式和非语言形式两个部分,那么语言符号学便可以成为一切非语言符号系统的架构或基础,因为一切非语言现象均隐含有语言结构或准语言结构。热衷于对社会文化现象进行准语言式的分析,巴尔特竭力主张用语言学概念和模型分析各种非语言文化现象,比如他对服装系统、家具系统、饮食系统、汽车系统进行泛文化符号学的分析,掀起了 20 世纪 60年代的文化符号学的热潮。虽然他最终未能够实现对"文化世界"意指规则的系统化建构,但是这种分析毕竟开启了一个极其广阔的文化符号学分析的新视野,实现了人文学科对文化现象之多重意义的诠释。

2."内涵"和"外延"

在《符号学原理》一书中,巴尔特使用了"内涵"和"外延"这两个概念,用以说明符号的指示过程。所谓"内涵"是指把符号第一系统的能指和所指结合为符号第二系统的能指,另外给定一个所指,亦即意义。所谓"外延",则是把符号第一系统的能指和所指结合起来,成为第二系统中符号能指的所指。图示如下:

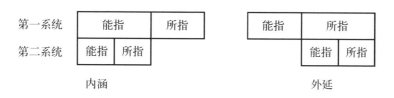

巴尔特认为,"内涵"是"文学"或"美学"使用的主要特征。内涵代表外延的"换挡加速",就如神话是普通指示行为的"换挡加速"一样。这样当那个从先前的能指—所指关系中产生的符号成为下一个关系中的能指时,内涵便产生了。"于是第一系统成了外延这个层次,第二系统……则是内涵层次。因此,内涵的系统是一个其表达层(即能指)本身是由指示系统构成的系统;内涵的一般情况当然是由各种复杂的系统构成的,而语言则形成了这些复杂系统中的第一系统(例如文学的情况就是如此)。"①

3. 神话符号学

巴尔特的"神话"不是古典的神话,而是指一个社会构造出来以维持和证实自身的存在的各种意象和信仰系统,即它的"意义"系统的结构。巴尔特认为,就

---

① ［法］巴尔特:《符号学的因素》,巴黎瑟伊出版社 1994 年版,第 89—90 页。

神话来说,我们又一次发现这样一种指示活动:能指、所指,以及它们的产物:符号。然而神话非同一般的符号,它建立在先前的符号链上,作为第二级的符号发生作用。因此,如果说语言为我们所谓第一级指示行为提供了模式,那么第二级的(或神话的)指示行为的模式则更为复杂。神话中的第三个术语应该称为意指行为,其第一个术语(能指)应称为形式,第二术语(所指)应称为概念。因此,在第一级指示行为,亦即语言的指示行为中能指对所指的关系生成符号,而在第二级神话的指示行为中,形式(即第一级的符号)对概念的关系生成意指行为,于是我们就有了一个无比强大的意义生产者。

4. 文学符号学和比较文化符号学的研究

巴尔特将结构主义的符号学方法用于文学和比较文化研究。他试图把体现日常生活的语言、饮食、游戏、城市建筑、商品的包装、木偶、礼仪、用具、文具等等,都可以看作是一种独特的文化的、各种各样的符号。例如写作《符号帝国》一书,他把日本人日常生活的各个方面均看作一种独特文化的各种符号,并且对其伦理含义作了深入的思考。他的参照体系是法国和西方民族的文化传统,但他不是西方种族的优越论者,也不是西方文化中心论者,他以比较文化符号学的立场,对这个遥远的、风格迥异的文化系统保持着学者的冷静和公允。他借助于符号学,揭示了西方文化的那种自我迷恋的愚昧性,并试图从东方文化中寻找文化突破。

在巴尔特那里,符号学、结构主义、后结构主义、精神分析、文化人类学、语言学,对现代性的言说以"形态中的盲点"、"残余"、"痕迹"或"可有可无之物",用他的话就是"零符号",用"零符号"的"漂流"或"漂泊不定"去展示其写作的力量。"写作"首先是指可见的文字,而"符号"是指不可见的、盲目之物。"零度的写作"就是将不可见之物——符号、神话、表象和文学变换为"可见之物",并在这一境界中而形成概念。显然,对于巴尔特而言,"文学"就是他爱之最深的"蠢货"和"不可见之物",其批评的全部赌注,就是将这一盲目文学(用布莱希特的话说)置于异化、对象化的不同基础上加以解读。

5. 走向"后结构主义"

《S/Z》是巴尔特对法国现实主义大师巴尔扎克的短篇小说《萨拉西纳》的"后结构主义"式的符号学分析。既然意义是由语言中的各项差异产生出来的,而且每一项都可以和无限多项形成差异，那么就没有什么终极意义。因此，对文本的解释不在于寻找作品的意义，也不在于关注它的普遍结构，而在于注意作品的本身和阅读过程。"必须突出每一文本的参与性，而且正是在尼采或德里达的意义上理解的'差异'"①。巴尔特在写作《S/Z》的前后清楚地表现了他由信奉索绪尔的结构主义的语言符号学范式转向"后结构主义"的符号学范式。

巴尔特在《S/Z》中还认为，批评家是艺术家，他的艺术来自"既定的"材料，"既定的"能指（如一个文本，一组和弦），但是他从这些材料中创造出新的所指，在独创性和美学方面都超过原来的材料。这种艺术——关于能指而不是所指的艺术，是真正现代的艺术。从语义的层次关注能指，从长远的观点看，能指和所指的关系从本质上讲是无限地往后倒退的。关系本身就在于产生意义，而不是它所指的在它之外的任何"现实"世界产生意义。意义不过是这种可能会出现的编码变换。上述这种观念当然也是《S/Z》的中心主题。因此，结构主义最终的倾向必将趋向一种适合于分析这种文化世界的"后结构主义"。

但是，由于巴尔特的一般符号学和其时装符号系统的文化符号学研究所采取的"准语言学主义"，最终并未能提供对一切符号系统普遍有效的描述理论。而他的语言学外推法也只能局限于特定的对象范围之内，因此他的结构主义符号学只能说是语言符号学理论在非语言领域中的有限应用。

二、福柯

福柯（Foucault，M.，1926—1984）作为后现代主义的代表性思想家，他从研究并展示了精神病的历史以及社会能够对个人施以重压，到宣布主体不存在（这是一个主体消失的时代），再到对社会的分析（社会所显示出的禁闭的权力以及由此而来的日复一日地显示、经常地表达的压迫的权力），从精神病院、监狱到媒体，无所不在。福柯的"后结构主义"符号学方法，显然就是他进行的这种话语批判的主要方法。

1. "话语—权力"的语用分析

福柯的突出贡献在于，他实际上是以对"话语"这样的符号学单元进行独特

---

① 《同巴尔特的谈话》，载《时代的符号：文本语义导论性读物》，剑桥大学出版社 1977 年版，第 44 页。

的"语用分析"(符号使用者的"权力"意图与效力)为主要取向。在福柯看来,"话语"表达着人的思想,并且表达着人们的实际活动,因而处于与其他相关的实践关系网络之中。"知识"和"权力"就是"话语实践"。因为"权力"不仅意味着禁止、防范人们去做某事,而且还包括更为复杂的事实:权力是一张无所不在的网状结构,每个社会个体都在其中;权力的网络构成了主体的社会;权力渗透着每一个社会主体的心理,通过一种"微观手段系统"而发生作用。因此,在社会文化的"符号结构"中,必然包含着"话语—权力"的运作同实践与意识形态的关系问题。

福柯关于权力的研究具体体现在:叙事作品能够深刻地影响人,从情感上、理智上打动人,这种权力就称为"话语权力"。它是一种在无意识状态下作用于主体的微观动力。叙事作品能对社会施加影响这一权力过程的模式,通过这样的步骤展开:首先在阅读过程中发现自己对世界的认识得到了加强或颠覆,然后宣称正是这些认识影响了社会的、经济的、政治的或性别的主体的构成方式。这种研究的一个重要倾向,就是权力从原来的宏观领域转向后现代中的微观和符号领域。福柯是法国"后结构主义"符号学的代表者,他把语言符号看作类似于物质性的东西,它同其他的物质产品一样是可以流通、改造和保护的,"是人们生产、操纵、利用、改造、交流、组合、分解和重组并最终摧毁"的全部对象中的一种。

2. 意识形态的符号学分析

在福柯那里,符号学分析法实际上已经成为对文化和思想对象所包含的意识形态因素的解剖工具。他借助于话语符号学论述自己的权力和压制关系的学说。只不过,作为思想家的福柯更为注重结合历史话语现象来分析权力压制结构及与其配合的意识形态表现。

福柯考察西方知识类型的一个重要成果,是对"人"的概念和人文科学基础的解剖。他指出,近代人文科学的出现是由于生物学、经济学和语言学的建立,由此产生的"人"的概念不是指具体的生物,而是一个"知识空间",即"人"代表围绕着它的一系列知识关系。这样,"人"既是有关人的知识的对象又是其条件,它成为经验因素和先验因素的组合物。当人文科学演变到当代,处理功能规范的心理学,处理冲突规则的社会学和处理意指系统的符号学成为主要学术基础。但他认为当前有关的所谓理论争论只是偶然地将某概念置于优先地位的问题。实际上,人文科学并不能解决它们的方法论争论。在这种观念的驱动下,福柯根本拒绝对人文科学理论系统的建设,也反对采用在先的认识论范畴表。同时他进而主张应放弃许多"科学偏见",无须将知识当作理论结构,而应将其视为一种"实践",具体地说即科学话语的实践。他说他并不关心制度研究本身,而只关心实践,在他的理论话语中制度只是实践网络中的诸多联络点。

福柯从事的历史话语实践是"渊源学的",这使福柯的思想史研究非常接近符号学的思想史分析。在此基础上,福柯转向了历史上的权力关系研究,其中包括他生命中最后 10 年有关性压制关系的研究。他所撰写的《性史》实为一部"性压制史"。福柯认为人类性现象中充满了权力关系,这种权力关系比禁止、限制、否认等压制现象更多变、更复杂和更微妙。他企图依据话语中的性压制现象来论述性与权力之间的关系。也正是通过这一系列研究,使他达到一个更广泛的超出"性"的层次:达到了"权力/压制"和作为压制方式之一的自我主体学诸层次,他称之为控制自我的技术。具体地说,他研究有关自我技术,就是为了深入分析种种思想史上的话语表现(即思想表现)和它们所反映的背后的权力和压制关系。前者如果被看成各种符号系统,后者即这些系统所意指的东西。由于福柯研究的对象主要不是压制的社会现象,而是思想话语表现,因此他的性/权力关系分析是一种典型符号学意识形态分析。

显然,福柯的主体分析不是像传统主体哲学家那样从精神或意识规定主体的特性,而是从其在历史话语中的作用或功能规定其存在。不妨说福柯哲学中的主体是对话语进行符号分析后得到的主体位势或位级,因此是实证性分析运作的结果。

三、德里达

德里达(Derrida, J., 1930—2004)提出了"解构"符号学,使他成了当代"后结构主义"符号学的代表人物。

1. 解构之维

1966 年德里达发表了《人文科学话语中的结构、符号和游戏》一文,标志着他运用符号学开启解构之途。德里达的思想深邃而复杂,其文本策略也令人眼花缭乱、晦涩难懂。1967 年他在《文字语言学》中,首先提出了当代最为流行的批评话语——"解构"(Deconstruction),这个词由前缀"de"和"construction"构成,两者合成一词后具有"拆散结构"、"捣毁建构"等义。从词性意义来看,它可能描述某种过程,标记某种特性,也可能暗示某种状态。从语义学的角度看,它隐含"破碎某种东西"的痛苦和悲伤。在批评实践中,"解构"一词指的是一种"分析或阅读过程",也就是说,它的对象是"文本",它的活动是"阅读",它的目标是阅读或解释方式,但与传统的阅读和阐释文本不同。它旨在发现文本的内在矛盾性、意义虚构性以及主体理解的虚幻性。它以自身独特的阅读方式揭示了意义生成和意义阐释的建构性过程。美国文论家芭芭拉·约翰逊说:"解构文本不是一个对语义偶尔怀疑或武断地消解意义的过程,而是在文本之内仔细阅读并发现意义生成的冲突性力量的过程。如果说在解构性的阅读中破坏了什么东西的话,破坏的并不是文本本身,而是一种意义生成控制另一种意义生成的传统认识。"①

2. 从"差异"到"分延"

德里达研究和阐述了结构主义所据以形成的符号学的种种矛盾。他基于索绪尔的差异公式(语言是由差异构成的,它是形式而不是实质)提出了从"差异"到"分延"的理论。这种理论认为,描写不会永远一直出场,而总是推迟所指的出场,所以符号活动就是区分(differ 或差异)和拖延(defer)的奇怪的双重运动——"分延"(differance,他独创的术语,兼有区分和拖延二义)。显然这样的概念并不是可以具体把握的语言实体,而只是在文本写作的生成过程中起结构性作用。在德里达那里,符号这个概念必然包含着差异的游戏之外的"先验所指"。德里达的兴趣在于,他总是要推迟所指到来的那个推移运动。意义并不依存于出场的迟延的充分性,它是差异的游戏产生的,这种游戏依赖于某些名词的不出场。能指与所指的区别"使得在一个概念的简单地出现在思想中,在其独立于语言即能指的体系中去思考这个自在和有意义的概念的可能性,在原则上开放了"。②于是,在德里达看来,文本之外没有任何东西,从来就不曾存在任何东西,而只有补充和替代的意指作用。语言变成了一个绝对自主的自我关联的过程,在这个过程中,每个所指转而又是一个能指,如此等等,以至无穷。就这样,德里达通过确立他的这种符号观而"消解"那种依赖独立于话语之外的真实世界的——传统

---

① 引自方成:《精神分析与后现代批评话语》,中国社会科学出版社 2001 年版,第 84 页。
② [法]德里达:《观点》,巴黎午夜出版社 1972 年版,第 29—32 页。

的科学与真理观,以进一步达到他要通过其书写学和解构论而实现的目标。

3. 解构主义的"话语符号学"

在德里达看来,脱离语言本身存在的"本体"是虚幻的、不真实的,他用"逻各斯"(logos)一词来定义这种虚幻的"本体存在"。在古希腊语中,"逻各斯"明显带有"本体"和"言语"的双重意义,但在以后的哲学和理论思辨中,"逻各斯"的"言语"含义被压抑、被推向边缘并且最终被排除。在德里达的话语分析过程中,"本体存在"在哲学推理中永远是一种"缺失",或者说永远是指向根本不存在的"逻各斯"。这样,德里达就从对"逻各斯中心主义"的批判,转向探讨言语过程本身,这种转向的结果,自然就会使写作不再是仅仅为了表达思想,不再是为了抒发无病呻吟的情感。写作实为身体而写作,写作是留下物理足迹,而非"心迹",欲望的身体得到了彰显,而心灵不得不淡出思想舞台。于是,意识主体转化为身体主体。精神不再是实体意义上的东西,而是与人的活动(身体、话语、交往)联系在一起。可以说,德里达的书写学的目标是破解传统的认识论和价值论,而提出一种替代性的和相对性的意义论。德里达的工作目标,就在于在符号学内部转换其概念,反对其前提,将它们纳入其他概念链索,以逐步改变工作领域,从而产生新的符号研究图景。为此,他自然要对西方哲学史和现代符号学的主要思想进行有力的批判,才能打开他开创其"后结构主义"符号学的大门。

德里达的符号学之所以是"解构性"的,就在于它的解构的程序是辩证的,因为它在被解构对象的内部,借助于该对象固有的矛盾,以破坏对象的前提或基础。他的解构主义的符号学并非要彻底打破传统现实中的各种二元对立的概念系统,不是简单地使对立关系的一方与另一方冲突,而是找到新的概念和模型,以克服形而上学的对立系统。德里达通过结构主义内部的"自我颠覆"而将它推移到向它自己消解而开放的"后结构主义"。

"解构主义"符号学所"解构"的正是"科学主义""唯理性主义"和"逻各斯中心主义"对人的意义与价值世界的封锁与禁锢,尤其是对人的意义与价值的封锁与遮蔽,从而使人文学科回归到它本真的存在状态。因此"解构主义"的符号学方法,在最终意义上,是为了对自由思想和自由表达的倡导与追求。实际上以德里达为代表的几乎所有的"后结构主义"的符号理论都破除了各个学科,如哲学、社会理论、经济学与文学之间的界限,从而产生了一门新的跨学科的"话语符号学"。

德里达的解构主义向人们指出一种看世界的观点,这种观点既不属于哲学反思,也不属于科学思想,也不属于逻辑。因为我们投身的是一个符号的世界,也可以说,这个世界没有起始,但却奔向死亡。在这个世界中,每个人都有一个肯定的结束。德里达的思想代表了法国激进的反传统的倾向,也可说是西方文化自我批判意识的最激进的代表。因此在西方产生很大的反响。

四、俄罗斯的文化符号学研究

现代符号学研究的三大中心国为美国、法国和俄罗斯。俄罗斯的符号学研究一方面继承了世界符号学发展的哲学和语言学传统,另一方面充满了对俄罗斯民族的深层文化结构及历史发展背景的分析和思考。"两个方面的因素综合起来,使得俄罗斯符号学研究从一开始就打上了文化的烙印,文化符号学因此而成为俄罗斯符号学研究的代名词"。[①]

巴赫金(Бахтин, M. M., 1895—1975)被誉为 20 世纪最重要的思想家之一,他的符号学观点提出于 20 世纪 20 年代。

巴赫金认为,最纯粹和最巧妙的社会交际手段的话语,同时也是最纯粹和最典型的符号。巴赫金的话语符号学理论包括如下要点:1. 只有在话语里,符号的特性和交际的全方位的制约性才能清楚而且充分地表现出来,"话语的整个现实完全消融于它的符号功能之中"。所以说话语是最典型、最纯粹的符号。2. 不仅如此,话语还是意识形态的普遍适应性的符号。即它可以承担任何意识形态功能:科学的、美学的、伦理的、宗教的,等等。3. 话语不仅是意识(内部言语)的重要工具之一,还是意识的符号材料。意识之所以能够发展,就是因为它具有话语这样灵活的物质材料。4. 话语作为意识媒介的这一特殊作用决定了话语是伴随着整个意识形态创作的必不可少的成分。如果没有内部语言的参与,无论哪一种意识形态现象(绘画、音乐、仪式)的理解过程都不会实现。意识形态符号"有话语伴随着,就如同唱歌的伴奏"。5. 话语的社会性无处不在。话语只有在人们相互影响、相互交往中真正起作用,比如劳动协作、意识形态交流、生活交往、相互的政治关系等。6. 话语的对话性。话语是一个两面性的行为,"作为一

---

① 王铭玉:《语言符号学》,北京大学出版社 2015 年版,第 451 页。《语言符号学》一书提供了俄罗斯文化符号学的丰富、翔实的资料,是本目写作的主要依据。笔者谨致谢意。

个话语,正是说话者和听话者相互关系的产物"。巴赫金认为,正是以上哲学特点使话语成为意识形态科学基本的研究客体。

巴赫金的语言学思想可以称为超语言学,因为他的研究超出了语言学的范围。巴赫金"超语言学"的核心概念是表述,研究对象是对话关系。他所研究的是具体的言语整体,即被传统语言学所排除的那些活生生的言语。在巴赫金看来,人的语言活动的真正中心不是语言体系,而是话语活动中的表述。对话关系只存在于表述之间,而不是作为语言学对象的各种成分之间,也就是说,对话关系是超语言学的研究对象。

巴赫金十分强调语言的社会性,认为语言是社会的、历史的产物。巴赫金说:"语言—言语的真正现实,不是语言形式的抽象关系,不是孤立的独白型表述,而是言语相互作用的社会实践,是由表述及表述群来实现的。"[1]

苏联时期的符号学研究,是现代结构主义和符号学运动中最重要的国家之一。那时候,苏联的符号学研究不仅开展得比较普遍,而且个性鲜明,体现了俄罗斯传统的人文精神与现代科学思想的完美结合。洛特曼就是这方面的杰出代表,"由他参与创建的莫斯科—塔图学派以及主要由他对俄罗斯文学、文化、历史的独特观察而形成的文化符号学理论在世界范围内享有盛名。"[2]

洛特曼(Лотман. Ю., 1922—1992),俄罗斯出色的文化学家、艺术理论家和符号学家。洛特曼曾任职于爱沙尼亚塔图大学,20世纪60年代去莫斯科着手建立莫斯科和塔图之间的学术合作,最终形成莫斯科—塔图学派。

洛特曼的文学符号学研究是把文本作为文学的语言载体和基本范畴的。按照塔图学派的观点,符号世界包括三个部分:1.自然语言——第一模式系统;2.人工语言系统;3.建立在自然语言基础上的文化结构——第二模式系统。典型的文本首先存在自然语言中,其他文本都以语言文本为基础。在洛特曼看来,文本首先是一个有组织的符号系统,确切地说,是一个等级结构,其结构是以层次组织形式出现的。洛特曼主张用结构主义的方法去研究文学文本的解读问题,把文学文本研究引入语言学领域。

洛特曼文化符号学继承了索绪尔语言符号学传统,是"第一位苏联结构主义

---

[1]　引自王铭玉:《语言符号学》,北京大学出版社2015年版,第155页。
[2]　同上书,第157—158页。

学者"。然而洛特曼又突破了索绪尔符号理论的藩篱,走向皮尔斯一般符号学的论域,他不再从能指和所指的角度上研究符号。在洛特曼看来,符号具有双重含义:既表示其解释系统的各个方面,也表示语言外的现象。语言符号的意义就在于它既能为其他符号系统解码,又是与符号以外的现实世界进行联系的环节。洛特曼认为,符号学的整个构成均以语言学为原型,所以语言为第一模式系统;第二模式系统能够转译为自然语言,但又具有自然语言以外的附加结构。洛特曼提出:符号学的任务就是"研究所有形式的'第二模式系统'的结构关系和组合机制,进而探讨对整个人类社会来说具有共性的'第二模式系统'的特点和规律"。①

洛特曼把口头文学划分为民间口头文学和非民间口头文学,并由此提出两种不同的交际模式:外向交际模式和内向交际模式。前者是通过大量的文本阅读获得信息,如现代人获得信息的方式;后者是靠内省的方式获得信息。洛特曼由此认为,作品的理解是一种多样性的动态过程,作品的接受者不仅是听者,还是创造者。洛特曼进而认为,一个文学文本包括两个意义系统:非艺术性的(自然语言的)意义系统和艺术性的(超自然语言的)意义系统。这两套意义系统互相作用,互相视为对法则的合法偏离。解读文本的全部意义不仅取决于创作者,还取决于读者的统觉知识和预期结构。

总之,从洛特曼的文化符号学的理论中,我们看到了索绪尔语言符号学与皮尔斯一般符号学理论的交融。

莫斯科—塔图符号学派实质上是莫斯科的语言学方向和彼得堡—塔图的文学方向的合流。苏联在 1991 年解体以后,不可避免地影响到俄罗斯符号学家同塔图的学术交流。学派的领军人物洛特曼于 1993 年去世,学派解体。人们在回顾和总结这个学派的历史经验的时候,有人把它看成一种符号学现象。②

---

① 引自王铭玉:《语言符号学》,北京大学出版社 2015 年版,第 161 页。
② 原南开大学姜文华(研究生)和袁峰同学参与了本章的部分写作工作。

第十章　中国符号学思想

第一节　《周易》的符号学

一、《周易》的语形学[①]

中国古代并没有符号学这门学科，但是在许多文献中已经包含有丰富的符号学思想。上古时代的占卜之术，通过对一些特殊符号的运作以求对未来事件的预测，这已经是对符号的一种应用。到了周代，这一套占卜之术形式更为完备，解释也日益丰富，名之为《周易》。《周易》已远远超出占卜术的原有性质，具有精湛深邃的哲学、文学、数学、历史与社会学的内容，也包含有系统而丰富的符号学思想。

《周易》具有独特的"象数符号系统"，其中阴阳、八卦、六十四卦构成了这个系统的三个层次，其中六十四卦概括宇宙间所有的事物与现象；六十四卦可以概括为八卦，即八类事物或现象；八卦又可以概括为"阴阳"，阳爻"━"、阴爻"╋"是《周易》最基本的符号，代表宇宙间最根本的两类事物。《周易》的这套"象数符号系统"，从思维形式上来看可以称之为"意象思维"，它既不同于形象思维，也不同于逻辑思维，而是意义与形象的统一，代表了东方式思维的典型形态。[②]

---

① 需要强调的是，在《周易》中，语形（象）、语义（数）、语用（占卜、时变、吉凶）三者之间是不可分割的一个整体。本章将《周易》的语形学、语义学与语用学分别来阐述，纯属论证需要。

② 感谢浙江大学张家成老师对本章的修改意见。

八卦即：☰（乾）、☷（坤）、☳（震）、☴（巽）、☵（坎）、☲（离）、☶（艮）、☱（兑）。为了述说方便起见，我们将阳爻代之以阿拉伯数字"1"，将阴爻代之以"0"。八卦的每一卦都由三爻组成，如乾卦就是由三个阳爻组成，自下而上排列，我们用阿拉伯数字表示，自左而右为"111"。坤卦由三个阴爻组成，用阿拉伯数字表示就是"000"。相应地，震卦是"100"，巽卦是"011"，坎卦为"010"，离卦为"101"，艮卦为"001"，兑卦为"110"。它们分别象征八种自然界的事物，即天、地、雷、风、水、火、山、泽。

八卦又称经卦，或称单卦。经卦再两两相重而成六十四卦，这六十四卦也称别卦。如泰卦就是由在下面的乾卦（111）与在上面的坤卦（000）组合而成"111000"，下面的卦称为下卦或内卦，上面的卦称为上卦或外卦。为表示各别卦的组成特征，一般在卦画之后注上它由哪两个经卦所组成，如泰卦为乾下坤上，否卦为坤下乾上，益卦为震下巽上，革卦为离下兑上。别卦也可以是一个经卦自身相重，乾下乾上仍称乾卦，坎下坎上仍为坎卦。

六十四别卦传统上分为两个部分，前三十卦称为上经，后三十四卦称为下经。六十四卦有着一定的顺序，不容颠倒。《易传》中的《序卦》就是用来专门解释这个顺序的。根据六十四卦排列的理由，我们可以看出它所依据的不是语形原则，而是语义原则，前后卦所反映的客观事物具有某种内在联系。例如，"有天地，然后万物生焉"。这是因为乾代表天，坤代表地，有了天和地，万物才得以生长。所以六十四卦中将乾、坤二卦排列在最前面。有了天与地之后，"盈天地之间者唯万物，故受之以屯"。"屯"就是"盈"的意思，"受"是"继"的意思。所以屯卦排在第三位。"屯者，物之始生也。物生必蒙，故受之以蒙。""蒙"表示"蒙昧幼稚"，刚出生的事物一定是蒙昧幼稚的，所以蒙卦排在第四位。如此以往，一直到未济卦。可见，这里显示的是事物之间的因果联系，表现在语言上就是语义关系。这种语义原则虽然有一定的客观依据，但它终究不是语形原则，作为一个形式系统，说明它的不完整性。

《周易》卦序除了以义为序的解释外，还有一种"以画为序"的解释，不过，这已经是先秦以后的事。唐代孔颖达在其《周易正义》中指出："今验六十四卦，二二相耦，非覆即变。覆者，表里视之，遂成两卦，屯、蒙、需、讼、师、比之类是也。变者，反复唯成一卦，则变以对之，乾、坤、坎、离、颐、大过、中孚、小过之类是也。"

所谓"二二相耦",就是每两个别卦分别组成一对,它们在卦画上形成一种反对关系。这种反对关系有两种情况,或者是覆,或者是变。"覆"就是甲卦自下而上的六爻顺序正好颠倒过来而形成乙卦。如屯卦(100010)颠倒过来就形成蒙卦(010001),这里可以明显地看出,蒙卦的爻序数字正好是屯卦爻序的倒读。晋代韩康伯称这种关系为"以同相类",明代来知德称它们相互为综卦。"变",就是甲卦自下而上的各爻都变成其对立的爻,即阳爻变成阴爻,阴爻变成阳爻。如乾卦各爻都是阳爻,六爻变成其对立的阴爻,用阿拉伯数字表示,就是(111111)都变成(000000),于是形成坤卦。同理,需卦(111010)就变成晋卦(000101)。韩伯康称这种关系为"以异相明",来知德称两卦这种关系为"错卦"。这种"覆变理论"确实是一种语形理论,它从语形上说明了卦与卦之间的关系,但它只说明了部分卦之间的关系,而未全面地说明《周易》的语形系统。①

我们在前面用阿拉伯数字"1"和"0"以代替易卦的阳爻━和阴爻━━。如果这个方法可行的话,我们会立即想到《周易》的阴阳爻与西方的二进制有某些相似或相通之处。从历史上说,17世纪德国哲学家莱布尼茨在给德雷蒙的信中说道:"我和尊敬的白晋神父发现了这个帝国(指中国——引者)的奠基人伏羲的符号的显然是最正确的意义,这些符号是由一些整线和断线组合而成的⋯⋯这恰恰是二进制算术。这种算术是这位伟大的创造者所掌握而在几千年之后由我发现的。在这个算术中,只有两个符号:0和1,用这两个符号可以写出一切数字。当我把这个算术告诉尊敬的白晋神父时,他一下子就认出伏羲的符号,因为二者恰恰相符:阴爻━━就是0(零),阳爻━就是1。"②我们认为,我们远古的祖先能创造出阳爻━与阴爻━━两个非常简约的符号,并在这两个初始符号的基础上建立整个《易经》符号系统,用以阐述宇宙中各类事物运动发展的一般原理,这的确是一件具有划时代意义的大事。但是,它与二进制终究还有比较大的区别,主要在于阴阳两个符号始终保持着一定的意义关系,而不能像阿拉伯数字符号那样完全与意义无关。《周易》的创始者将世间一切事物划分为阴阳二类,"阳"代表刚强,"阴"代表柔弱。《系辞》说:"《易》有太极,是生两仪,两仪生四象,四象生八

---

① 参阅董光璧著:《易学科学史纲》,武汉出版社1993年版,第36页。
② 见清华大学思想文化研究所编:《世界名人论中国文化》,湖北人民出版社1991年10月出版,第151—152页。

卦，八卦定吉凶。"这种一生二，二生四，四生八的数字演算过程，显然不能归为二进制。另外，在殷商时期的甲骨文中，已出现十进位制的萌芽。特别是 20 世纪 80 年代张政烺的研究，他识别出甲骨文、青铜器、楚简上长期被人认为是"奇字"的符号，实际上就是卦爻符号的原始形态，这些卦爻符号源于数字，这些数字明显地多于 1 和 0 两个数字。因此，说《周易》卦爻符号中已经具有二进制思想，恐怕是难以成立的。至于说莱布尼茨是由于读了《易经》而创立二进制，则更是有些脱离实际而夸大其词了。

我们在本节开始时已提到，在先秦文献中只有《周易》具有一个明显的语形系统，但是我们也认识到，这个语形系统并不十分完善。其原因恐怕跟卦爻符号始终未能从具体语义中抽象出来有关。

二、《周易》的语义学

《周易》一书包含两大部分，一是《易经》，二是《易传》。《易经》主要是一本占卜之书，《易传》则是将《易经》中的一些关于具体事件的记述进行抽象概括，上升到哲学和方法论的高度，而使《周易》成为一本对华夏民族文化乃至世界文化产生深远影响的著作。

《周易》的语义学可以概括为以下五个方面：

1. "象"的理论

"象"是《周易》的一个基本范畴。但是"象"字在《周易》中是一个多义词，因此，研究"象"的理论必须先明确"象"的几种含义。

首先，"象"是指一种客观存在的事物。如《系辞》说："古者包牺氏之王天下也，仰则观象于天，俯则观法于地，观鸟兽之文与地之宜，近取诸身，远取诸物，于是始作八卦，以通神明之德，以类万物之情。"这里的"象"显然是指一种客观存在的东西。正是这种客观存在的"象"成为圣人制作八卦的模型。但是，"象"作为一种客观存在的东西仍可以有两种含义，一是指作为"鸟兽之文"的某种事物的表象，二是作为与事物表层相对应的事物中深层的东西。《系辞》说："圣人有以见天下之赜，而拟诸其形容，象其物宜，是故谓之象。"这个"赜"是指一种精微深奥之物，是深层次的东西。但无论表层的也好，深层的也好，按皮尔斯的三元关系来看，这种客观的"象"就是卦画符号所指称的对象。

"象"的另一种含义,就是指"卦象",即易卦符号所显示的"象",还可以指各爻的象。《系辞》说:"圣人设卦观象。""八卦以象告",这里讲的都是"卦象"。一部《周易》就是显示卦象与说明卦象的书。《系辞》说:"象者,像也。"就是说,卦象要体现出客观事物中的象,就是两者有一种"反映"或"对应一致"的关系。按皮尔斯的符号分类,八卦符号具有像似符号与象征符号两种性质。从《周易》的主体看,大部分卦画主要具有象征性符号的性质,是设卦者的一种约定。

既然卦画的"象"具有像似符号和象征符号两种性质,那么"象的意义"一般也有两个层次,一个是图像意义,一个是象征意义。如《象传》对"需"卦(111010,乾下坎上)的解释是:"云上乎天,需。君子以饮食宴乐。"说的是"需"卦表示云在天上,是有待下雨的意思。君子这时可以饮食宴乐,等待时机,以施德于民。"云上乎天",这是"需"卦的图像意义,而君子要等待时机,施德于民,即它的象征意义。这作为第二层次的象征意义显然是其第一层次图像意义的引申。"设卦观象",就是要通过观看第一层意义以达到理解第二层意义。

2. "方以类聚,物以群分"的分类理论

在《周易》中,"类"的概念出现次数相当多。有了类就要进行分类。在乾卦九五爻辞中说:"飞龙在天,利见大人。"《文言》解释说:"何谓也? 子曰:'同声相应,同气相求。水流湿,火就燥。云从龙,风从虎。圣人作而万物睹。本乎天者亲上,本乎地者亲下。则各从其类也。'"这里已经明确地阐述了类属思想。在"同人"卦的《象传》解释中说:"君子以类族辨物。"这里强调君子要依据类别的同与不同而辨别事物。在《系辞》开始部分就提到"方一类聚,物以群分"。依据高亨在《周易大传今注》中的解释,这里的"方"应解释为"人",因为在篆文中"人"字与"方"字极易因形似而误认。在上述话里,"方"是与"物"相对的,所以"方以类聚"就是说"人以类聚"。《易传》作者认为人是可以分成不同的类的,相同类的人会聚在一起,不同类的人则不愿聚在一起。相应地事物也应该按照其不同的类别加以区分。这种依据类别来区分人与事物的思想,具有一定的方法论的意义。另外,《周易》还提出了"触类而长之"的方法。《系辞》说:"是故四营而成《易》,十有八变而成卦,八卦而小成。引而伸之,触类而长之,天下之能事毕矣。"这里是说,八卦引申为六十四卦,但仍未穷尽,再"触类而长之",就能将天下之能事都包含其中。这种"触类而长之"的方法,就是逻辑上所谓"类推"的方法。

3. "开而当名,辨物正言"的定义理论

《系辞》中说:"开而当名,辨物正言",就是要求开启卦义,使名实相符,达到辨别物象的目的。从逻辑学的意义上说,就是要给每一个"名"以一个确定的含义,也就是下一个定义。《文言》解释乾卦的卦辞"元,亨,利,贞"时说:"'元'者,善之长也。'亨'者,嘉之会也。'利'者,义之和也。'贞'者,事之干也。"按照一般的定义规定,"定义"就是给名词或短语一个确切的含义,因此上述解释都可以看作定义。而且,它是中国古代最多使用的一种定义方法,我们可以名之为"语词定义法",也就是"以词解词"。一部《说卦》,就是一部定义的集合,如:"乾,健也。坤,顺也。震,动也。巽,入也。坎,陷也。离,丽也。艮,止也。兑,说也。"如此等等。

4. "彰往察来,显微阐幽"论

《系辞》说:"夫易彰往而察来,而微显阐幽。"这里"彰往察来"是指通过对往事的反省以预测未来。"微显阐幽",根据高亨的解释,似当作"显微而阐幽",就是显示细微之事,阐明其幽深的含义。从符号学的角度看,"微"是指一种微弱的信号,也就是《易传》中所说的"几"。《系辞》说:"其知几乎。几者,动之微也,吉凶之先见者也。君子见几而作。""幽"是指微弱信号中包含的深邃含义。可以说,每个符号(信号)后面都可能隐含着大量的信息,关键在于符号的使用者有没有能力揭示和阐述这些信息。《易经》中的卦爻辞有很多历史往事的记载。这些事件本身只是一些符号的组合,一般人把它当故事来阅读,而《易传》作者却能从这些符号中得到启发与借鉴,并预测出未来事件的发展。如《既济》与《未济》卦中都提到商朝"高宗伐鬼方"的事件,在《既济》卦中是说:"九三:高宗伐鬼方,三年克之,小人勿用。"《象》曰:"'三年克之',惫也。"这是说,高宗曾带领军队讨伐鬼方小国,一共花了三年时间才取得胜利。胜利固然是好事,是吉,但人民疲惫不堪,所以,这事对一般庶民不利,它启示决策者今后不要轻易使用武力去征伐别的国家。这就是"彰往察来,显微阐幽",可以说是《周易》语义学的精髓所在。

5. "言不尽意,立象以尽意"论

语言是否能完全、充分、准确地表达人们的思想,在中国古代曾经有过很大的争论。《周易》主张"言不尽意",但又提出"圣人立象以尽意"。这种对八卦的拜物教是否能成立,《周易》作者并没有作出充分的论证,所以这只是他们的一种信念。我们觉得，如果认为"言不尽意"，而通过"设卦""立象"可以"尽意"，则存在一个不可回避的悖论：这些卦象能否完全不借助语言来表达，即《周易》能否完全丢掉卦辞，如果说不行，则又回到了原来的起点命题，这些卦辞还是会遇到"言不尽意"的命运。而且从《周易》的实际情况来看，有些卦象与卦辞是包含至深哲理的，一时用自然语言的确难以表述清楚。所以，想用"设卦立象"的办法来弥补"言不尽意"的缺陷，本身仍有缺陷。但是"言不尽意"思想，在语义学史上是有其重要意义的。

三、《周易》的语用学

《周易》的符号学思想突出地表现为语形学。在那古老的年代，《周易》建立了一个了不起的八卦形式系统，并且给予博大精深的语义和语用解释。《周易》的语用学主要有以下几个要点：

第一，《周易》的语用学表现在《周易》中的"时"的概念。例如《系辞》说："《易》之为书也，原始要终，以为质也。六爻相杂，唯其时物也。"就是说，一卦的六爻阴阳错综，其所象征的是在一定时间内的事物。在《艮》卦的《彖传》中说："艮，止也。时止则止，时行则行，动静不失其时，其道光明。"这是说，做什么事，该止的时候就应当停止，该动的时候就应当动，应"不失其时"，这样才能成功。

与"时"相联系的是"变"的概念。《易》本身就包含有"变易"的意思。卦爻辞的解释，随着时间条件的变化，也会产生变化。《系辞》说："《易》之为书也不可远，为道也屡迁，变动不居，周流六虚，上下无常，刚柔相易，不可为典要，唯变所适。"这说明一切都不是固定不变的，卦爻也可产生变化，阳爻可以变为阴爻，阴爻可以变为阳爻，刚可以变为柔，柔可以变为刚，所以卦爻辞要"唯变所适"。这是一种很可贵的语用学思想。

《周易》的《彖传》中还多次使用"时义"与"时用"的概念。"时义"是指某卦处于某时的意义，例如，《豫》卦的《彖辞》说："豫，刚毅而志行，顺以动，豫。豫，顺以动，故天地如之，而况建侯行师乎？天地以顺动，故日月不过，而四时不忒；圣人以顺动，则刑罚清而民服。豫之时义大矣哉！"这里提出了一个"顺以动"的命题，就是指顺应时间、条件而动；如果不是"顺以动"，而是在不应动的时候而动，或者逆反条件而动，则可能产生极其不利的结果。所谓"时用"是指某卦在某时的效用。如《坎》卦的《象传》说："习坎，重险也。水流而不盈，行险而不失其信。维心亨，乃以刚中也。行有尚，往有功也。天险，不可升也。地险，山川丘陵也。王公设险，以守其国。险之时用大矣哉！""坎"为"险"，"习坎"，就是"重险"的意思。"时义"与"时用"，概括起来都是讲"时"是决断吉凶的重要因素。"时"实际上包括了地点以及其他条件，可以说，"时"的概念，相当于我们现在所说的"语境"的概念。因此，"时"是《周易》语用学的一个非常重要的概念。

第二，《周易》的语用学还体现在《周易》的"言行"观上。《周易》的言行观有这样几个要点：1. 言语要谨慎。《系辞》说："言行，君子之枢机。枢机之发，荣辱之主也。言行，君子之所以动天地也，可不慎乎！"这里将"言行"比之为扣发弓弩的枢机。一个人的言行犹如射箭，"枢机"一扣，箭就射出去了，或中或否，或得或失，或成或败，或荣或辱，全在此一举。2. 要求言之有物。在《家人》卦的《象传》中说："风自火出，家人。君子以言有物而行有恒。"《家人》卦是"离下巽上"，"离"代表"火"，"巽"代表"风"，所以说，"风自火出"，但"离"同时象征"明德"，"巽"象征"教化"，君子要用自己的明德教化庶民，所以自己的言语必须言之有物，不能单说空话。3. 言语要有顺序，不允许混乱。在《艮》卦的六五爻辞中就说要"言有序"。用现在的话说，就是说话要有逻辑性。4. 要言行结合。从上文引述中我们看到，"言行，君子之枢机"。以及在《大畜》卦的《象传》中说："君子以多识前言往行，以畜其德。"可以看出，《周易》是很强调将"言"与"行"结合在一起的。5. 要求言行要有准则。因为言行是为了"以畜其德"，即积蓄其德行，目的性很明确，所以必须有准则，这个准则就是"德"。6. 行为要持之以恒。上面已经提道："君子以言有物而行有恒。"君子既然要对庶民进行教化，不在乎说得多，更重要的是君子自己要力行，要持之以恒。

第三，《周易》的语用学还表现在《周易》的修辞理论上。乾卦的《文言》中说："修辞立其诚，所以居业也。"就是说，修饰言辞必须以诚信为基础，以此来建立自己的事业。这是中国思想史上第一次提出"修辞"的概念。一部《周易》可以说是"隐喻"的结晶，阅读《周易》就是解读它的隐喻。《周易》的价值就在于它能将一些卜筮的记录从其表层意义引申出很多更为深刻、抽象的哲理，从而给我们民族以至整个人类留下了一笔具有重大历史价值的文化遗产。中华民族是一个非常善于使用隐喻的民族，这一文化传统跟《周易》的流传是有关系的。

从上面语形学、语义学与语用学三个方面看,《周易》的符号学内容相当丰富,因此可以说,《周易》是中国符号学思想最为重要的源流之一。

第二节　古代礼仪符号

一、孔孟的礼仪符号学思想

礼仪是什么? 礼仪是一种社会约定的行为符号。首先,礼仪是一种符号。因为它除了本身行为以外,还表示人与人之间的一种社会关系,也就是说它还具有某种含义。例如一个人向另一个人鞠躬,就是一种礼仪符号的表现。他表达了一个人对另一个人的敬意。随着鞠躬弯度的不同,也表明两者身份的差异。其次,礼仪是一种行为符号,更多地表现为非语言符号的交流。我国古代的甲骨文中已出现"礼"字,繁体字为"禮"。《说文解字》中解释:"礼,履也,所以事神致福也。""履"有"实行"的意思。可见"礼"是一种"事神致福"的祭祀行为。后来"礼"逐渐扩大到社会的其他方面,如社会组织、政治体制、社会伦理秩序等等。第三,礼仪是一种社会约定的人工符号。《尚书·尧典》说道:舜去东方巡视,在祭祀泰山之后,召见东方诸侯"修五礼"。"修五礼"就是制定公、侯、伯、子、男五等礼节。这就说明"礼"属于人工符号。第四,由于"礼"的符号性与约定性,礼是可发展和变化的。随着社会经济、文化、政治的发展,很多古代的礼节有的已经消失,有的为新的礼节形式所代替。

中国向来被誉为"礼仪之邦",礼仪制度源远流长,至少从夏朝起就已经有了一套明确的礼仪制度。孔子说过:"殷因于夏礼,所损益,可知也;周因于殷礼,所损益,可知也。其或继周者,虽百世,可知也。"(《为政》)可见,夏代的礼仪制度就已经相当完整。

将"礼"作为重要的社会伦理范畴来认识的第一人是孔子。当孟懿子问何以为"孝"时,孔子答"无违",就是不要违背"礼节"。孔子又对他的学生樊迟作了进一步的解释,所谓"无违",就是"生,事之以礼;死,葬之以礼,祭之以礼"。(《为政》)这是从家族的范围来说。从国家的范围来说,"君使臣以礼,臣事君以忠"。对一般人民要"道之以德,齐之以礼"。(《为政》)他说:"君子博学于文,约之以礼"(《雍也》),"兴于诗,立于礼,成于乐"。(《泰伯》)孔子对他最得意的门生颜渊说:"克己复礼为仁。一日克己复礼,天下归仁焉。"他还进一步要求"非礼勿视,非礼勿听,非礼勿言,非礼勿动"。(《颜渊》)他还说:"礼之用,和为贵。"这里的"和"有"中和","发而中节"的意思,就是实现"礼"一定要恰当,不要不到,也不要过分。他还从反面指出:"恭而无礼则劳,慎而无礼则葸,勇而无礼则乱,直而无礼则绞。"(《泰伯》)特别强调:"不知礼,无以立也。"(《尧曰》)孔子对不合礼的现象是深恶痛绝的。他说季氏:"八佾舞于庭,是可忍也,孰不可忍也?"(《八佾》)这是因为季氏行"八佾之舞"是违背周礼的。对这种行为,他是忍无可忍的。

从上面的引述可以看出,"礼"在孔子那里已经上升到最高的伦理范畴,最基本的社会行为准则;如果谁违背了礼,谁将为社会所不容。不过,从孔子对礼的强调与哀叹可以看出,到了春秋晚期,周礼已经逐渐失去了它的权威性与强制性,很多地方出现了礼崩乐坏的现象。

孟子作为孔子的再传弟子,也是非常重视"礼"的范畴的,他进一步阐述了孔子关于"礼"的理论。他肯定了礼的符号性,如孟子引曾子的话说:"见其礼而知其政,闻其乐而知其德,由百世之后,等百世之王,莫之能违也。"(《公孙丑上》)看见了一个国家的礼就知道一个国家的政治状况如何,听到一个国家的音乐就知道这个国家的道德情况如何。这就是说,"礼"成了"政"的一种表征符号,"乐"成了"德"的表征符号。孟子还将他的礼论与人性善论结合起来,如他在反驳告子的"性无善无不善也"的理论时说:"恻隐之心,人皆有之;羞恶之心,人皆有之;恭敬之心,人皆有之;是非之心,人皆有之。恻隐之心,仁也。羞恶之心,义也。恭敬之心,礼也。是非之心,智也。仁义礼智,非由外铄我也,我固有之也。"(《告子上》)"仁义礼智根于心。"(《尽心上》)可见,礼是人天性所具有的,它也是人性善的一种表现。孟子特别强调礼的必要性。他说:"非仁无为也,非礼无行也。"(《离娄下》)"无礼义则上下乱。"(《尽心下》)可见在孟子那里,礼的作用大矣哉!

概而言之,儒家的礼仪符号,主要是指"周礼"这一整套西周时建立的制度文化。在孔孟的符号学思想中,礼与仁是不可分割的。孔子面对"礼崩乐坏"的社会现实,为挽救"周礼",孔子以"仁"释"礼",赋予周礼以新的内涵,从而创立儒家学派。孟子对此更是作了进一步的发挥,在继承周礼的同时,突出了孔子思想中仁的价值,使得儒家的礼学演变为"仁学"。也就是说,孔孟面对"周礼"这一符号系统,从语义学层面上有所突破,赋予"周礼"符号以新的内涵。

二、荀子的礼仪符号学思想

在儒家学派中,荀子关于礼的理论有着重大的发展。在《荀子》一书中,几乎每一章都涉及"礼",而最为集中的是专门论述礼仪的《礼论》篇,它充分表达了荀子关于礼的观点。

荀子的礼仪符号学思想可以概述为以下几个方面:

1. 礼的起源

荀子在《礼论》篇一开始就讨论了礼的起源问题。他说:"礼起于何也? 曰:人生而有欲,欲而不得,则不能无求,求而无度量分界,则不能不争。争则乱,乱则穷。先王恶其乱也,故制礼义以分之,以养人之欲,给人之求。使欲必不穷乎物,物必不屈于欲,两者相持而长,是礼之所起也。"在《性恶》篇中,荀子说:"人之性恶。其善者伪也。今人之性,生而有好利焉,顺是,故争夺生而辞让亡焉;生而有疾恶焉,顺是,故残贼生而忠信亡焉;生而有耳目之欲,有好声色焉,顺是,故淫乱生而礼义文理亡焉。然则从人之性,顺人之情,必出于争夺,合于犯分乱理而归于暴。故必将有师法之化,礼义之道,然后出于辞让,合于文理,而归于治。""今人之性恶,必将待师法然后正,得礼义然后治。今人无师法,则偏险而不正;无礼义,则悖乱而不治。古者圣人以人之性恶,以为偏险而不正,悖乱而不治。"荀子是从人性恶的角度推出礼仪符号的社会约定性。荀子认为由于人生而有欲,有欲就会相争,先王为了避免由人欲引起的争夺动乱而后天制定出礼仪来。荀子在其著作中多次阐述了"礼"是人为约定性。可见,荀子关于礼仪起源的观点与孟子正好相反。

2. 礼的性质

荀子从下面几个方面论述了"礼"的性质:

(1) 礼的实用性。荀子在《礼论》中讲述礼的起源之后接着讲道:"礼者,养也。"这是一个非常重要的命题。荀子应用比喻证法论述了这一原理。他说:"刍豢稻粱"是养口的,"椒兰芬苾"是养鼻的,"雕琢刻镂"是养目的,"钟鼓管磬"是养耳的,"越席床笫"是养体的,这些笼统起来说都是养生的,而另外还有一类东西,就是"恭敬辞让"可以用来养安,"礼义文理"可以用来养情。所谓"情",就是人的情操,"养情",就是要提高个人情操修养。人如果只顾养生,而不去养情,必然要产生危难。"故儒者将使人两得之也。"用通俗一点的话说,就是礼仪对于人来说,正如吃饭穿衣那样重要,甚至更为重要,因为,礼是使人类得以生存延续的根本需要。这就是荀子之所以反复强调"礼者,养也"的意思。

(2) 礼的"始终如一"性。荀子说:"礼者,谨于治生死者也。生,人之始也;死,人之终也。始终俱善,人道毕矣。故君子敬始而慎终。始终如一,是君子之道,礼义之文也。"他在《礼论》中用很多篇幅讲述了"丧礼"的制度。这是针对墨子"节葬"而说的。他说:"丧礼者,以生者饰死者也。大象其生以送其死也。""故丧礼者,无它焉,明生死之义,送其哀敬而终周藏也。故葬埋,敬藏其形也;祭祀,敬事其神也。其铭诔系世,敬传其名也。事生,饰始也;送死,饰终也。始终具而孝子之事毕,圣人之道备矣。"这里虽然讲的是丧礼,但其意思是强调人执行礼仪应该始终如一。

(3) 礼的至高无上性。孔孟已经认识"礼"是一个重要的伦理范畴,荀子更明确地说出"礼"的至高无上性。他说:"天地以合,日月以明,四时以序,星辰以行,江河以流,万物以昌,好恶以节,喜怒以当,以为下则顺,以为上则明,万变不乱,贰之则丧也。礼岂不至矣哉!""礼者,人道之极也。""厚者,礼之积也,大者,礼之广也;高者,礼之隆也;明者,礼之尽也。"(《礼论》)他还说:"礼者,治辨之极也,强固之本也,威行之道也。"(《议兵》)"人之命在天,国之命在礼。"(《天论》)他甚至说:"礼也者,理之不可易者也。"(《乐论》)

(4) 礼的符号性。荀子在其著作中多次谈到"礼者,表也"。"表"就是"表征",广泛一点说,就是"符号"。如他说:"水行者表深,表不明则陷;治民者表道,表不明则乱。礼者,表也。非礼,昏世也;昏世,大乱也。"(《天论》)这是说,行船一定要表明水道的深浅,否则,船就会陷入泥淖之中;治民必须表明治民之道,否则,就会产生混乱。礼,就是这种表征性的东西。没有礼,就会出现昏世,昏世就出现大乱。荀子在《大略》篇中也说道:"水行者表深,使人无陷;治民者表乱,使人无失。礼者,其表也,先王以礼表天下之乱,今废礼者,是去表也。故民迷惑而陷祸患,此刑罚之所以繁也。"这是说,"礼"是社会行为的一种"表征",转义为一种"标准",大家按此标准行事,则天下得治,否则,就会产生祸患,就要依赖刑罚来惩治。礼的表征性,也就是它的符号性。

3. 礼的作用

(1) 礼是一种政治准则。荀子说："礼者,政之挽也。为政不以礼,政不行矣。"(《大略》)"挽"是"引车"的意思,将礼看作"引车",可见礼在政治中的地位之重要。荀子还说:"国无礼则不正。礼之所以正国也,譬之犹衡之于轻重也,犹绳墨之于曲直也,犹规矩之于方圆也,既错(意为'置')之而人莫之能诬也。"(《王霸》)"礼者,人之所以为群臣寸尺寻丈检式("准则"之意)也。"(《儒效》)荀子将礼与法作为相互补充的手段。他说:"听政之大分('要领'的意思),以善至者待之以礼,以不善至者待之以刑。两者分别,则贤不肖不杂,是非不乱。贤不肖不杂则英杰至,是非不乱则国家治。"(《王制》)

(2) 礼是一种伦理准则。荀子认为,礼的功能之一在于提高个人的精神修养。《荀子》的《修身》篇是专门论述"修身"的。他说:"扁(遍)善之度:以治气养生,则身后彭祖;以修身自强,则名配尧禹。宜于时通,利于处穷,礼信是也。凡用血气,志意,知虑,由礼则治通,不由礼则勃乱(悖乱)提僈(滞慢);食饮,衣服,居处,动静,由礼则和节,不由礼则触陷生疾;容貌,态度,进退,趋行,由礼则雅,不由礼则夷固僻违,庸众而野。故人无礼则不生,事无礼则不成,国家无礼则不宁。诗曰:'礼仪卒度,笑语卒("完全符合"的意思)获。'此之谓也。"荀子在其他篇章中也多次论述了礼的修身的功能,如他说"礼及身礼以定伦"(《致士》)等。

(3) 礼是一种认知的准则。荀子认为,礼的作用主要在于"辨","辨"就是"区别"。他说:"人之所以为人者,非特以其二足而无毛也,以其有辨也。夫禽兽有父子而无父子之亲,有牝牡而无男女之别。故人道莫不有辨。辨莫大于分,分莫大于礼,礼莫大于圣王。"(《非相》)这是说,人的最主要的能区别其他动物的特点就在于的"辨",即能区分人群中的上下亲疏的关系,而区别上下亲疏的关系的主要依据就在礼,而礼的制定在于圣王。在《哀公》篇中,荀子对"辨"作了更详细的阐述:"所谓大圣者,知通乎大道,应变而不穷,辨(辨别)乎万物之情性者也。大道者,所以变化遂成万物也;情性者,所以理然不取舍也。是故其事大辨(通'遍')乎天地,明察乎日月,总要万物于风雨,缪缪(通'穆穆')纯纯,其事不可循,若天之嗣,其事不可识,百姓浅然不识其邻,若是则可谓大圣矣。"这里是荀子记述孔子关于"大圣"的解释,"大圣"的一个特征在于能识别"万物之情性",这是就自然现象而言,而就社会来言,"辨"的功能就在于识别上下亲疏的关系。

4. 礼"法后王"

孔子时时处处都以先王制定的周礼为行为的准则，到了战国晚期，社会经济、政治、文化等各个方面都已经有了重大发展，如果一切礼制都因循守旧，那么什么事都难以行得通。因此，荀子提出礼"法后王"的问题。在《非相》篇中，荀子说："辨莫大于分，分莫大于礼，礼莫大于圣王。圣王有百，吾孰法焉？故曰：文久而息，节族久而绝，守法数之有司极礼而褫。故曰：欲观圣王之迹，则于其粲然者矣，后王是也。彼后王者，天下之君也，舍后王而道上古，譬之是犹舍己之君而事人之君也。故曰：欲观千岁，则数今日；欲知亿万，则审一二；欲知上世，则审周道，欲知周道，则审其人，所贵君子。故曰：以近知远，以一知万，以微知明。此之谓也。"荀子并不完全否定先王的作用。他说："物不能澹（同'赡'）则必争，争则必乱，乱则穷矣。先王恶其乱也，故制礼义以分之，使有贫富贵贱之等，足以相兼临者，是养天下之本。"（《王制》）他还说："先王之道，仁之隆也，比中而行之。曷谓中？曰：礼义是也。"（《儒效》）但是，荀子也看到，先王上百，究竟应该依从谁，无从决定，最好的办法是"法后王"。他还认为不是任何后王都可法从，还要"观圣王之迹，于其粲然者"，也就是要法实际政绩最好的"圣王"。

三、《礼记》中的符号学思想

中国先秦流传下来关于礼仪的专著有三部：《周礼》《仪礼》和《礼记》，合称"三礼"。《周礼》是记述古代官职制度的著作，《仪礼》是记述古代礼节仪式的著作，《礼记》则是关于上述著作的解释，它既涉及古代礼制的具体内容，也涉及古代礼仪发展变迁的历史，更重要的是它对"礼"的理论作出了一定的阐述，可以说是关于礼论的论文集。本文主要讨论古代礼仪的符号学思想，而这些符号学思想主要表现在《礼记》的《曲礼上》《礼运》《礼器》《仲尼燕居》《仲尼闲居》以及《中庸》诸篇中。从这些著作中，可以明显地看出它继承了儒家传统，特别是荀子的思想，同时也掺有道家、法家以及阴阳五行家的思想。

1. 礼的起源及其符号特征

《礼运》篇的作者认为："礼"起源于祭祀。这一假说与孟子的"礼"起源于"人性善"和荀子的"礼"起源于"人性恶"都不相同，但也不相悖。因为他们是从不同方面、不同角度来说的。《礼运》说："夫礼之初，始诸饮食，其燔黍捭豚污尊而抔饮,蒉桴而土鼓,犹若可以致其敬于鬼神。"以饮食致其敬于鬼神,就是一种祭祀行为。《礼记》的各个篇章几乎都谈到祭祀,如《祭统》篇说:"礼有五经(指吉凶军宾嘉五礼),莫重于祭。""祭者,所以追养继孝也。"这表明了中华民族重视祭祀的主要目的在于"追养继孝",即不忘祖先和长辈的养育之恩。可见祭祀不纯是一种迷信,而是有着深厚的情感与理性的因素。

《礼记》的《曲礼上》篇说:"鹦鹉能言,不离飞鸟;猩猩能言,不离禽兽。今人而无礼,虽能言,不亦禽兽之心乎? 夫唯禽兽无礼,故父子聚麀。是故圣人作,为礼以教人,使人以有礼,知自别于禽兽。人有礼则安,无礼则危,故曰,礼者,不可不学也。"这里虽然不具有逻辑学上所谓的属加种差的定义形式,但它实质上是一个定义,因为它正是以"有礼"这一属性使人区别于其他动物。简单地说,就是"人是礼仪的动物"。《礼记》还说:"凡人之所以为人者,礼义也。"(《冠义》)这里更加明确地说"人"的特点就在于他有"礼义"。这里的"礼义",实际上就是讲"礼",因为《礼记》认为:"礼也者,义之实也。"(《礼运》)这与卡西尔的"人是符号的动物"是一致的,因为"礼仪"本身就是一种符号,"礼"是社会的一个符号系统。

2. 礼的功能

《礼记》中谈礼的功能与荀子的观点基本相同,它可以概括为三个方面,即"安民"的功能,"修身"的功能和"认知"的功能。

(1)"礼"的安民功能。《曲礼上》说:"毋不敬,俨若思,安定辞,安民哉!"这就是说,礼归根结底是为了安民。所谓安民,其实就是治民。《祭统》篇说:"凡治人之道,莫急于礼。"而"安民",实际上是为了"安君"。《礼运》篇说:"是故礼者,君之大柄也。所以别嫌明微,傧鬼神,考制度,别仁义,所以治政安君也。故政不争,则君位危,君位危则大臣倍,小臣窃。刑肃而俗敝,则法无常;法无常而礼无列。礼无列,则士不事也。刑肃而俗敝,则民弗归也。是谓疵国。"这一段将礼的"安民"的实质是"安君"充分地表达出来。

(2)"礼"的修身功能。上面所引《曲礼上》的"毋不敬,俨若思,安定辞",讲的就是修身问题。朱熹在他所作的注中说:"首章言君子修身,其要在此三者,而其效足以安民,乃礼之本,故以冠篇。"《曲礼上》还说:"修身践言,谓之善行。行修言道,礼之质也。礼闻取于人,不闻取人。礼闻来学,不闻往教。道德仁义,非礼不成,教训正俗,非礼不备,分争辩讼,非礼不决。君臣上下,父子兄弟,非礼不定。宦学事师,非礼不亲。班朝治军,莅官行法,非礼威严不行。祷祠祭祀,供给鬼神,非礼不诚不庄。是以君子恭敬撙节退让以明礼。"这里说的都是修身问题。《礼记》中的《大学》篇,主要讲"修身"。它说:"物有本末。事有终始。知所先后,则近道矣。古至欲明明德于天下者,先治其国;欲治其国者,先齐其家者,先修其身;欲修其身者,先正其心;欲正其心者,先诚其意;欲诚其意者,先致其知;致知在格物。"这里将"修身"看作齐家治国平天下的基础。

（3）"礼"的认知功能。《曲礼上》说:"夫礼者,所以定亲疏,决嫌疑,别同异,明是非也。"这与荀子认为礼的作用在于"辨"的观点是一致的。就是说,我们要依据"礼"来确定一切事物的亲疏、远近、上下、同异、是非关系。这显然是认知方面的问题。《墨经·小取》篇说:"夫辩者,将以明是非之分,审治乱之纪,明同异之处,察名实之理,处利害,决嫌疑。焉摩略万物之然,论求群言之比。"两相比较,何其相似乃尔。可以说《礼记》中的"礼"与《墨经》中的"辩"（通"辨"）有其相似的属性。《墨经·小取》中关于"辩"的论述,一般都认为是中国古代关于认知的经典论述,显然《礼记》作者吸取了墨家思想的精华。《礼记》中其他地方也有类似的论述,如:"子云:夫礼者,所以章疑别微以为民坊者也。"（《坊记》）"欲察物而不有礼弗之得矣。"（《礼器》）这些都说明,古人认为"礼"对人们的认知能力与认知水平有着直接的关系。

3. "礼从宜"论

《曲礼上》说:"礼从宜,使从俗。"就是说,行礼要适应每一具体环境,不能拘泥于固有的条文;使者到别的国家要遵从当地的风俗,不能抱着自己的习惯不放。这在后人给《礼记》一书作的注疏中,有较好的说明。如"郑氏曰:'事不可常也。'吕氏曰:敬者礼之常。礼时为大。时者,礼之变。体常尽变,则达之天下,周旋无穷。应氏曰:'大而百王百世,质文损益之时;小而一事一物,泛应酬酢之节。'又曰:'五方皆有性,千里不同风,所以入国而必问俗也。'"这是说,什么事情都会有个"时"与"变"的问题,即条件问题。礼也一样。用符号学的术语说,就是"语境"问题。《礼器》篇举了大量的例子,说明"礼"有时以多为贵,有时以少为轨;有时以大为贵,有时以小为轨;有时以高为贵,有时以下为轨;有时以文为贵,有时以素为轨。这种"礼从宜"的理论,有着深刻含义,也使礼具有比较广泛使用的灵活性。

4."乐统同,礼辨异"论

《礼记》中有《乐记》篇,讨论了"礼"和"乐"的关系,提出了礼乐各司其职,"乐统同,礼辨异"。《乐记》说,礼乐虽然"其极一也",但它们的属性又各有所专。"乐者为同,礼者为异。同则相亲,异则相敬。乐胜则流(放纵),礼胜则离(隔膜)。""乐由中出,礼自外作。乐由中出故静,礼自外作故文。大乐必易,大礼必简。乐至则无怨,礼至则不争。揖让而治天下者,礼乐之谓也。""乐也者,情之不可变者也;礼也者,理之不可易者也。乐统同,礼辨异。礼乐之说,管乎人情矣。""故乐也者,动与内者也;礼也者,动于外者也。乐极和,礼极顺,内和而外顺,则民瞻其颜色而弗与争也,望其容貌而民不生易慢焉。"这些观点充分体现了儒家礼仪符号中礼和乐的协调关系。

第三节　"名 辩"学 说

一、名家的"名学"

"名"这个汉字在历史上出现得很早,据史学家考证,在三千多年前商代的甲骨文中就有"名"字出现,意思就是人或事物的名称。汉代刘熙《释名》解释为:"名,明也。名实使分明也。"名的作用就是用以使事物分明。可见,"名"是作为另一事物的能指,而且它是人用口来称呼的,因此,从字源上说,它是一种有声能指。

先秦"名家"主要包括邓析、尹文、惠施和公孙龙,其中以公孙龙为主要代表。当时之所以称为"名家",乃由于这一学派更注重对"名"的研究,也就是对"符号"的研究,所以"名家",用现在的话说,也就是符号学家。

以公孙龙为例。公孙龙流传到今的著作有《名实论》《指物论》《坚白论》《白马论》《通变论》诸篇。其中《名实论》中心就是讨论"名"与"实"的关系。他说:"夫名,实谓也。"就是说"名"是称谓或指谓"实"的。他提出了一个"正名"的原则,就是"其名正则唯乎其彼此焉"。也就是说,一个名使用得当就要恰如其分地指谓它所指谓的事物。如果"谓彼而彼不唯乎彼,则彼谓不行;谓此而此不唯乎此,则此谓不行"。原因在于这样就会出现认识与交际的混乱。("不当而当,乱也。"）公孙龙的《白马论》就是用具体例子来阐述上述原理。

公孙龙的一个著名命题就是"白马非马"。在哲学史上有些人以此来攻击公孙龙，说他是"诡辩论者"。其实他们并没有了解公孙龙这句话的真实含义。公孙龙是说"白马"与"马"两个名称（符号）有区别，不容混同，公孙龙并未否认"白马"这个实体应该属于"马"这个类。公孙龙说："马者，所以命形也；白者所以命色也。命色形者，非命形也。故曰：'白马非马'。"显然，"马者，所以命形也"，是指"马"这个名称是用来命形的，同样，"白马"这个名称是既命色又命形的。即命色又命形的符号必然不同于只命形的符号，所以说"白马非马"。用现代语言学中区分"对象语言"与"元语言"的方法，我们可以在"白马"与"马"两个名称上同时加上引号，问题就解决了。公孙龙说这句话的目的，在于告诫别人在论辩时一定要注意用词的准确性，该说"马"时就说"马"，该说"白马"时就说"白马"，否则就会产生交际上的混乱。正如公孙龙所举的例子，如果你求"白马"，而只说求"马"，别人就可能将黄马、黑马牵来；如果你说清楚了只求白马，那么黄马、黑马就不能牵来了。可见，公孙龙说"白马非马"，是指"白马"与"马"的名称，而不是指"白马"或"马"这个实体。

公孙龙还有一个命题在哲学史上曾引起更大的误解，就是"物莫非指，而指非指"。（《指物论》）因为不管你对"指"作何解释，都会产生一个"X 不是 X"的矛盾命题。其实，公孙龙的"指"就是符号。我国当代学者周礼全就将一般所说的"符号"称为"指号"。公孙龙说"物莫非指，而指非指"，是说任何事物皆可用作指号，而作为"指号"自身，它所包含的"能指"与"所指"是有区别的。这样，所谓"指非指"是说"能指不是所指"，也就是说，"树"这个符号并不是树，"牛"这个符号并不是牛。但"能指"与"所指"都是"指"的一个不容分离的方面，可以说都是"指"。这样就避开了"X 不是 X"的悖论。可能公孙龙在他那个时代并未意识到"能指"与"所指"之说，但他应该说已经看到内在的区别，否则不可能说出"指非指"的话来。公孙龙的"正名"学说也大大超出了孔子"正名"学说的范围。首先，公孙龙所说的"名"不局限于孔子说的"名分"，而是泛指一切事物的名称；其次，公孙龙不像孔子那样，要求当前的实要符合古代的名，而是要求所有的名都应有确定的指谓对象，用现代的逻辑术语说，就是要有确定的外延。公孙龙"正名"学说中的"名"相当于哲学上的"概念"，从而使得其名学具有鲜明的哲学意蕴；第三，公孙龙不仅提出要正名,而且明确地提出"正名"的原则,即一个正确的名应该"唯乎其彼此"。这颇似现代逻辑对人工符号的要求。但我们也看到,由于自然语言具有模糊性、隐喻性,这条原则是很难得到彻底贯彻的。这或许也是公孙龙长期难以被人理解的原因。

二、墨家的名辩之学

墨家也将"正名"问题置于非常突出的地位。墨家的"正名"学说包括"名"、"言"、"辩"三个部分,主要表现在《墨经》一书中。一般认为《墨经》是墨子的弟子们所著,包括《经上》《经下》《经说上》《经说下》《大取》《小取》六篇,其内容涉及逻辑学、符号学、语言哲学以及自然科学等诸多方面的知识。我们现在主要从符号学的角度进行探讨。

《墨经》中对"名"的考察也大大超出了孔子和孟子,也对名家学派的观点进行了反思。《小取》篇一开始就说:"夫辩者,将以明是非之分,审治乱之纪,明同异之处,察名实之理,处利害,决嫌疑。"可见,《墨经》是将"名"与"辩"结合起来考察的。"辩"的目的之一就是要"察名实之理"。《墨经》所说的"名""实",跟名家学派一样,是指一切事物之名,而不是仅指政治与伦理学上所谓的"名分"。当它所称"名实之理"的时候,已包含名要指称或指谓实的意思。在这一点上,它与名家是相似的。《墨经》中说过:"所知而弗能指,说在冬蛇、逃臣、失狗、遗者。"这是说无法实指的名,就难以确定,值得怀疑。

在《墨经》中,还有一个与"指"意思相近却更具有行动性的词,就是"举"。《小取》篇在上述引文之后就提到要"以名举实"。在《经上》说:"举,拟实也。"《经说上》还进一步解释说:"举:告以文名,举彼实故也。""拟",就是模拟,说一个"名"要能把它所指的对象(实)模拟或描述出来。

《墨经》中还使用了一个比"举"更有行动意义的词,那就是"取"。"〔经〕知其所以不知,说在以名取。〔说〕知,杂所知与所不知而问之,则必曰:'是所知也,是所不知也。'取去俱能之,是两智也。"这是说,看一个人是否真的知道(理解)一个名的真实含义,更重要的是看他能不能在混杂的事物中将所指的对象"取"出来。这里颇有点西方的"行为论"的味道。《墨子》的《贵义》篇中讲过一个盲人取黑白之物的故事:"今瞽曰:'钜者白也,黔者黑也。'虽明目者无以易之,兼白黑,使瞽取焉,不能知也。故我(墨子)曰:瞽不知白黑者,非以其名也,以其取也。"可见《墨经》虽为墨子之后学所著,但从这个"取"的理论来看,它是完全合乎墨子思想的。我们也由此看出《墨经》中两篇重要的语义学论文取名为"大取"和"小取"的原因。

《墨经》中还有一段直接涉及"正名"的话:"[经]彼彼此此与彼此同,说在不异。[说]彼:正名者彼此彼此,可。彼彼止于彼,此此止于此,彼此不可。彼且此也,彼此亦可,若是而彼此也,则彼亦且此也。"传统上有人将这一段看作是《墨经》对公孙龙《名实论》的批判,但仔细看来似乎不是批驳,而是补充。因为公孙龙是主张"彼彼止于彼,此此止于此"的,就是说,那一个名称,当且仅当确指那一个(或那一类)对象;这一个名称,当且仅当确指这一个(或这一类)对象,那是可行的。在这种情况下,《墨经》也是认同的,说彼就是此,那是不可行的。但《墨经》认为,在现实中确有"彼且此"的情况,这时,说"彼且此",应该是可以的。这样,就避开了公孙龙过于极端和片面的提法。

《墨经》还包含了很多定义。定义是符号学的一个重要方面。《墨经》可以说基本上是一部定义的集合。"经"大多是由一个被定义项与一个定义项所组成。如前面所说:"举,拟实也。""举",就是被定义项,"拟实也"就是定义项。"说"往往是对"经"的定义的进一步解释,如"举:告以文名,举彼实故也"。这就是对前面"举,拟实也"这一定义更具体的解释。在先秦典籍中,《墨经》是使用定义最多的一本书。

《墨经》中不仅考察了"正名"的方法,而且考察了"言"的符号学特征。古代所说的"言",相当于索绪尔提出的与"语言"相对立的"言语"。通俗地说,就是我们日常所说的"话语"。墨家给"言"下了一个功能定义:"言,口之利也。"(《经上》)即"说话"是口的一种功能,言是由口表述出来的话语。《墨经》还对"言"作出更多方面的描述:"言出举也。言也者,诸口能之,出名者也。名若画虎也。言也谓,言由名致也。"(《经上》)这里不仅指出言是口的一种功能,而且指出"言"对"实"也有一种举的关系,言是由名组成的。也就是说考察名的含义,不能孤零零地考察各个名的抽象含义,而要从语句和话语的整体上去考察名的具体含义。《墨经》还指出:"故言多方、殊类、异故,则不可偏观也。"(《小取》)是指同样的"言"由于处于不同的语境,由不同的理由推出,含义上会有所不同,为此,要防止理解的片面性。《墨经》还说:"以言为尽悖,悖,说在其言。"(《经下》)就是说,认为所有的"言"都是错的,这是荒谬的,因为这样说等于说这句话自身也是假的。这与古希腊相传的"说谎者悖论"是非常相似的。可见《墨经》对"言"的语用学特征已经考察得相当深刻。

《墨经》不仅讨论了"名"与"言",而且讨论了"辩"。"辩"的目的之一就是"察名实之理"。"辩"是在古代文献中是与"辨"相通的。"辨"的本意是"治理"。《说文》中解释:"辨,治也。""辨"也有"纠正"的意思。《玉篇》说:"辨,正也。"后来"辩"引申为"辩论"或"争论"。《墨经》解释:"辩,争彼也。"(《经上》)"彼"即"反",指两个语义上相反的命题。《经说上》还对此作了进一步的解释:"辩:或谓之牛,或谓之非牛,是争彼也。"就是说,辩论,一定是在两个不能同真也不能同假的相反命题之间进行,不具备这个条件,就无法进行辩论。既然辩论,一定有一方要胜,一方会败。辩胜的一方一定是由于理由充分("辩胜,当也。")失败的一方必然是理由不充分。辩论双方不可能都胜。

《墨经》还强调辩论的三个重要条件:"故""理""类"。《大取》篇说:"三物必具然后辞足以生。夫辞以故生,以理长,以类行者也。"辞,即命题,首先依靠使它产生的特殊理由(故);其次依靠它所遵循的一般原理(理);第三是依靠它所属的类。《小取》篇也说:"以名举实,以辞抒意,以说出故,以类取,以类予。"不过,从整个《墨经》看,它在"三物"中更突出"故"与"类"。这与《墨经》的"辩"的语用性有关,即一个"名"的使用或一个"辞"的确立都与一定的语境有关。例如《小取》篇举例说:"白马,马也;乘白马,乘马也。""车,木也;乘车,非乘木也""盗,人也;……杀盗,非杀人也。"按理,盗是人,杀盗应该也是杀人,但是由于盗干了杀人越货之事,他不属于正常人的类,于是前提产生了变化,故曰:"杀盗,非杀人也。"这些都属于语用推理。

战国时期各派学者辩论之风盛行。《孟子》一书可以说是孟子的辩论文集,但孟子还说:"予岂好辩哉,予不得已也。"(《滕文公下》),公孙龙的文体就是甲乙方辩论体。到《荀子》书中,大谈其辩,说"君子必辩"。《墨经》就是对当时的辩论方法进行了理论的探索,使辩更具有规范性。

三、荀子的名辩思想

在儒家学派中对正名学说研究得最系统的要算荀子。在《荀子》一书中专门有一篇《正名》，在其他各篇中也谈及不少"正名"问题。

　　与孔子的事事"吾从周"相反，荀子强调的是"法后王"，也就是说名称也应该像社会上的其他事物一样，随着社会的发展而发展。荀子并不否认事物名称的继承性，如他说："后王之成名：刑名从商，爵名从周，文名从礼。"但是荀子接着说："散名之加于万物者，则从诸夏之成俗曲期；远方异俗之乡，则因之而为通。……是散名之在人者也，是后王之成名也。"散名，是一般事物的名称，较之刑名、爵名、文名来说，散名的数量要大得多。而这些散名，都是"成俗曲期"，即按照一般的风俗习惯普遍认定的。所谓"后王之成名"，并不要求任何一个名称都要由"后王"来制订，而是指当今的名称要适应当今的社会，不违背当今的法令制度，不要事事以"古人云"来限定社会的发展，不要像孔子那样老是叹息："觚不觚，觚哉！觚哉！"所以，荀子的这种语言发展观是有其进步意义的。如果说名家与墨家比较重视语言的共时性问题，那么，荀子则对语言的历时性已有所觉察。

　　荀子提出王者制名的目的，在于"名定而实辨；道行而志通"。就是说确定的名称能指称确定的对象，人们的思想得以顺利沟通，这比孔子"正名"单纯为了贯彻周礼的政令、制度，作用要广泛得多。

　　荀子认为"所为有名"，一是明贵贱，二是辨同异。荀子所说的"刑名""爵名""文名"主要在于"明贵贱"，而"散名"，则主要在于"辨同异"。荀子虽然提到"明贵贱"，但他不像孔子那样总是"君君，臣臣，父父，子子"，而是主要谈论"正名"的"辨同异"的功能。

　　荀子认为，人之所以能辨同异，完全依靠目、耳、口、鼻等感官，以及"心"的"征知"。同类的对象给人的感觉也必然相同，人们就"共其约名以相期也"。感官觉察不同的东西，就以不同的名称去称呼它。所以"制名之枢要"就是"同则同之，异则异之；单足以喻则单，单不足以喻则兼，单与兼无所相避则共，虽共，不为害矣。知异实者之异名也，故使异实者莫不异也，不可乱也，犹使同实者莫不同名也"。但是，人们对事物可以进行概括（荀子称为"徧举"）。例如"动物"和"植物"可以概括为"生物"，相对"动物"和"植物"来说，"生物"是它们的"共名"。"推而共之，共则有共，至于无共然后止。"例如，"生物"再概括为"物"，"物"就是大共名。如果向相反的方向进行划分（荀子称为'徧举'），"物"徧举为"生物"，再徧举为"动物"，再徧举到"鸟兽"。"鸟兽也者，大别名也。推而别之，别则有别，至于无别然后止。"再不能进行划分的就是"专名"。荀子的"徧举"与"偏举","共名"与"别名"的提法,在中国符号学发展史上有其重要意义。公孙龙提出的"其名正则唯乎其彼此焉","彼彼止于彼,此此止于此",不考虑有"共名"与"别名"的问题,确实失之偏颇。《墨经》提出:"名:达、类、私",对"名"作出了划分,相对于公孙龙来说,是有所发展,但是,《墨经》对"名"何以形成"达、类、私",却没有探讨。正是荀子弥补了这一缺陷。

荀子谈"制名之枢要"还有重要一点就是:"名无固宜,约之以命,约定俗成谓之宜,异于约则谓之不宜。名无固实,约之以命实,约定俗成谓之实名。"这是中国符号学史上最早提出的名称"约定论"。另外,荀子认为"名无固宜","名无固实",实际上也是对孔子"正名"思想的一种批判,因为孔子的"正名"就是主张"名"有固宜、固实的。

荀子还分析了战国时期"名实乱"的情况,提出"三惑"说:一种是"惑于用名以乱名者也"。如说:"见侮不辱","圣人不爱己","杀盗非杀人也"。第二种是"惑于用实以乱名者也"。如说:"山渊平","情欲寡","刍豢不加甘,大钟不加乐"。第三种是"惑于用名以乱实者也"。如说:"马非马也。"荀子说:"凡邪说辟言之离正道而擅作者,无不类于三惑者矣。"他还提出了三种破除这"三惑"的方法。

除了论述"制名之枢要"以外,荀子还论述了"辨(通'辩')说"问题。他认为当有明君统治的时候,"其民之化道也如神,辩说恶用矣哉"。而"今圣王没,天下乱,奸言起,君子无势以临之,无刑以禁之,故辨说也"。于是荀子主张"君子必辩"。他认为"辩说"就是要使名实相符,以说明是非的道理(不异实名以喻动静之道也)。"辩说"要求"辨异而不过,推类而不悖,听则合文,辨则尽故"。荀子还分出三类人的"辩":有圣人之辩,有士君子之辩,有小人之辩(见《非相》)。所谓"圣人之辩",就是要"发之而当,成文而类","应变不穷"。所谓"士君之子辩",就是要"文而致实,博而党正"。而"小人之辩"就是"听其言则辞辩而无统,用其身则多诈而无功,上不足以顺明王,下不足以和齐百姓",但是说起来却头头是道。荀子认为这种小人是应当受到责罚的。

荀子不像孟子那样认为自己是不得已而进行辩论的,荀子是公开地、明确地提出"君子必辩"。荀子与孟子一样,非常善辩。在《非十二子》篇中,荀子不仅批判了墨翟、宋钘、惠施、邓析,而且还批判了与他同一儒家学派的子思、孟轲,给他们的罪状都是"其持之有故,其言之成理,是以欺惑愚众"。

荀子可以说是先秦名辩学的集大成者,"名学"相当于现代所说的"语义学","辩学"相当于现代的"语用学",它们都是符号学的组成部分。荀子的"正名"思想对后起的法家有相当的影响。

四、秦汉以来的名辩学说

"名辩"学说在先秦时期曾经盛极一时,但经过秦始皇的"焚书坑儒",到汉武帝"罢黜百家,独尊儒术",名辩之风自然不及昔日辉煌,但也绵绵不绝,时有发展。直到 21 世纪的今天,这一学说仍然为人们所关注,甚至被看成东方传统智慧的结晶。

秦汉以来,"名辩"思想的主要内容可以大体归结如下:

1. 名与实

先秦时期的"名辩"思潮就是始于"名实"之争。儒家孔子最先提出"正名"思想,主张以名正实;荀子的《正名论》是儒家"正名"思想的总结。道、墨、名、法诸家也从不同的角度提出了各自的"名实"学说。秦汉以来,名实关系仍是许多学者关注的话题。这些讨论,有的是先秦"名实"之辩的继续,有的提出了一些新观点和新问题,是对先秦"名实"学说的发展。

三国时魏人刘廙在他的《政要·正名篇》中说:"夫名不正则其事错矣,物无制则其用淫矣;错则无以知其实,淫则无以禁其非。故王者必正名以督其实,制物以息其非。名何以正之哉?曰:行不美则名不得称,称必实所以然,效其所以成,故实无不称于明,名无不当于实也。"文章的前半段祖述孔子的正名思想,讲名不正的危害,而后半段则在论人物的名与实,讲王者正名的作用和方法。

北齐颜之推的《颜氏家训·名实篇》说:"名之与实,犹形之与影也。德艺周厚,则名必善焉;容色姝丽,则影必美焉。今不修身而求令名于世者,犹貌甚恶而责妍影于镜也。"作者把名与实的关系形象地比作形与影的关系,并着重讨论了道德修养中的名实关系,即"德艺"和"令名"的关系问题。"令名"是指"名利"之名。作者认为有实才能有名,要求得"令名",必须先求得"德艺周厚"。在下面的文章中,作者还进一步说到"名"不可以窃取,"修身慎行"而后可以得"名"。

北朝《刘子新书》(从余嘉锡说,作者为刘昼)的主旨,就在于阐发儒家的正名思想,批判当时用人非当和谈玄成风这种名实相乖、言理相违的现象。《审名》篇说:"言以绎理,理为言本;名以订实,实为名源。有理无言,则理不可明;有实无名,则实不可辨。理由言明,而言非理也;实由名辨,而名非实也。今信言以弃理,实非得理者也;信名而略实,非得实者也。故明者课言以寻理,不遗理而著言;执名以责实,不弃实而存名。然则言理兼通,而名实俱正。"这段话说得清楚明白,而且"此论言与理、名与实之关系,可谓闳括而无偏"①。作者虽然旨在阐明儒家正名学说,但其正名思想既不同于孔子的以名正实,也不同于墨家的取实予名,而是主张名与实的统一。作者认为,儒家的名实观"流广文繁,难可穷究";名家的名实观"捐本就末,分析明辩,苟折华辞"(《九流》);对道家的"至道无言""大象无形"的说法,他也认为"非立言以明其理","非立象无以测其奥"(《崇学》)。这些观点,同样可以说是"闳括而无偏"。

2. 言与意

"言与意"的关系同"名与实"互相联系而又彼此有别。在"符号三角"中,名与实的关系是符号形体(能指)与符号对象之间的指称关系,而言与意则是符号能指和所指之间的意指关系。

言与意的关系也是先秦诸子关注的重要问题。墨家主张"以辞抒意"(《小取》),"执所言而意得见"(《经上》),荀子也说:"辞也者,兼异实之名而论一意也。"(《正名》)都强调了言和意的一致性。而道家则认为言不能尽意。庄子说的很明确:"意有所随,意之所随者,不可言传也。"(《庄子·天道》)。

秦汉以后,言意问题仍为学者们所关注。例如前述《刘子新书》所说的言与理的关系,亦即言和意的关系。由于魏晋玄学以老庄思想为旨归,明确地主张"言不尽意"。在同玄学派"言不尽意"论的论争中,晋代欧阳建以《言尽言论》为题著文,旗帜鲜明地亮出了自己的观点。欧阳建说:"形不待名而方圆已著;色不俟称而黑白以彰。"名只是事物的名,没有给事物添加什么东西;名言的作用在于区别事物,说明道理。他说:"欲辩其实,则殊其名;欲宣其志,则立其称。"认为"名逐物而迁,言因理而变",就像"声发响应,形存影附",名言只是物理反映,本来就不是两个东西,当然名可以辨物、言可以尽意了。"言不畅志,则无以相接;

①　张岱年:《中国哲学大纲》,中国社会科学出版社 1982 年版,第 583 页。

名不辩物，则鉴识不显。"如果名不能区别事物，就失去认识作用；说话不能畅所欲言，就不能实现交际的目的。所以言能尽意。

其实"言不尽意"论并不否认"言"能一般地表达思想，否则"言不尽意"论者自己就不能用"言"将自己的"言不尽意"的思想表达出来。从符号学的意义上说，语言符号可以表达思想，但是要表达微妙的思想感情却不是那么称心如意，确实存在"只能意会，不能言传"的情况。

3. 言、意与象

"言、意、象"之辩是"言意"之辩的展开。言、意、象三者构成了两个符号：一是以言为能指、以意为所指，另一是以象为能指、以意为所指。这是两个互相关联而又彼此有别的符号。

《周易》有云"言不尽意"，"圣人立象以尽意"。那么"象"能不能尽意呢？三国魏人荀粲认为"象"也不能尽意。他说："盖理之微者，非物象所能举也。今称立象以尽意，此非通于意外者也。"(《三国志·荀彧传》)他认为"理"的微妙之处不是"象"能够反映出来的；《周易》所说"立象以尽意"，他认为"象"也不能表达"象外之意"，亦即象也不能尽意。东晋初年，殷融也著有《象不尽意论》，观点大体与荀粲相近。

王弼是魏晋玄学的创始人之一，他对言、象不能尽意的论述是颇具代表性和影响力的。王弼在《周易略例·明象》中说："夫象者，出意者也；言者，明象者也。尽意莫若象，尽象莫若言。言生于象，故可寻言以观象；象生于意，故可寻象以观意。言以象尽，象以言著。"在这里，王弼承认"言生于象"，"象生于意"，可以"寻言以观象"，"寻象以观意"。然而他接着又说："故言者所以明象，得象而忘言；象者所以存意，得意而忘象。犹蹄者所以在兔，得兔而忘蹄；筌者所以在鱼，得鱼而忘筌也。""蹄"是捕兔的工具，"筌"是捕鱼的工具。王弼应用庄子"得兔忘蹄，得鱼忘筌"的比喻，认为尽管"言"是表明"象"的，"象"是表达"意"的，然而存言非得象，存象非得意，只有"忘言忘象"才能"得意"。这就把言象与意割裂开来了。王弼的"忘言忘象"之说，源于道家"道不可言"思想。

4. 言、意、象与道

"言、意、象"之辩再与"道"联系起来，问题更复杂化了。"道"又是一个具有复杂含义的概念。先秦道家以"道"名家。老子说："道可道，非常道。"(《道德经》)

庄子说："道不可言。"(《知北游》)其他还有诸多含义。"如曰：'夫子之道，忠恕而
已矣。''悦周公仲尼之道'，盖因有他道而始别其名也。如曰：'许子之道'，'墨子
以薄为其道'，诚如韩子所谓'道其所道是也'。"(章学诚《文史通义·杂说》)

在历史的长河中，论道者多多。例如北宋苏辙说："天道不可言，可言者皆其
似者也。达者因似以识真，而昧者执其似以陷于伪。"(《老子解》)苏轼说："圣人
知道之难言也，故借阴阳以言之。曰：一阴一阳之谓道。一阴一阳者，阴阳未交
而物未生之谓也。"(《苏氏易解》)南宋叶适说："学者苟知辞辩之未足以尽道，而
能推见孔氏之学，以上接圣贤之统，散可复完，薄可复醇矣。"(《习学记言》)明代
王守仁也说："道无方体，不可执着，却拘滞于文义上求道，远矣。"(《传习录》)这
里所说的"道"已是融合了儒道两家乃至佛家的"道"了，而且似乎都在说，"道"是
用言语说不清的。

人们一般认为，"文以载道"之说渊源于唐代韩愈。韩愈是当时古文运动的
领袖人物，其实韩愈自己并没有讲"文以载道"的话。他的学生李汉说："文者，贯
道之器也。"(《韩昌黎集序》)有"文以载道"的意思。与韩愈同倡古文运动的柳宗
元说过"及长，乃知文者以明道"(《柳河东集·答韦中立论师道书》)，接近于"文
以载道"。明确地提出"文以载道"口号的，是北宋的周敦颐。他在《通书》中说：
"文所以载道也。……文辞艺也，道德实也。笃其实而艺者书之。美则爱，爱则
传焉。不知务道德，而第以文辞为能者，艺焉而已。"把"文以载道"说得是比较清
楚的。

值得注意的是，"言、意、象、道"学说，直到今天仍然为人们所关注。就在
2003 年 8 月，浙江大学出版社出版了李思屈《东方智慧与符号消费——DIMT
模式中的日本茶饮料广告》一书，书中生动具体地讨论了"言、象、意、道"学说在
广告符号中的应用问题。DIMT 模式是"言—象—意—道"模式的简称。作者认
为，言(Discourse)、象(Image)、意(Meaning)与作为真善美之源和真善美的最高
统一的"道"(Tao)这四大要素的符号解释模式，传播符号的语言要素、形象要
素、意义要素与客观的真实构成了一个有机的整体。具体的符号运用可以在不
同的符号要素中有所侧重，但它始终以"言—象—意—道"的整体统一在一起。
在书中，作者探讨了在"全球一体化"的背景下，发挥传统东方传播智慧，创建能
更有效地服务与此无关现实的"东方符号学"体系的可能性。

第四节　汉语汉字符号

一、汉语符号与汉字符号

汉语是汉民族的语言,是世界上最丰富最发达的语言之一。汉语符号属于词根语(或称孤立语)的语言符号系统。汉语普通话有 10 个元音音位、22 个辅音音位。一共 32 个音位。元音之多和存在音调变化,是汉语音位符号的重要特征。古汉语绝大多数是单音节词,前声后韵,声韵双拼。在现代汉语里,一般是单音节的实语素与实语素构成的合成词。它们不像西方语言那样,很多词是由词根加上前缀或后缀构成的,汉语的词缺乏西方语言那样的性、数、格变化。在语法上,汉语也不像西方语言那样,词类和句子成分之间有某种一一对应的关系,汉语语序是汉语表达句法意义的重要手段。

汉字符号是记录汉语符号的符号,属于方块表意文字。它的能指是汉字的方块字形,所指是记录下来的汉语语素——汉语最小的音义结合体。一字一个音节,一字一个含义,构成了汉字所指的显著特征。汉字是至今仍然通行的最古老的文字。堪与汉字相媲美的还有美索不达米亚的楔形文字和古埃及的圣书字,但它们早已成为历史陈迹,只有汉字绵延至今,成为当代一种独特的文字符号类型。

中华民族有数千年的灿烂文化,对民族文化的记录和传承,是通过汉语汉字符号来实现的。汉字符号虽曾一次次地改变自己的形体,从甲骨文、篆书、隶书、草书,直到现代楷书和行书,作为方块表意文字类型却始终没有改变。在古代,印欧文字东渐中国,早就有人对中西文字进行比较,认为汉字存在符形繁难、字不表音等缺点。例如宋代邓肃说:“外国之巧,在文书简,故速;中国之患,在文书繁,故迟。”明代方以智说:“字之纷也,即缘通与借耳,若事属一字,字各一义,如远西因事乃合音,因音而成字,不重不共,不尤愈乎。”[①]特别是在 20 世纪,汉字经历了百年的改革运动,然而方块汉字仍然未被拼音文字所取代。这不能不说

---

① 　引自周有光:《汉字改革概论》,文字改革出版社 1961 年版,第 25 页。

是文字史上的一个奇迹。

方块汉字沿用至今,固然有历史和文化上的原因,但从符号学的角度上说,汉语符号与汉字符号存在一定程度的适切性,则是毋庸置疑的。汉语作为词根语,前声后韵,同音词多,缺少词形变化;而汉字一字一形,一字一音,表示一个语素,这同汉语单音节语素占绝大多数的特点大体相适应。

二、汉字符号学

汉字是谁创造发明的? 古书上说是黄帝的史官仓颉。当然这只是传说。汉字符号的庞大体系只能是众人群体创造的结果。如果真有仓颉其人,那他也只能是文字的采集或整理者。

古代的“仓颉”们在创制汉字符号的时候,总结出六种造字方法——“六书”。许慎《说文解字·叙》说:“周礼八岁入小学,保氏教国子先以六书:一曰指事,指事者视而可见,察而见意,上下是也;二曰象形,象形者画成其物,随体诘诎,日月是也;三曰形声,形声者以事为名,取譬相成,江河是也;四曰会意,会意者比类合宜,以见指㧑,武信是也;五曰转注,转注者建类一首,同意相授,考老是也;六曰假借,假借者本无其字,依声托事,令长是也。”班固在《艺文志》中也明确地指出,六书皆“造字之本也”。清代戴震提出“四体二用”说,认为转注和假借只是用字法而非造字之法,此论影响甚为深远。其实,从符号学的角度上说,“六书”就是汉字符号的编码规则,可分为三类:一是以形表意编码,包括象形,指事、会意;二是形声结合编码,即形声。此外还有第三种,为零编码,包括转注和假借。零编码是一种不造新字的“造字法”,正是这种“零编码”使得汉字在数量上得到控制。[①]

汉代以降,“六书”自成一门学问。宋代郑樵著有《类象书》和《六书证篇》,元代杨桓著《六书统》,戴侗著《六书故》,元明之间赵㧑谦著《六书本义》,明代魏校著《六书精蕴》,杨慎著《六书索隐》,都是颇有影响之作。

东汉许慎所著《说文解字》一书,是中国历史上第一部汉字学专著。《说文》创立了部首检字法,将 9 353 个篆文分为 540 部,据形系联,分部别居。书中保存了大量的古文字资料,集中地反映了当时学者对汉字符号形、音、义的研究成

---

① 陈宗明:《汉字符号学——一种特殊的文字编码》,江苏教育出版社 2001 年版,第 61—62 页。

果。甚至直到今天，它对人们阅读古籍、探讨古代文化，特别是研究甲骨文、金文等古文字资料，仍然具有重要的参考价值。段玉裁说："自有《说文》以来，世世不废，而不融会其全书者仅同耳食，强为注释者往往眯目而道黑白。其他《字林》《字苑》《字统》今皆不传；《玉篇》虽在，亦非原著。要之，无此等书无妨也，无《说文解字》，则仓籀造字之精义，周孔传经之大恉，蕴缊不传于终古矣。"（《说文注》）这种称誉并不算过分。

《说文解字》一书的影响极为深远。此后兴起的"《说文》学"学术思潮，竟绵延1000多年，直至当代。清代段玉裁的《说文解字注》，阐明了《说文体例》，订伪正误，使读者能正确理解《说文》；《说文》本是"形书"，但段注并不只着眼于形，而是力求用语言学的观点分析文字的形、音、义；在语义学上有不少独到的见解，提出了许多新的看法以修订前说。段注因此享有盛誉，被公认为解释《说文》的权威性著作。

讨论中国古代的汉字符号学，还应当说到训诂学。训诂学，通俗地说，就是解释古书的学问，有人说是"书本子上的考古学"。古代"仓颉"们把符号能指和所指结合成为汉字符号，但是没有留下"所指"的书面说明，由于古今远隔，后人往往看到能指而弄不清它的所指，因而需要"解码"，所以在一定意义上说，训诂学就是古代汉字的解码学。

"训诂"一词源于《尔雅》。《尔雅》有《释诂》《释训》两篇，而且全书都采用了训诂的方法，自此以后便演绎为训诂学。《尔雅》是第一部按词义系统或事物分类而编纂的词典，由汉初学者缀辑先秦诸书旧文，递相增益而成。今本19篇，前三篇所收为一般词语，将古书中同义词归并为若干条目，每条用一个通用词作解释；以下各篇是关于各种名物的解释。《尔雅》是考证古代词义和名物的重要资料，后世经学家常用以解说儒家经义，为儒家《十三经》之一。

在许慎的《说文解字》中，引六艺群书40余种，引诸家说解39种，因此许慎成为当时公认的训诂大师，《说文》也是一部重要的训诂学著作。

三国时魏人张揖著有《广雅》一书，篇目次序依据《尔雅》，博采汉人笺注、《说文》和《方言》诸书，增广《尔雅》所未备，所以命名为《广雅》。《广雅》是又一部重要的训诂学专著。

训诂除通释语义的专门辞书以外，还有随文释义的注疏训诂。训诂学对古书的释义,最初叫"传",稍后叫"注";对注文的解释,初时叫"笺",其后叫"疏"。例如《毛诗故训传》,《周易》王弼著,《仪礼》郑玄注。贾公彦疏等。后来"注疏"合称,区别不甚明显。如果说通释语义是语义学,那么注疏训诂应当属于语用学。

训诂学在清代有了重要发展。清代训诂学家如王引之父子、俞樾等人,在理论上建立了汉字形、音、义的完整体系,找到了通过文字通晓古代语言的途径。近现代学者又在清代研究训诂的基础上,使训诂方法更加科学化,进一步丰富和发展了这些成果。训诂学要提倡有具体材料的理论、方法探讨,发掘传统训诂学的潜理论、规则,关注训诂学与现代学术的多元接轨,特别要重视训诂学在语言学领域的发展①。

三、汉语音韵学

中国古代的汉语汉字符号研究称为语文学,或称"小学"。汉代以后,"小学"分为文字学、音韵学和训诂学三个学科。就汉字符号学而言,只有汉字符号的纯字形研究与汉语的关系不大,而对汉字的字音或字义研究都同时也是对汉语的研究。训诂学训释汉字的字义同时也是训释汉语的词义或语义,音韵学也是如此。所以,这里所说的"音韵学"虽然同汉字有关,但主要还是汉语问题。

古代学者从事于音韵学的研究,是因为语言的发展每因音变所引起的。"音以表言,言以达意",洞达音理,就能据今语推寻古语,援古语以证今语。

远在《诗经》时代,古诗人已经意识到运用汉语里的双声叠韵和重言之辞从事诗歌创作,先秦诸子的著作中也不乏音韵学思想。然而魏晋以前,中国还没有音韵学的专书。当时对音读的注释大都附丽于文字的训诂之中。一般认为,东汉刘熙所著《释名》一书是汉语音韵学的最早著作。其实《释名》也是一部训诂著作,《释名》的音训方法,是由文字上的形声、假借推衍出来的。

早期的汉字注音方法,主要是读若和直音,如"肇"字读若"兆"、"枢"字音"书"之类。随着佛学传入中国,佛经翻译工作逐渐盛行,一些审音学者依据梵文字母来分析汉语的声韵,把单字直读改为双字的反切。"反切"云者,"上字取声,下字取韵",只要把上字的声母同下字的韵母一起拼合,就可以得出被反切的汉

---

① 王宁:《谈训诂学在 21 世纪的发展趋势》,苏州大学学报(哲学社会科学版)2012 年第 4 期,第 1—4 页。

字的读音。例如"车"字为尺遮切、"都"字为当孤切,等等。此后反切成了传统的注音方法,甚至 20 世纪 80 年代新版《辞源》还保留了反切的方法。

六朝时期"音韵锋出",韵书广为流行。隋代陆法言《切韵》一书最为突出,有人评说为"酌古沿今,无以复加"。《切韵》收字 12 158 个,分韵 193 韵。《切韵》以审音为基本原则,克服了六朝韵书简略和错失的弊病。在审韵过程中,《切韵》兼顾了南北方言音韵上的不同,又考虑到占优势的某些方言音系的特点,以此作为辨韵审音取舍的标准,做到了"古有所本,今有所据"。《切韵》所反映的音韵现象和它本身的音韵体系对研究汉语历史音韵,具有不可磨灭的学术价值。

《切韵》在宋代的增订本就是《广韵》。《广韵》是陈彭年等奉敕修辑的韵书,收字 26 194 个,206 韵,除增字加注外,体例跟《切韵》完全一样。因为是官修,人多材料多,所以在收字、训解等方面都增加很多,并且能够大量刊刻发行。《广韵》是《切韵》系韵书集大成的著作,是中国音韵学史上最古最完整的一部韵书。我们研究古音,要从《广韵》向上研究;研究现代音,要从《广韵》向下研究。

《广韵》颁行后 32 年,因嫌《广韵》"多用旧文,繁略失当",丁度等又奉敕重修《广韵》,改称《集韵》。《集韵》收字 53 525 个,韵部仍分 206 韵。另有江北平水人刘渊著《新刊礼部韵略》,改 206 韵为 107 韵。宋以后流传至今的《诗韵》分 106 韵,有人认为就是依据刘渊的分法,世称"平水韵"。又有人认为,刘书之前就有王文郁《平水新刊韵略》,"平水"是王的官名。王国维则认为,韵部的合并,应是当时金人官方的主张,王文郁和刘渊都只不过是根据金人的官韵书加以刊定而已。

韵书由于兼有做诗文调平仄、押韵之用,在字下注明反切,按四声、韵目来排列韵字;如果从审音的要求来看,那就需要把声、韵、调三方面都能在韵书中表现出来,于是产生了"字母"之学。唐代和尚守温参照梵藏字母,创制汉文字母 30 个,为宋人"三十六个字母"的蓝本。这里所说的 30 或 36 个字母,只是唐宋时代的古音,不是现代汉语的音系。

元明以来,东西方交通渐趋发达,西方语言文字学也输进了中国。明代末年一些传教士用罗马字母来注明汉字的音读,对中国音韵学研究带来了一定的影响。到了清代,海禁大开,通商传教都需要中西文对译,中国学者开始研习罗马拼音方式,并且用来注明各地的方音,也使得汉字声、韵、调的分析益臻完善。随着时光的流转,1913 年,当时的北洋政府教育部召开了"读音统一会",议定了一套拼切汉字的"注音字母",并于 1918 年颁布推行。1958 年,国家正式公布了《汉语拼音方案》。这个方案是在以往各种注音、拼音方案的基础上发展起来的,因而最为完善。它在当前的主要功能是给汉字注音,是字母注音的最好方法。

四、汉语语法学

汉语语法学属于符号学的语形学,是一门形式的科学。作为汉语语法学,理应着眼于汉语结构的形式研究,然而中国古代学者们似乎只停留在汉语"助字"或"虚字"上面。

两汉时代,随着训诂学的兴起,人们把古代文献中位于句首、句末而难以解释的字叫作"词"或"辞",并加以说明。例如《诗·大雅》:"思皇多士,生此王国。"《毛传》云:"思,辞也。"《书·金滕》:"对曰,信,噫。"孔安国传:"噫,恨辞也。"《礼记·檀弓上》:"檀弓曰,何居。"郑玄注:"居,语助也。"许慎《说文解字》:"者,别事词也。""都,俱词也。""矣,语已词也。"如此等等。

魏晋以后,学者们不再是一个字一个字地加以解释,而是将"助字"分成若干类,再加以总括的说明。例如周兴嗣《千字文》:"谓语助者,焉哉乎也。"刘勰《文心雕龙·章句篇》:"至于夫、惟、盖、故者,发端之首唱;之、而、于、以者,乃札句之旧体;乎、哉、矣、也亦送末之常科。"刘勰已经注意到虚字的作用了。柳宗元《复杜温夫书》云:"但见生用助字,不当律令,准以此奉告。所谓乎、欤、耶、哉、夫者,疑辞也;矣、而、焉、也者,决辞也。今生则一之。宜考前人所使用,与吾类且异,慎思之,则一益也。"这已经是颇有见地的研究所得了。在宋代的各种诗话、词话里,还有许多关于"虚字"、"实字"的讨论。

从元、明到清代,汉语"助字"研究已经有了专书。元代卢以纬的《语助辞》,收字 116 个,是汉语语法史上第一部"助字"研究的专著。清代小学鼎盛,"助字"研究的深度和广度都远远地超过以往,其中以刘淇《助字辨略》、王引之《经传释词》和俞樾《古书疑义举例》最有代表性。《助字辨略》收字较多,凡 476 字,并能加以综合研究。《经义释词》,胡适说它"用归纳的方法来研究古书中'词'的用法,可称得一部文法书"。(《国语文法概论》)《古书疑义举例》从疏通文义,涉及一些句法规则,并约取其例,使读者可以举一反三。当然,这些著作作为语法研究来说,都还只是一些片段,没有形成体系,可以说是汉语语法研究的萌芽阶段。

中国真正意义上的汉语语法研究,始自清代末年《马氏文通》。作者马建忠,1875 年被派往法国留学,毕业于巴黎大学,曾任驻法使馆翻译。《清史稿》说:"建忠博学,善古文辞,尤精欧文,自英、法现行文字以至希腊、拉丁古文,无不精通。"《马氏文通》共分为四个部分:第一部分界说,定义了 23 个语法术语;第二部分实字,分为名字、代字、动字、静字、状字五类;第三部分虚字,分为介字、连字、助字和叹字;第四部分句、读(读"逗")。全书以古代汉语为对象,拿西方语言作全面的比较,其中有许多独到之处。1898 年,《马氏文通》作为中国第一部汉语语法专著出版发行。

关于《马氏文通》的评价,王力的一段话是比较公允的。他说:"马氏以后,有许多人都批评他照抄西洋语法,这其实是没有细读他的书;又有许多人批评他不合理论(即不懂语法理论),其实是所见不广,用英语语法的眼光来看《马氏文通》。作为一个筚路蓝缕以启山林的开路先锋,马建忠做到这个地步是很不容易的。"①

《马氏文通》问世以后,陆续出版了一些汉语语法著作,其中影响较大的如陈承泽《国文法草创》、杨树达《高等国文法》和黎锦熙《新著国语文法》。也有一些人远没有马建忠"学贯中西"的素养,只读过几本英语语法就写起汉语语法书来,所以只能像陈承泽所批评的那样,"大抵以外国文法为植,而强以中国文法纳之,所谓削足适履的文法"。

20 世纪 30 年代,汉语语法研究步入了发展期。1936 年,王力发表了《中国文法学初探》一文,对此前的汉语语法研究的方法进行了批判。他反对模仿西方语法,认为用西方语法作比较研究是可以的,但是"对于某一族语的文法研究,不难在把另一族语相比较以证明其相同之点,而难在就本族语里寻求其与世界诸族语相异之点"。这一时期的汉语语法理论,以王力、吕叔湘和高名凯三家为代表。王力著有《中国语法理论》《中国语法纲要》等书,由于作者比较重视汉语的特点,在语法学界产生过不小的影响。吕叔湘著有《中国文法要略》,其最大特点是提出了"表达论",就是将句子表现的内容从语言的逻辑上加以分析,借此究明各种句子的构造形式。高名凯著有《汉语语法论》,建立了与王、吕两家完全不同

---

① 王力:《中国语言学史》,山西人民出版社 1981 年版,第 178 页。

的语法体系。虽然三家的语法体系各不相同,但有一个很大的共同点:都以普通语言学为理论指导,而在《马氏文通》里是绝口不提普通语言学的。

新中国成立以后的汉语语法研究,进一步摆脱模仿西方语法的倾向,转入建立汉语语法体系的新方向。1951年,吕叔湘、朱德熙的《语法修辞讲话》一书曾在《人民日报》上连载,目的是"要用这个讲话来帮助学习写文章的人解决一些实际问题"。1952年,《中国语文》创刊。一些具有一定质量的汉语语法专著和教材也相继问世。

从以上的记述不难看出,中国真正意义上的汉语语法学研究起步甚迟,而且一般以功能或意义为标准,并不能算是严格意义上的形式科学。那么这有客观原因吗?有的。那就是汉语属于词根语,缺少西方屈折语的形态变化,因而研究起来自然增加了难度。况且,词根语特有的灵活性,也不太讲究那么多的形式规矩。因此要写出一部作为词根语的汉语语法学,似乎还有待时日。

第五节　中国艺术符号

一、中国古代音乐符号

中国音乐有着悠久的历史,可以追溯到远古时期。中国古代劳动人民在与大自然相处的过程中产生了原始音乐,后来经过历朝历代的发展,中国音乐在形式和内容上都形成了完备而独特的体系。

原始社会音乐的主要形式是歌舞和乐舞,内容大都与狩猎劳动、宗教祭祀等活动有关。周代是我国音乐第一个繁盛时期,其中宫廷音乐主要有乐舞、颂乐、雅乐等,民间音乐主要有郑卫之音、南音、九歌等形式。

在中国古代,音乐在各类艺术符号中地位最高,"乐"被看作"礼"的组成部分,通常"礼乐并提"。孔子是一位伟大的思想家,也是一位伟大的音乐教育家,他教的课程就包括音乐。孔子在《论语》中就曾许多次说到礼乐。例如他说:"先进于礼乐,野人也;后进于礼乐,君子也。如用之,则吾取先进。"(《先进》)"天下有道,则礼乐征伐自天子出;天下无道,则礼乐征伐自诸侯出。"(《季氏》)"兴于诗,立于礼,成于乐。"(《泰伯》)如此等等,一次次地述说礼乐和学习礼乐的重要性。

　　荀子继承并且发展了孔子的礼乐符号学思想,还专门写了《乐论》篇。荀子说:"夫乐者,乐也,人情之所必不可免也,故人不能无乐。""故乐者,审一以定和者也,比物以饰节者也,合奏以成文者也;足以率一道,足以治万变。是先王立乐之术也。""且乐也者,和之不可变者也;礼也者,理之不可易者也。乐合同,礼别异。礼乐之统,管乎人心矣。穷本极变,乐之情也;著诚去伪,礼之经也。"荀子认为,礼与乐具有相互协调,相互补充而且缺一不可的关系。

　　儒家六经之一《礼记》有《乐记》专篇,内容比荀子《乐论》篇更为丰富、具体。《乐记》说:"乐者,音之所由生也。其本在人心之感于物也。"说明音乐是表达由外界事物引发的情感的符号,进而从一个国家的声音可以看出这个国家的治理情况。"是故治世之音安以乐,其政和;乱世之音怨以怒,其政乖;亡国之音哀以思,其民困。声音之道,与政通矣。"如果"宫商角徵羽"五音皆乱,"如此则国之灭亡无日矣。"《乐记》认为"声歌各有所宜",不同的歌声有着不同的含义,歌者应该根据需要选择不同的曲调以表达不同的感情。《乐论》最后的结论是:"故歌之为言也,长言之也,说之故言之,言之不足故长言之,长言之不足故嗟叹之,嗟叹之不足故不知手之舞之,足之蹈之也。"歌舞,实际上就是言语的延伸。

　　秦汉时期,宫廷成立了专门的音乐机构——乐府,主要负责搜集和管理民间音乐。在音律方面,汉代京房创立了"六十律",弥补了古代"十二律"的缺陷。两晋南北朝时期,由于长期处于分裂的局面,南北方都形成了各自的音乐形式。北方受西域的影响,出现了西凉乐、高昌乐、天竺乐等;南方则盛行清商曲、百戏和故事歌舞等。隋唐时期,宫廷音乐达到极盛的局面,在中央有太常寺掌管礼乐,音乐形式丰富多彩。音律方面,出现了燕乐二十八调、八十四调理论。在音阶上,古音阶、新音阶、俗乐音乐并用,使音乐形态多样化。宋元时期音乐上最大的变化是宫廷音乐出现衰微的趋势,而市民音乐盛行。此时,戏曲、歌舞、影戏等音乐形式广受市民阶层的喜爱。明清时期,民间音乐活动进一步发展,民歌、民间歌舞、曲艺、戏曲、民间器乐等种类大大增加,进入了音乐的一个繁荣时期。经过历朝历代的发展,中国古代的音乐符号形成了内容丰富、形式多样的总体特征,成为中华民族传统文化的重要组成部分。

　　音乐的符号称为音符,中国古代的音符主要体现在乐律学中。乐律学的观念在周代已形成和发展了。春秋时期《管子·地员》中就有"三分损益法"的记载,这是以数学的方法求得五声、七声音阶和十二律的理论。《管子·地员》中指出"凡听徵,如负猪豕,觉而骇;凡听羽,如鸣马在野;凡听宫,如牛鸣窌中;凡听商,如离群羊;凡听角,如雉登木以鸣。音疾以清。凡将起五音,凡首,先主一而三之,四开以合九九,以是生黄钟小素之首以成宫。三分而益之以一,为百有八,为徵。不无有三分而去其乘,适足,以是生商。有三分而复于其所,以是生羽。有三分去其乘,适足,以是成角。"其中提到了五音,即"宫、徵、商、羽、角",后在此基础上,又得到"变宫"和"变徵"两音,遂变成了七声音阶。

在音律方面,根据"三分损益法"可以计算出十二律,在《吕氏春秋·音律》一节中就记载了十二律的具体计算方法。这十二律分别是黄钟、太簇、姑洗、蕤宾、夷则、无射、大吕、夹钟、仲吕、林钟、南吕、应钟。十二律分别对应着十二个月份,并与阴阳思想、月令理论等联系在一起,形成了完善的礼乐教化和社会运转体系。五音和十二律共同构成了中国古代的音乐符号系统。音与律相结合构成了音乐符号系统的能指,形成的声音形式;音乐形式所表达的情绪和情感,即音乐符号的所指。

古代乐谱的价值之于音乐,犹如古籍的价值之于历史。它把转瞬即逝的古调以某种特殊的方式刻写下来,使后人得以部分地恢复原曲,"旧调重弹"。音乐史与其他学科史的区别,正在于它有声响,而大量的古谱就是它的依据。

中国上古音乐以打击乐器为主体。因此击重节律的鼓点便成为中国乐谱的最初形态。《礼记·投壶》记载有鲁、薛两国射礼时鼓的节奏谱:一种符号绘作圆圈,一种符号绘作方框。它们无疑就是两种鼓形的象形摹画。中国早期的大多数谱式都沿用了以圆圈或圆点、方框的"节拍"方式。

现存历史上第一次记下音高的乐谱是唐人手抄本古琴谱《碣石调·幽兰》,为六朝丘明所传。实际上,它是一首用 4 954 个汉字详细记录了每个音在古琴上属第几根弦,什么位置,用什么弹奏法的文字谱,后来发展成为采用文字中各种象形性的笔画拼成符号,并作为右手音位与弹法的减字谱。

"工尺谱"是中国民间传统记谱法之一,因用工、尺等字记写唱名而得名。工尺谱最初可能是由管乐器的指法符号演化而成,由于它流传的时期、地域、乐种不同,因而所用音字、宫音位置、唱名法等各有差异。近代常见的工尺谱,一般用合、四、一、上、尺、工、凡、六、五、乙等字样作为表示音高(同时也是唱名)的基本符号,可相当于 sol、la、si、do、re、mi、fa(或升 fa)、sol、la、si。同音名高八度,则可将谱字末笔向上挑,或加偏旁彳,如上字的高八度写作上或仩。反之,同音名低八度则可将谱字的末笔向下撇;若高两个八度则末笔双挑或加偏旁彳;若低两个八度则末笔双撇。工尺谱的节奏符号称为板眼。板代表强拍,眼代表弱拍,共有散板、流水板、一板一眼、一板三眼以及加赠板的一板三眼等形式。工尺谱的调性标记,数十年前和现行的已经大不相同,工尺谱是我国应用最广的唱名谱,有"固定唱名法"和"首调唱名法"两种。记写节奏的板眼符号也发展得比较完善。调号用正宫调、小工调等调名标示。宋、元以后,我国流传下来的大部分乐谱都是用工尺谱记写的,其中以器乐作品和戏曲唱腔为数最多。

在古代,乐谱是用于记录、保存和传播音乐的唯一工具。因此,从古代遗留下来的乐谱中去寻找业已失传的古代音乐,历来是音乐家们所关心的一项工作。南宋姜白石,曾解译过他从长沙一位乐工的旧书堆中发现唐代名曲《霓裳曲》谱,就是一例。

二、中国书法符号

中国书法是汉字的书写艺术,具有古老而独特的东方审美文化传统。在古代中国,书法是文化人必备的修养,甚至是一种伴随终生的事业。

汉字的书法符号不妨叫作"书符",以别于汉字的"字符"。汉字字符是记录汉语的书面符号,属于逻辑编码,而书符则是一种艺术符号,属于美学编码。书法艺术不同于一般的"写字"。写字只是记录口头语言,强调实用价值。自从草书问世以后,逐渐脱离了实用的要求,书符成了纯艺术的符号,最终与字符区别开来。从中国文字学历史上看,古代的甲骨文、钟鼎文、大小篆和隶书相继从实用领域淘汰了,然而由于书法不以实用为要求,因而都在书法艺术王国落了"户"。这也可以说明书符与字符是不同的。

中国书法作为一种艺术符号,它有自己完全不同于汉字符号的能指和所指。汉字符号的能指系统,基本符号是笔画,由笔画组成部件,再由部件组成字符;而书符系统的基本符号是线和空,由线和空组成章法。在书法的符号系统中,线是实符号,空为空符号。线条把空间分割成不同形状的块面,这被分割的块面就是书符的空。书符的空本来是静态的,由于线条的运动,使得空也和线条一起流动起来。章法是指书法作品中线与空的结构方式,包括大章法和小章法。小章法是指书符中单字的组织样式,如"永"字八法。大章法是指书法作品的谋篇布局,要求整幅作品浑然一体,从线与空的处理到落款、钤印,都要服从于书法作品的整体构思。汉字书符的所指称为"意蕴"——书符能指所体现的全部精神内涵,包括功力、神采和情趣等。它同汉字字符的所指——记录汉语的音和义也是截然不同的。

中国书法作为艺术符号,编码的约定性程度不高,往往给人以不确定和难以捉摸的感觉。汉字字符的编码十分严格,笔画的形状、多少、长短、位置都有明确的规定,而汉字书符的编码远不是那么规范。在书法家的笔下,笔画长短不拘,可以增笔减笔、腾挪部件位置,还可以变换笔画或部件形体,有时候弄得字符面目全非,以致欣赏者无法辨认。对于书法欣赏者来说,虽然辨认出文辞内容更有利于解悟书符所传达的"意蕴",但是书符的功能主要在于欣赏,而不是辨认。

中国书法的符号学思想,集中地体现在书法家的书法作品和书法理论家的书论之中。

中国书法包括篆、隶、草、行、楷五大门类,通常称为五体书法。在中国书法发展的漫长历史中,涌现出无数书法家,他们创作的五体书法作品,充分展现了汉字书符独特的魅力。

篆书。书法上的篆书,包括甲骨文、金文(钟鼎文)和大小篆。甲骨文和金文参差错落,呈"不齐之齐"的美感。大篆结体比较松散,小篆更为端庄、规范。秦代李斯是中国历史上最早的书法名家,所书《泰山刻石》《会稽刻石》等被推崇为小篆的经典作品。书论家李嗣真说他"小篆之精,古今妙绝";"犹夫千钧强弩,万石洪钟"。(《后书品》)

隶书。"隶书者篆之捷也",起初是篆书的快速写法。到了汉代,隶书完全摆脱了篆书的束缚,成为独立书体。东汉书法家蔡邕作隶书《熹平石经》,碑初立,观看摹写者填塞街巷。书论家张怀瓘说他"篆、隶绝世,犹得八分(汉隶)之精微。体法百变,穷灵尽妙,独步古今"。(《书断》)

草书。草书连绵飞逸,呈现一种流动的美。草书有章草、今草和狂草之分。章草原是隶书的草写体,以西汉史游的《急就章》为代表作。今草最重要的书法家是东汉张芝。三国书法家韦诞曾专攻张芝书法,称赞他"专其精巧,可翻草圣,超前绝后,独步无双"。狂草的代表者为唐代张旭。张旭性格放诞,往往在酒酣之时挥笔作书,愤泄胸中积郁之气,使书法时具癫狂之意,"如神虬腾霄汉,夏云出嵩、华,逸势奇状,莫可穷测"。(《续书断》)

行书。行书有"行云流水"之意,是介于草、楷之间的一种书体。行书大体上可分为行草和行楷两个类别,写得规矩一些的称为行楷,写得放纵一些的称为行草。晋代大书法家王羲之,世称"书圣",所书行楷《兰亭序》,被誉为"天下行书第一"。但是有人认为,他的行草《丧乱帖》兼备雄强与惨淡之美,更是"书圣"真面。

楷书。楷书有书法"楷模"之意,是最为法式化的书体。三国魏时钟繇由隶入楷,成为最早的楷书名家。唐代颜真卿的楷书具有庄重正大的气度,人称"颜体",千百年来始终拥有最多的习学追随者。柳公权学颜字,"其法出于颜,加以遒劲丰润,自名一家",人称"柳体"。书学家周必大评论说:"颜筋柳骨,古有成说。"(《论〈赤箭帖〉》)

在中国书法史上,众多的书法家灿若繁星,不可胜数。除上述大家之外,诸如宋代米芾、元代赵孟頫、明代董其昌、清代邓石如等,都是必须提到的书法名家。

中国书法之所以能够独立于世界艺术之林,一方面由于书法艺术的繁荣,而另一方面则是由于书法理论的发展。中国书法理论举其要者,如汉代蔡邕的《笔论》,晋代卫恒的《四体书势》、卫夫人的《笔阵图》,唐代孙过庭的《书谱》、张怀瓘的《书断》,宋代黄庭坚和苏轼各自的《书论》、明代项穆的《书法雅言》,清代包世臣的《艺舟双楫》、康有为的《广艺舟双楫》,等等。在这些著作中,中国书法的符号学思想有了更为明确、具体的论述。

三、中国绘画符号

"书画同源",这是中国文化史上最著名的比较艺术论之一。然而"书画同源"论从未见诸经传,可能最早来自唐代张彦远的"书画同体"说。其实,书画是否真的"同源"并非那么重要;相比之下,"书画相通"这一命题更为重要得多。从符号学的意义上说,"书画相通"是中国绘画区别于世界上其他绘画的重要特征之一。

　　"书画相通"，首先是书通于画。明代宋镰说："六书首之以象形，象形乃绘事之权舆。"(《画原》)当代唐兰说："表意字往往就是一幅小画。"(《中国文字学》)谢赫《古画品录》也把"应物象形"作为绘画"六法"之一，并看作绘画艺术的一条重要美学原则。其次是画通于书。元代赵孟頫《题秀石疏林图卷》诗云："石如飞白木如籀，写竹还应八法通。若也有人能会此，须知书画本来同。"说的就是把书法技巧应用于绘画。柯九思在《画竹自跋》中说得更为具体："写竹，干用篆法，枝用草书法，写叶用八分法，或用鲁公撇笔法，木石用折钗股、屋漏痕之遗意。"

　　书画相通是中国书画符号的特有现象，这与它们所使用的工具密切相关。中国画简称"国画"，是用毛笔、墨和国画颜料在特制的宣纸或绢上作成的，显然有别于西洋画。

　　中国绘画艺术的符号论是"形神论"，主张"以形写神"，通过"形"而达于"神"。形神论的"形"就是绘画符号的能指，"神"即所指。"形神兼备"是中国绘画艺术符号学的最高追求。

　　早在汉代王延寿《鲁灵光殿赋》中，就有"写载其状，托之丹青"和"随色象类，曲得其情"的句子，前句是指绘画的形似，后句是指神韵，虽然没有"形"、"神"字样，实际上已经提出了形神兼备的要求。

　　到了东晋，顾恺之在他的《画论》中明确地提出了"以形写神"说。顾恺之认为，画家应该以肖形作为传神的依据，但如果形似而不能传神，依然不能算是成功的作品。在他看来，"以形传神"还必须有一个"迁想妙得"的过程。这就是要求画家以自己主观的情思"迁"入绘画对象之中，"妙得"对象的形神，然后加以"迹化"，作品就会具有感人的魅力。

　　关于形神关系，在中国绘画史的长河中大多主张形神兼备，只是表述不尽相同而已。例如唐代白居易说："形真而圆，神和而全。"(《画记》)元代李衎说"似神兼足"(《竹谱》)，"似"即形似。但是也有人在表述中更强调形似的重要性。例如南朝宗炳虽然认为绘画应当"神超理得"，但更强调"以形写形，以色貌色"。(《画山水序》)清代邹一桂也说"写其形，传其神"，然而又说："耳目口鼻一一俱肖，则神气自出。"(《小山画谱》)与这些论述相反，另外一些人则更侧重于传神。例如清代邵梅臣明确地提出："神采为上，形质次之。"(《画耕偶录》)谢堃也说："不在形似，而务求意趣。"(《书画所见录》)元代汤垕说："拘于形似位置，则失神韵气象。"宋代苏轼更说出"论画以形似,见与儿童邻"的见解。(《与鄢陵主簿所画折枝》)还有些人针对不同题材,提出了不同的形、神要求。例如明代王世贞说,"人物以形模为先,气韵超乎其表;山水画以气韵为主,形模寓乎其中";花鸟画首重"传神"。(《艺苑卮言》)

形神论是中国绘画符号论中的核心理论。从中国绘画理论的发展史来看,其他绘画理论几乎都是围绕这一理论展开的,而且都是随着这一理论深化、演变而深化和演变的。

中国文字学有"六书"理论,中国绘画理论则有"六法"。首先提出"六法"理论的是南齐的谢赫。他在《古画品录》中说:"六法者何? 一曰气韵生动是也;二曰骨法用笔是也;三曰应物象形是也;四曰随类赋彩是也;五曰经营位置是也;六曰传移模写是也。"这是中国画法最基本的理论。谢赫以此为准则,评论了 27 位画家,并把他们的作品分为五品。《四库全书总目提要》把绘画"六法"赞为"千古不易"的画法。

"六法"最早是关于人物画的,后来推及所有画种。六法第一法"气韵生动"为六法之本,要求人物画家把绘画对象的精神面貌、神态风韵生动地反映出来。谢赫比顾恺之更强调传神,他宁肯称赏能传神而形似较差的作品,而不称赏那种只注意形似而传不出神来的作品。第二法"骨法用笔",是指这样一种基本技巧:即有骨力的线条,既能表现绘画对象富有生气的动态,又能反映画家主观的气质、情思。在谢赫看来,"骨法用笔"不仅是实现形似的基本手段,而且是"气韵生动"的主要条件。第三、四两法"应物象形"和"随类赋彩",包含有再现现实和发挥画家主观作用、表现主观情思这两方面的要求。第五法"经营位置",强调画家主观情思再造现实的作用。最后一法"传移模写",是指如何对待前人作品,主张学古而不泥古。六法中前五法属于创作方法,后一法为临摹方法。

谢赫认为,每一位画家都必须以绘画六法作为创作和"传模"的准则。从鉴赏和评价作品的角度,也必须把六法作为鉴赏和品评的标准。

中国画的题材主要有人物、山水、花鸟,技法可分为工笔和写意两种。

人物画出现最早。《孔子家语》说:"孔子观乎明堂,睹四门墉,有尧舜之容,桀纣之象,而各有善恶之状,兴废之诫也。"此时的人物画还未脱离"劝诫""教化"的实用范围。

到了晋代,人物画始成为一门自由艺术。大画家顾恺之的人物画,"如春蚕吐茧,初见甚平易,且形似有时或失,细视之,六法兼备,有不可以言语形容者"。(汤垕《画鉴》)。随后六朝谢赫也是一位大人物画家,所画人物不须比照,只凭印象"即极酷肖"。

唐代是人物画最辉煌的时期。阎立本画艺卓绝,所绘凌烟阁功臣像和历代帝王像图卷,艺术价值极高。中唐吴道子有"画圣"之称,所作人物画神采飞扬,跃然扑人;所画神像气魄雄伟,让人不敢逼视。唐代"仕女画"的"曲眉丰颊"是传世唐画最多的一种。

唐代以后,人物画继续发展。南唐顾闳中《韩熙载夜宴图》,成功地表现了主人公放纵不羁的夜生活,是人物画中的杰作。北宋张择端《清明上河图》,展示了京城汴梁广阔的城市人物生活图景,展示了古代风俗画的最高成就。

山水画原是人物画的附庸,大多作为人物画的背景,直到唐代才成为独立的画种。唐代山水画分为"金碧山水"和"水墨山水"两派。前者以唐朝宗室李思训为代表,所作的山水画富有贵族气息,色彩鲜艳,笔法工整细腻。后者创始人是大诗人王维。王维作画以水墨渲淡,寄意深远,体现出"画中有诗"的旨趣,千余年来备受士人拥戴。

宋时山水画家人才辈出,不拘泥于派别,善取前人之长自成一家。大书法家米芾同时也是最富有才华的山水画家,他能融书法和绘画于一体,所作山水画"云烟飘缈,虽信笔草草而极富写实之妙"。宋代山水画已登极顶,但是自元而后仍然时有优秀之作。明末清初石涛,多次游历黄山,常用"搜尽奇峰打草稿"来表达他对造化与山水画之间关系的体悟。

花鸟画出现更晚,直到五代才摆脱装饰、点缀的"附庸"角色。有黄荃父子和徐熙为代表的两个花鸟画派,画史上称为"黄家富贵,徐熙野逸"。黄荃原为后蜀宫廷画师,入北宋画院后,多画珍禽瑞鸟、奇花怪石,画法工整细致,设色富丽浓艳,被奉为画院派的典范。南唐徐熙为江南处士,放达不羁,多画汀花野竹、水鸟渊鱼,落墨较重,设色清淡,颇适合文人的情趣。宋徽宗赵佶能书善画,造诣极高,所画的花鸟画把五代宋初确立的"富贵"体貌进一步完善化。明代徐渭擅长写意花鸟,用笔放纵,水墨淋漓,古拙淡雅,把花鸟画推向了抒发内心情感的新境界。清代初年,八大山人朱耷的花鸟画笔墨精到,冷酷逼人,表现出作者内心愤激、感伤的情怀。

第六节　中国医学符号

一、"天人合一"思想的符号学意义

　　远古时期,我们的祖先由于长时间与大自然作斗争,逐渐积累了一些治疗伤痛疾病的经验。例如吃了某些食物可以消除身上某些症状,用石块或石针刺激身上某些部位可以减轻疼痛,敷上某些草叶可以止血和消除红肿溃烂,这些经验代代相传,越来越丰富。随着文字出现,人们将这些经验记录下来,给予某些理论阐释,就成为原始的医学知识。这样的医学著作,首推《黄帝内经》。《内经》这本书实际上是后人假托黄帝之名,记载黄帝与其医疗大臣岐伯的对话,它应该算是许多代人的集体著作,最后成书约在战国后期或汉代初期,距今已有 2 000 余年。这本书讲述了古代许多治疗和诊断的方法,以及使用这些方法的原理,从医学符号学的角度上说,这些理论具有丰富的符号学思想。

　　"天"与"人"的关系是中国传统哲学普遍关注的一个问题,各派哲学家对此有着不同的解释,但从主流上来说,都是主张"天人合一"的。"天人合一"思想在《尚书·洪范》中就有所体现,后来庄子明确提出:"人与天一也。"(《庄子·山木》)意思是说人自身就是自然的一部分,人的行为要顺应而不能违背自然的规律。不过,庄子的理论过分夸大了自然力量而忽略了人的主观能动性,将人陷入消极无为的地步。荀子与庄子不同,他一方面强调"天行有常,不为尧存,不为桀亡。应之以治则吉,应之以乱则凶",人要"知天",而不与天争职;但在另一方面,人对天可以"物畜而制之","制天命而用之","应时而使之"。(《天论》)荀子认为人对天是可以有所作为,在一定程度上制约"天"的。

　　庄子的"人与天一也"与荀子的"制天命而用之"的两种思想在中国传统医学中得到了统一,《内经》既强调人体必须顺应自然的规律,同时也强调人可以预防与治疗疾病,这就是人对自然的制约。但预防疾病也好,治疗疾病也好,都要以顺应自然规律为前提。

　　《内经·素问·四气调神大论篇》说:"夫四时阴阳者,万物之根本也,所以圣人春夏养阳,秋冬养阴,以从其根,故与万物沉浮于生长之门。逆其根,则伐其本、坏其真矣。故阴阳四时者,万物之终始也,死生之本也,逆之则灾害生,从之则苛疾不起,是谓得道。道者,圣人行之,愚者佩之。从阴阳则生,逆之则死,从之则治,逆之则乱,反顺为逆,是谓内格。"四时、阴阳、春夏秋冬,显然属于自然现象,是荀子所谓的"天职",是"万物之根本",人不可"逆之",否则社会"灾害生",但人可以"得道"而"从之","苛疾不起"。

《内经·灵枢·顺气一日分为四时》篇中说:"黄帝曰:愿闻四时之气。岐伯曰:春生,夏长,秋收,冬藏,是气之常也。人亦应之,以一日分为四时:朝则为春,日中为夏,日入为秋,夜半为冬。朝则人气始生,病气衰,故旦慧;日中人气长,长则胜邪,故安;夕则人气始衰,邪气始生,故加;夜半人气入脏,邪气独居于身,故甚也。黄帝曰:其时有反者何也? 岐伯曰:是不应四时之气,脏独主其病者,是必以脏气之所不胜时者甚,以其所胜时者起也。黄帝曰:治之奈何? 岐伯曰:顺天之时,而病可以期。顺者为工,逆者为粗。"这里讲的都是人应顺应天时,以预防和治疗疾病。

从上述引文中可以看出中国古代医学中的一个符号学特点,即人们往往使用同一套符号系统,既指称自然界的现象,也指称人体的生理、病理现象。例如,自然界有阴阳,人体也有阴阳;自然界分四时,人体也分四时;自然界有"五行相克",人体中也有五行相克。

依据"天人合一"的理论,在中医理论中指称对象的符号是多义的,而这多种含义却表达了现象之间的内在联系或内在统一性。例如,自然界有"春夏秋冬"四时变化,人体实际上并没有什么"春夏秋冬",但是人的一日确实有早、中、晚、夜的变化,早上"人气始生",人的精神特别好,就像春天一样,万物蓬勃生长;日中气长,像是自然界的夏天;傍晚人气始衰,就像秋天一样,万物开始凋零;深夜邪气上升,像是自然界的冬天。可以看出,人体一天的变化与自然界春夏秋冬的变化有其相似性。所以中医学对人体也使用了"四时"的概念。从符号学的角度看,这种人体的"四时"的概念实际上是自然界"春夏秋冬"四时概念的一种隐喻。

二、"阴阳""五行"的符号结构

"阴阳""五行"是古代中国哲学的基本范畴,也是中国传统医学的基本范畴。"阴""阳"概念在中国形成甚早,甲骨文中已出现"阳"字,金文中出现"阴"字。从词义上看,当时"阴""阳"二字表示的都是具体概念,反映具体的事物或属性。如"阳"表示"日",表示"明亮";"阴"表示"月",表示"晦暗"。随后,人们注意到"阴""阳"在词义上的对立统一关系,于是从它们的具体词义逐步加以抽象,形成两个基本范畴。

《内经》中有大量的篇幅谈论"阴阳"范畴。"阴阳"成了中医传统理论的基础,可以说不懂"阴阳"就不懂中医。《内经·素问》共81篇,其中直接以"阴阳"为篇名的就有六篇,其余各篇几乎都涉及"阴阳"。《上古天真论篇》一开始就说"上古之人,其知道者,法于阴阳,和于术数,食饮有节,起居有常,不妄作劳,故能形与神俱,而尽终其天年,度百岁乃去"。篇中将人分为"真人""至人""贤人"。"真人者,提挈天地,把握阴阳";"至人者,淳德全道,和于阴阳",这是说"把握阴阳"、"和于阴阳"是使人健康长寿的根本。在《阴阳应象大论篇》和《金匮真言论篇》也都有大量关于阴阳的论述。这里的阴阳表示的是表里、内外、雌雄的一种对应关系,人体任何部分都分处于某种联系之中。为此,我们将中医理论中的"阴阳",只能看作表示人体外部与内部,以及内部各脏腑之间具有对立统一关系的抽象符号。人体就是一个具有阴阳二性的结构系统。

"五行"思想也是如此。最早提出"五行"思想的也是《尚书·洪范》篇。它说:"五行,一曰水,二曰火,三曰木,四曰金,五曰土。水曰润下,火曰炎上,木曰曲直,金曰从革,土爰稼穑。润下作咸,炎上作苦,曲直作酸,从革作辛,稼穑作甘。"《墨子·经下》也说:"[经]五行毋常胜。说在多。""[说]五:金水土火木。然(燃)火铄金,火多也。金靡炭,金多也。金之府(附)水,火离(附)木识(炽)。若糜与鱼之数,惟所剩。"很明显,这里的"五行"也是指自然界的五种元素的相互关系。

中国传统医学认为人体中也存在一种"五行"的关系,也就是说人体各部分也具有"水、火、木、金、土"的属性。《素问·五运行大论篇》说:"南方生热,热生火,火生苦,苦生心,心生血,血生脾。其在天为热,在地为火,在体为脉,在气为息,在脏为心。""中央生湿,湿生土,土生甘,甘生脾,脾生肉,肉生肺。其在天为湿,在地为土,在体为肉,在气为充,在脏为脾。""五气更立,各有所先,非其位则邪,当其位则正。"在自然界中,"五行"相生相克,中国传统医学也认为,在人体中"五行"同样具有"相生""相克"的性质。

中医学的"五行"学说使人感到有些勉强。实际上传统医学使用"五行"学说只能说是一种隐喻手法。"木""火""土""金""水"只能看作是表达人体各个部分相互联系、相互制约的符号,它们并不具有原来的实体意义。人体的"阴阳""五行",这些隐喻性符号组成人体的一个严密的系统。它们要求医生在解释病因与治疗疾病时必须有整体观念,要找出病症之间的因果联系,而不是头痛医头,脚痛医脚。例如《阴阳离合论篇》说:"故善用针者,从阴引阳,从阳引阴,以右治左,以左治右,以我知彼,以表知里,以观过与不及之理,见微得过,用之不殆。"还说:"审其阴阳,以别柔刚,阳病治阴,阴病治阳,定其血气,各守其乡。"可见强调人体各部相互联系、相互制约的整体观念,是中医理论中的一大特色。

此外,中国传统医学还特别强调"五行"思想必须与"四时"观念以及"地域"观念相结合。《阴阳应象大论篇》说:"天有四时五行,以生长收藏,以生寒暑燥湿风,人有五脏化五气,以生喜怒悲忧恐。"还说"东方生风","南方生热","中央生湿","西方生燥","北方生寒"。我们求其合理内核,就在于它要求诊断病情一定要与时间、地点等环境因素相结合。从符号学的角度看,就是作出判断,一定要与"语境"相结合,除了要考察患者身体的内在症状,还要考察患者所处的外部环境。

三、"望、闻、问、切"——获取人体疾病征候的主要方法

"望、闻、问、切"是中国传统医学最常用的诊断方法。诊断病情主要依据患者所表现出来的症状,如发烧、咳嗽、疼痛等,从符号学的角度看,就是治病必须掌握患者所出现的"征候"。"征候"属于指索符号。这种符号的特征主要在于符号与所指称的对象之间存在一定的因果联系。人不论患有什么疾病,必然会有一定的征候,到一定时候疾病就会明显起来。所以医生必须善于依据患者的征候进行综合判断,否则就可能产生误诊或延误治疗的严重后果。

"望诊"就是医生通过自己的视觉,观察患者机体的外部神色形态以及患者的分泌物、排泄物等,以确定病情的一种诊断方法。例如观望患者目光是否有神;面色是否红润;五官是否出现异常;皮肤是否有光泽,是否浮肿,是否有斑点;关节是否变形,敲击后反应是否正常;患者行动是否方便;分泌物、排泄物形态是否有异,等等。在中国传统医学中,望诊是医生观察患者首先采用的方法。

"闻诊"是通过医生的嗅觉或听觉了解患者病情的一种方法。例如,听患者

讲话是否清晰;呼吸是否急促;是否出现咳嗽、哮喘、呃逆、嗳气的现象;口腔、鼻腔是否散发异味,等等。

"问诊"是医生通过与患者或患者家属的对话以了解上述望诊、闻诊难以直接了解到的讯息,如患者过去的病史;患者此时此刻的自我感觉;患者的饮食状况;大小便的情况;患者近期接触过什么人或什么东西,等等。

"切诊"就是通过医生手指把握患者手腕上的桡动脉以了解病情的一种方法。中国传统医学认为,人的左右手的桡动脉表现着不同的脉象,不同的脉象又是与不同的脏腑相连接的。例如手的桡动脉自外向内分为寸脉、关脉、尺脉,左手分别与心、肝、肾相联系,右手则与肺、脾、命(命门)相联系。不同部位的脉动现象反映不同部位的内脏情况。传统医学将脉分为浮脉、沉脉、滑脉、涩脉、虚脉、实脉、长脉、短脉等共 28 类,不同脉象表现不同的病因。例如"浮脉"的部位较浅,浮取搏动有力,重按搏动减弱,概括起来说就是"举之有余,按之不足"。它见于外感表证及热病初期。所以浮脉就是外感或热病初期的征候。又如"洪脉"是以脉形粗大,搏动有力,重按不减弱为特征,它表示热盛,即各种热病的极期,患者会出现高烧、烦渴、大汗、便秘等症状。所以洪脉是热症的征候。将脉象看作疾病的征候,是中国传统医学观察患者的一个不可或缺的环节。但脉象也不是孤立的现象,它可能因患者的生理条件、气候条件或其他因素而有所变化,医生必须结合其他征候来综合考虑,而避免治疗上的片面性。

上述这些在《内经》中早有论述。如《阴阳应象大论篇》中就说过:"善诊者察色按脉,先别阴阳,审清浊,而知部分,视喘息,听声音,而知所苦,观权衡规矩,而知病所主,按尺寸,观浮沉滑涩,而知病所生,以治无过,以诊则不失矣。"《脉要精微论篇》也说:"切脉动静而视精明,察五色,观五脏有余不足,六腑强弱,形之盛衰,以此参伍,决死生之分。"

现代西方医学对疾病征候的掌握随着科学仪器的发展而日益精确,中国的传统医学应该吸取这些先进的方法,但"望闻问切"至今仍是传统中医获取人体疾病症候的主要方法。

四、人体的"经络"系统

中国传统医学认为,人体(甚至动物体中)存在一个"经络"系统。"经"是"路径"的意思;"络"是"网络"的意思。"经络"包括"经脉"和"络脉"两个部分。经脉是指人体由上而下的主干路线,络脉是指由主干分出的许多横向分支。经脉与络脉组成一个完整的系统。在《内经》中,特别是在《灵枢》篇中,主要谈论的就是经络以及利用经络理论进行针刺治疗的内容。经络系统从现代解剖学上说,既非神经系统,也非血管系统,也就是说,到目前仍未找到它的实体,但是通过针刺与推拿,人们可以非常明显地感觉到它的存在,而且也有着显著的疗效。因此,可以说经络理论是中国传统医学的一个"奇迹",是我们先祖的一个伟大发现。

传统医学将经络分为十二经脉,奇经八脉,十二经别,十五络脉,以及无数的细小络脉。每一条经络上有不少与脏腑相连接的点,通常称为"穴位",或称"腧"(音"输",同"俞")。穴位的主要功能在于使经络之气得以散发、通行。穴位还具有反应病痛的作用。中医认为,"痛则不通,通则不痛",也就是说,按在什么地方有痛感,表明与之相联系的脏腑有病。《灵枢·九针十二原》篇中说"节(即穴位)之交,三百六十五会","所言节者,神气之所游行出入也,非皮肉筋骨也"。还说:"五脏之有疾也,应出十二原。十二原各有所出。明知其原睹其应,而知五脏之害矣。"这就是说:五脏有疾病,应出自十二原穴。因为十二原穴各有所属的内脏。清楚地知道了原穴,通过观察原穴的反应情况,就可以知道五脏的疾病所在。依据这个理论,中医使用针灸或推拿的方法,刺激一定的穴位,就可以治疗疾病。例如,刺激手厥阴心包络经的内关穴(在腕关节正中直上二寸处),就可以治疗心脏方面的疾病;刺激足阳明胃经的足三里穴(在膝盖下端外边一寸处),就可以治疗胃肠方面的疾病。用针灸或推拿刺激穴位时,穴位处会产生一种酸胀甚至酸痛的感觉,中医称之为"得气"。"气"在中国传统哲学中是一个非常重要的范畴,在中国传统医学中也是一个十分重要的概念。在《内经》一书中曾从不同的方面对它进行过论述,不过也如"阴阳"概念一样,有论述却无精确的定义,它是人可以感受但难以直接观察的非常细微的物质存在。中医认为,人之有生命,就在于他有"精气"。《宝命全形论篇》中说:"天覆地载,万物悉备,莫贵于人。人以天地之气生,四时之法成。"人如果得了疾病,就在于他得了"邪气"。用针灸治病,就是要激发人的正气以战胜邪气。我们说中医所谓的"气"是物质性的,在于针刺"得气"的酸胀感觉并不以个人的意志为转移,并不是谁说有就有,谁说无就无。患者在"得气"后，酸胀感觉的移动路线是基本相同的，它就是沿着所取的经络路线移动的。

以现代符号学的观点看中国传统医学的"经络"理论，所谓"经络系统"，就是人体中的一种指索性符号系统，"穴位"相当于指索符号的"能指"，与其相对应的脏腑讯息就是"所指"，针刺穴位后人体的得气反应就表现为符号过程的实现。这种符号过程一般都是一对一的关系，如"足三里"对应于"胃脏"。但是由于人体经络是互相联系着的，因此针刺的效果不仅表现在本穴位所在的经络上，也可能影响到与其相连接的其他经络上。为此，中国的针灸学特别考虑针刺配穴的问题。中国传统医学一反所谓"头痛医头，脚痛医脚"的方法，配穴一定要从人体整体的经络系统考虑，实行所谓"上病下治，内病外治"。例如头痛，除了在头部的"百会""风池"取穴外，还可以到手部的"合谷"和脚部的"足三里"取穴。这种远处取穴的方法，其反应非常迅速，效果明显。

针刺配穴还存在一个"组合"和"聚合"符号学问题。例如在针灸中，医生确诊患者的病情后，就要选择将哪些穴位组合起来进行治疗，也要考虑哪些穴位可以经常替换，以免总是在同一穴位上针刺。如胃痛，可以取穴"中腕"与"足三里"，也可以取穴"中腕"与"梁丘"，也可以取穴"合谷"与"劳宫"，也可以取穴"内关"与"公孙"。这样，"中腕"与"足三里"就存在组合关系，而"足三里"、"梁丘"、"劳宫"等就存在聚合关系。有经验的医生都知道针对患者的具体情况，采取不同的组合与聚合的配穴方法去治疗疾病。

中国古代医学与现代西方的格式塔心理学理论有相符之处，即它处处强调经验与行为的整体性，观察病情要从病人的整体症状考虑，而反对结构主义心理学的元素主义，即心部的病只考虑心脏问题，肺病只考虑肺部的问题，因此中医强调内病外治，冬病夏治，左病右治，右病左治，胃痛扎针扎脚部的足三里穴，头痛则扎手部的合谷穴。中国传统的针灸按摩虽然至今仍未找到人体的经络的实体系统，但用西方行为主义心理学的刺激反应理论仍可得到详尽的解释。不同的人在相同的部位扎针，其反应的针感系统是相同的，其疗效也是相同的。所以，现在虽有不少西医学者大力反对中医理论，但相信中医理论的人仍不占少数，我们应该承认中医理论的有它一定的合理性，当然，我们仍需要对它进一步研究，给予更科学的解释。

第七节　现代符号学研究

一、赵元任《符号学大纲》

赵元任(1892—1982)是中国著名的语言学家。1926 年,赵元任在上海《科学》杂志发表了《符号学大纲》一文,第一次提出了"符号学"这个概念,系统地阐述了什么是符号、符号与对象的关系,并且提出了建立"普通符号学"的任务,以及符号的应用问题。

值得关注的是,赵元任《符号学大纲》发表于 1926 年,距离索绪尔过世(1913)和皮尔斯过世(1914)都只有十多年时间,而且似乎没有读到索绪尔《普通语言学教程》和皮尔斯的符号学著作[①]。也就是说,赵元任应该是独立地提出了建立"普通符号学"任务的。这在当时的中国,可以说是很了不起的。

1. 什么是"符号"

在《符号学大纲》中,赵元任说"要问符号是什么,最好先举些例子做归纳的材料"。在文章中,他举出了数学符号、音乐符号、文字符号、几何符号、旗帜符号和图书编号等一系列实例,然后归纳出符号的基本成素:空间、时间、声音、颜色、数和强度,指出把符号的不同成素组合起来就可以成为一个符号。他还在一些实例中具体地讨论了符号的边界,指出在什么情况下是符号,什么情况下不是符号。赵元任虽然没有给出符号的严格定义,但也足以让读者明白"符号是什么"了。

文章进一步讨论了"符号是怎样产生的"的问题。他认为符号的产生可分为三种情况:天然的、人工的和机器的。比如语言"是几千几万年渐渐演进出来的一套天然符号",文字是"人为的符号",文字在"刻好的板上印出来"就是机器的符号了。他所说的符号三种产生方式,也可以看作符号按产生方式分类,即把符号分为天然符号、人工符号和机器符号。如果我们把机器符号看作人工符号的一种,那就同我们今天把符号分为自然符号和人工符号完全一致了。

[①]　据[英]特伦斯·霍克斯《结构主义和符号学》(瞿铁鹏译,上海译文出版社 1987 年版,第 20 页)云:由于两次世界大战的原因,索绪尔《普通语言学教程》直到 1959 年才有英译本面世。

2. 符号与对象

赵元任在《符号学大纲》中没有说到符号是二元关系还是三元关系,但他确实认真地讨论了符号(符形)与对象的关系,包括符号与对象的相连法、界限、层次与结构、相配关系等。赵元任认为:"符号之所以为符号,并不是从符号的本身上可以看得出来的,是看这事物有所代表没有,假如某事物是代表他事物的,无论两者属何性质,前者就叫后者的符号,后者就叫前者的对象。"("某事物是代表他事物的",的确道出了"符号"的本质。)赵元任说,符号与对象是通过联想相连接的,联想的程度越深,符号也就越有效。但是,他也指出符号与对象的界限是模糊不清、不易区分的。"比方跟亲人接吻作为亲近态度的符号,但接吻事情的本体在外国人虽然认为一个常用的符号,在中国人却拿它当一种对象的一部分了。"在符号与对象的层次结构方面,他认为符号与对象是相对的,同一件事物,乙可以既是甲的对象,又是丙的符号。他把符号与对象的相配关系分为四种,分别是1-1相配的关系,1-n相配的关系,n-1相配的关系,n-n相配的关系,实际上说的是符号对象与符号形体之间的指称或映射关系。

赵元任所说的"符号与对象"不是索绪尔的能和所指关系,他所说的"某事物代表他事物"的符号,应该是皮尔斯符号学说中的符号形体与符号对象之间的关系,然而在实际上似乎并不那么确定。比如"口"字是符号,人物的口是对象,当然是正确的,可是说交通路口的红灯是符号,"停止前进"是对象,就有问题了。在皮尔斯的符号三元关系中,"停止前进"是解释项而不是符号对象。从这里可以看出,赵元任对于符号的三元结构关系并不是那么明确和确定的。

3. "普通符号学"

赵元任在《符号学大纲》中指出:"'符号学'这三个字本来不成名词;这篇东西就是要陈说在学术当中有建立一种符号学的可能,所以加了一套引号来把它介绍进来。在西文中 symbolics、symbology(或简作 symbology)这类名词,也曾见过,但在这类名词下所论的问题,都有点偏重符号的哲理,不是本篇所论普通的符号学。"赵元任在这里确定无疑地指出了自己要建立的是"普通符号学"。为了说明建立"普通符号学"的必要性,赵元任指出:"符号这东西是很老的了,但是拿一切的符号当一种题目来研究它的种种性质跟用法的普遍的原则,这事情还没有人做过。因此虽然有好些学问里的符号系统十分发达,而在别门学问里研究到事理上与前者很相近的题目,还不会去采用或仿效它,还只晓得用很笨的符号。……但是一个人断难把各种学术里的符号都学了来预备着用。所以最好要有一个普遍的符号学。"

从以上引文不难看出,赵元任建立"普通符号学"的思想大概受到当时西方哲学的影响,由此及彼地思考出来的,所以没有提到 semiotics 或 semiology 的专门术语。赵元任说:"符号这东西是很老的了,但是拿一切的符号当一种题目来研究它的种种性质跟用法的普遍原则,这事情还没有人做过。"那么怎样建立这门科学呢? 他说:"里头的工作是: 1. 研究符号的性质(这项工作已经有些哲学家做过一点了)。2. 调查与分析各门学术里所用的那些符号系统。以上属理论符号学。3. 研究符号好坏的原则。4. 改良不好的符号,创造缺乏的符号。以上是应用符号学。"看来赵元任的设想还挺具体。

4. 符号的应用

赵元任明确区分了理论符号学和应用符号学。关于符号的应用,赵元任指出了符号的四种用处:一是唤起事物的联想;二是唤起情感作用;三是传达命令;四是作联想的中心点。此外,他还提出了符号应用的诸多原则,比如要简单、要美、要容易做、要容易传播与接收、要容易构想、要小、要省、符号与对象相配的关系要明白、符号与对象要相干、符号的总数不可过大也不可过小,等等。

总之,赵元任的《符号学大纲》是颇具开创性的,在当时也是属于前沿性思想理论的。

二、当代中国的符号学研究

赵元任在 1926 年首次提出了《符号学大纲》,并提出建立"符号学"这门学科,本来应该带动中国学界掀起符号学研究的热潮,但是事实上的中国学界依然比较冷清,这篇文章似乎被人们莫名其妙地遗忘了。

然而,中国毕竟是一个有着数千年符号学思想传统的国家,中国当代的符号学研究,好像符号学百花园里的奇葩。赵元任《符号学大纲》发表及其以后一段时间为萌芽期;这段时间以后直到 20 世纪末年为生长期;21 世纪以来为花盛期。

《符号学大纲》发表后的这段时间里,中国学界的符号学研究也并非只有沉寂。比如 1965 年,台湾文星书店出版何秀煌《记号学导论——语用学、语意学、语法学》一书,在海内外都有一定的影响。

就中国大陆来说,早在 20 世纪 40 年代,周礼全当时作为清华大学的一位青年学者,就同莫里斯有过学术交往。60 年代,周礼全翻译了莫里斯《指号、语言和行为》一书,此后又翻译了波兰哲学家沙夫的《语义学引论》(均署名罗兰、周易)。这两本书分别于 1989 年和 1979 年由上海人民出版社和商务印书馆出版发行。

周礼全一直倡导语言逻辑和符号学研究。他在主编的《逻辑——正确思维和有效交际的理论》一书中指出:"本书企图在现代逻辑、语法和修辞的基础上,在现代语形学、语义学和语用学的基础上,实现一个新的三结合。"①在周礼全的倡导下,1989 年中国符号学研究会成立,会长李先焜。在研究会的组织和影响下,1992 年、1997 年和 2002 年三次召开东亚符号学研讨会。这些活动对于中国当代的符号学研究具有一定的推动作用,扩大了中国符号学研究在国际上的影响。

20 世纪 80 年代改革开放以来,"中国当代符号学研究"的奇葩犹如"久旱逢甘雨",蓬蓬勃勃生长起来,一派生机。早在 1988 年 1 月,李幼蒸、赵毅衡等学者就在北京召开了"京津地区符号学讨论会",这是中国符号学者的一次重要集会。继语言逻辑学界的"符号学研究会"成立之后,全国不同类型的符号学研究会也相继成立。符号学的各项活动迅速开展起来。

20 世纪 80 年代,译介西方符号学的重要著作先后出版。如索绪尔《普通语言学教程》,高名凯译,商务印书馆 1982 年出版;卡西尔《人论》,甘阳译,上海译文出版社 1985 年出版;皮埃尔·吉罗《符号学概论》,怀宇译,四川人民出版社 1988 年出版;罗兰·巴尔特《符号学原理》,李幼蒸译,三联书店 1988 年出版,王东亮译,三联书店 1999 年出版;艾柯《符号学理论》,卢德平译,中国人民大学出版社 1990 年出版。这些译作的问世,对于中国符号学者学习和研究当代符号学思想起了重要的作用。

与此同时,中国学者的符号学研究成果也陆续出版。其中包括:李幼蒸《理论符号学导论》,中国社会科学出版社 1993 年出版;肖峰《从哲学看符号》,中国

---

① 周礼全主编:《逻辑——正确思维和有效交际的理论》,人民出版社 1994 年版,第 28 页。

人民大学出版社 1989 年出版；俞建章、叶舒宪《符号：语言与艺术》，上海人民出版社 1988 年出版；丁尔苏《语言的符号性》，外语教学与研究出版社 2000 年出版；徐烈炯《语义学》，语文出版社 1990 年出版；何自然《语用学概论》，湖南人民出版社 1988 年出版；索振羽《语用学教程》，北京大学出版社 2000 年出版；陈宗明主编《中国语用学思想》，浙江教育出版社 1997 年出版；等等。这些著作，有的具有探索的性质，有的则已经达到较高的学术水平。

　　跨进 21 世纪，中国当代符号学研究的奇葩进入花盛期，花开烂漫，满园春色，一大批优秀成果相继面世。例如，李幼蒸《理论符号学导论》(2007 年第三版)、赵毅恒《符号学》(2012 年修订版)、王铭玉《语言符号学》(2004)、苟志效《意义与符号》(2011)、李伯聪《高科技时代的符号世界》(2001)、黄亚平和孟华《汉字符号学》(2001)、陈宗明《汉字符号学——一种特殊的文字编码》(2001)、黄汉华《音乐符号学》(2005)、余志鸿《传播符号学》、李思屈《广告符号学》(2004)、肖鹏程《文化符号学导论》(2005)、卢德平《青年文化的符号学阐释》(2007)、林信华《社会符号学》(2011)、郭鸿《现代西方符号学纲要》(2008)，等等。据统计，2010 年后，中国的符号学著作以每月三本的速度推出，好几家出版社都在推出符号学翻译或专著系列。① 在中国知网上，2012 年以"符号"为主题的文献有一万多篇，以"符号学"为主题的文章有 691 篇，即大概每天产出 30 篇以符号为主题的论文，2 篇以"符号学"为主题的文章。② 十年后的 2022 年以"符号学"为主题的文章有一千余篇。

　　近十年来，中国学者进一步对符号学经典理论进行回溯和阐发，如赵毅恒《广义叙述学》(2013)、《哲学符号学：意义世界的形成》(2017)、方小莉《叙述理论与实践——从经典叙述学到符号叙述学》(2016)、王铭玉《符号学思想论》(2021)、赵星植《当代符号学新潮流研究(1980—2020)》(2021)，抑或提出构建中国自主的符号学理论体系，如赵毅恒《符号学：原理与推演》修订本(2016)、孟华《"中性"——汉字中所隐含的符号学范式》(2017)、王铭玉和孟华《中国符号学发展的语象合治之路》(2021)等。整体而言，中国符号学研究已形成两条特色鲜明、互补融合的研究路径：一是语言符号学路径，"从语言符号学角度，建构了一

---

① 赵毅恒：《中国符号学六十年》，《四川大学学报》(哲学社会科学版)2012 年第 1 期。
② 饶广祥：《2012 年中国符号学发展报告》，《符号与传媒》2013 年第 1 期。

套能包含所有非语言符号表意的宏观符号学理论框架,拓新了语言符号学、语言学的边界"①。二是文化与传播符号学路径。"该学派一方面注重中国符号学原创性理论的开拓与建构,特别是中国传统符号学思想与现代符号学理论的勾连,别具一格的理论体系,成为当今全球符号学运动的一个重要阵地。"②

特别值得一提的是,近期有的学者专门就中华文化符号的层次、特征与传播做了深入研究,提出了自己独到的见解。比如,刘莉认为:"在中华文化符号体系中,以日常生活符号为基础、描述性象征符号为支撑、总概性象征符号为统摄,构成由'表象符号—意象符号—意指符号'由浅入深的符号体系,体现了文化符号在生活实践、意义框架和政治规约三重逻辑中被规定、赋意和表达的复杂动态过程,也体现了人民群众在接受中华文化符号过程中沿着'感悟表象—理解意象—认同意指',逐层铸牢中华民族共同体意识的心理过程。"③也有学者以图文并茂的形式刻画并阐释我们生活中常见的文化符号中浓缩的中华文明,旨在通过对多种文化符号的详尽阐释增强读者的文化认同。④ 这些成果大大拓宽了中国符号学研究的路径,无论是在理论探索层面还是实际应用方面,都对我们具有重要的启发价值。

---

① 赵星植:《当代符号学新潮流研究》,四川大学出版社 2021 版,第 35 页。
② 同上。
③ 刘莉:《中华文化符号的层次、特征与传播》,《新疆师范大学学报(哲学社会科学版)》2023 年第 3 期,第 108 页。
④ 赵运涛:《符号里的中国》,中华书局 2021 年版。

主要参考文献

〔瑞士〕索绪尔著,高名凯译:《普通语言学教程》,商务印书馆 1980 年版。

〔美〕皮尔斯著,赵星植译:《皮尔斯:论符号》,四川大学出版社 2014 年版。

〔意〕艾柯著,卢德平译:《符号学理论》,中国人民大学出版社 1990 年版。

〔美〕莫里斯著,罗兰、周易译:《指号、语言和行为》,上海人民出版社 1989年版。

〔法〕罗兰·巴尔特著,李幼蒸译:《符号学原理》,三联书店 1988 年版。

〔法〕罗兰·巴尔特著,王东亮等译:《符号学原理》,三联书店 1999 年版。

〔美〕约翰·迪利著,张祖建译:《符号学基础》(第六版),中国人民大学出版社 2012 年版。

〔法〕罗兰·巴尔特著,董学文、王葵译:《符号学美学》,辽宁人民出版社 1987 年版。

〔法〕皮埃尔·吉罗著,怀宇译:《符号学概论》,四川人民出版社 1988 年版。

〔日〕池上嘉彦著,张晓云译:《符号学入门》,国际文化出版公司 1985 年版。

〔英〕特伦斯·霍克斯著,瞿铁鹏译:《结构主义和符号学》,上海译文出版社 1987 年版。

〔法〕罗兰·巴尔特著,汪耀进、武佩荣译:《一个解构主义的文本》,上海人民出版社 1996 年版。

〔德〕卡西尔著,甘阳译:《人论》,上海译文出版社 1985 年版。

〔波兰〕沙夫著,罗兰、周易译:《语义学引论》,商务印书馆 1979 年版。

〔法〕格雷马斯著,蒋梓骅译:《结构语义学》,百花文艺出版社 2001 年版。

〔英〕利奇著,李瑞华等译:《语义学》,上海外语教育出版社 1987 年版。

〔美〕莱科夫等著,张文熊等译:《语用学与自然逻辑》,开明出版社 1994 年版。

〔德〕鲍亨斯基著,童世骏、邵春林、李福安译:《当代思维方法》,上海人民出版社 1987 年版。

〔美〕诺姆·乔姆斯基著,邢公畹等译:《句法结构》,中国社会科学出版社 1979 年版。

〔瑞典〕詹斯·奥尔伍德、拉斯·冈纳尔·安德森、奥斯坦·达尔著,王维贤、李先焜、蔡希杰译:《语言学中的逻辑》,河北人民出版社 1984 年版。

〔瑞典〕詹姆·麦考莱著,王维贤、徐颂列、黄华新等译:《语言的逻辑分析——语言学家关注的逻辑问题》,浙江大学出版社 2011 年版。

〔德〕马克斯·本泽、伊丽莎白·瓦尔特著,徐恒醇编译:《广义符号学及其在设计中的应用》,中国社会科学出版社 1992 年版。

〔法〕罗兰·巴尔特著,孙乃修译:《符号帝国》,商务印书馆 1996 年版。

〔法〕高概著,王东亮编译:《话语符号学》,北京大学出版社 1997 年版。

〔法〕尤瑟夫·库尔泰著,怀宇译:《叙述与话语符号学》,天津社会科学出版社 2001 年版。

〔美〕苏珊·朗格著,滕守尧、朱疆源译:《艺术问题》,中国社会科学出版社 1983 年版。

〔法〕罗兰·巴尔特著,敖军译:《流行体系:符号学与服饰符码》,上海人民出版社 2000 年版。

〔英〕乔纳森·卡勒著,张景智译:《索绪尔》,中国社会科学出版社 1989 年版。

〔法〕路易·让·卡尔伟著,车槿山译:《结构与符号——罗兰·巴特传》,北京大学出版社 1997 年版。

李幼蒸编译:《结构主义和符号学》,三联书店 1987 年版。

李幼蒸著:《理论符号学导论》,中国社会科学出版社 1993 年版。

郭鸿编著:《现代西方符号学纲要》,复旦大学出版社 2008 年版。

赵元任著：《符号学大纲》,《科学》1926 年第 11 卷第 5 期。

赵元任著：《赵元任语言学论文集》,商务印书馆 2002 年版。

赵毅衡著：《符号学》,南京大学出版社 2012 年版。

何秀煌著：《记号学导论》,台北文星书店 1965 年版。

陈宗明著：《符号世界》,湖北人民出版社 2004 年版。

王红旗著：《符号之谜》,中国国际广播出版社 1889 年版。

肖峰著：《从哲学看符号》,中国人民大学出版社 1989 年版。

王德胜著：《科学符号学》,辽宁大学出版社 1992 年版。

王铭玉著：《语言符号学》,高等教育出版社 2004 年版。

王铭玉等著：《现代语言符号学》,商务印书馆 2013 年版。

俞建章、叶舒宪著：《符号：语言与艺术》,上海人民出版社 1988 年版。

丁尔苏著：《符号与意义》,南京大学出版社 2012 年版。

苟志效著：《意义与符号》,广东人民出版社 2003 年版。

陈宗明著：《汉字符号学——一种特殊的文字编码》,江苏教育出版社 2001 年版。

黄亚平、孟华著：《汉字符号学》,上海古籍出版社 2001 年版。

赵毅衡著：《文学符号学》,中国文联出版公司 1990 年版。

林岗著：《符号·心理·文学》,花城出版社 1986 年版。

金克木著：《文化卮言》,上海文艺出版社 1996 年版。

肖鹏程著：《文化符号学导论》,北京大学出版社 2005 年版。

肖鹏程著：《文化符号学——中国社会的肌理与文化法则》,上海人民出版社 2009 年版。

卢德平著：《青年文化的符号学阐释》,社会科学文献出版社 2007 年版。

巫汉祥著：《文艺符号新论》,厦门大学出版社 2001 年版。

黄汉华著：《抽象与原型——音乐符号论》,上海音乐出版社 2004 年版。

刘智著：《新闻文化与符号》,科学出版社 1999 年版。

李思屈著：《广告符号学》,四川大学出版社 2004 年版。

余志鸿著：《传播符号学》,上海交通大学出版社 2007 年版。

袁立本著：《演出符号学导论》,中国广播电视出版社 2009 年版。

李思屈著:《东方智慧与符号消费——DIMT 模式中的日本茶饮料广告》,浙江大学出版社 2003 年版。

杜勤著:《"三"的文化符号论》,国际文化出版公司 1999 年版。

杨昌国著:《符号与象征——中国少数民族服饰文化》,北京出版社 2000 年版。

徐烈炯著:《语义学》,语文出版社 1990 年版。

蒋严、潘海华著:《形式语义学引论》,中国社会科学出版社 1998 年版。

何自然、冉云平主编:《语用与认知》,外语教学与研究出版社 2001 年版。

何自然著:《语用学概论》,湖南人民出版社 1988 年版。

索振羽编著:《语用学教程》,北京大学出版社 2000 年版。

何兆熊主编:《新编语用学概要》,上海外语教育出版社 2000 年版。

姜望琪著:《当代语用学》,北京大学出版社 2003 年版。

左思民著:《汉语语用学》,河南人民出版社 2000 年版。

熊学亮著:《认知语用学》,上海外语教育出版社 2001 年版。

钱冠连著:《汉语文化语用学》,清华大学出版社 2002 年版。

张斌峰著:《人文思想的逻辑——语用学与语用逻辑的维度》,天津人民出版社 2001 年版。

陈宗明主编:《中国语用学思想》,浙江教育出版社 1997 年版。

祝东著:《先秦符号思想研究》,四川大学出版社 2014 年版。

周礼全主编:《逻辑——正确思维和有效交际的理论》,人民出版社 1994 年版。

王维贤、李先焜、陈宗明著:《语言逻辑引论》,湖北教育出版社 1989 年版。

陈宗明主编:《汉语逻辑概论》,人民出版社 1993 年版。

邹崇理著:《自然语言逻辑研究》,北京大学出版社 2000 年版。

李先焜著:《语言、符号与逻辑》,湖北长江出版集团、湖北人民出版社 2006 年版。

邹崇理著:《逻辑、语言和信息》,人民出版社 2002 年版。

蔡曙山著:《言语行为和语用逻辑》,中国社会科学出版社 1998 年版。

赵运涛著:《符号里的中国》,中华书局 2021 年版。

王铭玉等著:《符号学思想论》,商务印书馆 2021 年版。

胡龙彪著:《西方中世纪逻辑及其现代性》,中国社会科学出版社 2023 年版。

徐慈华著:《隐喻使用中的推理》,中国社会科学出版社 2023 年版。

黄华新、陈宗明著:《描述语用学》,浙江大学出版社 2023 年版。

Chandler, D. Semiotics: *The Basics* (*4th edition*). Routledge. 2022.

Clarke, D. S. *Principles of Semiotics*. Routledge. 2016.

Cobley, P. *The Routledge Companion to Semiotics*. Routledge. 2010.

Cobley, P. & Jansz, L. *Introducing Semiotics*. Totem Books. 1997.

Deely, J. *Basics of Semiotics* (*Advances in Semiotics*). Indiana University Press. 1990.

Eco, U. *A Theory of Semiotics*. Indiana University Press. 1976.

Eschbach, A. & Trabant, J. *History of Semiotics* (*Foundations of Semiotics*), John Benjamins Publishing Co., 2004.

Forceville, C. *Visual and Multimodal Communication*, Oxford University Press, 2020.

Green, G. *Pragmatics and Natural Language Understanding*. LEA Publishers, 1996.

Hopper, P. J. *Grammaticalization*. Cambridge University Press.1993;外语教学与研究出版社 2001 年版。

Huang, Y. *Pragmatics*. Oxford University Press. 2007.

Johansen, S. Larsen. *Signs in Use: An Introduction to Semiotics*, Routledge, 2002.

Lappin, S. *The Handbook of Contemporary Semantic Theory*(当代语义理论指南),Blackwell Publishers Ltd. 1997;外语教学与研究出版社 2001 年版。

Levinson, S. C. *Pragmatics*. Cambridge University Press. 1983;外语教学与研究出版社 2001 年版。

Lyons, J. *Linguistic Semantics: An Introduction*. Cambridge University Press. 1995;外语教学与研究出版社 2000 年版。

Mey，J. L. *Pragmatics an Introduction*. Blackwell Publishers Ltd. 1993；外语教学与研究出版社 2001 年版。

Montague，R. *Formal Philosophy*. Yale University Press. 1974.

Noth，W. *Handbook of Semiotics*. Indiana University Press. 1990.

Oehler，K. *Classics of Semiotics*. Springer US，1987.

Peccei，J. S. *Pragmatics*. Routledge. 1999；外语教学与研究出版社 2000 年版。

Pelkey，J. *Bloomsbury Semiotics Volume 1: History and Semiosis*. Bloomsbury Publishing Inc. 2022.

Pelkey，J. *Bloomsbury Semiotics Volume 2: Semiotics in the Natural and Technical Sciences*. Bloomsbury Publishing Inc. 2022.

Pelkey，J. *Bloomsbury Semiotics Volume 3: Semiotics in the Arts and Social Sciences*. Bloomsbury Publishing Inc. 2022.

Pelkey，J. *Bloomsbury Semiotics Volume 4: Semiotic Movements*. Bloomsbury Publishing Inc. 2022.

Pérez-González，L. *Audiovisual Translation: Theories，Methods and Issues*. Routledge. 2014.

Radford，A. Syntax：*A Minimalist Introduction*. Cambridge University Perss. 1997；外语教学与研究出版社 2000 年版。

Saeed，J. I. *Semantics*. Backwell Publishers Ltd. 1997. 外语教学与研究出版社 2000 年版。

Schmid，H. J. *Cognitive Pragmatics*. De Gruyter Mouton. 2012.

Sebeok，T. *Signs: An Introduction to Semiotics*. University of Toronto Press. 2001.

Sperber，D. & Wilson，D. *Relevance: Communication and Cognition（2nd edition）*. Blackwell. 1995.

Thomas A. Sebeok. *Encyclopedic Dictionary of Semiotics*. Mouton De Gruyter. 1986.

Trifonas，P. *International Handbook of Semiotics*. Springer. 2015.

Verschueren，J. *Understanding Pragmatics*. Routledge. 1998；外语教学与研究出版社 2001 年版。

Shaumyan，S. *A Semiotic Theory of Language*. Indiana University Press. 1987.

原版后记

2002 年 9 月，中国社会科学院和浙江大学等单位在杭州召开了"符号学与人文科学跨学科方法论学术研讨会"，大家认为，一个符号学的学习、研究和应用的热潮正在中国兴起。为了适应形势发展的需要，我们随即组织了一个老中青相结合的班子，着手编写这本《符号学导论》。经过一年多时间的通力合作，书稿顺利完成。

本书十章的作者分别是：

第一章　黄华新（浙江大学人文学院）

　　　　陈宗明（浙江行政学院）

第二章　胡　霞（浙江大学人文学院）

第三章　刘丽艳（浙江大学人文学院）

第四章　陈道德（湖北大学）

第五章　黄华新

　　　　徐慈华（浙江大学人文学院）

第六章　陈宗明

第七章　周武萍（杭州商学院）

第八章　金　立（浙江大学人文学院）

第九章　张斌峰（南开大学）

第十章　李先焜（湖北大学）

王维贤先生参加了书稿的讨论，并且审阅了全部书稿，还为本书写了序言。

我们谨向王先生致以深切的谢意。

　　本书能够顺利出版,是因为得到了河南人民出版社的热情支持,特别是魏亚洲先生为本书的编辑工作付出了辛勤劳动。为此,我们表示由衷的感谢!

　　由于符号学是一门新兴学科,作者们也还在学习之中,因而本书难免存在这样那样的错误和不妥之处,我们恳切地希望得到专家和读者们的批评指教。

作　者

2003 年 12 月 16 日